D1727979

ELIZABETH GASKELL

ERZÄHLUNGEN

Aus dem Englischen übersetzt
von Andrea Ott

Nachwort
von Alice Reinhard-Stocker

MANESSE VERLAG
ZÜRICH

«Des Totengräbers Held» ist entnommen aus:
«From Jane Austen to Virginia Woolf.
Englische Autorinnen – romantisch, realistisch, ironisch»,
Auswahl und Übersetzung von Andrea Ott,
© Deutscher Taschenbuch Verlag, München 1995.

SCHAFSCHERER IN CUMBERLAND

Vor drei oder vier Jahren verbrachten wir einen
Teil des Sommers in einem der Täler in der Nähe
von Keswick [1]. Wir wohnten im Haus eines kleinen Gutsbesitzers, der neben seinem Beruf als
Schafzüchter auch den eines Wollfabrikanten
ausübte. Seine eigene Herde war nicht groß, aber
er kaufte Rohwolle von anderen Züchtern auf
– entweder in Kommission oder für eigene
Zwecke. Sein Leben war erfüllt von vielen verschiedenen angenehmen Beschäftigungen, und
der treffliche, vergnügte, beleibte Mann gedieh
in jeder Hinsicht, sowohl körperlich wie geistig.

Eines Tages schlug uns seine schöne Frau vor,
sie zu einer Schafschur zu begleiten, die auf dem
abgelegenen Hof eines Geschäftspartners ihres Mannes stattfinden sollte, wo wir bestimmt
herzlich willkommen wären und eine Schur
nach alter Sitte zu sehen bekämen, wie man sie
heute in den nordenglischen Dales nicht mehr
oft erlebe. Ich weiß nicht warum, aber wir waren
zu träge und lehnten ihre Einladung ab. Vielleicht war es selbst für einen Julitag glühend
heiß, oder es handelte sich um einen Anfall von
Schüchternheit – was auch der Grund war, er
verschwand auf unerklärliche Weise, kaum daß

sie fortgegangen war, und die Gelegenheit schien verpaßt. Der Tag wurde immer heißer, und Grund zu Schüchternheit und Befangenheit hätten wir nun erst recht gehabt ohne unsere Gastgeberin als Anstandsdame, die uns vorstellen konnte. Unser Wunsch hinzugehen war indes so groß, daß wir diese Bedenken in den Wind schlugen – sofern an diesem Tag überhaupt einer wehte –, uns vom Knecht den Weg weisen ließen und gegen ein Uhr an einem wolkenlosen Tag Anfang Juli zu unserem Fünfmeilenmarsch aufbrachen.

Unser Grüppchen bestand aus zwei Erwachsenen und vier Kindern, das jüngste fast noch ein Säugling, das den größten Teil dieses mühsamen, langen Weges getragen werden mußte. Wir kamen durch Keswick und sahen die vielen zeichnenden und kahnfahrenden Touristen, auf die wir, Einheimische für einen Monat, mit einer gewissen Verachtung herabsahen. Das waren eben nur Fremde, die bestimmt ziellos umhertappten, die sich verirrten, sich von Führern anschwindeln ließen oder die falschen Sehenswürdigkeiten bewunderten und die richtigen gar nicht zu Gesicht bekamen. Nachdem wir uns durch die langgezogene Stadt geschleppt hatten, kamen wir zu einem Abschnitt, wo sich die Landstraße zwischen Büschen hinzog, die hoch genug waren, um «grünen Schimmer unter grünem Schatten»[2] zu bieten. Die Zweige berührten und verflochten sich über unseren Köpfen,

6

und die Straße verlief so schnurgerade, daß wir während der ganzen Viertelstunde, die wir hier gingen, am anderen Ende den Ausgang ins lichte Blau sehen und jenseits des dichten Schattens, in dem wir uns bewegten, das Flimmern der heißen, leuchtenden Luft erkennen konnten. Ab und zu erhaschten wir einen Blick auf den silbernen See, der durch die Bäume schimmerte, hörten ab und zu in der Totenstille der Mittagszeit, wie das Wasser sachte an den Kieselstrand plätscherte. Es war das einzige Geräusch, abgesehen vom leisen, tiefen Summen der Myriaden von Insekten, die ihr Sommerleben verjubelten. Wir waren uns alle einig geworden, daß uns vom Reden nur noch heißer wurde, daher schwiegen wir still, genau wie die Vögel. Als wir wieder auf die heiße, helle, sonnige, gleißende Straße hinaus mußten, ließ uns die brennende Sonne über unseren Köpfen wünschen, wir wären zu Hause geblieben; aber wir hatten schon mehr als die Hälfte des Weges hinter uns, und weiterzugehen war kürzer als umzukehren. Nun verließen wird die Landstraße und begannen den Aufstieg. Der Hang sah entmutigend aus, aber fast mit jedem Schritt erschien uns die Luft frischer, und das saftige, kurze Berggras war weich und kühl im Vergleich zur Landstraße. Die leichte, flüchtige Brise, die hin und wieder an uns vorbeiwehte, war mit Düften beladen; bald roch es nach wildem Thymian, bald nach der kleinen, kriechenden weißen Rose, die sich über den Boden

7

schlängelte und uns mit ihren scharfen Dornen in die Füße stach. Nach einer Weile kamen wir zu einem rieselnden Bächlein, an dessen naßgesogenen Ufern große Gagelsträucher wuchsen, welche die Luft mit würzigem Geruch erfüllten. Wenn wir bei diesem steilen Anstieg außer Atem gerieten, wandten wir immer den gleichen Kniff an und hofften damit das Zitat «Er ist schweißnaß und ringt nach Luft»[3] zu vermeiden: Wir drehten uns um und bewunderten die herrliche Aussicht, die mit jedem erfolgreich erklommenen Abschnitt schöner wurde.

Endlich erblickten wir auf einer ebenen Fläche, die nicht mehr als ein Felsvorsprung zu sein schien, unseren Bestimmungsort: Hoch über unseren Köpfen – obwohl wir schon so hoch über dem See waren –, hockte ein Bauernhof aus grauem Stein, von so vielen Nebengebäuden umgeben, daß die schottische Bezeichnung *town* gerechtfertigt war. In der Nähe stand einer jener mächtigen Bergahorne, wie man sie in solcher Umgebung in Cumberland und Westmoreland häufig antrifft. Noch eine letzte lange Anstrengung, und wir waren da! Wir sprachen also den armen, müden Kindern Mut zu, nahmen tapfer das letzte steile, steinige Wegstück in Angriff und blickten erst zurück, als wir in der Kühle unter dem breiten Vordach standen. Nun schauten wir von unserer natürlichen Terrasse hinab auf den klaren See, Derwent Water, der weit, weit unten alle Blautöne des Himmels widerspiegelte, nur jeweils dunkler und satter in der Farbe. Wir befanden uns anscheinend auf gleicher Höhe mit der Kuppe des Cat Bell, und weit unter uns lagen die Wipfel hoher Bäume, so weit unten, daß wir das Gefühl hatten, sie wären dicht und stark genug, uns zu tragen, wenn wir etwa hinunterspringen und auf ihnen herumspazieren wollten. Unmittelbar vor unseren Füßen ragte der felsige Grund hinaus, der das Haus umgab.

Wir hatten an die Tür geklopft, aber es war offenkundig, daß man uns bei dem Lärm und fröhlichen Stimmengewirr drinnen nicht hörte, und uns befiel wieder die alte Schüchternheit. Nach einer Weile entdeckte uns jemand, und wir wurden herzlich und laut willkommen geheißen. Es war schon recht, daß wir gekommen waren; man begriff gleich, wer wir waren. Unsere eigentliche Wirtin bedrängte uns kaum weniger mit Artigkeiten als die hiesige Gastgeberin; eifrig baten die beiden uns aus dem Flur, den wir durch die Haustür betreten hatten, in das angrenzende große Schlafzimmer – die gute Stube in solchen Häusern in Cumberland. Hier haben die Kinder ihren ersten Auftritt, und hier legen sich die Hausväter zum Sterben nieder, falls der Große Eroberer sie rechtzeitig warnt und sie sich so bescheiden und gefaßt in ihr Schicksal ergeben können, wie es zur schlichten Würde ihres Lebens paßt.

In dieses Zimmer wurden wir geleitet, und unsere überhitzten Körper und geblendeten

9

Augen empfanden die dunkle Kühle sogleich als unaussprechlich wohltuende Erleichterung. Die Wände waren so dick, daß eine sehr bequeme Fensterbank darin Platz fand, ohne in den Raum hineinzuragen; die lange, niedere Form verhinderte, daß der Himmelsausschnitt ungewohnt zusammengedrückt wirkte, selbst in dieser Höhe. So war das einfallende Licht gedämpft, und der Raum wurde nach hinten zu immer dunkler, bis dorthin, wo der Blick auf das gewaltige Bett fiel, mit seinen Pfosten, seinem Kopfbrett und seinem Fußteil und mit Zierat in allen Schattierungen von Dunkelbraun. Das Gestell schien so groß, daß sechs oder sieben Personen bequem darin liegen konnten, ohne sich auch nur zu berühren. Im Kamin stand ein großer Henkelkrug mit Zweigen von blühenden und duftenden Bergsträuchern, und überall waren Rosmarinnadeln und Lavendel verstreut. Wie ich später erfuhr, sollte dies auch verhindern, daß unvorsichtige Füße auf dem gebohnerten Eichenboden ausrutschten. Als wir alles besichtigt hatten und ausgeruht und abgekühlt waren (soweit dies möglich war, bevor sich die Hitze des Tages gebrochen hatte), kehrten wir zu den anderen in die Wohnstube zurück.

Diese Wohnstube wirkte mit ihrer prunkvollen Einrichtung fast wie eine Halle. Auf einer Seite verlief eine Anrichte aus Eichenholz, geschmückt mit demselben duftenden Immergrün, das man zerkrümelt auf den Schlafzimmerboden gestreut hatte. Über der Anrichte hingen Regalbretter voller sorgfältig poliertem, blitzendem Zinn. Gegenüber der Schlafzimmertür lag der große, einladende Kamin, in dessen Seitenwänden sich die beiden Sitzecken versteckten, und rechts davon stand der Hausvaterschrank. Wißt ihr, was das ist, ein «Hausvaterschrank»? Mr. Wordsworth hätte es euch erklären und in Rydal Mount[4] auch einen zeigen können. Dieser Schrank, ungefähr einen Fuß tief und eineinhalb Fuß breit, ist ausdrücklich dem Haushaltsvorstand vorbehalten. Hier kann er Pfeife und Bierkrug aufbewahren, den Almanach und sonst noch allerlei, und obwohl keine Tür fremden Händen den Zugriff verwehrt, ruht sein persönliches Hab und Gut in diesem offenen Schrank ganz sicher – wofür heißt er schließlich «Hausvaterschrank»? In der Stube brannte sogar an diesem heißen Tag ein Feuer, das dem Raum Reiz und Lebendigkeit verlieh; es wurde ziemlich klein gehalten und schien gerade heiß genug, um das Wasser im Kessel zum Kochen zu bringen. Denn kaum waren wir angekommen, bot die Gastgeberin (so will ich die Frau des Bauern nennen, auf dessen Hof die Schafschur stattfand) uns Tee an, und obwohl wir noch gar nicht zu Mittag gegessen hatten, es war ja erst kurz nach drei Uhr, nahmen wir nach dem Grundsatz «Tun, was die andern tun» dennoch bereitwillig an, dankbar, daß uns nach dem langen und ermüdenden Weg überhaupt eine Stärkung und nicht nur Wassergrütze angeboten wurde, und ziemlich besorgt, die Kinder könnten «zu schnell abkühlen».

Während der Tee am Entstehen war – und damit dies kunstgerecht geschah, waren sechs reizende würdige Damen vonnöten –, schlugen wir Mrs. C., unserer eigentlichen Wirtin, vor, bei der Schafschur zuzuschauen. Sie führte uns also hinaus auf einen Hinterhof, wo die Prozedur stattfand. Mit «Hinterhof» meine ich etwas ganz anderes als das, was ein Londoner so bezeichnen würde. Unser Hinterhof hoch oben am Berg war ein Platz von etwa vierzig auf zwanzig Yards, der im Schatten des majestätischen Bergahorns lag. Wer weiß, ob nicht gerade dieser Baum Coleridge die Verse eingegeben hat:

> Der Ahornbaum, durchsummt von Bienen,
> Ein Zelt, wie es die Patriarchen liebten…[5]

In diesem tiefen, kühlen, grünen Schatten saßen ein paar grauhaarige, ehrwürdige Greise, die ihr Pfeifchen schmauchten und den Vorgängen gelassen und behaglich zuschauten; freilich mit einer Spur von Verachtung für den Sittenverfall in der heutigen Zeit, mit einem Blick, der etwa besagte: «Ach, die haben ja heutzutage keine Ahnung mehr, was gutes Scheren heißt!» Der runde Schatten des Ahorns und die Alten, die dort saßen und zuschauten, waren das einzige im Hof, was sich nicht lebhaft bewegte. Der Hof selbst war von einer grauen Steinmauer eingegrenzt, und dahinter stieg der feuchte Grund bis zum Berggipfel empor; wir schauten über die niedrige Mauer auf die Flecken, die von gelben Simsen und dem ersten Rot des Heidekrauts leuchteten. Der Schatten des Wohnhauses fiel über den Hof und ließ ihn kühl wirken – abgesehen von den geröteten Gesichtern der eifrigen Scherer und den bunten, halbleinenen Unterkleidern der Frauen, die mit hochgesteckten Röcken die Vliese zusammenrollten.

Als wir in den Hof hinaustraten, schien jede Ecke so voller Bewegung zu sein wie ein antiker Fries und mußte wie ein solcher erst studiert werden, bevor ich die einzelnen Tätigkeiten und Vorhaben ausmachen konnte. Zur Linken lag ein mäßig großer, eingezäunter Bereich im hellen Sonnenlicht, und die heiße Luft zitterte über Scharen von keuchenden, verwirrten Schafen, die dort eingepfercht waren und warteten, bis sie an die Reihe kamen. An dem Gatter, durch das man diesen Pferch vom Hof aus betrat, stand eine Gruppe von Jungen, deren Augen vor Eifer leuchteten und die wie die Schafe schnauften, aber nicht wie diese vor Angst, sondern vor Aufregung und freudiger Anstrengung. Ihre Gesichter waren bräunlich-hochrot, die scharlachroten Lippen zu einem Lächeln geöffnet, und die Augen hatten jenen besonderen blauen Glanz, den nur ein freies Leben in reiner Luft und fröhlicher Atmosphäre verleiht. Sobald die Jungen merkten, daß die Scherer im Hof ein Schaf brauchten, sprangen sie auf eines im Pferch los – um so besser, wenn es ein ungebärdiger und eigensinniger alter Bock war –, zerrten und zogen, schoben und schrien, stiegen manchmal rittlings auf das arme, widerspenstige Tier und klammerten sich an den Hörnern fest wie an einem Zügel, behielten schließlich die Oberhand und schleppten ihren Gefangenen vor den Scherer, wie kleine Sieger, was sie ja auch waren, glühendrot nach der Eroberung. Die Scherer saßen jeder für sich rittlings auf einer langen Bank, ernst und bedeutend, die Helden des Tages. Die Schafherde, die an diesem Tag geschoren wurde, bestand aus mehr als tausend Tieren, und elf berühmte Scherer waren viele Meilen hierher gewandert, um miteinander in einen Geschicklichkeitswettbewerb zu treten; denn Schafschuren sind eine Art ländliche Olympische Spiele. Es waren alles junge Männer in der Blüte ihrer Jahre, stark und gut gebaut, ohne Jacke oder Weste und mit hochgekrempelten Hemdsärmeln. Jeder hockte rittlings auf einer langen Bank oder einem schmalen Tisch und packte das Schaf, das sein junger Helfer herbeigezerrt hatte. Er hob es auf die Bank, legte es mit einem geschickten Kunstgriff auf den Rücken und fing an, die Wolle vom Schwanz und von der Unterseite zu scheren. Dann band er jeweils Hinterbeine und Vorderbeine zusammen und rollte es erst auf die eine, dann auf die andere Seite, bis das Vlies in einem einzigen Stück abfiel.

Die Kunst bestand darin, alle Wolle abzuschneiden und dennoch das Schaf nicht mit ungeschickten Schnitten zu verletzen. Wenn solch ein Unfall geschah, trug man sofort eine Mixtur aus Teer und Butter auf; aber jede Wunde war ein Schandfleck auf dem Ruhmesblatt des Scherers. Gut, vollständig und dennoch schnell zu scheren, das verrät den Könner. Manche werden an einem Sommertag mit zehn Dutzend Schafen fertig, und wenn man das Gewicht und die Schwerfälligkeit der Tiere und das meist heiße Wetter bedenkt, sieht man ein, daß Scheren zu Recht als härtere Arbeit gilt denn Mähen. Die meisten guten Scherer sind jedoch zufrieden, wenn sie mit sieben oder acht Dutzend fertig werden; nur bei außergewöhnlichen Anlässen oder beim «Kampf der Giganten» versucht oder erreicht man zehn Dutzend.

Sobald das Schaf in zwei Teile zerfällt, in sein Fell und in sich selbst, wird es Eigentum von zweierlei Leuten. Die Frauen packen das Vlies und legen es auf einem provisorischen Sortiertisch zusammen, den man hier im scharf abgegrenzten, spärlichen Schatten, den der Dachüberstand gewährte, aus Fässern und darübergelegten Brettern gebaut hatte. Auch dies ist eine Kunst, so einfach es aussehen mag; und die Bäuerinnen und Bauerntöchter in der Gegend von Langdale Head sind berühmt dafür. Zuerst klappen sie die Beine nach innen, dann rollen sie das ganze Vlies auf und binden es mit dem Nackenteil zu. Das Geschick dabei besteht nicht nur darin, schnell zu arbeiten und es fest zu verknoten, sondern auch darin, die Wolle kunstfertig so zurechtzuzupfen, daß die feineren Teile nach außen zu liegen kommen und sie auf den Käufer nicht grob wirkt, weil womöglich die Wollfasern zerdrückt sind. Sechs schöne Frauen waren damit beschäftigt; sie lachten und schwatzten und schossen spaßhafte Spottpfeile auf die ernsten und fleißigen Scherer ab, die zu sehr in ihre Arbeit vertieft waren, um darauf zu antworten – obwohl gelegentlich ein Erröten oder Augenzwinkern verriet, daß die Bemerkung gesessen hatte. Aber sie hoben sich ihre scharfzüngigen Antworten, falls ihnen welche einfielen, für den Abend auf, wenn des Tages Arbeit getan war und dank der Freizügigkeit des ländlichen Humors vermutlich so manche dreiste Spötterin ihren Meister fand. Bis jetzt kam der Beifall nur von der eigenen Seite, von den Frauen; bei den alten Männern, die im Schatten des Bergahorns saßen, nahm allerdings hie und da einer die Pfeife aus dem Mund, spuckte aus und ließ sich, bevor er wieder die sich sanft kräuselnden weißen Rauchschwaden emporsandte, zu einem kurzen, tiefen Lachen herab und zu einem «Gut gesagt, Maggie!» oder «Gib's ihm, Mädel!». Denn mit der nicht böse gemeinten Eifersucht des Alters auf die Jugend ergriffen die alten Großväter beständig die Partei der Frauen gegen die jungen Männer. Diese schoren weiter, warfen die Felle den zusammenlegenden Frauen zu und schoben die Schafe mit sanfter Gewalt auf den Boden. Hier wurden sie von einer anderen Jungenschar in Empfang genommen, die sie auf die rechte Seite des Hofs hinüberzerrten, wo die großen Nebengebäude standen; wo allerlei bäuerliche Fuhrwerke hineingezwängt und aufeinandergestellt waren, die ihre knallroten Deichseln in die Luft reckten, als flehten sie um Erlösung aus dem Gedränge der Shandries[6] und Marktkarren, die sich an sie drückten. Der Sonne entzogen, im dunklen Schatten des Wagenschuppens, glühte in einer Pfanne auf einem Dreifuß rote Kohle, und darauf stand eine eiserne Schüssel mit Teer und Rotstein (oder Rötel). Hierher zogen die Jungen von der rechten Seite die armen, nackten Schafe, auf daß sie ihren «Streich» empfingen, das heißt, mit den Initialen oder der Nummer des Eigentümers gekennzeichnet wurden. In diesem Fall war das Zeichen des Besitzers ein Kreis oder Fleck auf der einen und ein gerader Strich auf der anderen Seite. Nach der Markierung schickte man die Schafe auf die Heide hinaus zu den wimmelnden, blökenden Lämmern, die ein nicht endenwollendes Klagelied um die verlorenen Mütter in den Himmel sandten. Jedes Lamm fand das Mutterschaf, zu dem es gehörte, kaum war jenes aus dem Hof getrieben, und die ruhige Zufriedenheit der Schafe, die nun den Hang hinaufwanderten, und der kleinen Lämmer, die nebenhertrotteten, verlieh der

Landschaft den passenden Hauch von Frieden und Ruhe. Es fanden sich alle klassischen Elemente, die zur Darstellung des Lebens gehören: Es gab die alten Männer und die Jungfrauen, die jungen Männer und die Kinder, von denen der Psalmist spricht[7], und es gab alle Schauplätze und alle Stände, die in der «Tragödie einer Heiligen»[8] den scheidenden Kreuzfahrern ihr Lebewohl entbieten.

Wir waren wirklich sehr glücklich, daß wir bei dieser Schafschur hatten dabeisein können, trotz des weiten, heißen und staubigen Weges und obwohl wir uns noch immer nicht gestärkt hatten und hungrig waren. Nachdem wir die einzelnen Arbeiten auf dem geschäftigen Schauplatz unterscheiden gelernt hatten, konnten wir nun auch auf einzelne Personen achten. Meine Bewunderung und Aufmerksamkeit richtete sich gleich auf eine sehr schöne junge Frau. Sie stand neben einer wohlbeleibten Frau mittleren Alters, die ihr ähnlich genug war, um sie als ihre Mutter auszuweisen. Beide legten Felle zusammen und legten sie gut zusammen; aber während die Mutter die ganze Zeit mit volltönender Stimme redete und fröhlich lachte und umhersah, hielt die Tochter den Kopf schweigend über die Arbeit gesenkt; ich konnte die Schönheit ihrer Augen nur an den schattendunklen, geschwungenen Wimpern erraten. Sie war schön angezogen und trug offenbar ihr Sonntagskleid, obwohl ein wesentlicher Teil dessen, was das Gewand auszeichnete, der schwingende Rock, nach hinten zu einem Bausch zusammengesteckt war, um aus dem Weg zu sein. Unter dem Kleid, weit auffälliger und vielleicht auch weit hübscher, enthüllte ein tiefblau und scharlachrot gestreifter Unterrock die in dieser Gegend üblichen blauen Baumwollstrümpfe und die hübschen, sauberen Lederschuhe. Das Mädchen hatte sich das braune Haar hinter den Ohren zusammengebunden; wenn sie geahnt hätte, wie oft sie Anlaß haben würde zu erröten, hätte sie diesen natürlichen Schleier wohl weiter über ihre zarten Wangen hängen lassen. Sie wurde röter und röter, denn einer der Scherer schaute jedesmal, wenn sich eine Unterbrechung in seiner Arbeit ergab, zu ihr hinüber und seufzte. Keines von beiden sprach ein Wort, obwohl sich beide sehr wohl des anderen bewußt waren, und die beleibte Mutter nahm von Zeit zu Zeit mit einem Seitenblick die Lage zur Kenntnis und machte kein unzufriedenes Gesicht.

So weit war ich in meiner Beobachtung schon fortgeschritten, als unsere Tagesgastgeberin kam und mitteilte, daß der Tee fertig sei. Steif erhoben wir uns von der Grasnarbe, auf der wir gesessen hatten, und gingen hinein in die Stube. Dort standen reihum lauter gesetzte Damen, manche mit kleinen Kindern, manche ohne. Sie waren zur Schur am heutigen Tage geladen worden und über hohe Berge, wildes Hügelland und durch tiefe Täler gekommen wie weiland ihre Vorfahren, wenn sie das Feuerkreuz[9] rief. Wir wurden an einen Teetisch gebeten, an dem sich trotz unserer dringenden Bitten nur die Hausfrau niederließ, die den Tee einschenkte – doch davon später mehr. Hinter uns, auf einer Anrichte, standen Teller mit Bergen von «Berry-Cake» (mit Stachelbeeren gefüllter Blätterteig), Rosinenbrot und Butterbrot, heißen, mit Honig bestrichenen Pfannkuchen (wenn das nicht irisch ist!) und großen Brocken Frischkäse, mit denen man die Honigfladen füllte, ehe man sie kurz röstete. Auf dem Tablett standen zwei schwarze Teekannen, und unsere Gastgeberin nahm eine in die linke und die andere in die rechte Hand, hob beide hoch und goß geschickt aus beiden gleichzeitig in eine Tasse. Die Kannen enthielten grünen und schwarzen Tee, und diese Methode, beides zu vermischen, hielt sie, wie sie sagte, für viel besser, als wenn die Blätter zusammen «gesotten» würden. Der Tee wurde Klümpchen auf Klümpchen mit feinstem Zucker gesüßt, die dicke, goldgelbe, duftende Sahne dagegen nur äußerst sparsam hineingeträufelt. Ich hob mir viele der Fragen, die bei dieser nordenglischen Teetrinkerei in mir hochstiegen, auf, um sie mir von Mrs. C., bei der wir wohnten, beantworten zu lassen; und ich fragte sie, warum ich nicht genug Sahne für mich und nicht genügend Milch für meine Kinder bekam, wo doch beides reichlich vorhanden war und unsere Wirte so großzügig und gastfreundlich schienen. Da erklärte sie mir, daß meine Bitte um Sahne und Milch als Bescheidenheit ausgelegt würde und als Wunsch, das «Krämerzeug» zu sparen, welches man, da es Geld kostete, aus Höflichkeit den Gästen aufzwang, während man die Erzeugnisse des eigenen Hofes als zu minderwertig und alltäglich für solch ein besonderes Fest und so hochgeschätzte Gäste erachtete. Also trank ich Tee, stark wie Branntwein und süß wie Sirup, und mußte im stillen mit einem Stöhnen an die Nerven meiner Kinder denken. Auch die Kinder fanden etwas, worüber sie stöhnen konnten, bevor die Mahlzeit zu Ende war: Die gute Bauersfrau strich jedem «Zuckerbutter» auf den Haferkuchen oder das Klopfbrot. Zuckerbutter wird aus Butter, Zucker und Rum hergestellt, die miteinander geschmolzen und geschmort werden, und ist schlechterdings die widerwärtigste als Leckerei verkleidete Mischung, die ich je gekostet habe. Meine armen Kinder fanden das auch; ich sah es an ihren tränenglitzernden, mitleidheischenden Augen und zitternden Lippen, als sie sich vergebens bemühten, zu bewältigen, was der Magen ablehnte. Ich nahm es ihnen heimlich weg und aß es selbst auf, um die Gefühle unserer Gastgeberin zu schonen, die es offensichtlich als auserlesene Köstlichkeit betrachtete. Aber kaum hatte sie entdeckt, daß sie keine Zuckerbutter mehr hatten, nötigte sie die Kinder, sich noch einmal zu nehmen, und bat mich, nicht zu knausern, denn sie hätten genug, und es wäre für jeden etwas übrig. Diese Zukkerbutter wird eigens für bestimmte Anlässe hergestellt, für die Schafschur und zu Weihnachten, und in diese beiden Zeiträume legt man meist auch die Taufen in einer Familie. Als wir gegessen und gegessen hatten – bei allem Hunger war es uns nur schwer möglich, den Vorstellungen unserer Gastgeberin zu entsprechen und die vor uns aufgebaute Pflicht zu erfüllen –, führte sie mich in die eigentliche Arbeitsküche, um mir zu zeigen, wie man sich auf die Stärkung der siebzig Menschen vorbereitete, die heute hier versammelt waren. Rindfleisch, Schinken, Kalbsfilets und Hammelkeulen tanzten, von Plumpuddings nicht zu unterscheiden, in einem großen Kessel auf und nieder, und wenn sie den Deckel lüpfte, stieg ein Dampf auf, der einen eindringlich an Camachos[10] Hochzeit erinnerte. Diese Ähnlichkeit steigerte sich noch, als wir vor der Tür einen weiteren Kessel auf einem provisorisch gemauerten Rost besichtigen durften, so voll wie der andere, wenn nicht noch voller.

In ebendem Augenblick, als sie und ich an der abgewandten Seite der Hofgebäude standen, umgeben von den heiteren Geräuschen, die von nahem, munterem Leben künden, doch außer Sichtweite all dieser Menschen, als wir auf die Heide, die Felsen und den purpurnen Kamm des Berges hinausschauten, dessen andere Flanke nach Warendlath abfiel, tat sich das Hofgatter

auf, und meine ländliche Schöne kam hereinge-
laufen, mit feuerrotem Gesicht. Als sie uns sah,
blieb sie sofort stehen und wollte schon umkeh-
ren, aber sie wurde verfolgt, und der hübsche
junge Schafscherer versperrte den Eingang. Ich
sah einen wissenden Blick im Gesicht meiner
Begleiterin, als sie mich auf einem anderen Weg
leise hinausführte.

«Wer ist das hübsche Mädchen?» fragte ich.

«Das ist nur Isabel Crosthwaite», antwortete
sie. «Ihre Mutter ist eine Cousine von meinem
Mann, die Witwe eines Gutsbesitzers bei
Appleby. Sie ist wohlhabend, und Isabel ist ihr
einziges Kind.»

«Also auch eine Erbin, nicht nur eine Schönheit», dachte ich, aber ich sagte nur: «Und wer ist
der junge Mann bei ihr?»

«Das», sagte sie und sah mich erstaunt an, «das
ist unser Tom. Wissen Sie, sein Vater und ich und
Margaret Crosthwaite haben ausgemacht, daß
die beiden Kinder heiraten sollen, und Tom ist
auch durchaus bereit dazu, nur sie ist noch jung
und launisch. Aber die kommt schon noch zur
Besinnung – die kommt schon noch zur Besinnung! Heute wird er jedenfalls nicht der beste
Scherer, so wie letztes Jahr drunten in Butter-
mere; aber bis zum nächsten Jahr erholt er sich
vielleicht wieder.»

So sprach das mittlere Alter über die leiden-
schaftliche Liebe der Jugend. Ich konnte mir
vorstellen, daß Isabel sich womöglich ärgerte,

weil man so seelenruhig über sie verfügte, und ich mochte und bewunderte sie nicht weniger, als sie nach einer Weile in den Kreis der gesetzten Damen gestürmt kam, als ob sie nur in dieser eleusinischen Runde Asyl vor den Nachstellungen ihres Liebhabers fände. Sie sah zutiefst und ehrlich verärgert aus, so daß mir ihre Mutter unsympathisch wurde und ich den jungen Mann für ihrer unwürdig hielt. Dann aber sah ich, wie die Mutter die Arme um ein kleines Mädchen schlang, und ich erfuhr, daß sie das Waisenkind einem Bettler auf der Straße abgekauft hatte, der es mißhandelte. Dieses Kind hielt sich immer in der Nähe der Frau auf und nannte sie so lieb und vertrauensvoll «Mammi», daß ich mich um ihres warmen Herzens willen mit der ehestiftenden Witwe versöhnte. Und was den jungen Mann betraf, so ließ mich das kummervolle Gesicht, das er von Zeit zu Zeit durch die offene Tür streckte, um sogleich von allen Frauen erspäht und gescholten zu werden, während Isabel ihm entschlossen den Rücken zukehrte und tat, als sei sie vollauf damit beschäftigt, Butterbrote zu streichen, aufrichtiges Mitleid mit ihm empfinden. Freilich konnten wir als erfahrene Beobachter das Ende all dieser Sprödigkeit und dieses Errötens grad so gut absehen, als stünden wir in der Kirche bei der Hochzeit.

Zwischen vier und fünf steigert sich die Hitze an Sommertagen noch einmal zu mittäglicher Glut. In dieser luftigen Höhe erschien uns nun

der Gedanke, wieder in das dichte Gehölz hin-
unterzugehen und den Kampf mit der ausge-
dörrten staubigen Straße aufzunehmen, so zuwider, daß wir uns freudig und faul einverstanden
erklärten, noch ein wenig länger zu bleiben und
unsere famose Teestunde um drei Uhr als Haupt-
mahlzeit zu betrachten. So schlenderte ich noch
einmal in den belebten Hof, nahm die günstige
Gelegenheit wahr und ging mitten durch all die
Männer, Frauen, Jungen, Schafe und bellenden
Hunde hindurch auf einen alten Mann zu, der
unter dem Ahorn saß und den man mir als den
Besitzer der Schafe und des Hofes ausgewiesen
hatte. Eine Zeitlang paffte er hartnäckig weiter,
aber ich wußte, daß seine Verschlossenheit nicht
einem Mangel an Freundlichkeit entsprang, sondern der scheuen Zurückhaltung, welche ein
Wesenszug der meisten Menschen in Westmoreland und Cumberland ist. Nach einer Weile
begann er zu reden und erzählte mir viel Wis-
senswertes über seine Schafe.

Von einem Landbesitzer übernahm er eine
Trift mit soundso vielen Schafen darauf; in seinem Fall waren es eintausendundfünfzig, eine
sehr hohe Zahl, denn der Durchschnitt lag bei
etwa sechshundert. Bevor er die Trift pachtete,
beriefen er und der Landbesitzer zwei «verstän-
dige Leute», um den Viehbestand zu schätzen.
Die Trift wurde auf fünf oder sieben Jahre
gepachtet und erstreckte sich in die eine Richtung zehn Meilen über das Bergland hinweg und

in die andere – nun, das wußte er nicht genau, aber noch weiter, ja, bestimmt noch weiter. Wenn die Pacht ausläuft, werden die Tiere wieder gezählt und auf die gleiche Weise geschätzt. Falls die Schafe magerer und schlechter geworden sind, muß der Pächter für die Wertminderung bar bezahlen; sind sie gesünder und fetter geworden, zahlt der Gutsherr an ihn. In jedem Fall muß die gleiche Anzahl zurückerstattet werden, während die überzähligen Schafe jeden Jahres und alle Schurwolle den Gewinn des Pächters darstellen. Natürlich gehören sie alle zur Rasse der Schwarzkopf- oder Bergschafe, ausdauernde Kletterer, die sich von dem würzigen, aber spärlichen Gras ernähren können, das im Bergland wächst. Um seine Herde zu hüten, stellte er drei Schäfer ein, von denen einer mein Freund Tom war. Unten auf dem Hof hatten sie noch andere Arbeit zu erledigen – denn der Hof war «unten», verglichen mit der luftigen Höhe, in die diese Schafe kletterten. Das Schäferjahr beginnt vor dem zwanzigsten März. Um diese Zeit müssen die Mutterschafe alle sicher unten auf den Weiden am Haus sein, gleich in der Nähe, falls sie oder ihre Lämmer zur Lammzeit besonderer Fürsorge bedürften. Um den sechzehnten Juni beginnt die Zeit der Schafschwemme. Früher, erzählte mein Alter, standen die Männer mit bloßen Beinen in einem fließenden Gewässer, das zu einem Becken aufgestaut war und besser reinigte als jedes stehende Wasser, denn unaufhörlich schäumte und strudelte es und kämpfte gegen das Hindernis an, das sich seinem Fortkommen entgegenstellte. Die Männer packten die Schafe, welche ihnen von den Leuten am Ufer zugeworfen wurden, und schrubbten sie und tauchten sie ordentlich unter. Aber heute (Schande über diesen Sittenverfall!) waren es die Leute zufrieden, wenn sie die Schafe kopfüber hineinstießen, und fanden, daß sie schon sauber genug wurden, wenn sie ans Ufer zurückschwammen. Wie auch immer diese Prozedur vollzogen wurde, vierzehn Tage später kam die Schur, und dazu wurden Leute eingeladen, die zwanzig Meilen weit weg oder weiter lebten, aber nicht so wie vor fünfzig Jahren! Und dennoch – wenn eine Familie in einem Sohn einen geschickten Scherer besaß oder wenn die Hausherrin gut und flink Felle zusammenlegen konnte, machten sie sich zur Zeit der Schafschur bestimmt eine lustige Woche, zogen fröhlich von einem Hof zum andern, boten ihre Hilfe an und schlemmten (unter anderem Zuckerbutter, wohl bekomm's!), bis sie ihrerseits ihre Nachbarn um Hilfe bitten mußten. Kurzum, die gute alte Schafschur läuft weitgehend so ab, wie sich die Amerikaner nachbarlich aushelfen.

Sobald die Schur vorüber ist, werden die Schafe in die Berge hinaufgetrieben, wo ihr schlimmster Feind die Fliege ist. Im Mai und Juni setzen die Raben den jungen Lämmern zu, und wenn die Schäfer ein Rabennest ausnehmen können, klettern sie mit grenzenlosem Eifer und Vergnügen die steilen grauen Felsen hoch. Aber kein Schäfer ist imstande, seine Schafe vor der furchtbaren Fliege zu bewahren – der gemeinen Schmeißfliege –, die sich in die armen Tiere hineinbohrt und ihre widerlichen Eier dort ablegt; die Maden fressen sie dann bei lebendigem Leibe auf. Um dies so weit wie möglich zu verhindern, steigen die Schäfer im Sommer etwa zweimal pro Woche in die Berge hinauf, schicken ihre treuen Hunde los und sammeln die Schafe in großen Gruppen. Während die Hunde ständig im Kreis außen herum laufen und die Schafe zusammenhalten, steht der Schäfer scharfäugig in der Mitte, und wenn ein Schaf Anstalten macht, sich zu kratzen, befiehlt er dem Hund, das kranke Schaf herauszuholen. Er untersucht es, schneidet das Stück Fleisch heraus und reibt das Tier mit Teersalbe ein. Aber trotz alledem kommen in manchen Sommern Dutzende von Schafen ums Leben. Gewitter und schwüles Wetter sind dieser Plage besonders förderlich.

Die nächste Maßnahme, um die sich ein Schäfer kümmern muß, findet etwa Mitte bis Ende Oktober statt, wenn die Schafe heruntergeholt und mit Salbe eingerieben werden; meistens wird für diese Woche ein zusätzlicher Mann auf den Hof gedungen. Aber das ist keine Zeit der Schmauserei oder Belustigung wie eine Schur. Hier herrscht nüchterne Arbeit. Die Männer sitzen rittlings auf ihren Bänken und bestreichen die armen, wehrlosen Tiere mit einer Mixtur aus Teer und ranziger Butter oder grobem Schmalz, die das Wachstum und die Feinheit der Wolle fördern soll, indem sie alle möglichen Hautkrankheiten verhindert, die Kahlstellen hinterlassen. Mit noch mehr Teer und mit Rötelstein wird das Besitzerzeichen erneuert; dann schickt man die Schafe wieder auf ihre windige Weide hinauf, wo allmählich schon die Winterstürme pfeifen und blasen und ihre Brüder aus dem eisigen Norden herbeirufen. Jede Woche einmal gehen die Schäfer hinauf und durchstreifen das Hochland, werfen einen Blick auf die Schafe und schauen nach, ob das Gras noch ausreicht. Es ist eine gefährliche und harte Zeit für die Hirten. Es kann schneien, Nebel können aufziehen, die man noch mehr fürchten muß als den Schnee; und am weihnachtlichen Kaminfeuer fehlt es nicht an Geschichten über Männer, die in die rauhen und verlassenen Berge hinaufgingen und nie mehr gesehen wurden, die man aber immer noch nach ihren Hunden rufen oder wilde, verzweifelte Hilfeschreie ausstoßen hört, und so werden sie weiterrufen bis ans Ende der Zeiten, bis ihre bleichen Gebeine auferstanden sind.

Um Mitte Januar ist große Vorsicht geboten, denn inzwischen sind die Schafe aus Futtermangel und wegen der grimmigen Kälte schwach und mager geworden. Da aber Bergschafe keine Rüben fressen, sondern mit Heu gefüttert werden müssen, ist es eine Frage der Wirtschaftlichkeit, den Beginn dieser Fütterung so lange wie nur möglich hinauszuzögern. Genau den rechten Zeitpunkt zu erkennen erfordert ebensoviel Geschick, wie es Emmas Vater in Miss Austens köstlichem Roman besessen haben muß, der sein Schleimsüppchen «nicht zu dünn und nicht zu dick» haben wollte. Und so rundet sich der Schäferkalender, und es wird wieder Lammzeit. Es muß ein schöner Beruf sein! Man denke nur an Wordsworths Zeilen:

> In dieser reinen Luft streckt' sich der Hirte
> einsam
> Ins weiche Gras, den halben Sommertag[11]

und an die Hütejungen mit ihren Rohrflöten, deren Gebrauch sie von Pan gelernt haben, oder an die chaldäischen Hirten, die den Lauf der Sterne erkundet haben; an Poussins Bild vom Guten Hirten[12], an das Lied «Als ich bei meinen Schafen wacht'» und an wer weiß wie vieles andere, nicht zu vergessen Coopers herrliche Bilder[13].

Während ich so meine Gedanken schweifen ließ, sprach mein Gastgeber vom Preis, den die Wolle in diesem Jahr erzielen würde; wir waren nämlich inzwischen schon recht vertraut miteinander. Wolle wurde per Stone verkauft; er rechnete damit, pro Stone zehn oder zwölf Shilling zu lösen. Für ein Stone brauchte man drei oder vier Vliese. Bevor die australische Wolle importiert wurde, hatte er zwanzig Shilling bekommen, ja sogar noch mehr; aber jetzt... Und wieder seufzten wir über den Verfall der Sitten.

Schließlich griff er zum Trost nach seiner Pfeife (nicht der des Pan!), und ich besann mich auf den langen Heimweg und die müden Kleinen, die man nicht überanstrengen durfte. So verabschiedeten wir uns mit großem Bedauern. Gerade war der Fiedler eingetroffen, als wir Lebewohl sagten; der Hausschatten reichte nun über den ganzen Hof, und die Burschen waren zahlreicher als die Schafe, die noch zu scheren waren. Die fleißigen Frauen trugen mächtige, dampfende Rinderkeulen auf, und zusätzlich zu all den Speisen, die ich in den Kesseln gesehen hatte, spuckten nun großmäulige Backöfen in einem fort Stachelbeerkuchen und mit Mandeln und Rosinen gespickte Reispuddings aus.

Als wir den Berg hinunterstiegen, kamen wir über eine kleine Brücke aus unbehauenen Stämmen, mit einer großen Erle daneben. Unter ihr saß Isabel, rosenrot wie immer, aber mit Grübchen vom Lächeln, und Tom lag zu ihren Füßen und sah zu ihr auf. Sein treuer Schäferhund hockte neben ihm, klopfte aber vergebens mit dem Schwanz auf die Erde, in der Hoffnung, ein wenig Aufmerksamkeit zu erlangen. Sein Herr war viel zu sehr beschäftigt. Armer Harro! Auch der ärmste Hund hat mal einen guten Tag, und du hast bestimmt schon bessere Tage gesehen als diesen zehnten Juli!

1853

COUSINE PHILLIS

I

Es ist ein großes Ereignis für einen jungen Burschen, wenn er zum erstenmal als Untermieter
in ein eigenes Zimmer zieht. Ich glaube, nie im
Leben war ich so stolz und zufrieden wie damals
mit siebzehn, als ich mich in dem kleinen, dreieckigen Zimmer über einer Konditorei in der
Grafschaftshauptstadt Eltham niederließ. Mein
Vater hatte mich am selben Nachmittag verlassen, nachdem er sich zur Belehrung für den
neuen Lebensabschnitt, in den ich nun eintrat,
einiger unmißverständlicher, eindringlich ge-
äußerter Regeln entledigt hatte. Ich sollte Gehilfe des Ingenieurs werden, der den Bau der
kurzen Nebenstrecke von Eltham nach Hornby
übernommen hatte. Mein Vater hatte mir diesen
Posten verschafft, der fast ranghöher war als sein
eigener, oder vielleicht sollte ich sagen, höher als
die gesellschaftliche Stellung, in der er geboren
und erzogen wurde. Denn er stieg Jahr für Jahr
im Ansehen und in der Achtung der Leute. Er
war von Beruf Maschinist, besaß aber einen
erfinderischen Geist und eine gehörige Portion
Ausdauer und hatte sich einige wertvolle technische Verbesserungen für die Eisenbahn ausge-
dacht. Er tat dies nicht um des Gewinns willen,

33

obgleich das, was dabei herauskam, vernünfti-
gerweise willkommen war. Er feilte an seinen
Ideen, weil sie ihn, wie er sagte, Tag und Nacht
verfolgten, bis er sie endlich in Form gebracht
hatte. Aber nun genug über meinen lieben Vater;
glücklich das Land, wo es viele wie ihn gibt. Er
war eingefleischter Independent[1] aus Tradition
und Überzeugung, und hierin lag wohl auch der
Grund, weshalb er mich in das möblierte Zimmer bei dem Konditor gesteckt hatte. Der Laden
wurde von den beiden Schwestern des Pfarrers
in meiner Heimatstadt geführt, und diese Tatsache betrachtete man als eine Art Schutz für
meine Moral, wenn ich mit einem Jahresgehalt
von dreißig Pfund den Versuchungen der Grafschaftshauptstadt ausgesetzt war.

Mein Vater hatte zwei kostbare Tage geopfert
und sein Sonntagsgewand angezogen, um mich
nach Eltham zu bringen. Erst begleitete er mich
in das Büro, wo er mich meinem neuen Vorgesetzten vorstellte (der meinem Vater wegen
einer Anregung zu einigem Dank verpflichtet
war), und dann besuchten wir den Independentenpfarrer der kleinen Gemeinde in Eltham.
Danach ließ er mich allein; und obwohl mich der
Abschied von ihm schmerzte, begann ich nun
doch das Vergnügen auszukosten, daß ich mein
eigener Herr war. Ich packte den Korb aus, den
meine Mutter mir hergerichtet hatte, und
schnupperte an den Töpfen voll Eingemachtem
mit der ganzen Freude des Besitzers, der sie

34

anbrechen darf, wann immer es ihm beliebt. Ich hob und wog im Geiste den hausgeräucherten Schinken, der scheinbar endlose Schmausereien versprach; und über allem schwebte die köstliche Würze der Gewißheit, daß ich von diesen Leckerbissen essen durfte, wann ich wollte, ganz nach Belieben und unabhängig vom Gutdünken anderer, und seien sie noch so gnädig. Ich verstaute meine Lebensmittel in dem kleinen Eckschrank – das Zimmer bestand nur aus Ecken, und alles befand sich in einer Ecke, der Kamin, das Fenster, der Schrank; nur ich stand in der Mitte, und für mich war kaum Platz. Als Tisch diente ein Klappbrett unter dem Fenster, und das Fenster sah auf den Marktplatz hinaus; daher liefen die Studien, um derentwillen mein Vater sich durchgerungen hatte, mir zusätzlich ein Wohnzimmer zu mieten, beträchtliche Gefahr, von Büchern auf Männer und Frauen abgelenkt zu werden. Die Mahlzeiten mußte ich mit den beiden ältlichen Misses Dawson in dem kleinen Salon hinter dem dreieckigen Laden im Erdgeschoß einnehmen, zumindest Frühstück und Mittagessen, denn da sich kaum voraussagen ließ, wann meine Arbeitszeit am Abend enden würde, sollte ich mir Tee oder Nachtessen selbst zubereiten.

Dann, nach dem Stolz und der Genugtuung, überkam mich ein Gefühl der Verlassenheit. Ich war noch nie von zu Hause weg gewesen, und ich war ein Einzelkind; und obwohl meines

Vaters erklärter Grundsatz hieß: «Wer den Rohrstock schont, verdirbt das Kind»[2], hatte er doch sein Herz an mich gehängt und behandelte mich liebevoller, als er wußte oder für gut befunden hätte, wenn er's gewußt hätte. Meine Mutter, die Härte niemals offen befürwortete, war wesentlich gestrenger als mein Vater; vielleicht ärgerte sie sich mehr über meine kindischen Dummheiten. Jetzt, da ich diese Worte niederschreibe, erinnere ich mich nämlich, daß sie mich einmal verteidigte, als ich schon älter war und ernsthaft gegen das Rechtsempfinden meines Vaters verstoßen hatte.

Aber darum geht es jetzt nicht. Ich will ja von meiner Cousine Phillis schreiben, und ich bin immer noch weit davon entfernt zu beschreiben, wer Phillis überhaupt war.

Nachdem ich nach Eltham gezogen war, beherrschte mein neuer Dienst, mein neues unabhängiges Leben monatelang all meine Gedanken. Um acht Uhr saß ich am Pult, um ein Uhr zu Hause beim Mittagessen, um zwei Uhr wieder im Büro. Nachmittags war die Arbeit weniger festgelegt als vormittags; manchmal mußte ich das gleiche tun wie in den Morgenstunden, manchmal aber auch Mr. Holdsworth, den Oberingenieur, zu einer Baustelle auf der Strecke zwischen Eltham und Hornby begleiten. Das machte mir immer Spaß, wegen der Abwechslung und wegen der Landschaft, durch die wir kamen (sie war sehr wild und schön), und weil es mich mit Mr. Holdsworth, der in meiner Knabenseele die Rolle des Helden spielte, zusammenführte. Er war ein junger Mann von etwa fünfundzwanzig Jahren und stand durch Geburt und Erziehung gesellschaftlich über mir. Er hatte den Kontinent bereist und trug einen etwas fremdländisch wirkenden Schnurrbart und Backenbart. Es machte mich stolz, wenn ich mit ihm gesehen wurde. Er war in vieler Hinsicht wirklich ein anständiger Kerl, und ich hätte in weit schlechtere Hände fallen können.

Jeden Samstag schrieb ich nach Hause und erzählte, was ich die Woche über getan hatte; darauf hatte mein Vater bestanden. Aber es gab so wenig Abwechslung in meinem Leben, daß es mir oft schwerfiel, einen Briefbogen zu füllen. Sonntags ging ich zweimal in den Andachtsraum, der am Ende eines dunklen, engen Flurs lag, und lauschte eintönigen Hymnen, langen Gebeten und einer noch längeren Predigt an eine kleine Gemeinde, in der ich mit fast zwanzig Jahren Abstand das jüngste Mitglied war. Ab und zu lud mich Mr. Peters, der Pfarrer, nach dem zweiten Gottesdienst zu sich nach Hause zum Tee ein. Ich fürchtete diese Ehre, denn meistens hockte ich den ganzen Abend auf meiner Stuhlkante und beantwortete gewichtige, mit tiefer Baßstimme gestellte Fragen, bis es um acht Uhr Zeit für das Familiengebet wurde und, gefolgt vom Hausmädchen, Mrs. Peters erschien und sich die Schürze glattstrich. Erst wurde eine Predigt, dann ein Kapitel aus der Bibel vorgelesen, danach folgte ein langes freies Gebet, bis sein Instinkt Mr. Peters verriet, daß es Zeit zum Abendessen sei, und wir uns mit Hunger als vorherrschendem Gefühl von den Knien erhoben. Während des Essens taute er ein wenig auf und machte ein paar schwerfällige Scherze, als wolle er mir zeigen, daß auch Pfarrer letztlich nur Menschen sind. Und um zehn Uhr ging ich dann heim in mein dreieckiges Zimmerchen, gähnte genüßlich, nachdem ich es so lange unterdrückt hatte, und ging zu Bett.

Dinah und Hannah Dawson, so standen ihre Namen auf dem Schild über der Ladentür geschrieben (ich nannte sie immer Miss Dawson und Miss Hannah), betrachteten meine Besuche bei Mr. Peters als die größte Ehre, die einem jungen Mann widerfahren konnte, und dachten zweifelsohne, ich müßte eine Art moderner Judas Ischariot sein, wenn ich bei solchen Sonderrechten mein Seelenheil nicht erlangte. Über meinen Verkehr mit Mr. Holdsworth jedoch schüttelten sie den Kopf. Er war immer wieder so freundlich zu mir, daß ich nun, wenn ich in meinen Schinken schnitt, mit dem Gedanken spielte, ihn auf mein Zimmer zum Tee einzuladen, zumal auf dem Marktplatz von Eltham gerade der Jahrmarkt abgehalten wurde und ich mit meinen siebzehn Jahren den Blick auf die Buden, Karussells, Tierschauen und dergleichen ländliches Gepränge sehr reizvoll fand. Aber als ich es wagte, meinen Wunsch auch nur von ferne anzudeuten, unterbrach mich Miss Hannah, sprach davon, wie sündig solch ein Schauspiel sei, und irgend etwas von «sich im Schlamme wälzen», wechselte dann sprunghaft zu Frankreich und machte das Land schlecht und alle, die jemals ihren Fuß dorthin gesetzt hatten, bis ich schließlich merkte, daß ihr Ärger sich auf einen Punkt konzentrierte und daß dieser Punkt Mr. Holdsworth hieß. Da hielt ich es für besser, mein Frühstück zu beenden und, so schnell ich konnte, ihrer Stimme zu entfliehen. Ich wunderte mich ziemlich, als ich später hörte, wie sie und Miss Dawson erfreut die Wocheneinnahmen zusammenzählten und feststellten, daß eine Konditorei am Stadtplatz von Eltham zur Zeit des Jahrmarkts gar keine üble Sache sei. Aber ich wagte niemals, Mr. Holdsworth in mein Zimmer einzuladen.

Es gibt nicht viel zu erzählen über mein erstes Jahr in Eltham. Aber als ich fast neunzehn war und meinerseits über einen Backenbart nachzudenken begann, lernte ich meine Cousine Phillis kennen, von deren Dasein ich bis dahin keine Ahnung gehabt hatte. Mr. Holdsworth und ich waren einen ganzen Tag draußen in Heathbridge gewesen und hatten hart gearbeitet. Heathbridge lag in der Nähe von Hornby; unsere Eisenbahnstrecke war nämlich schon mehr als zur Hälfte fertig. Natürlich war ein Tagesausflug für mich ein wichtiges Ereignis, von dem ich in meinem wöchentlichen Brief berichten konnte; und ich fing an, die Landschaft zu beschreiben – ein Fehler, dessen ich mich nicht oft schuldig machte. Ich erzählte meinem Vater von den Torfmooren voll wilder Myrte, weichem Moos und schwabbelndem Boden, über den wir unsere Strecke führen mußten, und wie Mr. Holdsworth und ich (wir blieben zwei Tage dort und mußten deshalb übernachten) mittags in ein hübsches Dorf in der Nähe zum Essen gingen, in das eigentliche Heathbridge, und daß ich hoffte, wir würden noch öfters herkommen, denn der nachgiebige, unsichere Untergrund bereitete unseren Ingenieuren Kopfzerbrechen – das eine Ende der Gleise hob sich nämlich, sobald das andere niedergedrückt wurde. (Wie man vielleicht merkt, dachte ich nicht an die Interessen der Aktionäre: Wir mußten auf festerem Grund eine neue Strecke bauen, noch ehe das Anschlußgleis fertig war.) All das berichtete ich recht ausführlich, dankbar, daß ich mein Papier voll bekam. Im Antwortbrief erfuhr ich, daß meine Mutter eine Cousine zweiten Grades hatte, die mit Ebenezer Holman, dem Independentenpfarrer von Hornby, verheiratet war und in Heathbridge lebte, in ebendem Heathbridge, das ich beschrieben hatte – so glaubte zumindest meine Mutter, denn sie hatte ihre Cousine Phillis Green nie besucht. Sie war so etwas wie eine Erbin (glaubte mein Vater), denn sie war das einzige Kind ihres Vaters, und der alte Thomas Green hatte ein Gut mit fast fünfzig Morgen Land besessen, das an seine Tochter gefallen sein mußte. Meiner Mutter verwandtschaftliche Gefühle schienen bei dem Namen Heathbridge in heftige Wallung geraten zu sein, denn mein Vater schrieb, sie wünsche, ich solle mich, wenn ich noch einmal dorthin komme, nach Reverend Ebenezer Holman erkundigen, und wenn er tatsächlich dort lebe, weiter fragen, ob er nicht eine gewisse Phillis Green geheiratet habe; und falls diese beiden Fragen bejaht würden, solle ich hingehen und mich als das einzige Kind von Margaret Manning, geborene Moneypenny, vorstellen. Als ich merkte, was ich mir damit eingebrockt hatte, war ich wütend auf mich, daß ich Heathbridge überhaupt erwähnt hatte. *Ein* Independentenpfarrer pro Mensch reicht doch, fand ich – und dabei hatte ich schon mit Mr. Dawson, unserem Geistlichen daheim, Bekanntschaft gemacht (das heißt, er hatte mich jeden Sonntagvormittag im Katechismus geprüft) und mußte zu dem alten Peters in Eltham höflich sein und mich fünf Stunden hintereinander gut benehmen, wenn er mich zum Tee einlud; und jetzt, wo ich mir gerade die freie Luft von Heathbridge um die Nase wehen lassen wollte, sollte ich wieder einen Pfarrer aufstöbern und mich womöglich von ihm prüfen oder zum Tee einladen lassen. Außerdem drängte ich mich nicht gern fremden Leuten auf, die vielleicht noch nie den Namen meiner Mutter gehört hatten; es war ja auch ein komischer Name, Moneypenny! Und wenn doch, hatten sie sich offensichtlich nicht mehr um Mutter gekümmert als diese um sie – bis zur unseligen Erwähnung des Namens Heathbridge.

Trotzdem wollte ich meinen Eltern in solch einer Kleinigkeit nicht ungehorsam sein, wie lästig sie mir auch fallen mochte. Als mich also unsere Arbeit das nächste Mal nach Heathbridge führte und wir in der kleinen Wirtsstube mit dem sandbestreuten Fußboden zu Mittag aßen, ergriff ich die Gelegenheit, als Mr. Holdsworth draußen war, und stellte der rotwangigen Magd die gewünschten Fragen. Entweder drückte ich mich schwer verständlich aus, oder aber sie war begriffsstutzig; jedenfalls antwortete sie, das wisse sie nicht, aber sie würde ihren Herrn fragen. Natürlich kam der Wirt herein und erkundigte sich, was ich wissen wollte; und ich mußte all meine Fragen vor Mr. Holdsworth herausstottern, der gewiß niemals darauf geachtet hätte, wenn ich nicht rot geworden wäre und mich verhaspelt und so zum Narren gemacht hätte.

Ja, sagte der Wirt, die Hope Farm liege im Dorf Heathbridge, und der Eigentümer heiße Holman, und er sei Pfarrer bei den Independenten, und soweit er, der Wirt, wisse, heiße seine Frau Phillis, jedenfalls sei ihr Mädchenname Green gewesen.

«Verwandte von Ihnen?» fragte Mr. Holdsworth.

«Nein, Sir – nur eine Cousine zweiten Grades von meiner Mutter. Ja, dann sind es wohl Verwandte. Aber ich habe sie nie im Leben gesehen.»

«Die Hope Farm ist keinen Steinwurf weit weg von hier», sagte der übereifrige Wirt und ging zum Fenster. «Wenn Sie mal einen Blick rüberwerfen über das Stockrosenbeet, über die Mirabellenbäume im Obstgarten drüben, da sehen Sie so einen merkwürdigen steinernen Kaminkasten. Das sind die Kamine von der Hope Farm. 's ist ein altes Haus, aber Holman hält es gut in Schuß.»

Mr. Holdsworth war schneller vom Tisch aufgestanden als ich und stand nun am Fenster und blickte hinaus. Bei den letzten Worten des Wirtes drehte er sich um und lächelte: «Das gibt es nicht oft, daß Geistliche wissen, wie man seinen Grundbesitz in Ordnung hält, oder?»

«Tschuldigung, Sir, aber ich sag's, wie's ist, und Pfarrer Holman – ‹Geistlicher› nennen wir hier nur den von der Hochkirche, Sir, und der würde ein bißchen eifersüchtig werden, wenn er hören tät', daß man einen Dissenter einen ‹Geistlichen› nennt –, Pfarrer Holman weiß, was er will, so gut wie jeder andere Bauer hier in der Gegend. Er verbringt fünf Tage in der Woche mit seiner eigenen Arbeit und zwei mit dem Dienst am Herrn; schwer zu sagen, wo er härter arbeitet. Samstag und Sonntag schreibt er Predigten und besucht seine Gemeinde in Hornby; und

Montag früh um fünf führt er drüben auf der Hope Farm seinen Pflug, grad so, als könnt’ er weder schreiben noch lesen. Aber Ihr Essen wird kalt, meine Herren.»

Wir gingen also zurück an den Tisch. Nach einer Weile brach Mr. Holdsworth das Schweigen: «Wenn ich Sie wäre, Manning, würde ich diese Verwandten mal kurz besuchen. Sie können hingehen und schauen, wie sie sind, während wir auf Dobsons Kostenvoranschläge warten. Ich rauche solange im Garten eine Zigarre.»

«Danke, Sir. Aber ich kenne sie nicht, und ich glaube, ich will sie auch nicht kennenlernen.»

«Wozu haben Sie dann all diese Fragen gestellt?» sagte er und warf mir einen raschen Blick zu. Es lag ihm nicht, etwas grundlos zu tun oder zu sagen. Ich gab keine Antwort, und so sprach er weiter. «Na, raffen Sie sich auf! Ziehen Sie los und besehen Sie sich diesen predigenden Bauern, dann kommen Sie zurück und erzählen mir von ihm, er interessiert mich.»

Ich war so daran gewöhnt, mich seiner Autorität oder seinem Einfluß zu beugen, daß ich gar nicht auf den Gedanken kam, ihm zu widersprechen, sondern mich wie geheißen auf den Weg machte, obwohl ich mich erinnere, daß ich mich lieber hätte köpfen lassen. Der Wirt, der sich merklich für unser Gespräch interessiert hatte, wie es die Wirte auf dem Land gerne tun, begleitete mich zur Haustür und gab mir immer wieder Anweisungen, als stünde zu erwarten, daß ich mich auf einem Weg von zweihundert Yards verirrte. Aber ich hörte ihm zu, denn ich war froh über den Aufschub; schließlich mußte ich mir erst ein Herz fassen für die schwierige Aufgabe, unbekannten Leuten gegenüberzutreten und mich vorzustellen. Ich ging die Straße entlang, erinnere ich mich, hieb nach allen größeren Unkräutern am Straßenrand und befand mich nach ein oder zwei Kurven unmittelbar vor der Hope Farm. Zwischen dem Haus und der schattigen, grasüberwachsenen Straße lag ein Garten; später hörte ich, daß dieser Garten «Vorhof» genannt wurde, vielleicht, weil er von einer niedrigen Mauer umgeben war, die ein eisernes Geländer trug und zwischen steinkugelgekrönten Säulen zwei riesige Torflügel aufwies als Galaportal zu dem gepflasterten Weg, der zur Vordertür führte. Es war nicht üblich im Haus, durch dieses Tor oder durch die Vordertür einzutreten; die Torflügel waren, wie ich feststellte, tatsächlich verschlossen, obwohl die Haustür weit offenstand. Ich mußte außen herum über einen kaum benützten Seitenpfad zu einem breiten, grasbewachsenen Weg gehen, der hinter der Hofmauer, hinter einem halb von Steinkraut und dem kleinen wilden Gelben Erdrauch überwucherten Reitertreppchen zu einer anderen Tür führte – dem «Vikar», wie sie beim Hausherrn hieß, während die Vordertür, «stattlich und großtuerisch», «der Pfarrherr» genannt wurde, wie ich später erfuhr. Ich klopfte an die

45

«Vikartür»; ein großes Mädchen, vermutlich etwa so alt wie ich, machte mir auf. Sie stand schweigend da und wartete darauf, mein Anliegen zu erfahren. Ich sehe sie noch vor mir – meine Cousine Phillis. Die sinkende Sonne beschien sie und warf einen schrägen Lichtstrahl in den Raum dahinter. Sie trug ein dunkelblaues Baumwollkleid, bis zum Hals hinauf und bis zu den Handgelenken hinunter geschlossen und mit kleinen Rüschen aus dem gleichen Stoff gesäumt, wo es an ihre weiße Haut grenzte. Und was für eine weiße Haut! Nie mehr habe ich so etwas gesehen. Sie hatte helles, fast flachsblondes Haar. Aus großen, ruhigen Augen sah sie mir unverwandt ins Gesicht, erstaunt, aber nicht verwirrt beim Anblick eines Fremden. Ich fand es seltsam, daß sie, obschon so groß, so erwachsen, noch eine Kinderschürze über dem Kleid trug.

Ehe ich mir recht überlegt hatte, wie ich auf ihre stumme Frage nach meinem Anliegen antworten sollte, rief eine Frauenstimme: «Wer ist es denn, Phillis? Wenn einer Buttermilch will, schick ihn zur Hintertür.»

Mir war, als könnte ich eher mit der Person reden, zu der diese Stimme gehörte, als mit dem Mädchen vor mir; ich trat also an ihm vorbei ein und stand, den Hut in der Hand, am Eingang zu einem Zimmer, denn diese Seitentür führte unmittelbar in die Halle oder Wohnstube, wo die Familie nach getaner Arbeit saß. Eine lebhafte kleine Frau von etwa vierzig Jahren bügelte gerade ein paar riesige Musselinhalstücher im Licht eines breiten, von Weinlaub beschatteten Flügelfensters. Sie sah mich mißtrauisch an, bis ich zu sprechen anfing. «Mein Name ist Paul Manning», sagte ich, aber ich merkte, daß sie den Namen nicht kannte. «Meine Mutter hieß Moneypenny», fuhr ich fort, «Margaret Moneypenny.»

«Und sie heiratete einen John Manning aus Birmingham», fiel Mrs. Holman eifrig ein. «Und Sie werden ihr Sohn sein. Nehmen Sie doch Platz! Das freut mich aber, Sie kennenzulernen! Wenn ich mir vorstelle, daß Sie Margarets Sohn sind! Ach, sie war fast noch ein Kind vor gar nicht so langer Zeit. Und nun ist es doch schon fünfundzwanzig Jahre her. Was führt Sie denn in diese Gegend?»

Auch sie setzte sich hin, als würde sie niedergezogen von der Neugier auf die vollen fünfundzwanzig Jahre, die verstrichen waren, seit sie meine Mutter gesehen hatte. Ihre Tochter Phillis nahm ihr Strickzeug auf – einen langen, grauen Männerwollstrumpf, das weiß ich noch – und strickte weiter, ohne hinzuschauen. Ich spürte, daß der unverwandte Blick dieser tiefen, grauen Augen auf mir ruhte, obwohl sie, als ich einmal verstohlen zu ihr hinüberschaute, etwas an der Wand über meinem Kopf anguckte.

Als ich alle Fragen meiner Tante Holman beantwortet hatte, seufzte sie tief auf und sagte:

«Kaum zu glauben, daß Margaret Moneypennys Sohn in unserem Haus ist! Ich wollte, der Pfarrer wäre hier. Phillis, auf welchem Feld arbeitet dein Vater heute?»

«Auf dem Fünfmorgenacker; sie fangen an, den Weizen zu schneiden.»

«Dann wird es ihm nicht recht sein, wenn wir ihn holen lassen. Sonst hätte ich gern gehabt, daß Sie den Pfarrer kennenlernen. Aber der Fünfmorgenacker ist ein gutes Stück weit weg. Trotzdem sollen Sie ein Glas Wein und ein Stück Kuchen bekommen, bevor Sie wieder aufbrechen. Sie müssen unbedingt gehen, sagen Sie? Sonst kommt nämlich der Pfarrer meistens herein, wenn die Arbeiter ihre Vieruhrpause machen.»

«Ich muß gehen, eigentlich müßte ich schon fort sein.»

«Dann nimm mal die Schlüssel, Phillis.» Sie gab ihrer Tochter einige geflüsterte Anweisungen, und Phillis verließ den Raum.

«Sie ist doch meine Cousine, nicht wahr?» fragte ich. Ich wußte es schon, aber aus irgendeinem Grunde wollte ich von ihr sprechen und wußte nicht, wie ich anfangen sollte.

«Ja, Phillis Holman. Sie ist unser einziges Kind – jetzt.»

Sei es durch dieses «jetzt», sei es durch eine seltsame, flüchtige Wehmut in ihren Augen – ich begriff, daß es einmal mehr Kinder gegeben hatte, die nun tot waren.

«Wie alt ist meine Cousine Phillis?» fragte ich und wagte mich kaum an den neuen Namen; es schien mir zu süß vertraut, sie so zu nennen. Aber Tante Holman schenkte dem keine Beachtung und antwortete auf meine eigentliche Frage.

«In der Walpurgisnacht wurde sie siebzehn – aber der Pfarrer mag es nicht, wenn ich ‹Walpurgisnacht› sage», fuhr sie fort und gebot sich selbst mit einer gewissen ehrfurchtsvollen Scheu Einhalt. «Phillis wurde siebzehn am ersten Mai dieses Jahres», wiederholte sie in berichtigter Fassung.

«Und ich werde in einem Monat neunzehn», dachte ich bei mir, ich weiß nicht warum.

Dann kam Phillis herein; sie trug ein Tablett mit Wein und Kuchen.

«Wir haben ein Hausmädchen», erklärte Tante Holman, «aber heute wird gebuttert, und da hat sie zu tun.» Das war ein wenig als standesbewußte Entschuldigung gemeint, weil ihre Tochter diese Dienste einer Magd verrichtete.

«Ich mach’ es doch gern, Mutter», erwiderte Phillis mit ihrer ernsten, vollen Stimme.

Ich hatte das Gefühl, als sei ich jemand aus dem Alten Testament – wer, fiel mir nicht ein –, dem die Tochter des Gastgebers dienstfertig aufwartete. War ich wie der Knecht Abrahams, als Rebekka ihm am Brunnen zu trinken gab? Ich fand, Isaak hatte nicht den angenehmsten Weg gewählt, sich eine Frau zu suchen.[3] Al

Gedanken lagen Phillis fern. Sie war eine hochgewachsene, anmutige junge Frau mit dem Kleid und dem schlichten Gemüt eines Kindes.

Wie man es mich gelehrt hatte, trank ich auf die Gesundheit meiner neuentdeckten Tante und ihres Mannes; und dann wagte ich den Namen meiner Cousine Phillis auszusprechen und verbeugte mich ein wenig in ihre Richtung; aber ich war zu schüchtern, hinzuschauen, um zu sehen, wie sie meine Artigkeit aufnahm. «Jetzt muß ich gehen», sagte ich und stand auf.

Beide Frauen waren nicht auf den Gedanken gekommen, auch einen Schluck Wein zu trinken; Tante Holman hatte sich der Form halber ein Stückchen Kuchen abgebrochen.

«Ich wollte, der Pfarrer wäre heimgekommen», sagte seine Frau und erhob sich ebenfalls. Insgeheim war ich sehr froh, daß er nicht gekommen war. In jener Zeit fühlte ich mich zu Pfarrern nicht gerade hingezogen, und ich hielt ihn wegen seiner Abneigung gegen das Wort «Walpurgisnacht» für eine sonderbare Sorte Mensch. Aber bevor ich ging, nahm mir Tante Holman das Versprechen ab, am nächsten Samstag zu kommen und den Sonntag bei ihnen zu verbringen. Dann würde ich etwas vom «Pfarrer» haben.

«Kommen Sie schon am Freitag, wenn Sie können», waren ihre letzten Worte, als sie an der «Vikartür» stand und ihre Augen gegen die sinkende Sonne mit der Hand beschattete.

Drinnen im Haus saß Phillis mit ihrem goldenen Haar und ihrer blendendweißen Haut und erhellte die Ecke des vom Weinlaub beschatteten Raumes. Sie war nicht aufgestanden, als ich ihr Lebewohl sagte; sie hatte mich unverwandt angesehen und sich mit ruhigen Worten von mir verabschiedet.

Ich traf Mr. Holdsworth unten am Gleis wieder, vollauf beschäftigt mit der Aufsicht über die Arbeiter. Sobald er eine Pause einlegen konnte, sagte er: «Na, Manning, wie sind die neuen Verwandten? Wie vertragen sich Predigeramt und Landwirtschaft? – Wenn sich der Pfarrer als ebenso praktisch wie hochwürdig herausstellt, krieg' ich noch Respekt vor ihm.»

Aber er achtete kaum auf meine Antwort, er war zu sehr mit den Anweisungen für seine Arbeiter beschäftigt. Freilich, meine Antwort kam auch nicht besonders prompt; am deutlichsten erwähnte ich noch, daß ich eingeladen sei.

«Ja, natürlich können Sie gehen – und auch am Freitag, wenn Sie wollen; in dieser Woche spricht nichts dagegen. Sie haben diesmal eine lange Schicht eingelegt, alter Freund.»

Eigentlich wollte ich gar nicht am Freitag gehen; aber als der Tag kam, stellte ich fest, daß ich eher dazu neigte hinzugehen als wegzubleiben. Und so nützte ich Mr. Holdsworths Erlaubnis und ging im Laufe des Nachmittags zur Hope Farm hinüber, etwas später als bei meinem letzten Besuch. Der «Vikar» stand offen, um die linde Septemberluft einzulassen, die von der Sonne so aufgeheizt war, daß es draußen wärmer war als drinnen, obwohl im Herd ein glimmender Holzklotz vor einem Haufen heißer Asche lag. Die Weinblätter über dem Fenster hatten einen Stich ins Gelbliche, ihre Ränder waren hie und da versengt und braun. Es wurde nicht gebügelt, Tante Holman saß vorm Haus und flickte ein Hemd. Phillis war drinnen am Stricken; es schien, als hätte sie die ganze Woche damit zugebracht. Das buntgesprenkelte Hühnervieh pickte hinten im Hof herum, und die Milchkannen, die zum Auslüften draußen hingen, funkelten vor Sauberkeit. Der Vorhof war so voller Blumen, daß sie über die niedere Mauer und das Reitertreppchen hinauskrochen; sogar auf dem Rasen, der den Weg zum Hintereingang säumte, hatten sich welche ausgesät. Ich malte mir aus, wie mein Sonntagsrock noch tagelang nach Weinrosen und Diptam riechen würde, die die Luft mit ihrem Duft erfüllten. Von Zeit zu Zeit griff Tante Holman in einen Deckelkorb zu ihren Füßen und warf ein paar Handvoll Weizen unter die Tauben, die in Erwartung dieses Festschmauses gurrten und herumflatterten.

Ich wurde herzlich willkommen geheißen, sobald sie mich sah. «So, das ist nett, das ist wirklich lieb», sagte sie und schüttelte mir freundlich die Hand. «Phillis, dein Vetter Manning ist gekommen!»

«Bitte nennen Sie mich Paul, ja?» bat ich. «So

nennt man mich zu Hause, und Manning nur im Büro.»

«Gut, also Paul. Dein Zimmer ist schon fertig, Paul, denn, wie ich schon zum Pfarrer sagte: ‹Ich richte es her, ob er nun am Freitag kommt oder nicht.› Und der Pfarrer meinte, er müsse zum Eschengrund hoch, ob du nun kämst oder nicht, aber er wolle beizeiten heimkommen, um zu sehen, ob du hier bist. Jetzt bring' ich dich auf dein Zimmer, da kannst du dir ein bißchen den Staub abwaschen.»

Als ich wieder herunterkam, wußte sie wohl nicht recht, was sie mit mir anfangen sollte; vielleicht dachte sie, mir sei langweilig, oder sie hatte etwas zu tun, wobei ich ihr im Weg stand: Sie rief nämlich Phillis und hieß sie ihre Haube aufsetzen und mit mir zum Eschengrund gehen, den Vater suchen. Wir brachen also auf, ich ein wenig nervös in dem Bestreben, mich angenehm zu machen; ich wünschte, meine Begleiterin wäre nicht ganz so groß gewesen, denn sie überragte mich um einiges. Während ich noch überlegte, wie ich das Gespräch beginnen sollte, ergriff sie das Wort.

«Du mußt bestimmt sehr fleißig sein, Paul, wenn du meist den ganzen Tag arbeitest.»

«Ja, wir müssen um halb neun im Büro sein, dann haben wir eine Stunde Mittagspause, danach gehen wir wieder ran bis acht oder neun Uhr.»

«Dann hast du nicht viel Zeit zum Lesen.»

«Nein», antwortete ich, und mir wurde plötzlich bewußt, daß ich meine freie Zeit nicht zum besten nutzte.

«Ich auch nicht. Vater nimmt sich immer eine Stunde Zeit, bevor er morgens aufs Feld geht, aber Mutter möchte nicht, daß ich so früh aufstehe.»

«Meine Mutter will immer, daß ich früher aufstehe, wenn ich zu Hause bin.»

«Wann stehst du auf?»

«Hm – ja... manchmal um halb sieben, allerdings nicht oft.» Ich konnte mich nicht erinnern, während des vergangenen Sommers mehr als zweimal so früh aufgestanden zu sein.

Sie wandte den Kopf und sah mich an. «Vater ist um drei Uhr auf; und Mutter war es früher auch, bevor sie krank wurde. Ich würde gern um vier Uhr aufstehen.»

«Dein Vater um drei Uhr! Was hat er denn um diese Zeit zu tun?»

«Ach, was hat er nicht zu tun!? Erst verrichtet er eine stille Andacht in seinem Zimmer; dann läutet er immer die große Glocke, mit der die Knechte zum Melken gerufen werden; er weckt Betty, unsere Magd; oft füttert er die Pferde, ehe der Knecht aufgestanden ist – denn Jem, der sich um sie kümmert, ist ein alter Mann, und Vater stört ihn nicht gern; er sieht nach den Kälbern und überprüft bei den Pferden Schultern, Hufe, Riemen, Spreu und Getreide, ehe sie aufs Feld gehen; oft muß er eine neue Schnur an die Pflugpeitsche knüpfen. Er kümmert sich darum, daß die Schweine gefüttert werden; er schaut in die Futtertröge und schreibt auf, was an Nahrung gebraucht wird für Mensch und Vieh – ja, und auch an Brennstoff. Und wenn er dann ein bißchen Zeit hat, kommt er herein und liest mit mir, aber nur Englisch; Latein heben wir uns für abends auf, damit wir Zeit haben, es zu genießen. Und dann ruft er die Knechte zum Frühstück herein und schneidet den Burschen Brot und Käse auf; er läßt ihre Holzflaschen füllen und schickt sie zum Arbeiten. Inzwischen ist es halb sieben, und wir frühstücken. – Da ist Vater!» rief sie und zeigte mir einen Mann in Hemdsärmeln, um einen Kopf größer als die beiden anderen, die mit ihm arbeiteten. Wir sahen ihn nur durch das Laub der Eschen, die am Feldrain wuchsen, und ich dachte, ich müsse die Personen verwechselt oder sie falsch verstanden haben: Dieser Mann sah bis jetzt wie ein sehr kräftiger Arbeiter aus und besaß äußerlich nichts von der steifen Gesetztheit, die ich immer für das typische Merkmal eines Pfarrers gehalten hatte. Und doch war dies Reverend Ebenezer Holman. Er nickte uns zu, als wir das Stoppelfeld betraten, und wäre uns sicher entgegengekommen, wenn er nicht gerade vollauf damit beschäftigt gewesen wäre, seinen Arbeitern Anweisungen zu erteilen. Ich merkte, daß Phillis eher nach ihm geraten war als nach ihrer Mutter. Er war hochgewachsen wie seine Tochter und hatte einen gesunden, rötlichen Teint, während der ihre schimmernd und zart war. Sein Haar war früher blond oder rotblond gewesen, nun aber ergraut. Doch das graue Haar wies nicht darauf hin, daß es ihm an Kraft fehlte. Nie sah ich einen kräftigeren Mann: breiter Brustkasten, schlanke Hüften, ein Haupt auf stämmigem Hals. Inzwischen waren wir ihm schon ganz nahe; er unterbrach sich und kam uns entgegen. Mir streckte er die Hand hin, sprach aber mit Phillis.

«So, Kind, das ist wohl Vetter Manning. Warten Sie einen Augenblick, junger Mann, dann zieh' ich meinen Rock an und heiße Sie anständig und höflich willkommen. – Aber, Ned Hall, der Acker hier braucht einen Wassergraben, es ist ein schlechtes, schweres, lehmiges, schmieriges Stück Land; nächsten Montag müssen wir uns zusammen an die Arbeit machen – Entschuldigung, Vetter Manning. Und das Strohdach auf der Hütte des alten Jem muß ein bißchen geflickt werden, das kannst du morgen machen, wenn ich zu tun habe.» Dann änderte sich plötzlich der Ton seiner tiefen Baßstimme und bekam einen seltsamen Anflug von Kirche und Predigt, und er fügte hinzu: «Jetzt will ich den Psalm angeben: ‹Kommet zuhauf und lasset die Stimmen erklingen›, gesungen nach der Melodie von ‹Berg Ephraim›.»

Er hob den Spaten und fing an, damit den Takt anzugeben. Die beiden Arbeiter schienen Text und Melodie zu kennen, obwohl sie mir fremd waren, und auch Phillis kannte sie; ihre volle

Stimme begleitete die ihres Vaters, als er das Lied anstimmte, und die beiden Männer fielen ein, nicht ganz so sicher, aber dennoch wohlklingend. Phillis blickte mich ein paarmal überrascht an, da ich schwieg, aber ich kannte den Text nicht. Da standen wir fünf, barhäuptig bis auf Phillis, auf dem braungelben Stoppelfeld, von dem noch nicht alle Garben fortgeführt waren – auf der einen Seite ein dunkler Wald, aus dem die Ringeltauben gurrten; auf der anderen zwischen den Eschen hindurch blaue Ferne. Selbst wenn ich den Text gekannt hätte und wenn ich hätte mitsingen können, wäre mir die Kehle irgendwie zugeschnürt gewesen angesichts dieser ungewöhnlichen Szene.

Das Lied war zu Ende, und die Männer waren fort, ehe ich aus meiner Erstarrung erwachte. Ich sah, wie der Pfarrer seinen Rock anzog und mich freundlich musterte, war aber noch nicht ganz bei mir.

«Ihr Eisenbahner werdet wohl kaum den Tag mit einem gemeinsam gesungenen Psalm beschließen», sagte er, «aber es ist kein schlechter Brauch, kein schlechter Brauch. Wir haben heute nur ein wenig früher gesungen, um der Gastfreundschaft willen, das ist alles.»

Darauf wußte ich nichts Besonderes zu sagen, obwohl ich mir eine Menge dachte. Von Zeit zu Zeit warf ich einen verstohlenen Blick auf mein Gegenüber. Sein Rock war schwarz, ebenso seine Weste; Halstuch trug er keins; der kräftige, runde Hals ragte bloß aus dem schneeweißen Hemd. Er trug graubraune Kniehosen, graue Wollstrümpfe (die Strickerin glaubte ich zu kennen) und feste Nagelschuhe. Den Hut hielt er in der Hand, als wolle er spüren, wie die aufkommende Brise ihm das Haar zauste. Nach einer Weile ergriff der Vater die Hand der Tochter, und so, Hand in Hand, machten sie sich auf den Weg nach Hause. Dabei mußten wir eine Straße überqueren. Dort stießen wir auf zwei kleine Kinder, das eine lag bäuchlings im Gras und weinte bitterlich, das andere stand stocksteif daneben, den Finger im Mund, und dicke Tränen des Mitleids kullerten ihm langsam über die Wangen. Der Grund für ihren Kummer war offensichtlich: Auf der Straße lag ein zerbrochener brauner Krug, und daneben hatte sich ein kleiner Milchsee gebildet.

«Hoppla, was ist denn das?» rief der Pfarrer. «Was hast du denn angestellt, Tommy?» Mit starker Hand hob er den kleinen, schluchzend daliegenden Jungen in seinem Röckchen vom Boden hoch. Tommy sah ihn aus runden Augen überrascht, aber nicht erschrocken an – sie waren offenbar alte Bekannte.

«Mamas Topf!» sagte er schließlich und fing von neuem an zu weinen.

«So! Und mit Weinen willst du Mamas Topf flicken oder die verschüttete Milch wieder aufsammeln? Wie hast du das denn fertiggebracht, Tommy?»

«Er und ich» (sein Kopf wies mit einem Ruck in Richtung des anderen), «wir haben Wettrennen gespielt.»

«Tommy hat gesagt, er kann schneller laufen als ich», fiel der andere ein.

«Ich frag' mich, wie man euch zwei Dummerjans dazu bringt, aufzupassen und mit einem Milchtopf in der Hand nicht mehr um die Wette zu laufen», sagte der Pfarrer, als müsse er nachdenken. «Ich könnte euch verhauen und eurer Mama die Arbeit ersparen, denn wenn ich es nicht tu', macht sie es bestimmt.» Erneut ausbrechendes Gewinsel bei beiden bestätigte die Wahrscheinlichkeit dieser Tatsache. «Oder ich nehme euch mit zur Hope Farm und gebe euch neue Milch – aber dann lauft ihr wieder um die Wette, und meine Milch landet auf dem Boden bei der anderen und macht noch mal eine weiße Pfütze. Ich glaube, Verhauen wär' das beste, was meint ihr?»

«Wir würden nie mehr kein Wettrennen nicht machen», versprach der Ältere.

«Dann wärt ihr aber keine Jungen, sondern Engel.»

«Nein, wären wir nicht.»

«Wieso nicht?»

Sie blickten sich an und suchten nach einer Antwort auf diese kniffflige Frage. Schließlich sagte der eine: «Engel sind ja tote Leute.»

«Na, wir wollen nicht zu tief in die Theologie geraten. Was haltet ihr davon, wenn ich euch eine Blechkanne mit Deckel leihe, in der ihr die Milch heimtragen könnt? Die kann wenigstens nicht zerbrechen; obwohl ich nicht dafür garantiere, daß die Milch beim Wettrennen nicht rausschwappt. Also gut!»

Er hatte die Hand seiner Tochter losgelassen und streckte nun beide Hände den kleinen Burschen entgegen. Phillis und ich folgten und hörten dem Geplapper zu, mit dem seine Begleiter ihn nun überschwemmten und das er offensichtlich genoß. An einer Stelle sah man plötzlich in die gelbbraune, vom Abend gerötete Landschaft hinaus. Der Pfarrer wandte sich um und zitierte ein paar lateinische Verse.

«Es ist wunderbar», sagte er, «mit welch ewiggültigen, treffenden Worten Vergil vor fast zweitausend Jahren in Italien bis aufs I-Tüpfelchen genau beschrieben hat, was hier, im Sprengel Heathbridge, in der Grafschaft *** in England, vor uns liegt.»

«Ja... doch», sagte ich und erglühte vor Scham, denn ich hatte das bißchen Latein, das ich einmal gekonnt hatte, vergessen.

Der Blick des Pfarrers wanderte zu Phillis' Antlitz; wortlos erwiderte sie das einfühlende Verständnis, das ich in meiner Unwissenheit nicht zeigen konnte.

«Uh, das ist schlimmer als der Katechismus», dachte ich, «da mußte ich wenigstens nur Worte auswendig lernen.»

«Phillis, Kind, geh mit den Jungen heim und

erzähl der Mutter von dem Rennen und der Milch. – Mama muß immer die Wahrheit erfahren», wandte er sich an die Kinder. «Und erzählt ihr auch, daß ich die beste Birkenrute im Kirchspiel habe, und wenn sie meint, ihre Kinder bräuchten mal eine Tracht Prügel, soll sie sie zu mir bringen. Wenn ich finde, sie haben sie verdient, kann ich sie ihnen besser verabreichen als Mama.» Phillis führte die Kinder in die Milchkammer, irgendwo hinten im Hof, und ich folgte dem Pfarrer durch den «Vikar» in die Wohnstube.

«Ihre Mutter ist nämlich ein rechter Drachen und imstande, die Kinder ohne Sinn und Verstand durchzuprügeln», erklärte er. «Ich versuche über die Dorfrute ebenso die alleinige Verfügungsgewalt zu behalten wie über den Dorfstier.»

Er setzte sich in den Ohrensessel vorm Kamin und sah sich in dem leeren Zimmer um.

«Wo ist die Frau?» fragte er halblaut. Aber da kam sie schon; gewöhnlich suchte sie ihn bei seiner Heimkehr, sobald sie konnte, willkommen zu heißen – mit einem Blick, einer Berührung, nicht mehr –, und nun hatte er sie vermißt. Ungeachtet meiner Anwesenheit ging er mit ihr die Tagesereignisse durch; dann stand er auf und sagte, er müsse sich jetzt zum «Ehrwürden» umkleiden; danach würden wir im Salon Tee trinken. Der Salon war ein großer Raum mit zwei Flügelfenstern auf der anderen Seite des

breiten, gefliesten Flurs, der von der «Pfarrher-
rentür» zu der großen Treppe mit ihren niedrigen, polierten Eichenstufen führte, die noch nie
ein Läufer bedeckt hatte. Auf dem Boden im
Salon lag in der Mitte ein selbstgenähter Teppich
aus bestickten Stoffstreifen. Ein paar kuriose Por-
träts aus der Familie Holman hingen ringsum an
den Wänden, der Feuerrost und die Schürgeräte
waren reichlich mit Messing verziert, und auf
einem Wandtischchen zwischen den Fenstern
stand auf den Foliobänden von Matthew Henrys
Familienbibel[4] eine große Fayencevase voller
Blumen. Mir zu Ehren wurde dieser Raum
benutzt, und ich versuchte, dafür dankbar zu
sein; aber nach diesem ersten Tag nahmen wir
unsere Mahlzeiten nie mehr hier ein, und ich
war froh darüber, denn die große Wohnstube –
oder Wohnzimmer, oder Eßzimmer, wie man es
auch nennen mochte – war viel bequemer und
freundlicher. Vor dem gewaltigen, breiten
Kamin lag ein Teppich, neben dem Rost gab es
ein Backrohr und über dem hellen Holzfeuer
einen Haken, von dem der Kessel herunterhing.
Alles, was in diesem Raum schwarz glänzen
mußte, glänzte schwarz; und Fliesen, Vorhänge
und ähnliche Dinge, die weiß und sauber sein
mußten, waren ebenso makellos rein. Gegenüber dem Kamin befand sich, so lang wie das
Zimmer, ein eichenes Shuffleboard mit der richtigen Neigung, so daß ein geübter Spieler die
Münzen gut in die vorgeschriebenen Felder sto-

ßen konnte. Körbe mit weißem Stoff standen herum, und an der Wand hing ein kleines Bücherregal, mit Büchern zum Lesen und nicht als Sockel für eine Blumenvase. Als ich am ersten Abend kurz allein in der Stube war, nahm ich das eine oder andere Buch herunter – Vergil, Cäsar, eine griechische Grammatik – ach du liebe Zeit! Und immer stand der Name «Phillis Holman» drin! Ich schlug sie zu, stellte sie auf ihren Platz zurück und ging so weit weg von dem Regal, wie ich nur konnte. Ja, und um meine Cousine Phillis machte ich einen weiten Bogen, obwohl sie recht friedlich über ihrer Arbeit saß und ihr Haar goldener, ihre dunklen Wimpern länger und ihr runder, säulengleicher Hals weißer denn je aussahen. Wir hatten Tee getrunken und waren in die Stube zurückgekehrt, damit der Pfarrer seine Pfeife rauchen konnte, ohne befürchten zu müssen, er würde die grauen Damastvorhänge im Salon verqualmen. Er hatte sich in einen «Ehrwürden» verwandelt, indem er eines der üppigen weißen Musselinhalstücher angelegt hatte, die Tante Holman bei meinem ersten Besuch auf der Hope Farm gebügelt hatte, und durch ein paar andere unwesentliche Veränderungen an seiner Kleidung. Nun saß er da und blickte mich unverwandt an, aber ich weiß nicht, ob er mich wahrnahm oder nicht. Damals bildete ich mir ein, daß er mich sehr wohl sah und mich insgeheim nach einem mir unbekannten Maßstab beurteilte. Hie und da nahm er die Pfeife aus

63

dem Mund, klopfte die Asche aus und stellte mir eine neue Frage. Solang sich diese auf meine Kenntnisse und meine Lektüre bezogen, wich ich beklommen aus und wußte nicht, was ich antworten sollte. Nach und nach aber kam er zu dem greifbareren Thema Eisenbahn, und hier fühlte ich mich mehr zu Hause. Ich hatte wirklich Gefallen an meiner Arbeit gefunden; freilich hätte mich Mr. Holdsworth auch nicht weiter beschäftigt, wenn ich nur meine Zeit abgesessen und nicht mit Hingabe gearbeitet hätte. Und außerdem war ich erfüllt von den Schwierigkeiten, die uns gerade jetzt in Atem hielten, weil wir im Moor von Heathbridge, über das wir unsere Strecke führen wollten, einfach keinen festen Boden fanden. Bei allem Eifer, mit dem ich mich hierüber ausließ, konnte ich nicht umhin, über seine außerordentlich fachkundigen Fragen zu staunen. Damit will ich nicht sagen, daß er nicht hinsichtlich vieler technischer Einzelheiten unwissend gewesen wäre; das war zu erwarten. Aber wo er das bereits Gesagte erfaßt hatte, dachte er klar und folgerte vernünftig. Phillis, die ihm an Körper und Geist so ähnlich war, ließ ihre Arbeit immer wieder sinken, sah mich an und versuchte genau zu verstehen, was ich sagte. Ich merkte, daß sie mir folgen konnte, und vielleicht gab ich mir deshalb mehr Mühe als sonst, mich deutlich auszudrücken und meine Worte richtig zu setzen.

«Sie soll merken, daß ich wissenswerte Dinge

weiß, auch wenn es nicht ihre mausetoten Sprachen sind», dachte ich.

«Aha», sagte der Pfarrer schließlich. «Das hab' ich alles verstanden. Du hast ein helles, kluges Köpfchen, mein Junge – wo du das wohl her hast?»

«Von meinem Vater», sagte ich stolz. «Haben Sie nicht gehört, daß er eine neue Rangiermethode erfunden hat? Es stand in der ‹Gazette›. Sie ist patentiert worden. Ich dachte, alle Welt hätte von Mannings Patentkurbel gehört.»

«Wir wissen auch nicht, wer das Alphabet erfunden hat», antwortete er, lächelte ein bißchen und griff wieder nach seiner Pfeife.

«Nein, das wohl nicht, Sir», erwiderte ich ein wenig gekränkt. «Das ist ja auch schon lange her.»

Paff, paff, paff.

«Aber dein Vater muß ein bemerkenswerter Mann sein. Ich habe schon einmal von ihm gehört, und es gibt nicht viele, die fünfzig Meilen weit weg leben und deren Ruhm bis nach Heathbridge dringt.»

«Mein Vater *ist* ein bemerkenswerter Mann, Sir. Das sage nicht nur ich, sondern auch Mr. Holdsworth und – und jeder.»

«Er hat recht, wenn er für seinen Vater eintritt», sagte Tante Holman, als ob sie mich verteidigen wollte.

Ich ärgerte mich im stillen, denn ich fand, mein Vater brauche niemand, der für ihn eintrat. Er war selber Manns genug.

«Ja, er hat recht», bestätigte der Pfarrer gelassen. «Recht, weil es ihm von Herzen kommt, und, wie ich glaube, auch recht in der Sache. Sonst gibt es ja so manchen jungen Gockel, der auf dem Misthaufen steht und von seinem Vater kräht, damit seine eigenen Federn auch etwas von dem Glanz abbekommen. – Ich würde deinen Vater gern kennenlernen», fuhr er fort, wandte sich mir zu und sah mich freundlich und offen an.

Aber das wollte ich in meinem Ärger nicht wahrhaben. Gleich darauf, als er seine Pfeife zu Ende geraucht hatte, stand er auf und verließ den Raum. Phillis legte hastig ihre Arbeit nieder und folgte ihm. Nach wenigen Minuten kam sie zurück und setzte sich wieder hin. Nicht lange danach und noch bevor ich so recht meine gute Laune wiedererlangt hatte, öffnete er die Tür, durch die er hinausgegangen war, und rief mich zu sich. Ich ging über einen schmalen Steinflur in ein seltsames, vieleckiges Zimmer, keine zehn Fuß im Quadrat, das auf den Hinterhof hinaussah; halb Studierstube, halb Kontor, mit einem Sitzpult und einem Stehpult, einem Spucknapf, einem Bücherregal mit alten Büchern über Theologie, einem kleineren voller Bücher über Hufschmiedehandwerk, Landwirtschaft, Düngemittel und ähnliche Themen. An die gekalkte Wand waren mittels Oblaten, Nageln, Nadeln und allem, was gerade zur Hand gewesen war, Papierfetzen mit Notizen geheftet; am Boden stand eine Kiste mit Zimmermannswerkzeug, und auf dem Pult lagen einige Manuskripte in Kurzschrift.

Er wandte sich um und lachte ein wenig. «Dieses dumme Mädel glaubt, ich hätte dich verärgert.» Er legte seine große, kräftige Hand auf meine Schulter. «Nein, sag' ich zu ihr, was freundlich gemeint ist, wird auch freundlich aufgefaßt – so ist es doch, oder?»

«So war es nicht ganz, Sir», erwiderte ich, bezwungen durch seine Art; «aber so soll es in Zukunft sein.»

«Na, dann ist es recht. Du und ich, wir wollen doch Freunde sein. Es gibt nicht viele Leute, die ich hier hereinführe. Aber ich habe heute morgen ein Buch gelesen und bin nicht ganz klug daraus geworden. Es ist mir einmal irrtümlich geliefert worden; ich hatte Bruder Robinsons Predigten bestellt und war froh, als statt dessen dieses Buch kam, denn Predigten sind schon recht, aber... na, sei's drum. Ich behielt beides, und mein alter Rock mußte eben noch etwas länger halten. Aber ich nehme, was ich bekomme. Ich habe weniger Bücher als Zeit zum Lesen, und ich habe einen ungeheuren Appetit. Hier ist es.»

Es war ein Band über Festkörpermechanik, der viele technische Spezialausdrücke enthielt und einiges an höherer Mathematik. Letzteres, vor dem ich ratlos gestanden hätte, schien für ihn ganz einfach zu sein; was er brauchte, war die

Erklärung der technischen Begriffe, die ich ihm leicht liefern konnte.

Während er das Buch auf der Suche nach den Stellen, die er nicht verstanden hatte, durchblätterte, fiel mein schweifender Blick auf ein paar der Zettel an der Wand, und ich konnte mir nicht verkneifen, einen davon zu lesen. Er ist mir seitdem nicht aus dem Kopf gegangen. Zuerst schien es mir eine Art Wochenterminkalender zu sein, aber dann erkannte ich, daß den sieben Tagen bestimmte Gebete und Fürbitten zugeordnet waren: Montag für die Familie, Dienstag für Feinde, Mittwoch für die Kirchen der Independenten, Donnerstag für alle anderen Kirchen, Freitag für Geprüfte, Samstag für die eigene Seele, Sonntag für alle Umherirrenden und Sünder, auf daß sie in den Schoß der Gemeinde zurückkehren mögen.

Wir wurden zum Abendessen in die Stube zurückgerufen. Man öffnete eine Tür, die in die Küche führte, und in beiden Räumen erhoben sich alle. Der Pfarrer, groß, breitschultrig, eine Hand auf dem gedeckten Tisch, die andere erhoben, sagte mit tiefer Stimme, die sehr laut geklungen hätte, wäre sie nicht so voll und kräftig gewesen, aber ohne jenen besonderen Tonfall und das Näseln, das manche Leute für ein Zeichen der Frömmigkeit halten: «Ob wir essen oder trinken – was immer wir tun, laßt es uns tun zur Ehre Gottes.»[5]

Zum Abendessen gab es eine riesige Fleischpastete. Uns in der Stube wurde zuerst aufgetragen; dann schlug der Pfarrer mit dem Hirschhorngriff seines Tranchiermessers einmal auf den Tisch und rief: «Jetzt oder nie!» Das hieß: Wollte einer von uns noch mehr? Wenn alle durch Schweigen oder mit Worten ablehnten, klopfte er zweimal mit dem Messer auf den Tisch, und Betty kam durch die offene Tür herein und trug die große Schüssel in die Küche hinaus, wo ein alter und ein junger Mann und eine Magd aufs Essen warteten.

«Mach bitte die Tür zu, sei so gut», sagte der Pfarrer zu Betty.

«Das geschieht dir zu Ehren», sagte Tante Holman mit zufriedenem Unterton, als die Tür zu war. «Wenn keine Besucher da sind, läßt der Pfarrer gern die Tür offenstehen und redet mit den Knechten und Mägden geradesoviel wie mit Phillis und mir.»

«Es bringt uns näher zusammen, kurz bevor wir uns als Hausgemeinschaft zum Gebet treffen», erklärte er. «Aber um noch einmal auf unser Gespräch zurückzukommen – kannst du mir ein einfaches Buch über Dynamik nennen, das ich in die Tasche stecken und ein bißchen lesen kann, wenn ich tagsüber Zeit habe?»

«Wenn du Zeit hast, Vater?» fragte Phillis, und auf ihrem Gesicht erschien etwas, das einem Lächeln mehr glich als alles, was ich bisher an ihr gesehen hatte.

«Ja, wenn ich Zeit habe, Tochter. Mir geht so

manche einzelne Minute verloren, wenn ich auf andere Leute warten muß; und jetzt, wo diese Eisenbahn so nahe an uns vorbeifährt, sollte man tunlichst etwas darüber wissen.»

Ich dachte an seine eigene Beschreibung seines «ungeheuren Appetits» auf Wissen. Auch auf die handfestere Nahrung, die vor ihm stand, zeigte er stattlichen Appetit. Allerdings merkte ich oder glaubte ich zu merken, daß er sich beim Essen und Trinken ein gewisses Maß auferlegte.

Als das Abendessen beendet war, versammelte sich der Haushalt zum Gebet. Es war ein langes freies Abendgebet und hätte sich recht zerstreut angehört, wenn ich nicht einen Eindruck von dem Tag bekommen hätte, der ihm vorausgegangen war, und darin einen Schlüssel zu den Gedanken hätte finden können, die den zusammenhanglosen Äußerungen zugrunde lagen. Denn endlos lange kniete er dort in der Mitte eines Kreises, die Augen geschlossen, die Hände aneinandergepreßt und zum Gebet emporgestreckt, und legte manchmal eine lange Pause ein, als wartete er, ob noch etwas kam, das er «dem Herrn unterbreiten» wollte (um seinen eigenen Ausdruck zu benützen), ehe er mit dem Segen schloß. Er betete auch für das Vieh und alle Lebewesen und überrumpelte mich damit ein wenig, denn meine Gedanken waren ins Schweifen geraten und wurden von der Sprache des Alltags zurückgerufen.

Hier darf ich nicht vergessen, einen komischen Zwischenfall am Ende des Gebets zu erwähnen. Wir hatten uns noch nicht von unseren Knien erhoben (auch Betty war noch nicht richtig wach; sie pflegte allabendlich ein gesundes Nickerchen zu machen, den müden Kopf auf die strammen Arme gelegt); der Pfarrer kniete noch immer in unserer Mitte, aber mit weitgeöffneten Augen und hängenden Armen, und sprach mit dem älteren Knecht, der sich auf den Knien zu ihm umdrehte. «John, kümmere dich drum, daß Daisy heute abend ihren warmen Trank kriegt. Wir dürfen nicht vergessen, was uns der Herr für Hilfsmittel anbietet, John: zwei Viertel Haferschleim, ein Löffel Ingwer und ein Schuß Bier – das arme Tier braucht's, und ich hab' leider vergessen, dich daran zu erinnern. Nun hab' ich hier den Segen erbeten und die Hilfsmittel dazu außer acht gelassen, das ist ja unsinnig», sagte er leiser.

Bevor wir zu Bett gingen, erklärte er mir, daß er mich während meines Besuchs, der bis Sonntag abend dauern sollte, kaum mehr sehen würde, da er Samstag und Sonntag der Gemeindearbeit widmete. Mir fiel ein, daß der Gastwirt mir dies an dem Tag, als ich mich zum ersten Mal nach meinen neuen Verwandten erkundigte, schon erzählt hatte; und es war mir nicht unangenehm, daß sich mir nun die Gelegenheit bot, mit Tante Holman und Phillis vertrauter zu werden – obwohl ich inständig hoffte, letztere würde mir nicht mit ihren toten Sprachen zusetzen.

Ich ging zu Bett und träumte, daß ich ebenso groß war wie meine Cousine Phillis, daß mir plötzlich und wunderbarerweise ein Backenbart wuchs und ich, was noch wunderbarer war, Latein und Griechisch beherrschte. Aber ach! Ich wachte als immer noch kurzbeiniger, bartloser Knabe auf, mit *tempus fugit* als einziger Erinnerung an das bißchen Latein, das ich einmal gelernt hatte. Während ich mich anzog, kam mir ein blendender Einfall: Ich konnte Cousine Phillis selber Fragen stellen, statt mich von ihr fragen zu lassen, dann stand es in meiner Macht, das Gesprächsthema zu wählen.

Obwohl es noch so früh am Tag war, hatten schon alle gefrühstückt, und meine Schale mit Brot und Milch stand auf dem Backofen und wartete darauf, daß ich herunterkam. Alle waren schon an die Arbeit gegangen. Die erste, die in die Stube kam, war Phillis mit einem Korb voll Eier.

Getreu meinem Entschluß fragte ich: «Was ist das?»

Sie sah mich kurz an und sagte dann ernst: «Kartoffeln.»

«Nein», entgegnete ich, «das sind Eier. Wieso sagst du, es sind Kartoffeln?»

«Wieso fragst du mich, wenn du es genau siehst?» erwiderte sie.

Wir wurden ein wenig ärgerlich aufeinander.

«Ich weiß nicht. Ich wollte ein Gespräch mit dir anfangen, und ich hatte Angst, daß du mit mir über Bücher reden könntest, so wie gestern. Ich habe nicht viel gelesen, und du und der Pfarrer, ihr habt so viel gelesen.»

«Ich nicht», meinte sie. «Aber du bist unser Gast, und Mutter sagt, ich muß mich darum kümmern, daß du dich wohl fühlst. Reden wir also nicht über Bücher. Worüber sollen wir denn reden?»

«Ich weiß nicht. Wie alt bist du?»

«Siebzehn im letzten Mai. Wie alt bist du?»

«Ich bin neunzehn. Fast zwei Jahre älter als du», sagte ich und reckte mich zu meiner vollen Größe empor.

«Ich hätte nicht gedacht, daß du älter als sechzehn bist», erwiderte sie ruhig, als spräche sie damit nicht den denkbar empörendsten Satz aus. Es folgte eine Pause.

«Was willst du jetzt machen?» fragte ich.

«Ich müßte in den Schlafzimmern Staub wischen; aber Mutter hat gesagt, ich soll lieber bei dir bleiben und dafür sorgen, daß du dich hier wohl fühlst», sagte sie ein wenig bedauernd, als wäre Abstauben die weitaus einfachere Aufgabe.

«Willst du mir vielleicht das Vieh zeigen? Ich mag Tiere, obwohl ich nicht gut über sie Bescheid weiß.»

«Wirklich? Das freut mich! Ich habe schon gefürchtet, du magst keine Tiere, weil du ja auch keine Bücher magst.»

Ich fragte mich, weshalb sie so etwas sagte.

Vermutlich nahm sie allmählich an, unsere Vorlieben müßten samt und sonders verschieden sein. Wir gingen zusammen über den ganzen Hof. Wir fütterten das Geflügel, und sie kniete nieder, die Schürze voll Weizen und Schrotmehl, und lockte die kleinen, scheuen, flaumigen Küken hinein, zur großen Besorgnis der nervösen, aufgeplusterten Henne, ihrer Mutter. Sie rief nach den Tauben, die beim Klang ihrer Stimme herniederflatterten. Wir sahen uns die großen, glänzenden Zugpferde an, waren uns einig in unserer Abneigung gegen Schweine, fütterten die Kälber, redeten Daisy, der kranken Kuh, gut zu und bewunderten die anderen draußen auf der Weide. Dann kamen wir müde, hungrig und schmutzig zum Mittagessen heim, hatten ganz vergessen, daß es so etwas wie tote Sprachen gab, und waren infolgedessen dicke Freunde.

II

Tante Holman gab mir die Wochenzeitung der Grafschaft; ich sollte ihr vorlesen, während sie Strümpfe aus einem übervollen Korb flickte und Phillis ihrer Mutter half. Ich las und las, achtete nicht auf die Worte, die ich aussprach, und dachte an alles mögliche andere: wie hell Phillis' Haar schimmerte, wenn die Nachmittagssonne auf ihren gesenkten Kopf fiel; an die Stille im Haus, dank der ich das Tick-Tack der alten Uhr auf dem Treppenabsatz hören konnte; an die

mannigfaltigen, unbestimmten Laute, mit denen
Tante Holman während des Vorlesens Mitgefühl,
Erstaunen oder Schrecken über die Zeitungs-
meldungen zeigte. Die ruhige Eintönigkeit dieser Stunde gab mir das Gefühl, als hätte ich schon
immer in diesem warmen, sonnendurchfluteten
Raum gelebt und würde für immer hier leben,
einen Absatz nach dem andern herunterleiernd,
mit meinen beiden schweigsamen Zuhörerinnen, dem Kätzchen, das zusammengerollt auf
dem Kaminvorleger schlief, und der Uhr im
Treppenhaus, die unaufhörlich die verstreichen-
den Sekunden hinwegtickte.

Nach einer Weile erschien Betty, die Magd, in
der Küchentür und machte Phillis ein Zeichen.
Sie legte ihren halbgestopften Strumpf nieder
und ging wortlos in die Küche. Als ich ein paar
Minuten später Tante Holman anblickte, sah ich,
daß ihr das Kinn auf die Brust gefallen und sie
eingeschlafen war. Ich legte die Zeitung hin und
war nahe dran, ihrem Beispiel zu folgen, als ein
leichter Luftzug unsichtbarer Herkunft die Ver-
bindungstür zur Küche, die Phillis offenbar nicht
zugeklinkt hatte, ein wenig öffnete. Ich sah sie,
mir halb verborgen, an der Anrichte sitzen und
mit flinken Fingern Äpfel schälen, dabei wandte
sie aber immer wieder den Kopf zu einem Buch,
das neben ihr auf der Anrichte lag. Ich stand leise
auf, ging ebenso leise in die Küche und blickte
ihr über die Schulter, ohne daß sie meiner Nähe
gewahr wurde. Ich stellte fest, daß das Buch in

einer mir unbekannten Sprache verfaßt war und
der Kolumnentitel «L'Inferno» hieß. Grad als ich
die Verwandtschaft dieses Wortes zu «infernal-
isch» erkannte, fuhr sie hoch und drehte sich um,
und als ob sie ihre Gedanken laut weiterführte,
seufzte sie: «Ach, es ist so schwer! Kannst du mir
helfen?» Und sie legte ihren Finger auf eine Zeile.

«Ich? Nie! Ich doch nicht! Ich weiß nicht einmal, was für eine Sprache das ist!»

«Siehst du nicht, daß es Dante ist?» versetzte
sie fast mürrisch. Sie brauchte so dringend Hilfe.

«Also italienisch?» fragte ich zögernd, denn
ich war mir nicht ganz sicher.

«Ja. Und ich möchte es so gern herausbekom-
men. Vater kann mir ein bißchen helfen, denn er
kann Latein, aber er hat so wenig Zeit.»

«Du hast auch nicht viel, sollte man meinen,
wenn du oft versuchst, so wie jetzt, zwei Dinge
auf einmal zu erledigen.»

«Ach, das heißt gar nichts! Vater hat billig
einen Stoß alter Bücher gekauft. Und ich wußte
schon etwas über Dante, und Vergil habe ich
immer so gern gelesen. Apfelschälen ist gar
nichts – wenn ich nur dieses alte Italienisch ent-
ziffern könnte! Ich wollte, du könntest es.»

«Ich auch», erwiderte ich, angerührt von
ihrem leidenschaftlichen Ton. «Wenn jetzt nur
Mr. Holdsworth hier wäre, der spricht, glaub'
ich, Italienisch wie sonst was.»

«Wer ist Mr. Holdsworth?» fragte Phillis und
sah auf.

«Ach, das ist unser Oberingenieur, wirklich ein erstklassiger Bursche. Er kann einfach alles.» Heldenverehrung und Stolz auf meinen Vorgesetzten begannen mitzuspielen. Außerdem – wenn schon ich selbst nicht klug und belesen war, dann wollte ich wenigstens zu jemandem gehören, der es war.

«Wieso kann er Italienisch?» fragte Phillis.

«Er mußte eine Eisenbahnlinie durchs Piemont bauen, das liegt wohl in Italien; und da mußte er mit den Arbeitern immer italienisch reden; und er hat mir erzählt, daß er in den sonderbaren, abgelegenen Orten, wo er wohnte, fast zwei Jahre nur italienische Bücher zum Lesen hatte.»

«Meine Güte!» rief Phillis. «Ich wollte ...», und sie verstummte. Ich war mir nicht ganz sicher, ob ich aussprechen sollte, was mir jetzt in den Sinn kam – aber ich sagte es.

«Soll ich ihn etwas zu deinem Buch oder deinen Schwierigkeiten fragen?»

Sie schwieg ein Weilchen, dann antwortete sie: «Nein, ich glaube nicht. Trotzdem vielen Dank. Normalerweise komme ich mit der Zeit schon dahinter. Und dann kann ich's mir vielleicht besser merken, als wenn mir jemand geholfen hat. Ich leg' es jetzt weg, und du gehst besser raus, ich muß nämlich den Teig für die Pasteten machen. Sonntags gibt's immer ein kaltes Mittagessen.»

«Aber ich kann doch bleiben und dir helfen?»

«Freilich. Helfen kannst du natürlich gar nichts, aber ich hab's gern, wenn du bei mir bist.»

Ich war gleichzeitig geschmeichelt und verärgert bei diesem freimütigen Geständnis. Es freute mich, daß sie mich mochte; aber als junger Stutzer hätte ich doch gern den Verehrer gespielt, und ich war gewitzt genug zu begreifen, daß sie, wenn ihr dergleichen durch den Kopf gegangen wäre, niemals so offen mit mir gesprochen hätte. Ich tröstete mich aber sofort mit der Feststellung, daß die Trauben ja sauer waren. Ein großes, hochaufgeschossenes Mädchen in einer Kinderschürze, einen halben Kopf größer als ich, das Bücher las, von denen ich nie etwas gehört hatte, und auch noch über sie sprach, als wären sie viel aufregender als persönliche Themen: Das war das letzte Mal, daß ich an meine liebe Cousine Phillis als mögliche Dame meines Herzens und Frau fürs Leben dachte. Aber wir wurden um so bessere Freunde, nachdem ich diesen Gedanken völlig beiseite geschoben und außer Sichtweite vergraben hatte.

Spät am Abend kam der Pfarrer aus Hornby zurück. Er hatte die verschiedenen Gemeindeglieder besucht, und diese Arbeit hatte sich anscheinend als unbefriedigend erwiesen, nach den Gedankenfetzen zu urteilen, die ihm in seine Rede rutschten.

«Die Männer treffe ich nie an, sie sind alle bei der Arbeit, im Geschäft oder in den Lagerhäusern. Da gehören sie ja auch hin. Ich habe nichts auszusetzen an ihnen. Nur: Wenn die Predigten oder Ermahnungen eines Seelsorgers überhaupt zu etwas gut sind, dann haben die Männer sie genauso nötig wie die Frauen.»

«Kannst du sie nicht an ihren Arbeitsplätzen aufsuchen und sie an ihre christlichen Rechte und Pflichten erinnern, Pfarrer?» fragte Tante Holman, die offensichtlich fand, daß ihres Ehemanns Worte niemals fehl am Platz sein konnten.

«Nein», sagte er und schüttelte den Kopf. «Ich brauche bloß an mich selbst zu denken. Wenn Wolken am Himmel stehen, und ich mache mich beim Heuen gerade zum Aufladen fertig, und abends wird's bestimmt regnen, dann würde ich Bruder Robinson auch scheel anschauen, wenn er zu mir aufs Feld käme und über ernste Dinge reden wollte.»

«Aber den Frauen tun deine Worte gut, Vater, und vielleicht wiederholen sie vor ihren Männern und Kindern, was du ihnen gesagt hast?»

«Hoffentlich tun sie das, denn ich kann die Männer selbst nicht erreichen. Aber die Frauen trödeln so lange herum, ehe sie zu mir kommen, und schmücken sich mit Bändern und Flitterkram, als ob sie die Botschaft, die ich ihnen bringe, am besten in schönen Kleidern hören könnten. Mrs. Dobson heute – ich bin froh, Phillis, daß du dir aus solch eitlem Tand wie Kleidern nichts machst!»

Phillis errötete ein wenig, als sie mit leiser, demütiger Stimme antwortete: «Leider mache ich mir schon was daraus, Vater. Ich wünsche mir oft, ich könnte schöne, bunte Bänder um den Hals tragen wie die Tochter des Gutsherrn.»

«Das ist nur natürlich, Pfarrer!» warf seine Frau ein. «So erhaben bin ich nicht, daß nicht auch mir ein seidenes Kleid lieber wäre als eins aus Baumwolle!»

«Die Putzsucht ist eine Versuchung und ein Fallstrick», sagte er ernst. «Der wahre Schmuck ist eine sanftmütige und ruhige Seele. Und was dies betrifft, Frau», fügte er hinzu, da ihm plötzlich ein Gedanke durch den Kopf schoß, «habe auch ich gesündigt. Ich wollte dich fragen: Können wir nicht im grauen Zimmer schlafen statt in unserem bisherigen Schlafzimmer?»

«Im grauen Zimmer schlafen – jetzt noch das Zimmer wechseln?» fragte Tante Holman bestürzt.

«Ja», sagte er. «Es würde mich vor der täglichen Versuchung zu einem Zornesausbruch bewahren. Schau dir mein Kinn an!» fuhr er fort. «Heute morgen habe ich mich beim Rasieren geschnitten, und am Mittwoch genauso – ich weiß nicht, wie oft ich mich in letzter Zeit geschnitten habe; und alles aus Ungeduld, weil ich Timothy Cooper im Hof beim Arbeiten zuschauen muß.»

«Ja, das ist wirklich ein fauler Flegel!» rief Tante Holman. «Der ist sein Geld nicht wert. Er kann nicht viel, und was er kann, macht er schlecht.»

«Das stimmt», meinte der Pfarrer. «Aber er ist

eben sozusagen schwachsinnig. Immerhin hat er Frau und Kinder.»

«Um so schandbarer für ihn.»

«Aber das läßt sich nicht mehr ändern. Wenn ich ihn rauswerfe, nimmt ihn niemand mehr. Und doch muß ich ihm morgens einfach zuschauen, wenn er im Hof bei der Arbeit bummelt, und ich schau' hin und schau' hin, bis bei seinem Schlendrian der alte Adam in mir hellwach wird; und eines Tages, fürchte ich, werde ich wohl hinuntergehen und ihn fortjagen – abgesehen davon, daß ich mich seinetwegen beim Rasieren schneide! Und dann müssen seine Frau und seine Kinder Not leiden. Ich möchte gern in das graue Zimmer umziehen.»

Viel mehr habe ich von meinem ersten Besuch auf der Hope Farm nicht in Erinnerung. Auf dem Weg zum Gottesdienst in Heathbridge gingen wir langsam und gesetzt die Straßen entlang, deren Hecken und Bäume der beginnende Herbst schon rot und braun färbte. Der Pfarrer wanderte ein Stückchen vor uns, die Hände auf dem Rücken, den Kopf gesenkt; er denke über die Predigt nach, die er seiner Gemeinde halten werde, erklärte Tante Holman, und wir sprachen leise und verhalten, um ihn in seinen Gedanken nicht zu stören. Aber es entging mir nicht, daß er unterwegs von Arm und Reich ehrerbietig gegrüßt wurde; und er erwiderte diese Grüße mit einer freundlichen Handbewegung, aber nicht mit Worten. Als wir uns dem Städtchen

81

näherten, merkte ich, daß einige der jungen Burschen, denen wir begegneten, Phillis bewundernde Blicke zuwarfen, und daraufhin sah auch ich sie an. Sie trug ein weißes Kleid und einen kurzen, schwarzen Seidenumhang, wie es damals Mode war, dazu einen Strohhut mit braunen Bändern, das war alles. Aber was ihrer Kleidung an Farbe fehlte, besaß ihr liebes, hübsches Gesicht. Der Spaziergang ließ ihre Wangen wie Rosen erblühen, selbst das Weiß ihrer Augen hatte einen bläulichen Schimmer, und die dunklen Wimpern unterstrichen das tiefe Blau der Augen. Das blonde Haar war so straff zurückgekämmt, wie ihre Naturlocken dies erlaubten. Wenn auch sie selbst die Bewunderung nicht wahrnahm, die sie erregte, so doch gewiß Tante Holman, denn sie blickte so grimmig und stolz drein, wie es ihrem friedfertigen Gesicht nur möglich war; sie hütete ihren Schatz und freute sich doch, wenn andere merkten, daß es sich um einen Schatz handelte. Am Nachmittag mußte ich nach Eltham zurückfahren, um anderntags zur Arbeit gerüstet zu sein. Später erfuhr ich, daß der Pfarrer und seine Familie «geistlich in Sorge» waren, ob sie nämlich gut daran getan hatten, mich zu einer Wiederholung meines Besuchs auf der Hope Farm einzuladen, wo sie doch sahen, daß ich notgedrungen am geheiligten Sonntag nach Eltham heimkehren mußte. Aber sie luden mich weiterhin ein, und ich besuchte sie weiterhin, wann immer meine anderen Verpflichtungen es gestatteten. Mr. Holdsworth erwies sich in diesem Fall wie in allen anderen als gütiger und nachsichtiger Freund. Meine neuen Bekannten minderten auch nicht meine Hochachtung und Bewunderung für ihn. Ich hatte in meinem Herzen Platz für alle, darf ich glücklicherweise sagen, und soweit ich mich erinnere, pries ich weiterhin beide Seiten voreinander in einem Ausmaß, das ich, wäre ich älter und welterfahrener gewesen, als unklug und auch etwas lächerlich empfunden hätte. Unklug war es gewiß, denn es mußte fast sicher zu einer Enttäuschung führen, wenn sie jemals miteinander bekannt wurden; und vielleicht war es auch lächerlich, obgleich wohl niemand von uns es damals so empfand. Der Pfarrer hörte meinen Berichten über Mr. Holdsworths mannigfache Fertigkeiten und wechselvolle Reiseabenteuer immer aufrichtig interessiert, wohlwollend und gutgläubig zu, und Mr. Holdsworth seinerseits ließ sich gern von meinen Besuchen auf dem Hof erzählen und sich das Leben meiner Verwandten dort beschreiben – er mochte das, denke ich, wie alles, was nur aus Worten bestand und nicht zu Taten führte.

So ging ich in diesem Herbst sicher durchschnittlich einmal im Monat auf die Hope Farm; das Leben dort verlief so friedlich und gleichmäßig, daß ich mich nur an ein einziges kleines Ereignis erinnere, und vermutlich schenkte ich ihm mehr Beachtung als irgend jemand anderer:

Phillis legte die Kinderschürze ab, die mich immer so gestört hatte. Ich weiß nicht, warum sie verbannt wurde, aber bei einem meiner Besuche fand ich sie durch eine hübsche Leinenhalbschürze am Vormittag und eine schwarzseidene am Nachmittag ersetzt. Und das blaue Baumwollkleid verwandelte sich, als der Winter nahte, in ein braunes Wollkleid. (Dies hört sich an wie in einem Buch⁶, das ich einmal gelesen habe, wo der Umzug vom blauen Bett in das braune als bedeutendes Familienereignis geschildert wurde.)

Gegen Weihnachten kam mein lieber Vater, um mich zu besuchen und Mr. Holdsworth hinsichtlich einer Verbesserung zu Rate zu ziehen, die später als «Mannings Antriebsrad» bekannt wurde. Mr. Holdsworth, das erwähnte ich wohl schon, hatte große Hochachtung vor meinem Vater, der in derselben großen Maschinenwerkstatt beschäftigt gewesen war, wo Mr. Holdsworth seine Lehrzeit verbracht hatte; und er und mein Vater witzelten oft miteinander über einen Nobellehrling, der bei der Schmiedearbeit weiße Waschlederhandschuhe getragen hatte, aus Angst, sich die Finger schmutzig zu machen. Mr. Holdsworth sprach oft mit mir über meinen Vater: er habe die gleiche technische Erfindungsgabe wie George Stephenson⁷. Und nun war mein Vater gekommen, um seinen Rat bei einigen Verbesserungsvorschlägen zu hören und ihm eine Beteiligung anzubieten. Mit großer

84

Freude sah ich, wie sehr die beiden Männer einander schätzten. Mr. Holdsworth, jung, gutaussehend, lebhaft, elegant gekleidet, Gegenstand der Bewunderung für die Jugend von Eltham; und mein Vater in seinem anständigen, aber altmodischen Sonntagsrock, das einfache, kluge Gesicht voll tiefer Falten, Spuren harter Arbeit und angestrengten Nachdenkens, die Hände vom jahrelangen Werken in der Schmelzhütte zu schwarz, als daß Wasser und Seife noch damit fertiggeworden wären. Er sprach einen ausgeprägten nördlichen Dialekt, wohingegen Mr. Holdsworth wie viele Südengländer weich und gedehnt sprach, was man in Eltham als Vornehmtuerei ansah.

Obwohl mein Vater die meiste freie Zeit mit Gesprächen über die erwähnte Angelegenheit verbrachte, wollte er Eltham nicht verlassen, ohne den Verwandten, die so freundlich zu seinem Sohn gewesen waren, seine Aufwartung zu machen. So fuhren wir mit einer Lokomotive auf der halbfertigen Strecke bis Heathbridge und folgten der Einladung, einen Tag auf der Hope Farm zu verbringen.

Es war eigenartig und doch erfreulich, wie die beiden Männer, die bisher ein so völlig unterschiedliches Leben geführt hatten, nach einem ruhigen, geraden Blick ins Gesicht des anderen spontan zueinander fanden. Mein Vater war ein dünner, drahtiger Mann von fünf Fuß und sieben Zoll; der Pfarrer hatte breite Schultern und rote

Wangen und maß sechs Fuß und einen Zoll; beide waren gemeinhin keine großen Redner – der Pfarrer womöglich noch weniger –, aber sie sprachen viel miteinander. Mein Vater wanderte mit dem Pfarrer über die Felder; mir ist, als sähe ich ihn noch heute, die Hände auf dem Rücken, wie er gespannt allen Erklärungen über Ackerbau und die verschiedenen Arbeitsweisen in der Landwirtschaft lauschte. Ab und zu hob er wie von ungefähr ein Werkzeug auf und musterte es mit kritischem Blick; hie und da stellte er Fragen, die sein Begleiter merklich für sachkundig hielt. Dann kehrten wir zurück und besahen uns das Vieh, das bereits im Stall stand und versorgt war, denn man rechnete mit einem Schneesturm, der schon schwarz am westlichen Horizont hing. Mein Vater ließ sich die besonderen Merkmale bei Kühen so genau erklären, als wollte er Landwirt werden. Er besaß ein kleines Notizbuch, in das er technische Anmerkungen und Maße eintrug, und das zog er nun heraus und schrieb «gerader Rücken», «kleines Maul», «kräftiger Rumpf» und wer weiß was alles unter der Überschrift «Kuh» hinein. Er hatte viel an einer Rübenschneidemaschine auszusetzen, über deren Unförmigkeit er sich aufregte; später, als wir ins Haus gingen, setzte er sich einen Augenblick nachdenklich hin und schwieg. Phillis und ihre Mutter trafen die letzten Vorbereitungen für den Tee, und Tante Holman entschuldigte sich (ohne daß jemand weiter darauf achtete), daß wir nicht im Salon saßen; sie fürchtete, es könnte dort an einem so kalten Abend zu kühl werden. Mir war nichts willkommener als das lodernde, prasselnde Feuer, das die ganze Wohnstube mit seiner Glut erfüllte und die schneeweißen Fliesen unter unseren Füßen erwärmte, bis sie heißer schienen als der karmesinrote Teppich vor dem Kamin.

Nach dem Tee, als Phillis und ich glücklich miteinander plauderten, hörte ich plötzlich Tante Holman etwas ausrufen, was sie nicht zu unterdrücken vermochte: «Was macht der denn da?!»

Als ich mich umwandte, sah ich, daß mein Vater ein geradegewachsenes, brennendes Holz aus dem Feuer zog, einen Augenblick wartete, prüfte, ob das verkohlte Ende für seinen Zweck geeignet war, und dann zu der makellos weiß und sauber gescheuerten Hartholzkommode ging und mit dem Scheit zu zeichnen begann. Es war der beste Ersatz für Kreide oder Zeichenkohle, dessen er habhaft werden konnte, denn sein Notizbleistift war für diesen Zweck nicht dick und fest genug. Als er fertig war, fing er an, dem Pfarrer, der ihm die ganze Zeit schweigend zugeschaut hatte, seinen Neuentwurf einer Rübenschneidemaschine zu erklären. Tante Holman hatte unterdessen ein Staubtuch aus einer Schublade gezogen, und während sie vorgab, an der Zeichnung genauso interessiert zu sein wie ihr Gatte, probierte sie heimlich an einem Strich ganz außen aus, wie leicht er sich beseitigen ließ und ob ihre Kommode wieder so weiß werden würde wie zuvor. Dann bat der Pfarrer Phillis, das Buch über Dynamik zu holen, nach dem er mich bei meinem ersten Besuch gefragt hatte, und mein Vater mußte viele schwierige Stellen erklären. Er tat dies in einer Sprache, die so klar war wie sein Verstand, er zeichnete, wenn nötig, zur Erläuterung mit seinem Holz, und der Pfarrer saß da, den schweren Kopf in die Hände gestützt, die Ellbogen auf dem Tisch, und achtete kaum auf Phillis, die sich vorbeugte, die Hand auf seiner Schulter, und begierig lauschte und Wissen aufsaugte, ganz die Tochter ihres Vaters. Tante Holman tat mir ein wenig leid. Das war mir schon mehrmals so gegangen, denn wie sie es auch anstellte, sie war völlig außerstande, auch nur das Vergnügen zu verstehen, das ihr Mann und ihre Tochter an der Wissenschaft fanden, geschweige denn, sich für die Studien selbst zu interessieren, und war deshalb unvermeidlich von einigen ihrer Vorlieben ausgeschlossen. Ein- oder zweimal war mir schon der Gedanke gekommen, daß sie ein wenig eifersüchtig auf ihr eigenes Kind war, das ihrem Mann eine angemessenere Gefährtin gewesen wäre als sie selbst; und ich bildete mir ein, der Pfarrer wüßte um diese Regung, denn manchmal merkte ich, wie er plötzlich das Thema wechselte und eine werbende Zärtlichkeit in seine Stimme legte, wenn er mit ihr sprach. Das beruhigte sie immer, und sie sah wieder zufrieden aus. Ich glaube nicht, daß Phillis diese kleinen Schatten je bemerkte. Erstens verehrte sie ihre Eltern so sehr, daß sie ihnen folgte, als wären sie Peter und Paul, und außerdem war sie in ihre jeweilige Arbeit viel zu vertieft, um anderer Leute Betragen und Blicke zu beachten.

An diesem Abend entging mir nicht, daß sie unbewußt große Macht über meinen Vater gewann. Sie stellte ein paar Fragen, die bewiesen, daß sie seinen Erklärungen bis zu diesem Punkte gefolgt war. Wahrscheinlich hatte auch ihre ungewöhnliche Schönheit etwas mit dem guten Eindruck zu tun, den sie bei ihm hinterließ, und er hatte keine Bedenken, ihren Eltern seine Bewunderung zu gestehen, als sie gerade nicht im Zimmer war. Auf diesen Abend führe ich jenen Plan meines Vaters zurück, den er mir ein paar Tage später in meinem dreieckigen Zimmerchen in Eltham enthüllte.

«Paul», begann er, «ich habe nie gedacht, daß ich mal ein reicher Mann würde; aber jetzt kommt es wohl doch soweit. Es gibt ein paar Leute, die machen ein gutes Geschäft mit meiner neuen Maschine (nennen wir sie mal bei ihrem technischen Namen), und Ellison von den Borough Green Works hat mich sogar gefragt, ob ich sein Teilhaber werden will.»

«Mr. Ellison, der Richter! Der in der King Street wohnt? Na, der sitzt hoch zu Roß», meinte ich, zweifelnd und doch hocherfreut.

«Ja, mein Junge, John Ellison. Aber das heißt

nicht, daß ich auch hoch zu Roß sitze. Obwohl ich deiner Mutter gern das Zufußgehen ersparen würde, denn sie ist nicht mehr so jung, wie sie mal war. Aber da ist noch lange hin. Ich denke, ich werde mit einem Drittel Gewinnanteil beginnen. Das dürften siebenhundert sein oder vielleicht mehr. Ich hätte gern die Möglichkeit, ein paar meiner Ideen in die Tat umzusetzen. Daran liegt mir mehr als am Geld. Ellison hat keine Söhne, und natürlich würde das Geschäft im Lauf der Zeit auf dich übergehen. Ellisons Töchter sind nur mickrige Dinger, es schaut nicht so aus, als würden sie noch einen Mann bekommen, und wenn doch, ist er womöglich nicht vom technischen Fach. Das ist eine Gelegenheit für dich, mein Junge, wenn du dranbleibst. Ich weiß, du bist nicht wunder was, wenn's ums Entwickeln geht, aber so mancher bringt's weiter, wenn er keine Flausen im Kopf hat von Dingen, die er nicht sieht und nie gesehen hat. Ich bin recht froh, daß Mutters Verwandte so ungewöhnlich vernünftige und redliche Leute sind. Ich hab' den Pfarrer wie einen Bruder ins Herz geschlossen, und sie ist eine friedliche Weibsperson. Ich sag's dir offen, Paul: Es wird mich glücklich machen, wenn du mir eines Tages sagst, daß Phillis Holman meine Schwiegertochter wird. Ich glaube, auch wenn das Mädchen keinen Penny hätte, würde ein Mann mit ihr sein Glück machen; dabei hat sie dort drüben Haus und Grundbesitz, und wenn alles gutgeht, wirst du es vielleicht dereinst an Vermögen mit ihr aufnehmen können.»

Ich wurde feuerrot. Ich wußte nicht, was ich sagen sollte, und wollte doch etwas sagen. Obwohl mir der Gedanke, daß ich eines fernen Tages eine eigene Frau haben würde, schon oft durch den Kopf geschwirrt war, klang es so seltsam, als mein Vater ihn nun zum ersten Mal aussprach.

Er sah meine Verlegenheit und fragte leise lächelnd: «Na, mein Junge, was sagst du zu den Plänen deines alten Vaters? Freilich bist du noch jung, aber wie ich so alt war wie du, hätte ich meine rechte Hand hergegeben, wenn ich auch nur die Spur einer Chance gehabt hätte, das Mädchen zu heiraten, das ich gern hatte...»

«Meine Mutter?» fragte ich, ein wenig erstaunt über die Veränderung in seiner Stimme.

«Nein, nicht deine Mutter. Deine Mutter ist eine sehr gute Frau, es gibt keine bessere. Nein. Das Mädchen, das ich mit neunzehn gern hatte, hat nie erfahren, wie lieb ich sie gehabt hab', und ein paar Jahre später war sie tot, und erfahren hat sie's nie. Ich glaube, sie hätte sich darüber gefreut, die arme Molly; aber ich mußte den Ort, wo wir lebten, verlassen und versuchen, mein Brot zu verdienen. Ich hatte vor, zurückzukehren – aber bevor es soweit kam, war sie schon tot und begraben. Seither bin ich nie mehr dort gewesen. Aber, mein Junge, wenn du Phillis Holman gern hast und sie dazu bringst, daß sie dich gern hat, soll es bei dir, Paul, anders verlaufen als bei deinem Vater.»

Ich ging ganz schnell mit mir zu Rate und kam zu einer klaren Entscheidung.

«Vater», antwortete ich, «auch wenn ich noch so verliebt wäre, Phillis würde es nie erwidern. Ich hab' sie lieb wie eine Schwester, sie liebt mich wie einen Bruder – einen jüngeren Bruder.»

Mein Vater machte ein langes Gesicht.

«Sie ist so klug... sie ist mehr wie ein Mann als wie eine Frau. Sie kann Latein und Griechisch.»

«Das vergißt sie schon, wenn sie erst das Haus voller Kinder hat», lautete der Kommentar meines Vaters.

«Aber sie weiß auch sonst so mancherlei und ist ebenso gescheit wie gebildet; sie war ja viel mit ihrem Vater zusammen. Sie würde nie viel von mir halten, und ich möchte gern, daß meine Frau große Stücke auf ihren Mann hält.»

«Es ist nicht nur Bücherweisheit oder der Mangel daran, was eine Frau gut oder schlecht von ihrem Mann denken läßt», erwiderte mein Vater, offensichtlich nicht bereit, einen Plan aufzugeben, der so tief in seinem Herzen verwurzelt war. «Es ist so etwas... ich weiß nicht recht, wie ich es nennen soll... wenn er männlich, vernünftig und ehrlich ist, und das bist du doch, mein Junge.»

«Ich glaube, ich möchte nicht gern eine Frau, die größer ist als ich, Vater», sagte ich lächelnd. Er lächelte auch, aber nicht frohen Herzens.

«Tja», sagte er nach einer Weile, «ich denke erst seit ein paar Tagen darüber nach, aber ich hab' mich so in den Gedanken verliebt, als würd' es sich um eine neue Maschine handeln, an der ich arbeite. Da haben wir unseren Paul, denk' ich bei mir, einen guten, klugen Jungen, der seiner Mutter und mir nie Kummer und Sorgen gemacht hat, mit einem gediegenen Beruf vor sich, neunzehn Jahre alt, er sieht nicht schlecht aus, wenn man ihn vielleicht auch nicht gerade hübsch nennen kann – und da ist seine Cousine, nicht zu nahe verwandt, aber gerade richtig, kann man sagen. Siebzehn Jahre alt, lieb und zuverlässig, gut erzogen zum Arbeiten mit der Hand und auch mit dem Kopf, eine Studierte – aber das ist nicht zu ändern, das ist mehr ihr Pech als ihr Fehler, denn sie ist eben das einzige Kind eines Studierten, und wie ich schon sagte, wenn sie erst mal Frau und Mutter ist, vergißt sie das alles, dafür bürg' ich. Ein stattliches Vermögen an Land- und Hausbesitz, wenn es einst dem Herrn gefällt, ihre Eltern zu sich zu nehmen, Augen so schön wie die der armen Molly, ab und zu ein rosa Hauch auf ihrer milchweißen Haut und ein so hübscher Mund…»

«Na, Mr. Manning, was für eine schöne Frau beschreiben Sie denn da?» fragte Mr. Holdsworth, der plötzlich und unerwartet in unser *tête-à-tête* platzte und beim Eintreten Vaters letzte Worte aufgeschnappt hatte.

Wir waren beide etwas verlegen, mein Vater

und ich, sprachen wir doch über ein für uns sehr ausgefallenes Thema. Aber aufrichtig und schlicht wie mein Vater war, antwortete er wahrheitsgemäß.

«Ich habe Paul von Ellisons Angebot erzählt und erklärt, welche guten Aussichten sich ihm damit eröffnen...»

«So gute Aussichten hätte ich auch gern», meinte Mr. Holdsworth. «Aber hat das Geschäft einen ‹hübschen Mund›?»

«Sie sind ein alter Witzbold, Mr. Holdsworth», versetzte mein Vater. «Ich hab' eben gesagt, wenn er und seine Cousine Phillis Holman sich einig würden, tät' ich ihnen keinen Knüppel zwischen die Beine werfen.»

«Phillis Holman?» fragte Mr. Holdsworth. «Ist das die Tochter des predigenden Bauern draußen in Heathbridge? Habe ich da einer großen Liebe den Weg gebahnt, weil ich dich so oft hingehen ließ? Davon wußte ich nichts.»

«Da gibt's auch nichts zu wissen», erwiderte ich, ärgerlicher, als ich zugeben wollte. «In diesem Fall gibt's nicht mehr wahre Liebe als zwischen dem erstbesten Geschwisterpaar, das Ihnen über den Weg läuft. Ich hab' Vater schon gesagt, daß sie sich nie was aus mir machen würde; sie ist um einiges größer und klüger als ich. Und mir wär's lieber, ich wäre größer und gebildeter als meine Frau, wenn ich mal eine habe.»

«Dann hat also sie den hübschen Mund, von

dem dein Vater sprach? Das ist doch wohl ein Gegengift bei Klugheit und Bildung. Aber ich muß mich entschuldigen, daß ich an eurem letzten Abend hier eingebrochen bin. Ich wollte aus geschäftlichen Gründen zu deinem Vater.»

Nun besprach er allerlei mit ihm, was mich in diesem Augenblick nicht kümmerte, und ich überdachte noch einmal das Gespräch mit meinem Vater. Je mehr ich darüber nachsann, desto mehr spürte ich, daß ich meine Gefühle für Phillis Holman wahrheitsgemäß geschildert hatte. Ich liebte sie innig wie eine Schwester, aber niemals konnte ich sie mir als meine Frau vorstellen. Noch weniger denkbar war, daß sie sich je herablassen könnte – ja, «herablassen» war das richtige Wort –, mich zu heiraten. Ich malte mir in Gedanken meine zukünftige Frau aus und wurde aus meiner Träumerei gerissen, als ich hörte, wie mein Vater den Pfarrer als höchst außergewöhnlichen Menschen lobte. Wie sie vom Durchmesser eines Antriebsrades wieder auf das Thema Holman gekommen waren, wußte ich nicht; aber ich merkte, daß Vaters Lobeshymnen einige Neugier bei Mr. Holdsworth erregten, und wirklich sagte er fast vorwurfsvoll: «Hör mal, Paul, du hast mir nie erzählt, was für ein Prachtkerl dein Onkel Pfarrer ist!»

«Ich weiß nicht, ob ich das erkannt habe, Sir», sagte ich. «Aber wenn doch – ich glaube nicht, daß Sie mir so zugehört hätten wie jetzt meinem Vater.»

«Nein, wahrscheinlich nicht, alter Knabe», antwortete Mr. Holdsworth und lachte. Zum wiederholten Male fiel mir auf, was für ein schönes, angenehmes, offenes Gesicht er hatte; und obwohl ich mich heute abend ein bißchen über ihn geärgert hatte – weil er so plötzlich gekommen war und Vaters offenherziges Bekenntnis gehört hatte –, gewann mein Held mit seinem strahlenden, glücklichen Lachen wieder die frühere Macht über mich.

Selbst wenn er seinen alten Platz an diesem Abend nicht zurückerobert hätte, so doch bestimmt am nächsten Tag, als Mr. Holdsworth nach Vaters Abreise über ihn sprach; mit soviel gebührender Achtung vor seinem Wesen, solch neidloser Bewunderung für seine hohe technische Begabung, daß ich fast unwillkürlich sagte: «Danke, Sir. Ich bin Ihnen sehr verpflichtet.»

«Aber nein, gar nicht. Ich sage nur, was wahr ist. Da haben wir einen Arbeiter aus Birmingham, man kann wohl sagen einen Autodidakten, der nie mit anregenden Köpfen zusammentraf, nie die angeblichen Vorteile des Reisens und der Begegnung mit der großen Welt kennenlernte – und der verwirklicht nun seine ureigenen Ideen in Stahl und Eisen, macht sich einen Namen in der Wissenschaft, auch ein Vermögen, wenn es ihm gefällt, für Geld zu arbeiten, und bewahrt sich dabei seine Herzenseinfalt und sein völlig ungekünsteltes Benehmen. Ich könnte aus der Haut fahren, wenn ich an meine teure Ausbildung denke, Reisen hierhin und dorthin und Berge von wissenschaftlichen Büchern, und ich habe noch nichts Nennenswertes geleistet. Aber es liegt offenbar in der Familie; dieser Mr. Holman, dein Onkel, ist aus demselben Holz geschnitzt.»

«Aber er ist nur mein Onkel, weil er die Cousine zweiten Grades von meiner Mutter geheiratet hat», widersprach ich.

«Das widerlegt eine schöne Theorie, und zwar gleich doppelt. Ich würde Holman gern kennenlernen.»

«Er würde sich bestimmt freuen, wenn Sie auf die Hope Farm zu Besuch kämen», sagte ich eifrig. «Die Familie hat mich tatsächlich schon mehrmals gebeten, Sie mitzubringen; ich hatte nur Angst, Sie fänden es langweilig.»

«Nein, überhaupt nicht. Allerdings kann ich jetzt noch nicht hingehen, auch wenn du mir eine Einladung verschaffen würdest, denn die ***sche Gesellschaft möchte, daß ich im ***tal den Boden ein bißchen untersuche, um festzustellen, ob man dort eine Nebenstrecke verlegen kann. Es ist eine Arbeit, die mich einige Zeit fernhalten wird; aber ich fahre hin und her, und du bist durchaus in der Lage, während meiner Abwesenheit alles Nötige zu erledigen. Nur eins übersteigt vielleicht deine Kräfte: den alten Jevons am Trinken zu hindern.»

Er gab mir noch Anweisungen zur Führung der Streckenarbeiter, und danach und auch in den nächsten Monaten war nicht mehr die Rede von einem Besuch auf der Hope Farm. Er brach ins ***tal auf, eine finstere, schattige Senke, wo die Sonne wahrscheinlich sogar an Hochsommernachmittagen schon vor vier Uhr hinter den Hügeln verschwand.

Vielleicht war dies der Grund für das leichte Fieber, das ihn bald nach Beginn des neuen Jahres befiel, und dann war er wochenlang, fast monatelang schwer krank. Eine verheiratete Schwester, wohl seine einzige Verwandte, kam aus London angereist, um ihn zu pflegen, und ich besuchte ihn, wenn ich konnte, und brachte ihm «Männernachrichten», wie er es nannte: Meldungen über den Fortschritt am Streckenbau, den ich erfreulicherweise in seiner Abwesenheit weiterführen konnte; und zwar so langsam und stückweise, wie es der Gesellschaft zupaß kam, denn das Geschäft ging zur Zeit schleppend, und Geld war schwer zu beschaffen. Damit war meine spärliche Freizeit ausgefüllt, und so ging ich natürlich nicht oft zur Hope Farm hinüber. Wenn ich aber kam, hieß man mich herzlich willkommen und erkundigte sich angelegentlich nach Holdsworths Krankheit und Genesung.

Im Juni schließlich hatte er sich so weit erholt, daß er in seine Wohnung nach Eltham zurückkehren und seine Arbeit wenigstens teilweise wiederaufnehmen konnte. Seine Schwester, Mrs. Robinson, hatte ihn vor einigen Wochen verlassen müssen, weil ihre Kinder nacheinander alle krank geworden waren. Solange ich Mr. Holdsworth nur in den Räumen des kleinen Gasthauses in Henleysdale gesehen hatte, wo ich ihn nur als Kranken kannte, war mir nicht aufgefallen, wie sehr das Fieber seine Gesundheit erschüttert hatte. Aber kaum war er wieder in der alten Wohnung, wo ich ihn früher so heiter, beredt, entschlossen und tatkräftig erlebt hatte, bedrückte mich die Veränderung bei einem Menschen, den ich immer heftig bewundert und geliebt hatte. Er versank nach der geringsten Anstrengung in Schweigen und Verzagtheit; es schien, als könne er sich nicht zu einer Tat entschließen, und wenn er sich doch entschloß, fehlte es ihm an Kraft, sein Vorhaben auszuführen. Natürlich lag dies nur an der durchaus normalen, langsamen Erholung nach einer so schweren Krankheit, aber damals wußte ich das nicht, und vielleicht schilderte ich meinen lieben Verwandten auf der Hope Farm seinen Zustand als bedenklicher, als er wirklich war, so daß sie in ihrer ernsten, schlichten, eifrigen Art sofort an die einzige Hilfe dachten, die sie leisten konnten.

«Bring ihn hier heraus», schlug der Pfarrer vor. «Unsere Luft ist sprichwörtlich gut, die Junitage sind schön, er kann auf den gemähten Wiesen herumbummeln, und die süßen Düfte werden wie schierer Balsam wirken, besser als jede Arznei.»

«Und sag ihm», ergänzte Tante Holman, die es

kaum erwarten konnte, daß ihr Mann mit seinem Satz fertig wurde, «es gibt frische Milch und Eier umsonst. Ein Glück, daß Daisy gerade gekalbt hat, denn ihre Milch ist immer so gut wie bei anderen Kühen die Sahne; und dann haben wir das Schottenzimmer, wo die Morgensonne voll reinscheint.»

Phillis sagte nichts, wirkte aber ebenso interessiert an dem Plan wie alle anderen. Ich übernahm die Ausführung. Ich wollte, daß sie ihn sahen und daß er sie kennenlernte. Als ich heimkam, schlug ich ihm das vor. Er war nach des Tages Mühen zu erschöpft, um bereitwillig die kleine Anstrengung auf sich zu nehmen, unter fremde Leute zu gehen, und enttäuschte mich, indem er die Einladung fast ausschlug. Am nächsten Morgen sah es anders aus. Er entschuldigte sich für seine Unfreundlichkeit am Abend zuvor und sagte, er wolle alles in Ordnung bringen, so daß er nächsten Samstag mit mir zur Hope Farm fahren könne.

«Du mußt mich nämlich begleiten, Manning», bat er. «Früher war ich, wenn's sein mußte, ein durchaus dreister Bursche; ich ging eigentlich gern zu fremden Leuten und habe mich behauptet; aber seit meiner Krankheit ist mir fast wie einem Mädchen zumute; mir wird vor Schüchternheit heiß und kalt, wie's bei denen wohl auch der Fall ist.»

So war es nun ausgemacht. Wir sollten am Samstagnachmittag zur Hope Farm hinauskommen; und es wurde stillschweigend vorausgesetzt, daß Mr. Holdsworth, wenn ihm Luft und Leben zusagten, eine Woche oder zehn Tage dortbleiben und an diesem Ende der Bahnstrecke soviel Arbeit übernehmen sollte, wie er konnte, während ich nach besten Kräften seinen Platz in Eltham ausfüllte. Ich wurde ein wenig nervös, als die Zeit näherrückte, und fragte mich gespannt, wie der sprühende Holdsworth mit der ruhigen, altmodischen Familie des Pfarrers auskommen mochte; wie er und manche seiner fast fremdländischen Verhaltensweisen ihnen wohl gefielen. Ich versuchte ihn vorzubereiten, indem ich ihm von Zeit zu Zeit Kleinigkeiten über das Tun und Treiben auf der Hope Farm erzählte.

«Manning», sagte er, «ich merke schon, du hältst mich bei weitem nicht tugendhaft genug für deine Freunde. Raus mit der Sprache, Mann.»

«Nun ja», antwortete ich beherzt, «freilich sind Sie tugendhaft, aber ich weiß nicht, ob es die gleiche Art von Tugend ist wie bei ihnen.»

«Und du hast schon gemerkt, daß sich zwei Arten von Tugend, die ihre je eigene Vorstellung von Recht haben, mit größerer Wahrscheinlichkeit nicht vertragen als anerkannte Tugend und gemäßigte Ungezogenheit – welch letztere oft aus einer Gleichgültigkeit gegen Recht und Unrecht erwächst.»

«Ich weiß nicht. Mir scheint, Sie reden von

Metaphysik, und das ist bestimmt nicht gut für Sie.»

«‹Wenn ein Mensch mit dir spricht auf eine Art und Weise, die du nicht verstehst, über eine Sache, von der er nichts versteht, dann ist das Metaphysik.› Erinnerst du dich an diese Definition des Hanswursts[8], Manning?»

«Nein», antwortete ich. «Ich verstehe nur, daß Sie ins Bett gehören. Wann müssen wir morgen aufbrechen, damit ich noch nach Hepworth gehen und diese Briefe schreiben kann, von denen wir heute morgen gesprochen haben?»

«Warte bis morgen. Mal sehen, wie sich der Tag anläßt», erwiderte er matt und unentschlossen. Das bewies, daß er übermüdet war. Ich ging also meiner Wege.

Der Morgen war blau, sonnig und schön, ein vollkommener Frühsommertag. Mr. Holdsworth konnte es nicht erwarten, aufs Land zu kommen. Der Morgen hatte ihm seine alte Frische und Kraft und folglich auch seinen Tatendrang wiedergegeben. Ich fürchtete, wir würden etwas zu früh auf dem Hof meiner Tante ankommen, früher als sie uns erwarteten, aber was tun mit einem so ruhelosen, ungestümen Menschen, wie es Holdsworth heute morgen war? Wir langten auf der Hope Farm an, ehe noch der Tau im Gras auf der Schattenseite des Weges weggetrocknet war; der große Hofhund war nicht angekettet und wärmte sich neben der geschlossenen Seitentür in der Sonne. Ich war überrascht, daß die Tür geschlossen war, denn sie stand sonst den ganzen Sommer von morgens bis abends offen. Aber sie war nur zugeklinkt. Ich öffnete sie, und Rover beäugte mich halb mißtrauisch, halb vertrauensvoll. Die Stube war leer.

«Ich weiß nicht, wo sie sein könnten», sagte ich. «Aber kommen Sie rein und setzen Sie sich; ich gehe inzwischen die anderen suchen. Sie sind doch bestimmt müde?»

«Nein, nein. Diese süße, duftende Luft wirkt wie tausend Stärkungsmittel. Außerdem ist es hier im Zimmer heiß und riecht nach dieser beißenden Holzasche. Was machen wir jetzt?»

«Wir gehen rüber in die Küche. Betty wird uns sagen können, wo sie sind.»

Wir gingen also in den Hof hinüber, und Rover begleitete uns würdevoll und pflichtbewußt. Betty wusch in dem kalten, sprudelnden Quellwasser, das unaufhörlich in einen überlaufenden Steintrog tröpfelte, die Milchkannen aus. Bei solchem Wetter verrichtete sie die meisten Küchenarbeiten im Freien.

«Ach du liebe Zeit!» rief sie. «Der Pfarrer und die gnä' Frau sind in Hornby! Sie haben nicht gedacht, daß Sie so früh kommen! Die gnä' Frau mußte Besorgungen machen und dachte, sie könnt' mit dem Pfarrer gehen und wär' dann bis zum Mittagessen zurück.»

«Haben sie uns nicht zum Essen erwartet?» fragte ich.

«Ja und nein, würd' ich sagen. Die gnä' Frau

meinte, wenn Sie nicht kommen, reicht das kalte Lammfleisch, und wenn doch, soll ich ein Hähnchen und etwas Speck aufsetzen. Und das mach' ich jetzt gleich, 's dauert nämlich lang, bis der Speck durch ist.»

«Ist Phillis auch weggegangen?»

Mr. Holdsworth freundete sich inzwischen mit Rover an.

«Nein, sie ist hier irgendwo um die Wege. Wahrscheinlich finden Sie sie im Gemüsegarten, beim Erbsenpflücken.»

«Dann gehen wir da mal hin», schlug Mr. Holdsworth vor und hörte plötzlich auf, mit dem Hund zu spielen.

Ich ging also voran in den Gemüsegarten. Er versprach schon einen an Obst und Gemüse überreichen Sommer. Vielleicht war er nicht ganz so gepflegt wie andere Teile des Guts, aber man gab sich mehr Mühe damit als auf den meisten Bauernhöfen. Beiderseits der Kieswege lagen Blumenbeete, und gegen Norden schützte ihn eine alte Mauer, an der recht erlesenes Spalierobst gezogen wurde. Auf einem Abhang, der zu einem Fischteich abfiel, waren große Erdbeerbeete angelegt, und wo irgend Platz war, wuchsen Himbeeren und Rosensträucher. Der Zufall schien zu entscheiden, was gepflanzt wurde. Im rechten Winkel zum Hauptweg erstreckten sich lange Erbsenreihen, und ich sah Phillis, die sich zwischen ihnen bückte, bevor sie uns sah. Kaum hörte sie unsere Schritte auf dem knirschenden Kies, erhob sie sich, hielt sich wegen der Sonne die Hand vor die Augen und erkannte uns. Einen Augenblick stand sie ganz still, dann kam sie langsam auf uns zu und errötete ein bißchen, offenbar aus Schüchternheit. Nie zuvor hatte ich Phillis schüchtern erlebt.

«Das ist Mr. Holdsworth, Phillis», sagte ich, nachdem ich ihr die Hand gegeben hatte. Sie sandte einen kurzen Blick zu ihm hoch, dann senkte sie die Augen und errötete mehr denn je, als er vornehm und förmlich den Hut lüpfte und sich verbeugte. Solche Umgangsformen hatte man auf der Hope Farm noch nie erlebt.

«Vater und Mutter sind fortgegangen. Das wird ihnen leid tun. Du hast ja gar nicht geschrieben, Paul, wie versprochen.»

«Es war mein Fehler», sagte Holdsworth, der begriff, was sie meinte, als hätte sie es mit deutlicheren Worten ausgedrückt. «Ich habe noch nicht alle Vorrechte eines Kranken aufgegeben; eines davon ist Unschlüssigkeit. Gestern abend, als Ihr Vetter mich fragte, wann wir aufbrechen würden, konnte ich mich einfach nicht entschließen.»

Phillis wiederum konnte sich offenbar nicht entschließen, was sie mit uns anfangen sollte. Ich versuchte ihr zu helfen.

«Bist du schon fertig mit Erbsenpflücken?» sagte ich und griff nach dem halbvollen Korb, den sie achtlos in der Hand hielt. «Oder sollen wir hierbleiben und dir helfen?»

«Gern. Aber es wird Sie vielleicht langweilen, Sir?» fügte sie hinzu, jetzt zu Holdsworth gewandt.

«Nicht im geringsten», entgegnete er. «Das versetzt mich um zwanzig Jahre zurück in die Zeit, als ich im Garten meines Großvaters Erbsen pflückte. Ich darf doch sicherlich auch welche essen, wenn ich durch die Reihen gehe?»

«Natürlich, Sir. Aber auf den Erdbeerbeeten würden Sie schon reife Beeren finden. Paul kann sie Ihnen zeigen.»

«Ich fürchte, Sie trauen mir nicht. Ich versichere Ihnen, ich weiß genau, wie dick die Schoten sein müssen, damit man sie ernten darf. Ich bemühe mich sehr, keine unreifen zu pflücken. Ich will nicht weggeschickt werden, weil ich nicht zur Arbeit tauge.»

Solche Reden zwischen Spaß und Ernst war Phillis nicht gewohnt. Einen Augenblick lang machte sie ein Gesicht, als wollte sie sich gegen den scherzhaft gemeinten Vorwurf des Mißtrauens verteidigen, aber schließlich sagte sie doch nichts. Fünf Minuten lang pflückten wir alle miteinander in geschäftigem Schweigen unsere Erbsen. Dann richtete sich Holdsworth zwischen den Reihen auf und sagte etwas erschöpft: «Ich fürchte, ich muß die Arbeit niederlegen. Ich bin nicht so kräftig, wie ich mir einbildete.»

Phillis war gleich ganz zerknirscht. Er sah tatsächlich blaß aus, und sie schalt sich selbst, weil sie ihm erlaubt hatte, ihr zu helfen.

«Es war sehr unaufmerksam von mir. Ich wußte nicht – ich dachte, vielleicht tun Sie es wirklich gern. Ich hätte Ihnen etwas zu essen anbieten sollen, Sir. Ach, Paul, wir haben wirklich genug gesammelt; wie konnte ich nur so dumm sein und vergessen, daß Mr. Holdsworth krank gewesen ist!»

Sie wurde rot und ging eilends voraus zum Haus zurück. Wir traten ein, und sie schob einen schweren Polstersessel heran, in den Mr. Holdsworth nur zu gerne sank. Dann brachte sie rasch, behende und leise ein kleines Tablett herein, Wein, Wasser, Kuchen, selbstgebackenes Brot und frische Butter. Besorgt blieb sie neben Mr. Holdsworth stehen, bis nach den ersten Bissen und Schlucken wieder Farbe in sein Gesicht kam. Mit einem Lachen wollte er sich bei uns dafür entschuldigen, daß er uns solche Angst eingejagt hatte. Aber da verlor Phillis ihre unschuldige Besorgnis und Teilnahme und verfiel wieder in die zurückhaltende Scheu, die ihr eigen war, wenn sie fremden Menschen zum ersten Mal begegnete. Sie brachte die Grafschaftszeitung der letzten Wochen (die Mr. Holdsworth vor fünf Tagen gelesen hatte) und zog sich dann leise zurück. Er gab sich nun ganz seiner Müdigkeit hin, lehnte sich zurück und schloß die Augen, als wollte er schlafen. Ich schlich mich hinter Phillis in die Küche, aber sie war außen ums Haus herumgegangen, und ich fand sie, wie sie mit ihrem Korb und einer Schüssel zum Erbsenpalen auf dem Reitertreppchen saß. Rover lag zu ihren Füßen und schnappte ab und zu nach den Fliegen. Ich ging hin und versuchte ihr zu helfen, aber irgendwie fanden die süßen, knackigen jungen Erbsen öfter den Weg in meinen Mund als in die Schüssel. Wir sprachen leise miteinander, aus Angst, Holdsworth könnte uns durch das offene Fenster der Stube, wo er sich ausruhte, hören.

«Findest du nicht, daß er gut aussieht?» fragte ich.

«Vielleicht… ja… ich habe ihn nur wenig angeschaut», antwortete sie. «Aber sieht er nicht ganz wie ein Ausländer aus?»

«Ja, er läßt sich das Haar nach ausländischer Mode schneiden», erklärte ich.

«Ich mag es, wenn ein Engländer auch wie ein Engländer aussieht.»

«Ich glaube, darüber macht er sich keine Gedanken. Er sagt, er hat damit angefangen, als er in Italien war, weil es dort jeder so trug, und es ist natürlich, wenn er es in England beibehält.»

«Nicht, wenn er in Italien damit angefangen hat, weil es dort jeder so trägt. Hier trägt es jedermann anders.»

Es kränkte mich ein wenig, daß Phillis so scharfsinnig an meinem Freund herumkrittelte, und ich beschloß, das Thema zu wechseln.

«Wann kommt deine Mutter nach Hause?»

«Eigentlich jeden Augenblick. Aber sie muß einen Krankenbesuch bei Mrs. Morton machen;

vielleicht wird sie dort aufgehalten und kommt erst zum Essen heim. Solltest du nicht vielleicht nachschauen, wie es Mr. Holdsworth geht, Paul? Womöglich ist ihm wieder übel geworden.»

Auf ihr Bitten ging ich, aber es wäre nicht nötig gewesen. Mr. Holdsworth war auf und stand am Fenster, die Hände in den Taschen. Er hatte uns offenbar beobachtet. Als ich eintrat, wandte er sich um.

«Das ist also das Mädchen, das dein guter Vater für dich als Frau vorgesehen hat, wie ich an jenem Abend erfuhr, als ich euch störte! Zierst du dich immer noch so? Vor einer Minute sah es nicht danach aus.»

«Wir verstehen uns gut, Phillis und ich», antwortete ich eigensinnig. «Wir sind wie Geschwister. Auch wenn es auf der ganzen Welt keinen anderen Menschen mehr gäbe, würde sie mich nicht zum Mann haben wollen; und es bräuchte schon viel, wenn ich an sie denken sollte wie – sich mein Vater das wünscht» (irgendwie mochte ich nicht sagen «wie an meine Frau»). «Aber wir haben einander sehr gern.»

«So, das wundert mich ziemlich – nicht, daß ihr euch wie Geschwister liebhabt, sondern daß du es dermaßen unmöglich findest, dich in eine so schöne Frau zu verlieben.»

Frau! Schöne Frau! Phillis war in meinen Augen ein hübsches, aber täppisches Mädchen; ich konnte die Kinderschürze nicht von meinem inneren Auge verbannen, wenn ich mir ein Bild von ihr zu machen versuchte. Jetzt drehte ich mich wie Mr. Holdsworth zum Fenster, um sie anzuschauen: Sie war gerade mit der Arbeit fertig geworden, erhob sich mit dem Rücken zu uns und hielt den Korb und die Schüssel darin hoch in die Luft, außerhalb von Rovers Reichweite, der bei der Aussicht auf einen Ortswechsel seiner Freude freien Lauf ließ, fröhlich sprang und bellte und nach dem schnappte, was er für eine ihm vorenthaltene Belohnung hielt. Schließlich wurde sie des Spiels mit ihm müde, und mit einem angedeuteten Klaps und einem «Platz, Rover, kusch!» blickte sie zu dem Fenster hinüber, wo wir standen, als wollte sie sich vergewissern, daß niemand durch den Lärm gestört worden war. Als sie uns sah, errötete sie über und über und eilte fort, wobei Rover sie weiterhin umkreiste.

«Ich hätte gern eine Skizze von ihr», sagte Mr. Holdsworth, als er sich umdrehte. Er ging zu seinem Stuhl zurück und ruhte dort schweigend ein paar Minuten. Dann stand er wieder auf.

«Ich gäbe was drum, wenn ich ein Buch hätte», meinte er. «Es würde mich beruhigen.» Er sah sich um. An einem Ende des Shuffleboard-Spiels standen ein paar Bücher.

«Matthew Henrys Bibelkommentar, Band fünf.» Er las die Titel laut vor. «‹Umfassender Ratgeber für die Hausfrau› – Berridge[9], ‹Vom Beten› – ‹L'Inferno›… Dante?» staunte er. «Wer liest denn das?»

«Phillis, das habe ich Ihnen doch erzählt. Erinnern Sie sich nicht? Sie kann auch Latein und Griechisch.»

«Natürlich! Ich erinnere mich! Aber aus irgendeinem Grund konnte ich mir keinen Vers darauf machen. Dieses ruhige, von Hausarbeit in Anspruch genommene Mädchen ist also die erstaunliche Gelehrte, die dich mit ihren Fragen aus der Fassung brachte, als du zum ersten Mal herkamst! Freilich, ‹Cousine Phillis›! Was haben wir denn da: einen Zettel mit den schwierigen, veralteten Wörtern. Was sie wohl für ein Wörterbuch benutzt? Der Baretti[10] wird ihr diese Ausdrücke nicht erklären. Halt! Ich habe ja einen Stift. Ich werde ihr die gängigsten Deutungen aufschreiben und ihr ein bißchen Arbeit ersparen.»

Er trug das Buch und den Zettel nach hinten zu dem runden Tischchen und machte sich daran, ihr Erklärungen und Übersetzungen der Wörter aufzuschreiben, die ihr Mühe gemacht hatten. Ich war mir nicht sicher, ob er sich nicht ein wenig zuviel herausnahm: Es gefiel mir nicht recht, und doch wußte ich nicht, weshalb. Er war gerade fertig geworden, hatte das Blatt wieder ins Buch gesteckt und dieses an seinen Platz zurückgestellt, als ich von der Straße das Geräusch bremsender Räder hörte, und als ich hinausschaute, sah ich Tante Holman aus dem Gig eines Nachbarn steigen, zum Dank knicksen und aufs Haus zukommen. Ich ging ihr entgegen.

«Du, Paul!» rief sie. «Es tut mir so leid, daß ich aufgehalten worden bin; und dann meinte Thomas Dobson, wenn ich ein Viertelstündchen warten könnte, würde er... aber wo ist dein Freund, Mr. Holdsworth? Er ist doch hoffentlich mitgekommen?»

Gerade da kam er heraus. In seiner liebenswürdigen, herzlichen Art ergriff er ihre Hand und dankte ihr, daß sie ihn eingeladen hatte, sich hier draußen zu erholen.

«Ich freue mich wirklich sehr, Sie kennenzulernen, Sir. Es war der Einfall des Pfarrers. Ich hatte mir fest eingebildet, es würde Ihnen nur langweilig in unserem stillen Haus; Paul hat nämlich erzählt, sie wären ein so weitgereister Mensch. Aber der Pfarrer meinte, Langeweile würde Ihnen vielleicht guttun, solange Sie noch unpäßlich sind, und ich sollte Paul bitten, sich soviel wie möglich hier aufzuhalten. Ich hoffe, Sie werden sich bei uns wohl fühlen, Sir. Hat Phillis Ihnen denn schon was zu essen und zu trinken gebracht? Es ist ganz wichtig, öfters eine Kleinigkeit zu essen, wenn man nach einer Krankheit wieder zu Kräften kommen muß.» Und dann fing sie an, ihn auf ihre schlichte, mütterliche Art nach Einzelheiten seiner Krankheit zu fragen. Er schien sie sofort zu verstehen und Freundschaft mit ihr zu schließen. Nicht ganz so verlief es am Abend, als der Pfarrer heimkam. Männer müssen immer eine kleine, unwillkürliche Abneigung überwinden, wenn sie sich zum ersten Mal als Fremde gegenüberstehen. Aber in diesem Fall waren beide willens und bemüht, einander zu mögen; allerdings war einer für den anderen der Vertreter einer unbekannten Gattung. Ich mußte die Hope Farm am Sonntagnachmittag verlassen, da ich mich in Eltham sowohl um Mr. Holdsworths Arbeit als auch um meine eigene kümmern mußte; und ich war mir keineswegs sicher, wie sich die Lage während der Woche, die Holdsworth zu Besuch bleiben sollte, entwickeln würde. Mir war schon ein paarmal siedendheiß geworden, als die Ansichten des Pfarrers und meines vielgerühmten Freundes aufeinanderzuprallen drohten.

Am Mittwoch erhielt ich eine kurze Nachricht von Holdsworth; er werde noch bleiben und nächsten Sonntag mit mir zurückkehren. Er bat mich, ihm eine Reihe von Büchern, seinen Theodoliten und andere Vermessungsgeräte zu schikken, was sich alles auf der Bahnlinie nach Heathbridge leicht befördern ließ. Ich ging in seine Wohnung und suchte die Bücher heraus. Italienisch, Latein, Trigonometrie – es kam ein recht ansehnliches Päckchen zusammen, und dazu noch die Geräte. Ich wurde allmählich neugierig, wie sich die Verhältnisse auf der Hope Farm entwickelten, aber ich konnte erst am Samstag hinfahren.

In Heathbridge traf ich Holdsworth, der mich abholte. Er sah völlig anders aus als der Mann, den ich zurückgelassen hatte: braun im Gesicht und ein Funkeln in den vorher so müden Augen. Ich sagte ihm, wieviel gesünder er aussah.

«Ja», antwortete er, «ich kann's schon nicht mehr erwarten, an die Arbeit zu gehen. Letzte Woche graute mir noch bei dem Gedanken daran, jetzt sehne ich mich danach. Diese Woche auf dem Land hat Wunder gewirkt.»

«Sie haben es also genossen?»

«O ja, auf seine Art war es vortrefflich. Echtes Landleben, und doch dank der ungewöhnlichen Klugheit des Pfarrers weit entfernt von der Langeweile, die ich mir immer als Begleiterscheinung des Landlebens vorstellte. Ich habe mir angewöhnt, ihn ‹Pfarrer› zu nennen, wie alle andern auch.»

«Dann kommen Sie also miteinander doch zurecht?» fragte ich. «Ich hatte da so meine Bedenken.»

«Ich fürchte, ich war ein paarmal kurz davor, ihm zu mißfallen, wegen unbedachter Behauptungen und übertriebener Formulierungen, wie man sie bei andern Leuten immer äußert und sich nichts dabei denkt; aber als ich merkte, wie sehr es den guten Mann entsetzte, habe ich versucht, mich zu beherrschen; und es ist wirklich eine sehr heilsame Übung, wenn man versucht, mit den Worten seine Gedanken auszudrücken, statt nur darauf zu achten, wie man damit bei anderen Eindruck schindet.»

«Sie sind also regelrecht Freunde geworden?» fragte ich.

«Ja, ganz und gar; jedenfalls was mich betrifft. Ich bin noch nie einem Menschen mit solchem Wissensdurst begegnet. Soweit Kenntnisse aus Büchern erworben werden können, übertrifft er mich in den meisten Bereichen; aber ich bin gereist und habe manches gesehen... Hast du dich denn nicht über meine Wunschliste gewundert?»

«Doch. Ich dachte, das sieht nicht gerade nach Ruhe aus.»

«Ach, einige Bücher waren für den Pfarrer und einige für seine Tochter. Insgeheim nenne ich sie Phillis, aber wenn ich vor anderen über sie spreche, benutze ich Umschreibungen. Ich will nicht vertraulich wirken, habe aber noch nie gehört, daß jemand den Namen ‹Miss Holman› benützt.»

«Ich nahm schon an, daß die italienischen Bücher für sie waren.»

«Ja! Stell dir bloß vor, daß sie sich an Dante als erstem Buch auf italienisch versuchte! Ich habe einen dicken Roman von Manzoni, ‹I Promessi Sposi›[11], genau das Richtige für den Anfang, und wenn sie immer noch unbedingt Dante enträtseln will, ist mein Wörterbuch wesentlich besser als ihres.»

«Dann hat sie gemerkt, daß Sie diese Erklärungen auf ihre Wörterliste geschrieben haben?»

«O ja!» Er lächelte belustigt und vergnügt. Dann wollte er mir erzählen, was geschehen war, besann sich jedoch anders.

«Aber der Pfarrer sieht es bestimmt nicht gern, daß Sie ihr einen Roman zum Lesen gegeben haben.»

«Pah! Was könnte harmloser sein! Warum aus einem Wort ein Schreckgespenst machen? Es ist die hübscheste und unschuldigste Geschichte, die man sich denken kann. Glaubst du etwa, daß sie Vergil für bare Münze nehmen?»

Inzwischen waren wir auf dem Hof angekommen. Phillis begrüßte mich vielleicht noch herzlicher als sonst, und Tante Holman war die Freundlichkeit in Person. Und doch hatte ich irgendwie das Gefühl, als hätte ich meinen Platz verloren und als hätte Holdsworth ihn eingenommen. Er kannte alle Sitten und Gebräuche des Hauses, erwies Tante Holman wie ein Sohn manche kleine Aufmerksamkeit und behandelte Phillis mit der liebevollen Herablassung eines älteren Bruders, keinen Deut mehr, kein bißchen anders. Eifrig und neugierig erkundigte er sich bei mir, wie die Arbeiten in Eltham weitergingen.

«Ach», meinte Tante Holman, «die nächste Woche werden Sie anders verbringen als diese! Ich sehe förmlich, wie emsig Sie sein werden! Aber wenn Sie nicht aufpassen, werden Sie wieder krank und müssen zu unserer ruhigen Lebensweise zurückkehren.»

«Meinen Sie, ich muß erst krank werden, um hierher zurückkommen zu wollen?» erwiderte er herzlich. «Ich fürchte, Sie haben mich so

freundlich behandelt, daß ich immer wieder auftauchen werde, Ihnen zur Last.»

«Schon recht!» antwortete sie. «Sie sollen nur
nicht krank werden vor Überarbeitung. Ich
hoffe, Sie trinken weiterhin jeden Morgen eine
Tasse frische Milch, denn das ist gewiß die beste
Medizin, und wenn Sie wollen, tun Sie einen
Teelöffel Rum hinein, von manchen wird das
sehr empfohlen; wir hatten nur keinen Rum im
Haus.»

Mit mir kam eine Stimmung von tätigem
Leben auf, die er wohl allmählich vermißt hatte;
und es war nur natürlich, daß er nach seiner
Erholungswoche meine Gesellschaft suchte. Als
wir einmal miteinander sprachen, bemerkte ich,
daß Phillis uns mit einer gewissen nachdenk-
lichen Neugierde ansah; aber als sie meinem
Blick begegnete, wandte sie sich ab und errötete
tief.

Am Abend hatte ich eine kleine Unterhaltung
mit dem Pfarrer. Ich schlenderte die Straße nach
Hornby entlang, um ihm entgegenzugehen,
denn Holdsworth gab Phillis Italienischunter-
richt, und Tante Holman war über ihrer Arbeit
eingeschlafen.

Irgendwie kam das Gespräch, mir nicht
unwillkommen, auf den Freund, den ich auf die
Hope Farm gebracht hatte.

«Ja, ich mag ihn», sagte der Pfarrer und wog
im Sprechen seine Worte ein wenig ab. «Ich mag
ihn. Ich hoffe, es ist gerechtfertigt. Aber er hat

sich sozusagen meiner bemächtigt; ich fürchtete fast, daß ich mich trotz meines kühlen Kopfes von ihm fortreißen lassen könnte.»

«Er ist ein guter Kerl, wirklich», sagte ich. «Mein Vater schätzt ihn, und ich habe ihn gut kennengelernt. Ich hätte ihn nicht herkommen lassen, wenn ich nicht gewußt hätte, daß Sie eine gute Meinung von ihm haben würden.»

«Ja.» Wieder zögerte er. «Ich mag ihn, und ich glaube, er ist ein anständiger Mensch. Manchmal fehlt es seiner Rede an Ernsthaftigkeit, aber gleichzeitig ist es wunderbar, ihm zuzuhören! Mit seinen Geschichten erweckt er Horaz und Vergil zum Leben, wenn er von seinem Aufenthalt in den Ländern erzählt, wo sie gelebt haben und wo nach seinen Worten bis zum heutigen Tag… aber das ist wie Schnapstrinken. Ich höre ihm zu, bis ich meine Pflichten vergesse und fortgerissen werde. Letzten Sonntagabend hat er uns in ein Gespräch über weltliche Themen verwickelt, die schlecht zu diesem Tag paßten.»

Inzwischen waren wir beim Haus angekommen, und unser Gespräch verstummte. Aber ehe der Tag vergangen war, hatte ich erkannt, welch unbewußte Macht mein Freund über die ganze Familie gewonnen hatte. Kein Wunder: Er hatte im Vergleich zu ihnen viel gesehen und getan und erzählte flüssig und ungezwungen davon, und doch so, wie ich es noch nie bei jemandem erlebt habe. Alle Augenblicke zog er seinen Bleistift heraus und zeichnete auf Papierschnipseln allerlei Illustrationen: wie in Norditalien Flüsse gestaut wurden; Weinkarren, Büffel, Pinien, wer weiß was noch. Nachdem wir die Zeichnungen betrachtet hatten, trug Phillis sie zusammen und nahm sie an sich.

Es sind viele Jahre vergangen, seit ich dich gesehen habe, Edward Holdsworth, aber du warst ein liebenswerter Kerl! Ja, und ein guter noch dazu; auch wenn du soviel Kummer verursacht hast!

III

Gleich darauf machte ich eine Woche Ferien zu Hause. Dort geriet alles wohl; die neue Teilhaberschaft meines Vaters stellte offenbar beide Seiten zufrieden. Nichts in unserem bescheidenen Haushalt wies darauf hin, daß sich der Wohlstand vermehrt hatte; nur meiner Mutter hatte ihr Mann ein paar Erleichterungen verschafft. Ich machte die Bekanntschaft von Mr. und Mrs. Ellison und begegnete zum ersten Mal der hübschen Margaret Ellison, die heute meine Frau ist. Als ich nach Eltham zurückkehrte, stellte ich fest, daß über einen Schritt entschieden worden war, den wir schon längere Zeit erwogen hatten: daß nämlich Holdsworth und ich unsere Quartiere nach Hornby verlegen sollten, weil die Fertigstellung der Strecke an diesem Ende unsere tägliche Anwesenheit und möglichst viel von unserer Zeit erforderte.

Natürlich erleichterte dies unseren Umgang

mit den Leuten auf der Hope Farm. Nach getanem Tagwerk konnten wir bequem hinausspazieren, ein paar balsamisch duftende Abendstunden dort verbringen und trotzdem noch heimkehren, ehe das sommerliche Dämmerlicht ganz verblaßt war. So manches Mal wären wir freilich gern länger geblieben; der Aufenthalt im Freien, die frische, freundliche Landschaft bildeten einen gar zu angenehmen Kontrast zu der engen Unterkunft in der Stadt, die ich mit Mr. Holdsworth teilte. Aber früh zu Bett gehen und früh aufstehen galt beim Pfarrer als unumgängliche Notwendigkeit, und er hatte keine Bedenken, uns beide oder auch einen allein gleich nach dem Abendgebet oder nach der sogenannten «Andacht» aus dem Haus zu werfen. Viele glückliche Tage und verschiedene kleine Ereignisse fallen mir wieder ein, wenn ich an diesen Sommer denke. Sie erstehen wie Bilder in meinem Gedächtnis, und auf diese Weise kann ich sie auch zeitlich einordnen; ich weiß ja, daß die Weizenernte nach dem Heuen kommen muß und die Äpfel nach dem Weizen geerntet werden.

Der Umzug nach Hornby nahm einige Zeit in Anspruch, und wir hatten beide nicht die Muße, zur Hope Farm hinauszugehen. Während meines Urlaubs zu Hause war Mr. Holdsworth einmal dort gewesen. Eines schwülen Sommerabends nun, als die Arbeit getan war, schlug er vor, hinauszuspazieren und die Holmans zu besuchen. Zufällig hatte ich unter dem Druck der Arbeit vergessen, den üblichen Wochenbrief nach Hause zu schreiben, und wollte dies vor dem Spaziergang erledigen. Er sagte, dann wolle er vorausgehen, ich könne ja nachkommen, wenn ich Lust hätte. Das tat ich denn auch etwa eine Stunde später. Das Wetter war so drückend, erinnere ich mich, daß ich im Gehen meinen Rock auszog und über den Arm hängte. Als ich auf dem Hof ankam, standen alle Fenster und Türen offen, und an den Bäumen bewegte sich nicht das winzigste Blatt. Tiefe Stille herrschte rings ums Haus; anfangs dachte ich, es sei völlig verlassen, aber als ich mich der Tür näherte, hörte ich eine dünne, melodische Stimme singen. Es war Tante Holman, die, ganz allein in der Stube, ein geistliches Lied anstimmte und dabei im schummerigen Licht vor sich hin strickte. Sie begrüßte mich freundlich und überschüttete mich mit all den kleinen häuslichen Neuigkeiten der letzten vierzehn Tage, und im Gegenzug erzählte ich ihr von meiner Familie und meinem Besuch zu Hause.

«Wo sind denn die anderen?» fragte ich schließlich.

Betty und die Knechte waren auf dem Feld und halfen beim Aufladen des letzten Heus, denn der Pfarrer meinte, es würde noch vor morgen früh regnen. Ja, auch der Pfarrer selbst und Phillis und Mr. Holdsworth, alle halfen mit. Sie selbst hätte auch gern etwas getan, aber fürs Heuen war sie wohl der denkbar ungeeignetste

Mensch, und einer mußte ja daheim bleiben und aufs Haus aufpassen, es trieben sich so viele Landstreicher herum. (Wenn ich nicht bei der Eisenbahn gewesen wäre, hätte sie «Strecken-arbeiter»[12] gesagt.) Ich fragte, ob es ihr etwas ausmache, allein zu bleiben, da ich den andern gern helfen würde, und als sie mir rückhaltlos und freudig erlaubte, sie allein zu lassen, machte ich mich auf den Weg, den sie mir gewiesen hatte: über den Hof, hinter der Tränke auf den Eschengrund, und dahinter auf die obere Wiese mit den beiden Stechpalmen in der Mitte. Ich kam dort an: Da war Betty mit allen Knechten, eine abgerechte Wiese und ein schwerbeladener Karren; oben auf dem hohen Haufen ein Mann, der das duftende Heu auffing, das ihm die ande-ren mit ihren Gabeln hinaufwarfen; in einer Ecke der Wiese ein Häufchen abgelegter Kleider (denn die Hitze war selbst um sieben Uhr noch unerträglich), ein paar Kannen und Körbe und Rover, der hechelnd daneben lag und Wache hielt. Viel lautes, herzliches und fröhliches Schwatzen, aber kein Pfarrer, keine Phillis, kein Mr. Holdsworth. Betty erblickte mich als erste, begriff, nach wem ich suchte, und kam mir ent-gegen.

«Sie sind da drüben raus und laufen mit dem Zeug von Mr. Holdsworth rum.»

Ich ging also «da drüben raus», auf einen wei-ten Berganger mit Buckeln aus rötlichem Sand, sanftgeschwungenen Abhängen und Mulden, gesäumt von dunklen, unter der nahenden Dämmerung purpurnen Föhren, aber in der Nähe schier flammend vor blühendem Stechginster (oder Christusdorn, wie wir im Süden sagen), der sich vor der fernen Baumkulisse leuchtend golden abhob. Auf dieser Heide, nicht weit vom Zaungatter, erblickte ich sie. Ich zählte drei Köpfe, die sich eifrig über Holdsworths Theodoliten zusammendrängten. Er unterwies den Pfarrer in der nützlichen Kunst der Landvermessung und des Nivellierens. Ich wurde gebeten zu helfen und gleich damit beauftragt, die Meßkette zu halten. Phillis war genauso aufmerksam wie ihr Vater; sie hatte kaum Zeit, mich zu begrüßen, so gespannt war sie, wie die Antwort auf eine Frage ihres Vaters lauten würde.

So machten wir nach meiner Ankunft noch etwa fünf Minuten weiter, und die dunklen Wolken schoben sich immer enger zusammen. Dann flammte ein Blitz auf, und gleich darauf krachte ein Donnerschlag unmittelbar über unseren Köpfen. Es kam schneller, als ich dachte, schneller, als die anderen damit gerechnet hatten. Auch der Regen ließ nicht auf sich warten; es goß in Strömen, und wie sollten wir uns schützen? Phillis hatte nur ihr Hauskleid an, keine Haube, kein Schultertuch. Schnell wie die zuckenden Blitze ringsumher zog Holdsworth seinen Mantel aus, legte ihn ihr um Nacken und Schultern und scheuchte uns ohne viele Worte unter eine überhängende sandige Böschung, die uns notdürftig

Schutz gewährte. Da saßen wir nun, hingekauert, eng beieinander, Phillis in der Mitte, fast zu fest eingeklemmt, um die Arme frei zu bekommen und sich des Mantels zu entledigen, den sie nun ihrerseits Holdsworth locker über die Schultern zu legen versuchte. Dabei berührte sie sein Hemd.

«Oh, wie naß Sie sind!» rief sie mitleidig und erschrocken. «Dabei haben Sie gerade erst Ihre Krankheit überwunden! Ach, Mr. Holdsworth, das tut mir so leid!»

Er wandte den Kopf ein wenig und lächelte sie an. «Wenn ich mich wirklich erkälte, ist es ganz allein mein Fehler, denn ich habe Sie dazu verleitet, hier draußen zu bleiben!»

Aber sie murmelte nur noch einmal: «Es tut mir so leid.»

Nun sprach der Pfarrer. «Es ist ein richtiger Platzregen. So Gott will, ist das Heu eingebracht! Aber wahrscheinlich hört es nicht so bald auf; am besten gehe ich gleich heim und schicke euch allen was zum Umhängen. Regenschirme sind bei diesem Gewitter nicht sicher.»

Holdsworth und ich erboten uns beide, an seiner Stelle zu gehen, aber er war fest entschlossen – obwohl es vielleicht vernünftiger gewesen wäre, wenn Holdsworth, so naß wie er jetzt schon war, in Bewegung geblieben wäre. Als ihr Vater fortging, kroch Phillis nach vorn und sah über die sturmgepeitschte Heide. Einige von Holdsworths Instrumenten standen noch immer im Regen. Ohne Vorankündigung lief sie plötzlich aus dem Unterschlupf hinaus, sammelte die einzelnen Sachen ein und brachte sie triumphierend zu unserem Unterstand zurück. Holdsworth war aufgestanden, unsicher, ob er ihr helfen sollte oder nicht. Sie kam zurückgelaufen, das lange, schöne Haar aufgelöst und tropfnaß, mit freudestrahlenden Augen und einer Gesichtsfarbe, die Bewegung und Regen zu gesunder Röte aufgefrischt hatten.

«Na, na, Miss Holman, so was nenne ich eigenwillig», sagte Holdsworth, als sie ihm die Dinge überreichte. «Nein, ich werde mich nicht bedanken.» (Freilich dankte er ihr die ganze Zeit mit Blicken.) «Daß mein Hemd ein bißchen feucht war, hat Sie beunruhigt, weil Sie dachten, ich wäre Ihretwegen naß geworden; und jetzt waren Sie entschlossen, mich ebenso verlegen zu machen, wie Sie es waren. Das ist unchristliche Rache!»

Sein Kokettieren (wie die Franzosen das nennen) wäre für einen welterfahrenen Menschen recht durchsichtig gewesen; aber welterfahren war Phillis nicht, und es bedrückte, oder besser: verwirrte sie. «Unchristlich» hatte für sie eine sehr ernste Bedeutung, es war kein Wort, das man leichthin aussprach; und obwohl sie nicht genau verstand, welches Vergehen es war, dessen sie angeklagt war, lag ihr offensichtlich daran, den Vorwurf zurückzuweisen. Anfangs amüsierte es Holdsworth, wie ernsthaft sie lieblose

Beweggründe abstritt, und es machte sie nur noch verlegener, daß er den Spaß leichtfertig weitertrieb, aber schließlich sagte er etwas in ernstem Ton und zu leise, als daß ich es hätte hören können, und das ließ sie schlagartig verstummen und trieb ihr die Röte ins Gesicht. Nach einer Weile kam der Pfarrer zurück, ein wandelnder Berg aus Schals, Mänteln und Schirmen. Phillis hielt sich auf dem Rückweg zum Hof ganz dicht neben ihrem Vater. Mir schien, als weiche sie Holdsworth aus, während er sich ihr gegenüber keinen Deut anders verhielt als sonst, wenn er ernster war – freundlich, hilfsbereit und rücksichtsvoll. Natürlich gab es ein riesiges Hin und Her wegen unserer nassen Kleidung, aber ich erwähne hier bewußt die kleinen Ereignisse jenes Abends, weil ich mich damals fragte, mit welchen leisen Worten er Phillis so nachhaltig zum Schweigen gebracht hatte, und weil dieser Abend, betrachtet man ihren Umgang miteinander im Licht kommender Ereignisse, doch etwas herausragt.

Ich habe schon erzählt, daß wir seit dem Umzug nach Hornby der Hope Farm fast täglich einen Besuch abstatteten. Tante Holman und ich waren die beiden, die am wenigsten in diesen engen Verkehr einbezogen wurden. Nachdem Mr. Holdsworth genesen war, sprach er für ihre Begriffe zu oft über unverständliche wissenschaftliche Themen, zu oft auch in seiner leichtfertigen, ironischen Art, als daß sie ihm gegenüber ganz unbefangen hätte sein können. Ich glaube allerdings, daß er im Gespräch mit ihr diesen Ton anschlug, weil er nicht wußte, worüber er mit einer nur mütterlichen Frau reden sollte, deren Geist nie geschult worden war und deren liebendes Herz sich ausschließlich mit Mann, Kind und Haushalt beschäftigte und vielleicht noch ein wenig mit den Sorgen der Gemeindeglieder, weil sie gewissermaßen zu ihrem Mann gehörten. Ich hatte schon früher beobachtet, daß sie sogar einen flüchtigen Schimmer von Eifersucht auf Phillis zeigte, wenn Tochter und Ehemann bei Themen, die weit über den Verstand der Mutter gingen, Wißbegier und Wohlgefallen verrieten. Ich hatte das schon bei meiner ersten Begegnung bemerkt und das Zartgefühl bewundert, mit dem der Pfarrer bei solchen Gelegenheiten das Gespräch wieder in Bereiche lenkte, bei denen seine Frau mit ihrer praktischen Erfahrung im täglichen Leben als sachverständig gelten durfte. Und Phillis, ihrem Vater treu ergeben, folgte unbewußt seinem Beispiel, ohne sich in ihrer kindlichen Verehrung im geringsten Rechenschaft über seine Beweggründe abzulegen.

Doch zurück zu Holdsworth. Der Pfarrer hatte mehrmals ein wenig mißtrauisch mit mir über ihn gesprochen, vor allem weil er argwöhnte, seine unüberlegten Worte seien nicht immer ernst und ehrlich gemeint. Aber er sprach mit mir über diesen Fehler Holdsworths (wie

er es nannte) eher aus Protest gegen die Anzie-
hungskraft, die der Jüngere offensichtlich auf
den Älteren ausübte, mehr um sich sozusagen
gegen ebendiese Anziehung zu wappnen. Holdsworth seinerseits war überwältigt von der Red-
lichkeit und Güte des Pfarrers und begeistert von
seinem scharfen Geist und seinem unbändigen,
gesunden Verlangen nach immer mehr Wissen.
Nie mehr habe ich zwei Menschen erlebt, die so
durch und durch Vergnügen und Gefallen aneinander fanden. Gegen Phillis verhielt er sich weiterhin wie ein älterer Bruder: Er wies ihr beim
Lernen neue Wege, entlockte ihr geduldig die
Formulierung so mancher Gedanken, verworre-
ner Ansichten und unbestimmter Theorien und
verfiel jetzt nur noch selten in die Neckerei, der
sie nie so recht folgen konnte.

Eines Tages – es war zur Zeit der Ernte – hatte
er auf einem losen Blatt Papier Weizenähren und
mit Trauben beladene Ochsenkarren gezeichnet
und die ganze Zeit mit Phillis und mir geplau-
dert, wobei auch Tante Holman ab und zu eine
wenig passende Bemerkung einstreute, als er
plötzlich zu Phillis sagte: «Bitte den Kopf nicht
bewegen, es ist wie ein Bild! Ich habe oft versucht, Ihren Kopf aus dem Gedächtnis zu zeichnen, und es ist mir nicht gelungen, aber jetzt
könnte ich es schaffen. Wenn es gut wird,
schenke ich es Ihrer Mutter. Sie hätten bestimmt
gern ein Porträt Ihrer Tochter als Ceres, nicht
wahr, Madam?»

«Ich hätte gerne ein Bild von ihr, ja, sehr gerne, danke, Mr. Holdsworth, aber wenn Sie ihr das Stroh ins Haar stecken» (er hielt ihr ein paar Weizenähren über den geduldig gesenkten Kopf und prüfte mit Künstlerblick die Wirkung), «wird es ganz zerzaust. Phillis, Liebling, wenn du ein Bild von dir haben willst, lauf hoch und bürste dir das Haar.»

«Auf keinen Fall! Verzeihung, aber ich will, daß das Haar locker fällt.»

Er fing an zu zeichnen und sah Phillis aufmerksam an. Ich merkte, daß sein unverwandter Blick sie aus der Fassung brachte – sie wurde abwechselnd rot und blaß, und ihr Atem ging schneller, wenn sie seinen Blick spürte. Als er schließlich bat: «Schauen Sie bitte eine Weile zu mir her, ich möchte die Augen einfügen», sah sie zu ihm auf, erschauerte, stand plötzlich auf und verließ den Raum. Er sagte kein Wort, sondern arbeitete an einem anderen Teil der Zeichnung weiter. Sein Schweigen war unnatürlich, und seine dunklen Wangen wurden ein wenig bleicher.

Tante Holman blickte von ihrer Arbeit auf und nahm die Brille ab. «Was ist los? Wo ist sie hingegangen?»

Holdsworth sprach kein Wort, sondern zeichnete weiter. Ich fühlte mich verpflichtet, etwas zu sagen; es war ziemlich einfältig, aber Einfalt war immer noch besser als Schweigen.

«Ich gehe und hole sie», sagte ich. Ich trat also

in die Halle und an den Fuß der Treppe, aber gerade als ich nach Phillis rufen wollte, kam sie heruntergelaufen. Sie hatte sich die Haube aufgesetzt und ging mit den Worten «Ich will zu Vater auf den Fünfmorgenacker» durch den offenstehenden «Pfarrherrn» hinaus, vorbei an den Stubenfenstern und durch das weiße Seitentörchen. Ihre Mutter und Holdsworth sahen sie, als sie vorbeiging, es bedurfte also keiner Erläuterung. Tante Holman und ich erörterten nur des langen und breiten, ob es ihr im Zimmer etwa zu heiß gewesen war, oder was sonst ihren jähen Aufbruch bewirkt haben mochte. Holdsworth blieb für den Rest des Tages sehr schweigsam. Er nahm auch das Porträtieren aus eigenem Antrieb nicht mehr auf, erst auf Tante Holmans Bitte bei seinem nächsten Besuch, und dann meinte er, für eine so unbedeutende Skizze, wie er sie anzufertigen sich in der Lage fühle, werde er nicht mehr darum bitten, daß Phillis ihm richtig Modell saß. Sie war wie immer, als ich sie nach ihrem unvermittelten Verschwinden in der Halle zum ersten Mal wiedersah. Sie hat nie erklärt, warum sie aus dem Zimmer gelaufen war.

So ging alles seinen Gang, zumindest soweit ich es damals beobachten konnte oder ich mich heute erinnern kann – bis zur großen Apfelernte. Nachts herrschte Frost und morgens und abends Nebel, aber mittags war alles sonnig und strahlend; und so kam es, daß wir eines Mittags, als wir beide uns an der Bahnlinie bei Heathbridge befanden und wußten, daß auf der Hope Farm eben Äpfel geerntet wurden, beschlossen, in der Mittagspause der Arbeiter hinüberzugehen. Wir stießen auf die großen Wäschekörbe voller Äpfel, die das Haus mit Duft erfüllten und uns den Weg versperrten, und allseits auf eine Stimmung glücklicher Zufriedenheit mit dieser letzten Frucht des Jahres. Die gelben Blätter hingen an den Bäumen, bereit, beim leisesten Lufthauch herniederzuflattern; im Gemüsegarten entfalteten die großen Herbstasternbüsche eine letzte Blütenpracht. Wir mußten unbedingt das Obst von den verschiedenen Bäumen kosten und das Aroma beurteilen, und als wir fortgingen, waren unsere Taschen vollgestopft mit den Äpfeln, die uns am besten geschmeckt hatten. Als wir im Obstgarten angekommen waren, hatte Holdsworth bewundernd von Blumen erzählt, die er soeben gesehen hatte; es traf sich, daß er dieser alten Sorte seit seinen Kindertagen nicht mehr begegnet war. Ich weiß nicht, ob er sich bei diesen zufälligen Worten mehr gedacht hatte, ich dachte mir jedenfalls bestimmt nichts – da erschien auf einmal Phillis, die bis zur letzten Minute unseres kurzen Besuchs gefehlt hatte, mit einem Sträußchen aus ebendiesen Blumen, das sie mit einem Grashalm zusammenband. Sie reichte es Holdsworth, als er sich gerade von ihrem Vater verabschiedete. Ich blickte in ihre Gesichter. Zum ersten Mal sah ich in seinen schwarzen Augen unmißverständlich die Liebe aufleuchten; das war mehr als Dankbarkeit für die kleine aufmerksame Geste, es war ein zärtlicher und flehender, ja leidenschaftlicher Blick. Sie wich verwirrt davor zurück, ihr Auge fiel auf mich, und teils um ihr Gefühl zu verbergen, teils aus ehrlicher Liebenswürdigkeit und um die scheinbar unfreundliche Vernachlässigung eines älteren Freundes wettzumachen, sprang sie davon und pflückte mir ein paar spätblühende Monatsrosen. Aber es war das erste Mal, daß sie so etwas für mich tat.

Wir mußten uns beeilen, um vor den Arbeitern an der Bahnlinie zu sein, daher sprachen wir nur wenig miteinander; und nachmittags waren wir natürlich viel zu beschäftigt für ein Gespräch. Am Abend kehrten wir in unsere gemeinsame Wohnung nach Hornby zurück. Dort lag auf dem Tisch ein Brief für Holdsworth, der ihm aus Eltham nachgeschickt worden war. Da der Tee schon zubereitet war und ich seit dem Morgen nichts gegessen hatte, machte ich mich gleich darüber her, ohne viel auf meinen Gefährten zu achten, der den Brief öffnete und las.

Ein paar Minuten war er sehr still, schließlich sagte er: «Ja, alter Knabe, nun werde ich dich verlassen!»

«Verlassen!» rief ich. «Wie? Wann?»

«Dieser Brief hätte mich schon früher erreichen sollen. Er kommt von Ingenieur Greathed.» Greathed war seinerzeit sehr berühmt, heute ist er tot und sein Name fast vergessen. «Er will, daß ich eine bestimmte Arbeit übernehme. Dir kann ich es ja sagen, Paul: Dieser Brief enthält ein sehr vorteilhaftes Angebot für mich, nämlich nach Kanada zu gehen und dort einen Streckenbau zu leiten.»

Ich war äußerst bestürzt. «Aber was wird unsere Gesellschaft dazu sagen?»

«Schau, Greathed hat die Hauptaufsicht über unsere Bahnlinie; und nun wird er Oberingenieur für die Strecke in Kanada. Viele Aktionäre unserer Gesellschaft werden auch die andere Linie unterstützen, deshalb nehme ich an, daß sie keine Schwierigkeiten machen werden, wenn ich Greatheds Beispiel folge. Er schreibt, er hätte einen jungen Mann, der meine Stelle hier übernimmt.»

«Den mag ich schon jetzt nicht», erklärte ich.

«Danke», antwortete Holdsworth lachend. «Aber das darfst du nicht», fuhr er fort, «denn für mich ist es ein sehr gutes Angebot, und wenn sich niemand findet, der meinen niedrigeren Posten übernimmt, bin ich natürlich für den höheren nicht abkömmlich. Ich wollte nur, ich hätte diesen Brief einen Tag früher erhalten. Jede Stunde zählt, denn Greathed schreibt, es drohe eine Konkurrenzlinie. Ich fürchte fast, ich muß heute abend noch abreisen, Paul. Ich kann mit einer Lokomotive nach Eltham zurückfahren und dort den Nachtzug erreichen. Es wäre mir nicht recht, wenn Greathed mich für lau und unentschlossen hielte.»

«Aber Sie kommen doch zurück?» fragte ich, betrübt über diesen plötzlichen Abschied.

«Aber ja! Ich hoffe es zumindest. Man erwartet wahrscheinlich, daß ich mit dem nächsten Dampfer fahre, das wäre Samstag.» Stehend begann er zu essen und zu trinken, aber ich glaube, er hatte keine Ahnung, was er da aß und trank.

«Ich fahre noch heute abend. Tatkraft und Schnelligkeit spielen eine große Rolle in unserem Beruf. Denk daran, mein Junge! Ich hoffe, ich komme zurück, aber wenn nicht, erinnere dich unbedingt der vielen weisen Worte, die von meinen Lippen gefallen sind! So, wo ist mein Handkoffer? Wenn ich noch eine halbe Stunde Zeit gewinne, um in Eltham meine Sachen zu packen, um so besser. Ich hab' jedenfalls nirgendwo Schulden, und die restliche Miete kannst du aus meinem Vierteljahresgehalt zahlen, das am 4. November kommt.»

«Dann glauben Sie also nicht, daß Sie einmal wiederkommen?» fragte ich ihn voller Verzweiflung.

«Irgendwann komme ich zurück, keine Angst», sagte er freundlich. «Vielleicht schon in ein paar Tagen, wenn man feststellt, daß ich für die Arbeit in Kanada ungeeignet bin; mag auch sein, daß ich nicht so bald abreisen muß, wie ich jetzt annehme. Auf jeden Fall brauchst du nicht zu fürchten, daß ich dich vergessen werde, Paul – die Arbeit da drüben wird mich nicht länger als zwei Jahre beanspruchen, und vielleicht arbeiten wir danach wieder zusammen.»

Vielleicht! Ich machte mir keine große Hoffnung. Eine glückliche Zeit kehrt so, wie sie war, niemals zurück. Dennoch tat ich, was ich konnte, um ihm zu helfen: Wäsche, Papiere, Bücher, Geräte – wie drückten wir und mühten uns, wie stopfte ich alles in den Koffer hinein! Ich war zu den Schuppen gelaufen und hatte die Lok für eine bestimmte Zeit bestellt – und nun war alles viel eher fertig. Ich sollte ihn nach Eltham fahren. Wir setzten uns und warteten, daß man uns holte. Holdsworth ergriff den kleinen Strauß, den er von der Hope Farm mitgebracht und auf den Kaminsims gelegt hatte, als er ins Zimmer trat. Er roch daran und liebkoste ihn mit den Lippen.

«Es macht mir Kummer, daß ich nicht weiß . . . daß ich mich nicht verabschiedet habe von – ihnen.»

Er sprach in ernstem Ton, denn der Schatten der bevorstehenden Trennung fiel endlich auch auf ihn.

«Ich werde es ihnen erzählen», sagte ich. «Es wird ihnen bestimmt sehr leid tun.» Wir schwiegen beide.

«Ich habe nie eine Familie so gern gehabt.»

«Ich wußte, daß Sie sie liebgewinnen würden.»

«Wie sich die Gedanken ändern können! Heute morgen war ich noch von einer Hoffnung erfüllt…» Er hielt inne, dann sagte er: «Hast du die Zeichnung vorsichtig eingepackt?»

«Die Skizze von dem Kopf?» fragte ich. Aber ich wußte, er meinte eine halbfertige Zeichnung von Phillis, die ihm nicht gut genug gelungen schien, um sie durch Schattieren oder Kolorieren zu vervollständigen.

«Ja. Was für ein liebes, unschuldiges Gesicht! Und doch so – ach Gott!»

Er seufzte, erhob sich und ging, die Hände in den Taschen, sichtlich erregt im Zimmer auf und ab. Plötzlich blieb er vor mir stehen.

«Du wirst ihnen berichten, wie alles abgelaufen ist. Erzähl dem guten Pfarrer unbedingt, wie leid es mir tut, daß ich ihm nicht auf Wiedersehen gesagt und ihm und seiner Frau für all ihre Güte gedankt habe. Und was Phillis anbetrifft – so Gott will, komme ich in zwei Jahren zurück und schütte ihr selbst mein Herz aus.»

«Sie lieben Phillis?» fragte ich.

«Lieben! Ja, ich liebe sie. Man kann nicht anders, wenn man sie so erlebt hat wie ich. Ihr Wesen ist ebenso außergewöhnlich und einmalig wie ihre Schönheit! Gott schütze sie. Gott erhalte ihr die erhabene Ruhe und reine Unschuld. – Zwei Jahre! Das ist eine lange Zeit. Aber sie lebt so zurückgezogen, fast wie Dornröschen, Paul» (jetzt lächelte er, obwohl ich vor einer Minute noch gedacht hatte, er sei den Tränen nahe), «und ich werde wie ein Prinz aus Kanada zurückkehren und sie mit meiner Liebe aufwecken. Ich kann mir die Hoffnung nicht verkneifen, daß es nicht schwierig sein wird, hm, Paul?»

Dieser Anflug von Albernheit mißfiel mir ein wenig, und ich gab keine Antwort. Er fuhr fast entschuldigend fort: «Schau, sie bieten mir ein hohes Gehalt, und außerdem verschafft mir diese Erfahrung einen Ruf, der mich berechtigt, bei späteren Unternehmungen ein noch höheres zu erwarten.»

«Auf Phillis wird das keinen Einfluß haben.»

«Nein. Aber es wird mich annehmbarer machen in den Augen von Vater und Mutter.»

Ich gab keine Antwort.

«Wünsch mir Glück, Paul», bat er fast flehend. «Hättest du mich nicht gern als Verwandten?»

Ich hörte das Kreischen und Pfeifen der bereitgestellten Lokomotive unten bei den Schuppen.

«Doch, schon...», antwortete ich, plötzlich weich geworden gegenüber meinem Freund, nun, da er fortging. «Ich wollte, Sie würden morgen heiraten und ich wäre Brautführer.»

«Danke, mein Junge. Und jetzt der verfluchte Handkoffer.» (Wie entsetzt wäre der Pfarrer gewesen!) «Der ist aber schwer!» Und eilends ging's fort in die Dunkelheit.

Nur knapp erreichte er in Eltham den Spätzug, und ich verbrachte die Nacht ziemlich niedergeschlagen in meinem alten Zimmer bei Miss Dawson. Natürlich hatte ich in den nächsten Tagen mehr zu tun als je zuvor, denn ich erledigte seine und meine Arbeit. Dann kam ein Brief von ihm, sehr kurz und herzlich. Er fahre mit dem Dampfer am Samstag, was er ja schon fast erwartet habe; und am nächsten Montag treffe sein Nachfolger in Eltham ein. Es stand noch ein P. S. da, nur diese Worte:

Mein Sträußchen geht mit mir nach Kanada; aber auch ohne dieses Erinnerungsstück würde ich die Hope Farm nicht vergessen.

Der Samstag kam, aber es wurde sehr spät, bis ich auf das Gut hinausgehen konnte. Es war eine eiskalte Nacht, über mir schimmerten hell die Sterne, und die Straße knirschte unter meinen Füßen. Sie mußten meine Schritte schon gehört haben, ehe ich beim Haus ankam. Als ich eintrat, saßen sie über ihre üblichen Beschäftigungen gebeugt in der Stube. Phillis' Blick wanderte bei der Begrüßung hinter mich und senkte sich dann in stummer Enttäuschung wieder auf ihre Arbeit.

«Und wo ist Mr. Holdsworth?» fragte Tante Holman nach einer Weile. «Ich hoffe, seine Erkältung ist nicht schlimmer geworden! Sein trockener Husten hat mir gar nicht gefallen.»

Ich lachte verlegen, denn ich spürte, daß ich unwillkommene Nachrichten brachte. «Mit seiner Erkältung hätte es besser sein dürfen... er ist nämlich fort... fortgefahren nach Kanada.»

Ich sah Phillis bewußt nicht an, als ich meine Nachricht so schroff überbrachte.

«Nach Kanada!» rief der Pfarrer.

«Fortgefahren!» sagte seine Frau.

Aber kein Wort von Phillis.

«Ja», sagte ich. «Als wir neulich heimkamen – von unserem Besuch hier –, fand er in Hornby einen Brief vor. Er hätte ihn schon eher bekommen sollen. Darin hieß es, er solle sofort nach London fahren und dort bestimmte Leute aufsuchen, wegen einer neuen Eisenbahnstrecke in Kanada; und um die zu bauen, ist er nun gefahren. Heute ging das Schiff. Er war tief bekümmert, daß ihm keine Zeit mehr blieb, herzukommen und sich von allen zu verabschieden. Aber schon zwei Stunden nachdem er den Brief erhalten hatte, ist er nach London aufgebrochen. Er bat mich, euch für all eure Güte ganz herzlich zu danken; es tat ihm sehr leid, daß er nicht noch einmal herkommen konnte.»

Phillis stand auf und verließ mit lautlosen Schritten den Raum.

«Das tut mir sehr leid», sagte der Pfarrer.

«Ja, mir auch!» fügte Tante Holman hinzu. «Ich habe den Burschen wirklich gern gehabt, seit ich ihn letzten Juni nach seiner schweren Krankheit aufgepäppelt habe.»

Der Pfarrer fragte mich nach Holdsworths Plänen für die Zukunft und kramte einen riesigen, veralteten Atlas hervor, um die Orte zu suchen, zwischen denen die neue Eisenbahn verlaufen sollte. Dann war das Abendessen fertig – es stand immer auf dem Tisch, sobald die Uhr im

Treppenhaus acht Uhr schlug –, und Phillis kam herunter, das Gesicht weiß und starr. Ihre trockenen Augen blickten mich trotzig an, denn ich hatte, als sie ins Zimmer trat, durch meinen mitleidigen Blick wohl ihren Mädchenstolz verletzt. Sie sprach kein einziges Wort, stellte keine einzige Frage über den abwesenden Freund, und gleichzeitig zwang sie sich zum Reden.

Und so blieb es den ganzen nächsten Tag. Sie war denkbar bleich, wie jemand, der einen Schock erlitten hat, aber sie duldete nicht, daß ich mit ihr sprach, und gab sich alle Mühe, sich so zu benehmen wie immer. Zwei- oder dreimal wiederholte ich vor allen die verschiedenen herzlichen Botschaften an die Familie, die mir Holdsworth aufgetragen hatte; aber sie achtete nicht mehr darauf, als wenn ich statt Worten nur Luft ausgestoßen hätte. In dieser Stimmung verließ ich sie am Sonntagabend.

Mein neuer Vorgesetzter war nicht halb so nachsichtig wie mein alter. Er achtete auf strenge Einhaltung der Dienststunden, so daß einige Zeit verstrich, bis ich wieder weggehen und auch nur einen kurzen Besuch auf der Hope Farm machen konnte.

Es war ein kalter, nebliger Novemberabend. Selbst im Haus schien die Luft von Dunstschleiern durchzogen, und doch brannte im Kamin ein großes Scheit, das dem Raum eine freundliche Stimmung hätte verleihen sollen. Tante Holman und Phillis saßen an dem runden Tischchen vorm Kamin und arbeiteten schweigend vor sich hin. Der Pfarrer hatte seine Bücher auf die Anrichte gelegt und sich beim Licht einer einzelnen Kerze offenbar in seine Studien vertieft; vielleicht herrschte aus Angst, ihn zu stören, diese ungewöhnliche Stille im Zimmer. Aber ich wurde von allen freundlich willkommen geheißen; nicht laut, nicht überschwenglich – das war hier nicht der Brauch. Man nahm mir die feuchten Überkleider ab, ordnete in der Küche an, sich mit der nächsten Mahlzeit zu beeilen, und schob mir einen Stuhl neben das Feuer, so daß ich die Stube gut überblickte. Mein Blick fiel auf Phillis, die blaß und müde aussah und einen (wenn ich so sagen darf) wehen Unterton in der Stimme hatte. Sie tat alles wie gewöhnlich und erfüllte ihre kleinen Haushaltspflichten, aber irgendwie anders, ich weiß nicht wie, denn ihre Bewegungen waren so gewandt und rasch wie immer, nur fehlte ihnen die Leichtigkeit und Spannkraft. Tante Holman begann mich auszufragen, auch der Pfarrer legte seine Bücher beiseite und stellte sich auf die andere Seite des Kamins, um zu hören, welchen Schwall von Neuigkeiten ich mitbrachte. Erst mußte ich ihnen erklären, warum ich sie so lange nicht besucht hatte – mehr als fünf Wochen. Die Antwort war ziemlich einfach: Arbeit und die Notwendigkeit, mich genau an die Anordnungen eines neuen Vorgesetzten zu halten, der noch kein Vertrauen und noch viel weniger Nachsicht entwickelt hatte.

Der Pfarrer lobte mit einem Nicken mein Verhalten und sagte: «Recht so, Paul!» ‹Ihr Knechte, seid euren leiblichen Herren in allem untertan.›[13] Ich hatte meine Bedenken, ob du unter Edward Holdsworth nicht zu viele Freiheiten hattest.»

«Ach», rief Tante Holman, «der arme Mr. Holdsworth, er ist jetzt auf hoher See!»

«Nein, nicht mehr», erwiderte ich, «er ist schon an Land. Ich habe einen Brief von ihm aus Halifax bekommen.»

Augenblicklich ergoß sich eine Flut von Fragen über mich. Wann? Wie? Was machte er? Wie gefiel es ihm? Wie war die Reise gewesen? – und so weiter.

«Oft haben wir an ihn gedacht, wenn der Wind so fest geblasen hat; der alte Quittenbaum, Paul, der rechts von dem großen Birnbaum stand, ist umgeweht worden. Letzten Montag vor einer Woche hat ihn der Sturm umgelegt, und in dieser Nacht bat ich den Pfarrer, ein besonderes Gebet zu sprechen für alle, die ‹in Schiffen das Meer befahren›[14], und er meinte damals, Mr. Holdsworth sei vielleicht schon an Land. Aber ich fand, wenn das Gebet auch auf ihn nicht mehr paßt, so doch auf jemand andern draußen auf dem Meer, der die Hilfe des Herrn benötigt. Phillis und ich glaubten, er würde einen Monat auf See sein.»

Phillis begann zu sprechen, aber ihre Stimme wollte erst nicht so richtig klingen. Es hörte sich ein bißchen höher an als sonst, als sie sagte: «Wir dachten, er braucht einen Monat, wenn er auf einem Segelschiff fährt, vielleicht auch länger. Aber er ist wohl mit dem Dampfer gefahren?»

«Der alte Obadiah Grimshaw war mehr als sechs Wochen nach Amerika unterwegs», bemerkte Tante Holman.

«Vermutlich kann er noch nicht sagen, wie ihm die neue Arbeit gefällt?» erkundigte sich der Pfarrer.

«Nein, er ist gerade erst angekommen, der Brief ist nur eine Seite lang. Ich werde ihn euch vorlesen, ja?

> Lieber Paul!
> Bin nach stürmischer Überfahrt sicher gelandet. Dachte, du würdest das gern wissen, aber der Dampfer Richtung Heimat pfeift schon wegen der Briefe. Ich schreibe bald wieder. Scheint ein Jahr her zu sein, daß ich Hornby verlassen habe. Noch länger seit der Hope Farm. Mein Sträußchen hab' ich sicher mit rübergebracht. Grüße die Holmans.
>
> Dein E. H.»

«Das ist allerdings nicht viel», sagte der Pfarrer. «Aber es ist ein Trost, zu wissen, daß er in diesen stürmischen Nächten an Land ist.»

Phillis sagte nichts. Sie hielt den Kopf über ihre Handarbeit gesenkt, aber ich glaube nicht, daß sie auch nur einen Stich tat, während ich den Brief vorlas. Ich fragte mich, ob sie verstand, welches Sträußchen gemeint war, aber ich wußte es nicht. Als sie das nächste Mal den Kopf hob, leuchteten zwei Flecken auf ihren Wangen, die vorher so blaß gewesen waren. Nach ein oder zwei Stunden mußte ich nach Hornby zurückkehren. Ich sagte, ich wisse nicht, wann ich wiederkommen könne, da wir – damit meinte ich die Gesellschaft – die Linie nach Henleysdale übernommen hätten, eben jene Strecke, wo sich Holdsworth bei der Bauleitung das Fieber geholt hatte.

«Aber an Weihnachten hast du doch Ferien», wandte meine Tante ein. «Sie werden ja nicht solche Heiden sein und dich da arbeiten lassen?»

«Vielleicht will der Junge heimfahren», meinte der Pfarrer, als wollte er das Drängen seiner Frau etwas mildern; aber trotzdem war es ihm wohl lieb, wenn ich kam. Phillis heftete ihren Blick mit einem sehnsüchtigen Ausdruck auf mich, dem schwer zu widerstehen war. Aber ich dachte auch gar nicht an Widerstand. Unter meinem neuen Vorgesetzten durfte ich nicht auf Ferien hoffen, die lang genug waren, daß ich einigermaßen bequem nach Birmingham fahren und meine Eltern besuchen konnte. Und daher war mir nichts willkommener, als mich für ein, zwei Tage bei meinen Verwandten wie zu Hause fühlen zu dürfen. Es wurde also ausgemacht, daß wir uns am Weihnachtstag im Andachtsraum zu

Hornby treffen sollten und ich sie nach dem Gottesdienst heimbegleiten und wenn möglich den folgenden Tag über dortbleiben sollte.

Ich konnte am festgesetzten Tag erst spät zum Andachtsraum kommen, und so nahm ich nahe der Tür Platz, recht verlegen, obwohl es wirklich nicht meine Schuld war. Als der Gottesdienst zu Ende war, ging ich hinaus und blieb im Vorraum stehen, um auf meine Verwandten zu warten. Einige ehrenwerte Gemeindeglieder fanden sich unmittelbar neben mir zusammen und wünschten einander Frohe Weihnachten. Es hatte gerade zu schneien angefangen, daher wurden sie aufgehalten, und es entspann sich ein Gespräch. Ich wollte nicht hören, was nicht für meine Ohren bestimmt war, bis ich den Namen «Phillis Holman» aufschnappte. Da hörte ich zu – was sollte daran unrecht sein?

«Ich habe noch nie jemanden so verändert gesehen!»

«Ich fragte Mrs. Holman», berichtete eine andere, «‹geht's Phillis gut?› Und sie sagte nur, sie habe eine Erkältung gehabt, die sie geschwächt habe; offenbar dachte sie sich nichts dabei.»

«Sie würden gut daran tun, auf sie aufzupassen», sagte eine der ältesten unter den reizenden Damen, «Phillis stammt aus einer Familie, in der man nicht alt wird. Die Schwester ihrer Mutter, Lydia Green, das war ja ihre Tante, die starb an der Auszehrung, als sie gerade so alt war wie das Mädchen jetzt.»

Dieser unheilverkündende Schwatz wurde durch das Erscheinen des Pfarrers, seiner Frau und seiner Tochter und den sich anschließenden Austausch von Weihnachtsglückwünschen unterbrochen. Ich hatte einen Schrecken bekommen; mir war das Herz schwer, und in meiner Angst war ich kaum fähig, auf die freundliche Begrüßung meiner Verwandten richtig zu antworten. Ich schaute Phillis von der Seite an: Sie war bestimmt größer und schmächtiger geworden und war dünner; aber auf ihrem Gesicht lag ein Hauch von Farbe, der mich eine Zeitlang täuschte und mich glauben ließ, sie sehe so wohl aus wie immer. Ich bemerkte ihre Blässe erst, nachdem wir auf die Hope Farm zurückgekehrt waren und sie in Stillschweigen versank. Ihre grauen Augen lagen tief und traurig in den Höhlen, ihr Gesicht war totenbleich. Aber sie ging umher wie immer, zumindest so wie bei meinem letzten Besuch, und schien nicht zu leiden. Ich wollte gern glauben, daß meine Tante recht hatte, wenn sie auf die Fragen der gutmütigen Klatschbasen antwortete, Phillis leide an den Folgen einer schweren Erkältung, weiter nichts.

Ich sagte schon, daß ich am nächsten Tag noch bleiben wollte. Viel Schnee war gefallen, aber das sei noch nicht alles, hieß es, obwohl der Boden schon mit einer dicken weißen Decke überzogen war. Besorgt brachte der Pfarrer das Vieh in den Stall und traf alle Vorkehrungen für den Fall, daß dieses Wetter lange anhalten würde. Die Knechte hackten Holz und schickten Weizen zum Mahlen in die Mühle, ehe die Straße für Pferd und Wagen unpassierbar würde. Meine Tante und Phillis waren in die Apfelkammer hinaufgegangen, um das Obst gegen den Frost zuzudecken. Ich hatte den größten Teil des Vormittags im Freien zugebracht und kam etwa eine Stunde vor dem Mittagessen ins Haus zurück. Zu meinem Erstaunen – denn ich wußte ja, was sie vorgehabt hatte – fand ich Phillis lesend, oder scheinbar lesend vor der Anrichte sitzen, den Kopf in beide Hände gestützt. Sie blickte nicht auf, als ich hereinkam, sondern murmelte etwas davon, daß ihre Mutter sie aus der Kälte heruntergeschickt habe. Ich merkte plötzlich, daß sie weinte, schrieb es aber einer leichten Anwandlung von Mißmut zu. Ich hätte es besser wissen müssen und die sanfte, heitere Phillis nicht der Übellaunigkeit verdächtigen dürfen, das arme Mädchen. Ich bückte mich und begann im Feuer herumzustochern, das man fast hatte ausgehen lassen, und schürte es aufs neue. Während ich den Kopf gesenkt hielt, hörte ich ein Geräusch, das mich innehalten und lauschen ließ – es war ein Schluchzen, ein unmißverständliches, nicht zu unterdrückendes Schluchzen. Ich fuhr hoch.

«Phillis!» rief ich und lief mit ausgestreckter

Hand auf sie zu, um aus Mitleid mit ihrem Kummer, was immer es sein mochte, die ihre zu ergreifen. Aber sie war schneller; sie hielt ihre Hand außerhalb meiner Reichweite, aus Furcht, ich könnte sie zurückhalten, und indem sie aus dem Zimmer eilte, sagte sie: «Nicht, Paul. Ich ertrag' es nicht!» Immer noch schluchzend, ging sie an mir vorbei, hinaus ins Freie, wo es schneidend kalt war.

Ich stand regungslos da und wunderte mich. Was war in Phillis gefahren? In der Familie herrschte völlige Eintracht, und besonders Phillis, artig und sanft, wie sie war, wurde so sehr geliebt, daß den Eltern, wenn sie gemerkt hätten, daß ihr der kleine Finger weh tat, ein Schatten aufs Herz gefallen wäre. Hatte ich sie irgendwie gekränkt? Nein: Sie hatte schon geweint, bevor ich hereinkam. Ich warf einen Blick auf ihr Buch – es war eines dieser unverständlichen italienischen Bücher, ich begriff kein Jota davon. Am Rand gewahrte ich ein paar Bleistiftnotizen in Holdsworths Handschrift.

War es etwa das? Konnte das der Grund sein für ihr bleiches Aussehen, ihre müden Augen, ihre abgemagerte Gestalt, ihr unterdrücktes Schluchzen? Dieser Gedanke überfiel mich wie ein Blitz in dunkler Nacht, der alles so erhellt, daß man es nachher, wenn Düsternis und Dunkelheit zurückkehren, nicht mehr vergißt. Ich stand immer noch mit dem Buch in der Hand da, als ich Tante Holmans Schritte auf der Treppe hörte, und da ich gerade jetzt nicht mit ihr sprechen wollte, folgte ich Phillis' Beispiel und eilte aus dem Haus. Schnee lag auf der Erde; ich konnte ihren Fußspuren folgen, konnte sehen, wo Rover sich ihr zugesellt hatte. Ich ging weiter, bis ich zu einem großen Holzstoß im Obstgarten kam – er war an der Rückwand der Nebengebäude aufgeschichtet –, und da fiel mir ein, daß Phillis mir am ersten Tag, als wir miteinander umherschlenderten, erzählt hatte, zwischen diesen Holzscheiten habe sie als Kind ihre Klause, ihre Freistätte gehabt und sich ihr Buch zum Lesen oder ihre Handarbeit mitgebracht, wenn sie im Haus nicht gebraucht wurde. Nun war sie offensichtlich zu diesem stillen Zufluchtsort ihrer Kindheit zurückgekehrt, ohne an die Spur zu denken, die ihre Fußstapfen mir im frischgefallenen Schnee hinterlassen hatten. Der Stoß war hoch aufgetürmt, aber durch die Lücken zwischen den Scheiten konnte ich sie sehen, obwohl mir anfangs nicht klar war, wie ich zu ihr gelangen sollte. Sie saß auf einem Holzklotz, Rover neben sich. Sie hatte die Wange an Rovers Kopf geschmiegt und den Arm um seinen Hals geschlungen, teils um ihn als Kissen zu benutzen, teils aus unwillkürlichem Verlangen nach Wärme an diesem bitterkalten Tag. Sie stöhnte leise, wie ein Tier, das Schmerzen hat, oder vielleicht eher wie ein klagender Wind. Rover, höchst geschmeichelt von ihrer Liebkosung und vielleicht auch von Mitgefühl ergriffen, klopfte mit dem Schwanz auf den Boden, regte aber sonst kein Glied, bis er mich näher kommen hörte und die Ohren spitzte. Da sprang er mit einem kurzen, rauhen, mißtrauischen Bellen auf, als wollte er seine Herrin verlassen. Einen Augenblick lang rührten wir uns beide nicht mehr. Ich war mir nicht sicher, ob mein Vorhaben klug war; doch konnte ich einfach nicht zuschauen, wie das ruhige, heitere Leben meiner Cousine derart von einem Kummer durcheinandergebracht wurde, den ich glaubte lindern zu können. Aber Rovers Gehör war feiner als mein lautloser Atem: Er hörte mich, entzog sich Phillis' Hand, die ihn zurückzuhalten suchte, und sprang heraus.

«Ach Rover, verlaß du mich nicht auch noch!» klagte sie.

«Phillis!» rief ich und entdeckte durch Rovers Erscheinen, daß sich der Eingang zu ihrem Plätzchen auf der anderen Seite des Holzstoßes befand. «Phillis, komm raus! Du hast schon eine Erkältung gehabt; es ist nicht gut für dich, an so einem Tag hier zu sitzen. Du weißt doch, wie ungehalten und besorgt sie alle wären.»

Sie seufzte, aber sie gehorchte. Sie bückte sich ein wenig, kroch heraus und stand dann in dem einsamen, kahlen Obstgarten aufrecht vor mir. Sie machte ein so gottergebenes, so trauriges Gesicht, daß mich das Gefühl beschlich, ich müßte mich für meine notgedrungen gebieterischen Worte entschuldigen.

«Manchmal empfinde ich das Haus als so eng», erklärte sie, «und als Kind saß ich immer zwischen den Scheiten. Es war sehr lieb von dir, mir zu folgen, aber es wäre nicht nötig gewesen. Ich erkälte mich nicht leicht.»

«Komm mit mir in den Stall dort, Phillis, ich muß dir etwas sagen. Du kannst diese Kälte vielleicht aushalten – ich jedenfalls nicht!»

Ich glaube, sie wäre gern wieder weggelaufen, aber der plötzliche Elan von vorher war aufgebraucht. Sie folgte mir reichlich unwillig, das merkte ich schon. Der Stall, in den ich sie führte, war erfüllt vom duftenden Atem der Kühe, und die Luft war ein wenig wärmer als draußen. Ich schob sie hinein, stellte mich in den Türrahmen und überlegte, wie ich am besten beginnen sollte. Schließlich stürzte ich mich einfach hinein.

«Ich muß aus mehr als einem Grund darauf achten, daß du dich nicht erkältest. Wenn du krank bist, macht Holdsworth sich Sorgen und wird unglücklich sein da draußen…» (damit meinte ich Kanada).

Sie warf mir einen durchdringenden Blick zu, dann wandte sie das Gesicht mit einer leicht ungeduldigen Bewegung ab. Wenn sie hätte fortlaufen können, so hätte sie das jetzt getan, aber ich hielt den Fluchtweg besetzt. «Wer A sagt, muß auch B sagen», dachte ich und fuhr rasch fort, so gut es ging.

«Er hat so viel von dir gesprochen, kurz bevor er abreiste… weißt du, an dem Abend, nachdem er hier gewesen war und du ihm die Blumen geschenkt hattest.» Sie hob die Hände, um ihr Gesicht darin zu verbergen, aber jetzt lauschte sie, war ganz Ohr.

«Er hat vorher nie viel über dich gesprochen, aber der plötzliche Aufbruch löste seine Zunge, und er gestand mir, daß er dich liebte und hoffte, du würdest nach seiner Rückkehr seine Frau werden.»

«Nicht!» rief sie und stieß das Wort fast keuchend hervor, das sie schon ein- oder zweimal hatte sagen wollen, doch hatte ihre Stimme versagt. Sie hatte sich ganz von mir abgewandt; nun streckte sie eine Hand nach hinten und tastete nach der meinen. Sie drückte sie sanft und lange, dann lehnte sie die Arme auf die hölzerne Trennwand, legte den Kopf darauf und weinte leise vor sich hin. Ich begriff nicht gleich und fürchtete, ich hätte alles mißverstanden und sie nur geärgert. Ich ging zu ihr. «Phillis! Es tut mir so leid, ich dachte, du würdest es vielleicht gerne hören. Er sprach so gefühlvoll, als liebte er dich sehr, und irgendwie glaubte ich, es würde dich freuen.»

Sie hob den Kopf und sah mich an. Was für ein Blick! Die Augen, obwohl glitzernd vor Tränen, verrieten ein fast himmlisches Glück; ihr zarter Mund war vor Entzücken gerundet, ihre Gesichtsfarbe lebhaft und rosa überhaucht; aber als fürchte sie, ihr Gesicht könnte zuviel verraten, mehr als die Dankbarkeit gegen mich, die sie mit

Worten auszudrücken versuchte, versteckte sie es fast sofort wieder. So war also alles in Ordnung und meine Vermutung wohlbegründet! Ich suchte in meiner Erinnerung nach weiteren Worten, die er gesagt hatte und von denen ich ihr erzählen konnte, aber wieder gebot sie mir Einhalt.

«Nicht», sagte sie. Immer noch hielt sie ihr Gesicht bedeckt und verborgen. Nach einem Weilchen fuhr sie sehr leise fort: «Bitte, Paul, ich möchte lieber nichts mehr hören... Damit will ich nicht sagen, daß ich nicht – daß ich nicht sehr dankbar bin... Nur – nur... ich glaube, ich würde alles andere lieber von ihm selber hören, wenn er zurückkommt.»

Und dann weinte sie wieder ein wenig, aber auf eine ganz andere Weise. Ich sagte nichts mehr, sondern wartete auf sie. Bald drehte sie sich zu mir um – allerdings mied sie meinen Blick –, und indem sie ihre Hand in die meine schob, als wären wir zwei Kinder, schlug sie vor: «Wir gehen jetzt am besten zurück. Man sieht mir doch nicht an, daß ich geweint habe, oder?»

«Du siehst aus, als hättest du einen schlimmen Schnupfen», war meine ganze Antwort.

«Oh... aber es geht mir – es geht mir ganz gut, mir ist nur kalt; und wenn wir schnell laufen, wird mir gleich warm. Komm, Paul!»

So rannten wir Hand in Hand, bis sie, gerade unter der Haustür, stehenblieb: «Bitte, Paul, laß uns *darüber* nicht mehr sprechen!»

153

Als ich am Ostersonntag hinüberging, hörte ich,
wie die Kirchen-Klatschbasen Tante Holman
zum blühenden Aussehen ihrer Tochter be-
glückwünschten, und keine dachte mehr an
die düsteren Prophezeiungen vor drei Monaten.
Ich schaute Phillis an und wunderte mich nicht
mehr über die Worte der alten Damen. Ich hatte
meine Cousine seit dem Tag nach Weihnachten
nicht mehr gesehen. Nur wenige Stunden nachdem ich ihr die Nachricht überbracht hatte, die
ihr Herz höher hatte schlagen lassen und ihr zu
neuem Leben und neuer Kraft verholfen hatte,
war ich von der Hope Farm aufgebrochen. Als
von ihrem strahlenden, gesunden Aussehen die
Rede war, guckte ich sie an, und die Erinnerung
an unser Gespräch im Kuhstall stieg lebhaft in
mir auf. Als unsere Blicke sich begegneten,
blitzte in uns beiden die Erinnerung auf, und wir
wußten es. Sie wandte sich ab, und die Röte
schoß ihr ins Gesicht. In den ersten Stunden nach
unserem Wiedersehen wirkte sie mir gegenüber
schüchtern, und ich war ein wenig böse auf sie,
daß sie mir nach meiner langen Abwesenheit
derart absichtlich aus dem Weg ging. Freilich
war ich ein wenig von meiner Regel abgewi-
chen, als ich ihr damals von Holdsworth erzählte.
Nicht daß mir die Verpflichtung zur Verschwie-
genheit auferlegt worden wäre oder daß ich ihm
das leiseste Versprechen gegeben hätte, seine

Worte nicht weiterzuerzählen! Aber mitunter beschlich mich ein unangenehmes Gefühl bei dem Gedanken an das, was ich in der Aufregung über Phillis' Leiden und tiefen Kummer getan hatte. Ich hatte vorgehabt, Holdsworth davon zu berichten, wenn ich ihm das nächste Mal schrieb, aber als der halbfertige Brief vor mir lag, saß ich da, die Feder in der Hand, und zögerte. Ich hatte mehr Bedenken, auszuplaudern, was ich von Phillis' Geheimnis gelüftet oder erraten hatte, als vor ihr seine Worte zu wiederholen. Ich fand, daß ich nicht das Recht hatte, ihm zu sagen, was ich glaubte – nämlich, daß sie ihn innig liebte und seine Abwesenheit ihr so naheging, daß sogar ihre Gesundheit darunter litt. Um aber zu erklären, was ich getan und warum ich ihr erzählt hatte, wie er am letzten Abend von ihr gesprochen hatte, wäre es nötig gewesen, auch die Gründe für mein Handeln anzuführen. Und so hatte ich beschlossen, es auf sich beruhen zu lassen. Da sie gesagt hatte, sie wolle all die Einzelheiten, näheren Umstände und deutlicheren Erklärungen erst von ihm hören, so sollte er auch das Vergnügen haben, ihren jungfräulichen Lippen das köstliche, zärtliche Geheimnis zu entlocken. Ich wollte meine Ahnungen und Vermutungen, mein alles andere als sicheres Wissen vom Zustand ihres Herzens nicht verraten. Zwei Briefe hatte ich von ihm erhalten, seit er mit seiner Arbeit begonnen hatte; sie strotzten von Leben und Tatkraft, und in beiden fand sich ein mehr als freundschaftlicher Gruß an die Familie auf der Hope Farm und eine kurze, aber deutliche Erwähnung von Phillis selbst, die bewies, daß sie in seiner Erinnerung einzig dastand. Diese Briefe hatte ich an den Pfarrer weitergesandt, denn er las sie gewiß gerne, selbst wenn er den Absender nicht gekannt hätte, weil sie so klug und bildhaft geschrieben waren, daß sie gewissermaßen einen Hauch aus fremden Landen in sein fest umgrenztes Leben brachten. Ich fragte mich, in welchem Gewerbe, welchem Beruf der Pfarrer nicht seinen Weg gemacht hätte – im Geiste, meine ich, wenn er zufällig in diese Lage geraten wäre. Er hätte einen trefflichen Ingenieur abgegeben, das weiß ich; und er liebte die See, wie viele auf dem Lande festsitzende Menschen, für die der Ozean ein lockendes Geheimnis ist. Gesetzestexte las er mit Vergnügen; als er sich einmal De Lolmes «Über die britische Verfassung» (oder so ähnlich)[15] ausgeliehen hatte, sprach er über die Rechtswissenschaften, daß es weit über mein Fassungsvermögen ging. Aber zurück zu Holdsworths Briefen. Als der Pfarrer sie mir wiedergab, legte er eine Liste mit Fragen bei, die ihm beim Durchlesen gekommen waren und die ich in meinen Antwortbriefen an Holdsworth weiterleiten sollte – bis ich schließlich auf den Gedanken kam, einen direkten Briefwechsel zwischen den beiden vorzuschlagen. Das war der Stand der Dinge, was den Freund in der Fremde betraf, als ich an

Ostern die Hope Farm besuchte und Phillis wie erwähnt scheu und zurückhaltend vorfand. Ich hielt sie für undankbar, denn ich war mir nicht ganz sicher, ob ich mit meiner Mitteilung klug gehandelt hatte. Vielleicht hatte ich einen Fehler oder eine Dummheit begangen, alles um ihretwillen, und nun schien sie sogar weniger meine Freundin zu sein als zuvor. Doch diese kleine Entfremdung dauerte nur ein paar Stunden. Sobald sie sicher war, daß ich weder mit Worten noch mit Blicken auf das eine in ihrem Kopf vorherrschende Thema anspielen würde, kehrte sie zu ihrem alten schwesterlichen Benehmen zurück. Sie hatte viel aus dem Familienleben zu erzählen: Rover sei krank gewesen, und alle hätten sich große Sorgen um ihn gemacht. Nach einer kleinen Verhandlung zwischen dem Vater und ihr, beide gleichermaßen bekümmert angesichts des leidenden alten Hundes, sei er ins Abendgebet eingeschlossen worden, und schon tags darauf sei es ihm besser gegangen. Sie verwickelte mich in ein Gespräch über die richtige Absicht beim Beten und über die Vorsehung bei einzelnen Wesen und was weiß ich noch alles; ich bockte indessen wie der alte Karrengaul auf dem Hof und weigerte mich, einen Schritt in diese Richtung zu tun. Dann unterhielten wir uns über die frischgeschlüpften Küken, sie zeigte mir die Hennen, die gute Mütter waren, und erklärte mir vertrauensvoll die Eigenschaften des ganzen Geflügels, und ich lauschte ebenso vertrauensvoll, denn es lag viel Wahrheit in dem, was sie sagte. Dann schlenderten wir in den Wald hinter dem Eschengrund und suchten nach den ersten Schlüsselblumen und jungem, grünem, knittrigem Laub. Nach dem ersten Tag hatte sie keine Angst mehr davor, mit mir allein zu sein. Nie habe ich sie so hübsch, so glücklich erlebt. Sie wußte wohl selbst kaum, warum sie die ganze Zeit so glücklich war. Ich sehe sie noch, wie sie unter den knospenden Zweigen der grauen Bäume stand, über denen ein von Tag zu Tag kräftiger werdender grüner Farbhauch lag; der Sonnenhut war ihr in den Nacken gerutscht, und in den Händen hielt sie lauter zarte Wald-blumen. Sie war sich meines Blickes nicht be-wußt, sondern nur eifrig darauf bedacht, die Vögel in den umliegenden Büschen und Bäu-men melodiös nachzuahmen. Sie beherrschte die Kunst, zu trillern und auf die Lieder der ein-zelnen Vögel zu antworten, und kannte ihren Gesang, ihre Gepflogenheiten und Lebenswei-sen genauer, als ich es jemals bei einem Men-schen erlebt habe. Im Frühjahr zuvor hatte sie sie oft auf mein Bitten hin imitiert, aber dieses Jahr gluckste und pfiff und trillerte sie wirklich genau wie die Vögel aus reiner, überquellender Her-zensfreude. Sie war mehr als je ihres Vaters Augapfel; und die Mutter schenkte ihr nicht nur die Liebe, die ihr zustand, sondern darüber hin-aus noch die zu jenem Sohn, der im Kindesalter gestorben war. Ich habe gehört, wie Tante Holman nach einem langen, verträumten Blick auf Phillis vor sich hin murmelte, sie würde Johnnie immer ähnlicher, und mit wehmütigen, undeutlichen Lauten und langem, sanftem Kopfschütteln das wehe Gefühl dieses Verlustes zu lindern suchte, den sie in dieser Welt nie mehr verwinden würde. Die alten Dienstboten im Haus hegten die dumpfe, treue Anhänglichkeit an das Kind des Gutsherrn, die den meisten Landarbeitern eigen ist und sich nicht oft in Taten oder Worten äußert. Meine Cousine Phillis war wie eine Rose, die auf der Sonnenseite eines einsamen, windgeschützten Hauses voll erblüht ist. In einem Gedichtband habe ich gelesen:

> Es fand sich keiner, sie zu loben,
> Kaum einer, sie zu lieben.[16]

Irgendwie erinnerten mich diese Zeilen immer an Phillis, obwohl sie beide nicht auf sie zutrafen. Ich hörte freilich nie, daß sie gelobt wurde, und außerhalb der Familie gab es wenige, die sie liebten; aber obwohl ihr niemand Beifall zollte, handelte sie aus angeborener, schlichter Güte und Klugheit in den Augen ihrer Eltern immer richtig. Holdsworths Name fiel nie zwischen uns, wenn wir alleine waren, aber ich hatte, wie bereits erwähnt, seine Briefe an den Pfarrer weitergeleitet, und der fing mehr als einmal an, über unseren abwesenden Freund zu sprechen, wenn er nach des Tages Arbeit seine Pfeife rauchte. Dann neigte Phillis den Kopf ein wenig tiefer über ihre Arbeit und hörte schweigend zu.

«Ich vermisse ihn mehr, als ich es für möglich gehalten habe – nichts für ungut, Paul. Ich sagte einmal, seine Gesellschaft sei wie Schnapstrinken; das war, bevor ich ihn richtig kannte, und vielleicht aus einer kritischen Stimmung heraus geurteilt. Im Kopf mancher Leute stellt sich alles sehr eindringlich dar, und dementsprechend reden sie eben, das war auch bei ihm so. Mit der Eitelkeit eines Sittenrichters glaubte ich, seine Worte seien nicht ehrlich und ernsthaft. Sie wären es freilich nicht gewesen, wenn *ich* sie ausgesprochen hätte, aber bei einem Mann von seiner Wahrnehmungsart stimmten sie. Ich dachte an das Maß, mit dem ich Holdsworth gemessen hatte, als Bruder Robinson letzten Donnerstag hier war und fand, daß ein bescheidenes kleines Zitat aus Vergils «Georgica» nach leerem Geschwätz und lästerlichem Heidentum rieche. Er ging so weit, zu behaupten, daß wir mit dem Lernen einer fremden Sprache den Absichten des Herrn offen zuwiderhandelten, da er beim Turmbau zu Babel verkündet hatte, er würde alle Sprachen verwirren, daß keiner des anderen Sprache verstünde. Wie Bruder Robinson über mich urteilt, so urteilte ich über den beweglichen Geist, den klaren Verstand und die schlagfertigen Worte von Holdsworth.»

Die erste kleine Trübung meines Friedens kam in Gestalt eines Briefes aus Kanada, in dem

einige Sätze standen, die mich mehr beunruhig-
ten, als nach dem Wortlaut eigentlich zu erwarten gewesen wäre. Es hieß darin:

> Mir wäre reichlich trostlos zumute an diesem
> abgeschiedenen Ort, wenn ich mich nicht mit
> einem Frankokanadier namens Ventadour
> angefreundet hätte. Er und seine Familie bie-
> ten mir an den langen Abenden eine wunder-
> bare Zuflucht. Noch nie habe ich einen so
> herrlichen Gesang gehört wie die mehrstim-
> migen Lieder der Jungen und Mädchen der
> Ventadours. Und das Fremdländische in ihrem
> Wesen und ihrer Lebensweise erinnert mich
> an die glücklichsten Tage meines Lebens.
> Lucille, die zweitälteste Tochter, ist Phillis
> Holman verblüffend ähnlich.

Vergeblich sagte ich mir, daß es wahrscheinlich
diese Ähnlichkeit war, die ihm den Verkehr mit
der Familie Ventadour so angenehm machte.
Vergeblich beschwichtigte ich meine ängstliche
Phantasie, daß nichts natürlicher war als diese
enge Freundschaft und daß es kein Anzeichen
für weiterreichende Folgen gab, das mich hätte
beunruhigen müssen. Ich hatte eine Vorahnung,
ich war verstört, und ich konnte es mir nicht
ausreden. Allerdings verstärkte und verdeut-
lichte sich meine Vorahnung noch durch die
Zweifel, die sich in meinem Hirn einnisteten, ob
ich denn recht getan hatte, Phillis von Holdsworths Worten zu erzählen. Ihre quirlige Glück-

seligkeit in diesem Sommer unterschied sich deutlich von der friedlichen Heiterkeit früherer Tage. Immer wenn ich dies bemerkte, nachdenklich wurde und ihren Blick auffing, errötete sie, und ihre Augen blitzten, weil sie erriet, daß ich an unser gemeinsames Geheimnis dachte. Ihre Lider senkten sich vor meinem Blick, als könnte sie es kaum ertragen, daß ich den strahlenden Glanz ihrer Augen unverhüllt sah. Und immer wieder grübelte ich und tröstete mich mit der Überlegung: Wenn diese Veränderung mehr gewesen wäre als eine törichte Einbildung von mir, hätten auch ihre Eltern sie bemerkt. Aber die lebten ruhig und unbekümmert und in ungestörtem Frieden vor sich hin.

In meinem eigenen Leben nahte nun mit raschen Schritten eine Veränderung. Im Juli dieses Jahres ging meine Anstellung bei der ***-Bahn und ihren Nebenstrecken zu Ende. Die Geleise waren fertiggebaut, und ich sollte ***shire verlassen und nach Birmingham zurückkehren, wo in dem erfolgreichen Geschäft meines Vaters schon eine feste Stelle für mich eingerichtet war. Aber bevor ich den Norden verließ, so hatten wir alle vereinbart, sollte ich für einige Wochen zu Besuch auf die Hope Farm kommen. Mein Vater war von diesem Plan ebenso angetan wie ich, und die lieben Verwandten sprachen oft davon, was wir während meines Besuches alles tun und welche Sehenswürdigkeiten sie mir zeigen wollten. Daß ich so unklug über «die Sache» geredet hatte (mit solch zweideutigen Namen verschleierte ich die unbesonnene vertrauliche Mitteilung, die ich Phillis gemacht hatte), war der einzige Wermutstropfen in meiner Vorfreude.

Das Leben auf der Hope Farm war zu einfach, als daß mein Kommen es im geringsten durcheinandergebracht hätte. Ich kannte mein Zimmer wie ein Sohn des Hauses. Ich kannte den normalen Tagesablauf und wußte, daß man von mir erwartete, ich würde mich einfügen wie ein Familienmitglied. Tiefer sommerlicher Friede lag über dem Haus; die warme, goldene Luft war erfüllt vom Summen der Insekten in der Nähe, vom Geräusch der Stimmen draußen auf den Feldern und vom deutlichen Gerumpel der Karren auf den meilenweit entfernten Pflasterstaßen. Es war zu heiß, als daß die Vögel gesungen hätten; nur hie und da hörte man die Ringeltauben in den Bäumen hinter dem Eschengrund. Das Vieh stand knietief im Teich und schlug mit dem Schwanz, um die Fliegen abzuwehren. Auf der gemähten Wiese stand der Pfarrer ohne Hut, Halstuch, Jacke oder Weste, keuchte und lächelte. Phillis hatte die Reihe der Knechte angeführt, die die duftenden Heuschwaden mit abgemessenen Bewegungen wendeten. Nun ging sie ans andere Ende, zur Hecke, warf den Rechen weg, lief auf mich zu und hieß mich ganz unbefangen schwesterlich willkommen. «Komm, Paul!» sagte der Pfarrer. «Wir brauchen jeden einzelnen, um den Sonnentag zu nutzen. ‹Alles, was du tun kannst, das tue nach deinem Vermögen!›[17] Die Abwechslung wird dir guttun, mein Junge; ich erhole mich am besten, wenn ich in meiner Arbeit abwechsle.» So zog ich los, ein williger Arbeiter, und folgte Phillis' Beispiel. Wir stellten uns nach seit Urzeiten gültiger Rangordnung auf; der Junge, der die Spatzen verjagte, kam als letzter. Wir blieben, bis die Sonne rot hinter den Föhren am Rand der Allmende untergegangen war. Dann gingen wir nach Hause zum Abendessen, zum Beten, zum Schlafen. Irgendein Vogel sang weit in die Nacht hinein, ich hörte ihn durchs offene Fenster, und frühmorgens fing das Federvieh an zu schnattern und zu gackern. Was ich gleich anfangs an Gepäck brauchte, hatte ich selbst aus meiner Unterkunft mitgebracht, den Rest ließ ich mir durch den Fuhrmann schikken. Er lieferte es am frühen Vormittag auf dem Hof ab und brachte auch zwei Briefe mit, die nach meiner Abreise gekommen waren. Ich unterhielt mich gerade in der Stube mit Tante Holman – ich glaube darüber, wie meine Mutter Brot buk; Tante Holman fragte mich aus, und ich hatte längst den Boden unter den Füßen verloren –, als ein Knecht die Briefe hereinbrachte. Ich mußte den Fuhrmann für seine Mühe bezahlen, ehe ich einen Blick darauf werfen konnte. Eine Rechnung – und ein Brief aus Kanada! Welches Vorgefühl ließ mich so dankbar sein, daß ich mit meiner lieben, wenig aufmerksamen Tante allein war? Was ließ mich die Briefe eilends in meiner Jackentasche verstecken? Ich weiß es nicht. Mir war seltsam und scheußlich zumute, und ich fürchte, ich gab unbrauchbare Antworten. Dann ging ich auf mein Zimmer, vorgeblich, um meine Koffer hochzutragen. Ich setzte mich aufs Bett und öffnete Holdsworths Brief. Mir war, als hätte ich seinen Inhalt schon gelesen und wüßte genau, was drinstand. Ich erfuhr, daß er Lucille Ventadour heiraten werde – nein, daß er schon verheiratet *war*; denn heute war der 5. Juli, und er schrieb, daß seine Hochzeit auf den 29. Juni festgesetzt sei. Ich kannte alle Gründe, die er anführte, die ganze Verzücktheit, von der er berichtete. Der Brief hing in meiner Hand herab, und ich blickte ins Leere, dennoch erkannte ich das Nest eines Buchfinks auf dem flechtenüberwachsenen Ast eines alten Apfelbaumes vor meinem Fenster, sah die Mutter heranflattern und die Brut füttern – und sah sie doch wieder nicht, obwohl mir später schien, als könnte ich jede Faser, jede Feder zeichnen. Aufgeschreckt wurde ich erst durch das fröhliche Geräusch von Stimmen und den schweren Tritt bäuerlicher Füße, die zum Mittagessen heimkehrten. Mir wurde klar, daß ich zum Essen hinuntergehen mußte, und auch, daß ich Phillis davon berichten mußte. Einer närrischen Mode folgend und rücksichtslos in seinem Glück hatte Holdsworth nämlich ein Postskriptum angehängt, in dem er Hochzeitsanzeigen an mich und andere Bekannte in Hornby und Eltham «und an seine lieben Freunde auf der Hope Farm» ankündigte. Phillis war verblaßt zu einer unter mehreren «lieben Freunden». Ich weiß nicht, wie ich an jenem Tag die Mahlzeit überstand. Ich erinnere mich, daß ich mich zum Essen zwang und sehr viel sprach, aber ich erinnere mich auch an den erstaunten Ausdruck in den Augen des Pfarrers. Er gehörte nicht zu denen, die grundlos das Schlimmste annehmen; aber manch einer hätte mich für betrunken gehalten. Sobald es der Anstand erlaubte, stand ich vom Tisch auf und erklärte, ich wolle spazierengehen. Als erstes muß ich versucht haben, mein Gehirn durch schnelles Gehen zu betäuben, denn als mich schließlich die schiere Erschöpfung zwang, meinen Schritt zu verlangsamen, hatte ich mich schon auf dem hochgelegenen Heidemoor weit hinter der vertrauten Allmende voll Stechginster verirrt. Immer wieder wünschte ich mir – ach, wie glühend wünschte ich mir's! –, ich hätte diesen Fehler nie begangen und könnte die Unbesonnenheit einer einzigen halben Stunde ungeschehen machen. Abwechselnd damit überkam mich eine freilich ziemlich ungerechte Wut auf Holdsworth. Ich blieb wohl eine gute Stunde oder länger in dieser verlassenen Gegend, dann machte ich mich auf den Heimweg und beschloß, es Phillis bei der ersten Gelegenheit zu sagen und es hinter mich zu bringen; dabei graute mir derart vor der Ausführung meines

Entschlusses, daß mir, als ich ins Haus kam und Phillis allein in der Küche sah (Türen und Fenster standen wegen des schwülen Wetters weit offen), vor banger Ahnung ganz schlecht wurde. Sie stand vor der Anrichte und schnitt einen großen Laib Brot in dicke Scheiben für die hungrigen Arbeiter, die jede Minute hereinkommen konnten, denn am Himmel zogen ringsum schwere Gewitterwolken auf. Sie schaute sich um, als sie meine Schritte hörte.

«Du solltest auf dem Feld sein und beim Heuen helfen», sagte sie mit ihrer ruhigen, angenehmen Stimme. Als ich mich dem Haus näherte, hatte ich gehört, wie sie leise ein Kirchenlied sang, und dessen Friedlichkeit schien noch über ihr zu schweben.

«Vielleicht. Es sieht nach Regen aus.»

«Ja; da donnert es schon. Mutter hat sich ins Bett legen müssen, sie hat wieder so schlimmes Kopfweh. Jetzt bist du hereingekommen...»

«Phillis», unterbrach ich sie und ging ohne Umschweife auf mein Thema los, «ich habe einen langen Spaziergang gemacht, weil ich über einen Brief nachdenken mußte, den ich heute morgen bekommen habe – einen Brief aus Kanada. Du ahnst nicht, wieviel Kummer er mir gemacht hat.» Ich hielt ihn ihr hin, während ich sprach. Sie wurde ein wenig bleich, aber das war wohl mehr der Widerschein meines eigenen Gesichts, als daß sie meine Worte schon eindeutig erfaßte. Dennoch nahm sie den Brief nicht.

Ich mußte sie erst bitten, ihn zu lesen, bis sie begriff, was ich wollte. Sie setzte sich hastig hin, als sie ihn entgegennahm, breitete ihn auf der Anrichte vor sich aus und stützte die Stirn in die Hände, die Arme auf der Anrichteplatte, den Körper etwas abgewandt und das Gesicht deshalb verborgen. Ich schaute aus dem offenen Fenster, und es war mir sehr schwer ums Herz. Wie friedlich alles im Hof wirkte! Frieden und Fülle. Wie ruhig und tief war die Stille im Haus! Tick-tack ging die unsichtbare Uhr im großen Treppenhaus. Einmal hatte ich es rascheln gehört, als sie das dünne Briefpapier umwendete. Sie mußte schon zu Ende gelesen haben. Dennoch rührte sie sich nicht, sagte kein Wort, seufzte nicht einmal. Immer noch blickte ich aus dem Fenster, die Hände in den Taschen. Wieviel Zeit war wohl in Wirklichkeit vergangen? Mir kam sie unendlich vor – und unerträglich. Endlich sah ich mich nach ihr um. Sie mußte meinen Blick gespürt haben, denn mit einer schnellen, heftigen Bewegung setzte sie sich anders hin und sah mir in die Augen.

«Mach nicht ein so schuldbewußtes Gesicht, Paul», sagte sie. «Bitte nicht, das halte ich nicht aus. Es gibt nichts zu bereuen; ich glaube es zumindest. Du hast auf jeden Fall nichts falsch gemacht.» Ich merkte, daß ich stöhnte, aber sie hörte es offenbar nicht. «Und er... Es ist doch nichts Unrechtes an seiner Heirat, oder? Ich hoffe ganz fest, daß er glücklich wird. Oh, wie sehr ich das hoffe!» Die letzten Worte klangen wie ein Wimmern; und sie hatte wohl Angst, die Fassung zu verlieren, denn sie änderte den Tonfall und sprach schnell weiter. «Lucille – das ist unser englisches ‹Lucy›, nicht wahr? Lucille Holdsworth! Das ist ein hübscher Name, und hoffentlich… Ich habe vergessen, was ich sagen wollte. Ach, das war's: Paul, ich glaube, wir sollten nie wieder darüber sprechen. Denk nur daran, daß du nicht zerknirscht sein darfst. Du hast keinen Fehler gemacht; du warst sehr, *sehr* lieb. Und wenn ich merke, daß du bekümmert dreinschaust, weiß ich nicht mehr, was ich tu' – ich bin imstande und breche zusammen, weißt du.»

Ich glaube, sie war schon kurz davor, aber in diesem Augenblick brach der dunkle Sturm herein, und die Gewitterwolke entlud sich anscheinend genau über dem Haus. Die Mutter, aus dem Schlaf gerissen, rief nach Phillis; die Knechte und Mägde kamen von der Wiese unter das schützende Dach gerannt, bis auf die Haut durchnäßt. Der Pfarrer folgte lächelnd und nicht unangenehm erregt durch den Aufruhr der Elemente; denn dank harter Arbeit während des langen Sommertags hatte man den größten Teil des Heus sicher in die Feldscheune einfahren können. In dem nun folgenden Wirrwarr lief ich Phillis ein paarmal über den Weg; sie war immer beschäftigt und tat, wie mir schien, immer das Richtige. Als ich abends in meinem Zimmer allein war, gestattete ich mir, Erleichterung zu empfinden und zu glauben, daß das Schlimmste überstanden und es letztlich so schlimm gar nicht war. Aber die nachfolgenden Tage waren recht traurig. Manchmal meinte ich, nur meine Phantasie gaukle mir vor, daß Phillis sich merkwürdig verändert habe, denn wenn dieses unbestimmte Gefühl wohlbegründet gewesen wäre, hätten doch ihre Eltern – Vater und Mutter, ihr eigen Fleisch und Blut – es als erste bemerken müssen. Doch die ließen sich in ihrer häuslichen Ruhe und Zufriedenheit nicht stören; allenfalls waren sie ein wenig fröhlicher als sonst, denn «die Erstlinge vom Acker»[18], wie es der Pfarrer nannte, waren reichhaltiger als gewöhnlich ausgefallen, und überall herrschte ein Überfluß, an dem man noch den geringsten Handlanger teilhaben ließ. Auf jenes Gewitter folgten ein paar schöne, heitere Tage, an denen alles Heu eingebracht wurde; und dann fiel ein langer, sanfter Regen, der die Weizenähren schwellen und das gemähte Gras aufs neue sprießen ließ. Der Pfarrer genehmigte sich während dieser Regenzeit zu Hause ein paar erholsame und vergnügliche Stunden mehr als sonst: Hartgefrorene Erde verhalf ihm zu seinen Winterferien, und diese regnerischen Tage nach der Heuernte zu den Sommerferien. Wir saßen bei geöffneten Fenstern in der Stube, der Duft und die Frische, die der sacht fallende Regen hervorrief, erfüllten den Raum; und das leise, endlose Getröpfel auf dem Laub draußen hätte eine ähnlich beruhigende Wirkung haben müssen, wie sie auch andere sanfte, nicht enden wollende Geräusche wie Mühlräder und sprudelnde Quellen auf die Gemüter glücklicher Menschen ausüben. Aber zwei von uns waren nicht glücklich. Einer davon war mit Sicherheit ich. Bei Phillis war ich mir nicht nur sicher, sondern ich war, schlimmer noch, furchtbar besorgt um sie. Seit jenem Gewittertag hörte ich einen neuen, scharfen, unschönen Klang in ihrer Stimme, eine Art Mißton; ihre flackernden Augen kannten keine Ruhe mehr, und sie errötete und erbleichte, ohne daß ich einen Grund dafür sah. Der Pfarrer zog in seliger Unkenntnis dessen, was ihn doch so viel anging, seine Bücher hervor, die wissenschaftlichen Wälzer und Klassikerausgaben. Ich weiß nicht, ob er sich beim Vorlesen und Erklären an Phillis oder an mich wandte, aber da ich instinktiv fühlte, daß sie auf die friedlichen Einzelheiten, die dem Aufruhr in ihrem Herzen so fremd waren und so fern lagen, nicht achtgab, ja nicht achtgeben konnte, zwang ich mich zuzuhören und wenn möglich zu verstehen.

«Schau her», sagte der Pfarrer und schlug leicht gegen das alte, in Pergament gebundene Buch in seinen Händen. «Im ersten Buch der ‹Georgica› spricht er vom Walzen und Bewässern; ein bißchen später besteht er darauf, daß man das beste Saatgut auswählen müsse, und rät uns, die Entwässerungsgräben sauberzuhalten. Und hier wieder – kein schottischer Bauer

könnte gewitzter sein: Magere Wiesen emp-
fiehlt er zu mähen, wenn noch der Tau drauf
liegt, auch wenn das Nachtarbeit bedeutet. Alles
ist noch heute lebendig und richtig.» Er fing an,
zu den lateinischen Zeilen, die er gerade las, mit
einem Lineal auf seinen Knien das Versmaß zu
schlagen. Vermutlich reizte der monotone Vor-
trag Phillis zu ungebührlicher Heftigkeit, denn
ich erinnere mich, daß sie den Faden, mit dem sie
nähte, rasch verknotete und abriß. Noch heute
kann ich solch ein Reißen nicht hören, ohne im
Herzen der Näherin einen Stich oder Schmerz
zu vermuten. Tante Holman, die friedlich vor
sich hin strickte, merkte, warum Phillis ihre
Näharbeit so endgültig abbrach.

«Das ist leider ein schlechter Faden», sagte sie
leise und mitfühlend. Und das war nun zuviel
für Phillis.

«Der Faden ist schlecht – alles ist schlecht – ich
hab' alles so satt!» Und sie legte ihre Arbeit hin
und lief hastig aus dem Zimmer. Ich vermute,
daß Phillis in ihrem ganzen bisherigen Leben
noch nie soviel Gereiztheit an den Tag gelegt
hatte. In vielen Familien wäre ihr Ton und Verhalten gar nicht aufgefallen; aber hier brach
es brüsk und befremdend in die liebenswerte,
ruhige Atmosphäre des Hauses ein. Der Pfarrer
legte Lineal und Buch nieder und schob sich die
Brille auf die Stirn. Die Mutter sah einen Augenblick besorgt aus, dann entspannten sich ihre
Züge, und sie sagte erklärend: «Das ist wohl das

Wetter. Manche Leute spüren es stärker als andere. Mir bringt es immer Kopfweh.» Sie stand auf, um ihrer Tochter zu folgen, aber auf halbem Weg zur Tür besann sie sich eines Besseren und kehrte zu ihrem Stuhl zurück. Die gute Mutter! Sie hoffte, die ungewohnte Mißlaunigkeit leichter zu überspielen, wenn sie vorgab, sie nicht weiter zu beachten. «Lies weiter, Pfarrer», sagte sie, «es ist sehr spannend, was du da liest, und wenn ich es auch nicht ganz verstehe, so mag ich doch den Klang deiner Stimme.» Er fuhr also fort, aber nur mit halbem Herzen und ungleichmäßig und schlug nicht mehr mit einem Lineal das Versmaß zu den lateinischen Gedichtzeilen. Als die Dämmerung kam, wegen des bedeckten Himmels früh an diesem Juliabend, kam Phillis leise wieder herunter und tat, als sei nichts geschehen. Sie nahm ihre Handarbeit auf, aber es war zu dunkel, um noch lange zu nähen, und sie legte sie bald wieder zur Seite. Dann sah ich, wie sich ihre Hand in die der Mutter stahl und wie diese sie leise liebkoste und streichelte. Der Pfarrer, der die zärtliche Pantomime genauso deutlich wahrnahm wie ich, sprach mit einem glücklicheren Ton in der Stimme weiter, über Dinge, die im Augenblick für ihn gewiß ebenso bedeutungslos waren wie für mich – und das will viel heißen und zeigt, wieviel wichtiger für ihn als Landwirt das war, was sich vor seinen Augen abspielte, als die bäuerlichen Gepflogenheiten der alten Römer.

Noch etwas fällt mir ein: Eines Tages beschimpfte mich Betty, die Magd. Ich betrat das Haus durch die Küche, wo sie gerade butterte, blieb stehen und bat sie um ein Glas Buttermilch.

«Hören Sie mal, Vetter Paul» (sie hatte die Gewohnheit der Familie angenommen, die mich allgemein «Vetter Paul» nannte und immer so von mir sprach), «irgendwas stimmt nicht mit unserer Phillis, und ich wette, Sie wissen ziemlich genau, was los ist. Sie gehört nicht zu der Sorte, wo mit jemand wie Ihnen anbändelt» (nicht gerade schmeichlerisch, aber das war Betty nie gewesen, nicht einmal zu denen, vor denen sie höchste Ehrfurcht hatte), «aber ich tät' mir wünschen, daß dieser Holdsworth nie hier aufgekreuzt wär'. So, jetzt wissen Sie ein bißchen Bescheid, was ich denke.»

Es war ein äußerst unzulängliches Bißchen. Ich wußte nicht, was ich auf diesen flüchtigen Hinweis auf die wahren Verhältnisse, der sich in der Rede der lebensklugen Frau verbarg, antworten sollte; also versuchte ich auszuweichen, indem ich Erstaunen über ihre erste Behauptung heuchelte.

«Mit Phillis soll was nicht stimmen? Wie kommst du denn darauf? Wieso soll was nicht in Ordnung sein mir ihr? Sie sieht doch aus wie das blühende Leben!»

«Armer Kerl! Sie sind eigentlich ein rechter Kindskopf; wahrscheinlich haben Sie noch nie gehört, daß man auch vom Fieber rote Backen bekommen kann. Aber so dumm sind Sie gar nicht, mein lieber Freund! Also versuchen Sie nicht, mich mit Blumen und Blühen und solchem Zeug abzuspeisen. Wie kommt sie dazu, nachts stundenlang rumzumarschieren, wo sie sonst immer im Bett war und schlief? Ich lieg' im Zimmer neben ihr und hör' sie so deutlich, deutlicher geht's gar nicht. Wieso kommt sie keuchend und völlig erledigt heim und plumpst in diesen Sessel» – sie deutete mit dem Kopf auf einen Stuhl an der Tür – «und seufzt: ‹Ach Betty, Wasser, bitte!›? So kommt sie jetzt ins Haus zurück, und früher kam sie immer so frisch und strahlend heim, wie sie loszog. Wenn Ihr Freund ein falsches Spiel mit ihr getrieben hat, muß er für einiges gradstehen. Das Mädel ist ein schmuckes und sauberes Ding; sie ist der Augapfel von ihrem Vater und auch von ihrer Mutter, wenn sie auch für die erst an zweiter Stelle hinter dem Pfarrer kommt. Sie müssen den Kerl auftreiben, weil was mich betrifft, ich dulde nicht, daß unserer Phillis Unrecht geschieht!»

Was sollte ich tun oder sagen? Ich wollte Holdsworth Gerechtigkeit widerfahren lassen, Phillis' Geheimnis wahren und die Frau beruhigen, alles in einem Atemzug. Leider beschritt ich hierzu nicht den geeignetsten Weg.

«Ich glaube nicht, daß Holdsworth in seinem ganzen Leben je ein Wort von… Liebe zur ihr gesagt hat. Bestimmt nicht.»

«Ja, ja! Aber es gibt Augen, und 's gibt Hände –

und nicht nur Zungen. Und vom einen hat der Mensch zwei und vom anderen nur eine.»

«Aber sie ist so jung; glaubst du nicht, ihre Eltern hätten etwas davon gemerkt?»

«Also wenn Sie mich so fragen, dann sag' ich Ihnen gradheraus ‹nein!› Die Eltern haben sie so lange ‹Kind› genannt – ‹das Kind› heißt es immer, wenn sie miteinander über sie sprechen, als hätte außer ihnen noch nie jemand ein Lämmchen gehabt –, daß sie sie immer noch betrachten, als würde sie ein langes Kleidchen tragen, und sie ist doch vor ihren Augen zur Frau herangewachsen. Und hat man etwa schon mal gehört, daß sich ein Mann in ein kleines Kind im langen Kleidchen verliebt!»

«Nein!» sagte ich und lachte ein wenig. Aber sie fuhr so ernst wie ein Richter fort.

«Tja, sehen Sie, Sie lachen bei dem bloßen Gedanken daran – und ich wette, der Pfarrer, wenn er auch nicht grad ein humoriger Mensch ist, tät' kichern bei der Vorstellung, es sollt' sich jemand in das Kind verlieben. Wo ist Holdsworth hingefahren?»

«Kanada», antwortete ich knapp.

«Kanada, Kanada», versetzte sie da gereizt. «Sagen Sie mir, wie weit er weg ist, statt daß Sie mir mit Ihrem Kauderwelsch kommen. Eine Reise von zwei Tagen oder drei oder von einer Woche?»

«Er ist sehr weit weg – mindestens drei Wochen», rief ich verzweifelt. «Und entweder ist er schon verheiratet oder kurz davor. So, jetzt weißt du's!» Ich erwartete einen neuen Wutausbruch. Aber nein, die Sache war zu ernst. Betty setzte sich hin und schwieg eine Weile. Sie sah so traurig und niedergeschlagen aus, daß ich einfach weitersprechen und sie ein bißchen ins Vertrauen ziehen mußte.

«Ich habe die reine Wahrheit gesprochen. Ich weiß, daß er nie ein Wort zu ihr gesagt hat. Ich glaube, er hatte sie gern, aber das ist nun vorbei. Das Beste, was wir tun können, das Beste und Günstigste für sie – und ich weiß, du liebst sie, Betty ...»

«Ich hab' sie als Kind in meinen Armen gehalten, ich hab' ihrem kleinen Bruder seine letzte Mahlzeit auf Erden gegeben», sagte Betty und hob die Schürze an die Augen.

«Gut – wir wollen ihr nicht zeigen, daß wir erraten haben, daß sie Kummer hat; um so schneller kommt sie darüber hinweg. Vater und Mutter haben nicht die geringste Ahnung, und wir müssen so tun, als hätten wir auch keine. Jetzt ist es zu spät, etwas anderes zu tun.»

«Ich werd' kein Wort ausplaudern, ich weiß von nichts. Ich hab' selber wahre Liebe kennengelernt, seinerzeit. Aber ich wollte, er hätt' sich kanadisiert, bevor er in dieses Haus kam, mit seinem ›Betty hier‹ und ›Betty dort‹ und seiner Milchtrinkerei, als wär' er eine Katz. Ich hasse solches Süßholzgeraspel.»

Sollte sie ruhig bis zur Erschöpfung den fernen

Holdsworth beschimpfen! Vielleicht war dieser Gedanke schäbig und verräterisch von mir – aber ich sollte gleich meine Strafe bekommen.

«Da heißt's aufpassen, wie ein Mann es mit dem Süßholzraspeln hält! Manche Männer tun das so unbekümmert und arglos, wie wenn sie Tauben locken täten. Halten Sie sich fern von ihnen, mein Junge. Nicht daß Sie die Gaben dazu mitbekommen haben – nichts dergleichen. Sie haben nichts Besonderes an sich, wo man sich nach umdreht, nicht den Wuchs und nicht das Gesicht; und es müßt' schon eine taube Otter sein, wo sich von Ihren Worten um den Finger wickeln läßt – wenn Sie auch keinen großen Schaden anrichten.»

Ein junger Mann von neunzehn oder zwanzig Jahren fühlt sich von einer solchen Äußerung nicht geschmeichelt, selbst wenn sie von der Ältesten und Häßlichsten ihres Geschlechts ausgesprochen wird; und ich war nur zu froh, das Thema wechseln zu können, indem ich ihr noch einmal ausdrücklich gebot, Phillis' Geheimnis zu wahren.

Unser Gespräch endete mit ihren Worten: «Sie sind ein ausgewachsener Dussel, und wenn sie hundertmal der Neffe vom Pfarrer sind – so manch einer ist mit dummen Verwandten geschlagen. Glauben Sie, ich hab' keinen Verstand, weil ich nicht durch Ihre Brille gucken kann? Sie können mir die Zunge rausschneiden und sie an das Scheunentor nageln, zur Warnung

für alle schwatzhaften Elstern, wenn ich was aus-
plaudre über das arme Mädel, sei's zu ihr selbst,
sei's zu einem der Ihren, wie's in der Bibel heißt.
So, jetzt haben Sie mich so weit gebracht, daß ich
in der Sprache der Heiligen Schrift mit Ihnen
geredet hab' – vielleicht sind Sie jetzt zufrieden
und lassen mich in meiner Küche in Ruhe.»

Während all dieser Tage, vom 5. bis zum
17. Juli, muß ich vergessen haben, daß Holdsworth geschrieben hatte, er wolle Hochzeitsanzeigen schicken. Andererseits konnte es mir
nicht völlig entfallen sein; aber nachdem ich
Phillis einmal von seiner Hochzeit erzählt hatte,
habe ich wohl den nachfolgenden Anzeigen
keine große Bedeutung mehr zugemessen. Auf
jeden Fall wurde ich schließlich von ihnen überrascht. Die «Pennypost-Reform», wie sie die
Leute nannten, war kurz zuvor in Kraft getreten;
aber der endlose Strom von Karten und Briefen,
der heutzutage die Haushalte zu überfluten
scheint, hatte noch nicht zu fließen begonnen,
zumindest nicht in diesen entlegenen Gegenden.[19] Es gab ein Postamt in Hornby, und Briefträger für Heathbridge und Umgebung war ein
alter Bursche, der die wenigen Briefe in einigen
seiner Taschen verstaute (oder auch in allen, wie
es ihm gerade paßte). Ich bin ihm oft auf den
Landstraßen begegnet und habe ihn nach Briefen gefragt. Manchmal traf ich ihn, wie er gerade
auf der Heckenböschung saß und sich ausruhte;
dann bat er mich oft, ihm eine Adresse zu ent-

ziffern, die zu unleserlich war, als daß seine bebrillten Augen sie hätten enträtseln können. Wenn ich ihn fragte, ob er etwas für mich oder für Holdsworth habe (er nahm's nicht so genau, wem er die Briefe aushändigte, wenn er sie nur irgendwie los wurde und sich auf den Heimweg machen konnte), pflegte er zu sagen, er glaube, er habe einen – so lautete nämlich unveränderlich und zuverlässig seine Antwort; dann kramte er in den Brusttaschen, den Westentaschen und den Hosentaschen herum und als letzte Hoffnung in den Manteltaschen. Wenn ich schließlich ein enttäuschtes Gesicht machte, versuchte er mich mit den Worten zu trösten: «Sie hat nix geschrieben diesmal, aber morgen bestimmt.» *Sie* war eine imaginäre Liebste.

Manchmal sah ich, wie der Pfarrer einen Brief nach Hause mitbrachte, den er in dem kleinen Laden vorgefunden hatte, der in Heathbridge als Postamt diente, oder einen aus dem größeren Amt in Hornby. Und ab und zu erinnerte sich Josiah, der Fuhrmann, daß ihm der alte Briefträger einen Brief an den «Master» anvertraut hatte, als sie sich auf der Straße begegnet waren.

Etwa zehn Tage waren vergangen seit meiner Ankunft auf der Hope Farm und meinem Gespräch mit Phillis, als sie auf der Küchenanrichte Butterbrote strich, da verkündete der Pfarrer plötzlich eines Tages beim Mittagessen: «Übrigens, ich habe einen Brief in der Tasche. Reich mir doch meinen Rock, Phillis.» Es herrschte immer noch schwüles Wetter, und um es kühler und bequemer zu haben, saß der Pfarrer in Hemdsärmeln am Tisch. «Ich bin nach Heathbridge gegangen, wegen dieses Briefpapiers, das man mir geschickt hat, das alle Federn ruiniert, und ich hab' im Postamt vorbeigeschaut und dort einen Brief für mich gefunden – unfrei, deshalb wollten sie ihn nicht dem alten Zekiel anvertrauen. – So, hier ist er. Jetzt werden wir Neuigkeiten von Holdsworth erfahren. Ich wollte ihn aufheben, bis wir alle zusammen sind.» Mein Herz setzte aus, ich senkte den Kopf über meinen Teller und wagte nicht aufzublicken. Was würde nun herauskommen? Was tat Phillis? Was machte sie für ein Gesicht? Ein Augenblick banger Erwartung – dann sprach er wieder. «Na, was ist denn das? Hier sind zwei Visitenkarten mit seinem Namen drauf, und gar kein Brief. Nein – sein Name steht gar nicht auf beiden. *Mrs.* Holdsworth! So hat der junge Mann also geheiratet!» Bei diesen Worten hob ich den Kopf; ich konnte nicht umhin, Phillis wenigstens einen Augenblick anzuschauen. Mir schien, als hätte sie mein Gesicht und mein Verhalten ständig beobachtet. Ihr Gesicht war glühend rot, die Augen waren trocken und glänzten, aber sie sprach nicht; ihre Lippen lagen aufeinander, als presse sie sie fest zusammen, damit kein Wort, kein Laut hervordringe. Tante Holmans Gesicht drückte Überraschung und Anteilnahme aus.

«Ach!» rief sie. «Wer hätte das gedacht! Da hat

er sich aber beeilt mit dem Werben und Heiraten. Ich wünsche ihm von Herzen Glück! Laß sehen» – sie zählte mit Hilfe ihrer Finger –: «Oktober, November, Dezember, Januar, Februar, März, April, Mai, Juni, Juli – immerhin haben wir schon den achtundzwanzigsten –; es sind also doch fast zehn Monate, und wenn man jeweils einen Monat für den Weg abzieht...»

«Hast du schon davon gewußt?» fragte der Pfarrer und drehte sich plötzlich zu mir um, vermutlich erstaunt wegen meines Schweigens, aber bis jetzt noch nicht mißtrauisch.

«Ich wußte... ich hatte etwas gehört... Es ist eine junge Frankokanadierin», fuhr ich fort und zwang mich zu sprechen. «Sie heißt Ventadour.»

«Lucille Ventadour!» ergänzte Phillis mit schneidender, mißtönender Stimme.

«Dann wußtest du also auch davon!» rief der Pfarrer.

Wir sprachen beide gleichzeitig. Ich begann: «Ich habe gehört, daß er wahrscheinlich... und habe es Phillis erzählt.» Und sie erklärte: «Er ist verheiratet mit Lucille Ventadour; sie ist französischer Herkunft und stammt aus einer großen Familie bei St. Meurice – das stimmt doch?» Ich nickte. «Paul hat es mir erzählt; das ist alles, was wir wissen, nicht wahr? Hast du in Heathbridge die Howsons getroffen, Vater?» Und sie zwang sich, mehr zu sprechen als in all den letzten Tagen zusammengenommen, stellte eine Menge Fragen und versuchte auf diese Weise (das merkte ich), das Gespräch von der einen wunden Stelle fernzuhalten, an die zu rühren Marter bedeutet hätte. Ich besaß weniger Selbstbeherrschung, folgte aber ihrem Beispiel. Das Gespräch nahm mich indessen nicht so sehr in Anspruch, daß ich nicht sehen konnte, wie erstaunt und beunruhigt der Pfarrer war. Dennoch unterstützte er Phillis in dem Bemühen, ihre Mutter daran zu hindern, daß sie auf die eine große Neuigkeit zurückkam und ständig ausrief, wie verwundert und überrascht sie sei. Aber mit dieser einen Ausnahme hatten wir alle mehr oder minder unseren natürlichen Gleichmut verloren. Täglich, stündlich schalt ich mich mehr wegen meines unbesonnenen Übereifers. Wenn ich meine törichte Zunge nur diese eine halbe Stunde im Zaum gehalten hätte! Wenn ich's nur nicht so eilig gehabt hätte, ihren Kummer zu lindern! Ich hätte meinen dummen Schädel gegen die Wand schlagen können, so zerknirscht war ich. Und doch blieb mir nichts anderes übrig, als dem tapferen Mädchen zu helfen, seine Enttäuschung zu verbergen und das jungfräuliche Geheimnis zu wahren. Aber ich glaubte, dieses Essen würde nimmermehr enden. Um ihretwillen litt ich noch mehr als um meinetwillen. Bis heute waren alle Worte, die ich in diesem glücklichen Hause gehört hatte, schlicht und ehrlich gewesen. Wenn wir etwas zu sagen hatten, so sagten wir es; und wenn jemand lieber schwieg, ja selbst wenn alle schwiegen, bemühte man sich nicht krampfhaft und gezwungen, zu reden um des Redens willen – oder sich aufdrängende Gedanken und Argwohn abzuwehren.

Endlich erhoben wir uns von unseren Plätzen und schickten uns an auseinanderzugehen; aber zwei oder drei von uns hatten die Freude und das Interesse an ihrer täglichen Arbeit verloren. Der Pfarrer stand am Fenster und blickte schweigend hinaus. Mit einem Seufzer raffte er sich schließlich auf, hinaus aufs Feld zu gehen, wo die Knechte am Arbeiten waren, und er versuchte, sein beunruhigtes Gesicht abzuwenden, als er an uns vorbei zur Tür ging. Kaum hatte er uns verlassen, sah ich, wie sich Phillis' Miene, da sie sich unbeobachtet wähnte, für wenige Augenblicke entspannte und traurig, elend und müde wurde. Als ihre Mutter sprach und sie um einen kleinen Dienst bat, nahm sie sich zusammen, spielte wieder die Lebhafte und eilte hinaus. Nun waren wir beide allein, und Tante Holman kam auf Holdsworths Heirat zurück. Sie gehörte zu den Leuten, die ein Ereignis gerne von allen wahrscheinlichen, ja sogar von allen nur denkbaren Seiten betrachten; und beim Essen hatte man sie jäh unterbrochen, dieser Gewohnheit zu frönen.

«Da hat Mr. Holdsworth also geheiratet, kaum zu glauben! Ich kann's gar nicht fassen, Paul. Freilich, er war ein höchst gutaussehender junger Mann! Trotzdem gefällt mir ihr Name nicht; er klingt so ausländisch. Sag ihn noch mal, mein

Lieber. Hoffentlich weiß sie, wie sie ihn umsorgen muß, auf die gute englische Art. Er ist nicht robust, und wenn sie nicht aufpaßt, daß seine Sachen immer schön trocken sind, holt er sich womöglich wieder seinen Husten.»

«Er sagte immer, seit der Krankheit damals fühle er sich widerstandsfähiger als je zuvor.»

«Das glaubt er vielleicht, aber ich habe da meine Zweifel. Er war ein sehr liebenswürdiger junger Mann, aber die Pflege wollte er sich nicht recht gefallen lassen. Er hatte es bald satt, verhätschelt zu werden, wie er es nannte. Hoffentlich kommen sie bald nach England zurück, das wäre förderlich für seine Gesundheit. Ob sie wohl Englisch spricht? Aber er spricht ja erstklassig fremde Sprachen, sagt der Pfarrer.»

Und so plauderten wir eine Weile fort, bis sie in der Schwüle des Sommernachmittags über ihrem Strickzeug schläfrig wurde. Da schlich ich mich hinaus zu einem Spaziergang, denn ich wollte ein wenig allein sein, um nachdenken zu können und, ach, mich selbst zu schelten mit quälenden, beißenden Worten der Reue.

Sobald ich den Wald erreicht hatte, schlenderte ich langsam vor mich hin. Hie und da umspülte der glucksende, sprudelnde Bach einen großen Stein oder die Wurzel eines alten Baumes und formte ein Becken; anderswo eilte er klar über Kiesel und Steine. Eine gute halbe Stunde oder wohl noch länger blieb ich am Wasser stehen, warf Holzstückchen oder Kieselsteine hinein und grübelte, was sich tun ließ, um die gegenwärtige Lage der Dinge zu verbessern. Natürlich hatte all mein Sinnen keinen Erfolg; und schließlich mahnte mich der ferne Klang des Horns, mit dem man den Knechten draußen auf dem Feld das Ende des Tagwerks verkündete, daß es sechs Uhr war und Zeit zum Heimgehen. Einzelne Verse des laut gesungenen Abendpsalms wehten zu mir herüber. Als ich den Eschengrund überquerte, sah ich in einiger Entfernung den Pfarrer mit einem Mann reden. Ich verstand nicht, was sie sagten, sah aber, wie jener eine ungeduldige oder (ich wußte es nicht recht) unwillige Handbewegung machte und rasch fortging, offenbar in Gedanken verloren, denn obwohl er keine zwanzig Schritte entfernt an mir vorbeiging, da unser beider Wege aufs Haus zuliefen, bemerkte er mich nicht. Den Abend verbrachten wir in einer Verfassung, die noch schlimmer war als mittags. Der Pfarrer war schweigsam und niedergeschlagen, ja sogar reizbar. Die arme Tante Holman war völlig verstört angesichts dieser ungewohnten Gemütsverfassung und Gereiztheit ihres Gatten; sie fühlte sich selbst nicht wohl und litt unter der großen Hitze und Schwüle, die sie weniger gesprächig sein ließen als gewöhnlich. Phillis, sonst so ehrerbietig und zärtlich zu ihren Eltern, so sanft und freundlich, schien die veränderten Verhältnisse gar nicht zu bemerken, sondern sprach mit mir und allen anderen über unwesentliche Dinge und kümmerte sich weder um die Düsterkeit des Vaters noch um die kläglichen, bestürzten Blicke ihrer Mutter. Einmal jedoch fiel mein Blick auf ihre unter dem Tisch verborgenen Hände, und ich sah, wie sie erregt und krampfhaft ihre Finger unaufhörlich ineinanderflocht und -schlang und sie immer wieder zusammendrückte, so fest, daß das Fleisch ganz weiß wurde. Was sollte ich nur machen? Ich unterhielt mich mit ihr, denn das wollte sie offensichtlich. Um ihre grauen Augen lagen dunkle Ringe, und in ihnen leuchtete ein seltsames, düsteres Licht. Die Wangen waren gerötet, die Lippen jedoch bleich und blutleer. Ich wunderte mich, daß niemand anderer diese Zeichen so klar deutete wie ich. Aber vielleicht doch? Ich denke mir – nach dem, was sich später ereignete –, daß der Pfarrer merkte, was sich abspielte.

Arme Tante Holman! Sie betete ihren Gatten an, und die äußeren Anzeichen seines Unbehagens waren für ihr schlichtes Gemüt leichter zu erkennen als die ihrer Tochter. Nach einer Weile hielt sie es nicht mehr aus. Sie stand auf, legte sacht ihre Hand auf seine breite, gebeugte Schulter und fragte: «Was ist los, Pfarrer? Ist etwas Schlimmes geschehen?»

Er schreckte hoch wie aus einem Traum. Phillis senkte den Kopf und hielt den Atem an, aus Angst vor der Antwort. Er aber hob mit einem in die Runde schweifenden Blick sein breites, kluges Gesicht zu seiner ängstlichen Frau, rang sich ein Lächeln ab und ergriff beschwichtigend ihre Hand.

«Ich mache mir Vorwürfe, meine Liebe. Heute nachmittag hat mich der Zorn übermannt. Ich wußte nicht recht, was ich tat, aber ich habe Timothy Cooper entlassen. Er hat den Ribston-Pippin, die Goldrenette an der Ecke des Obstgartens, ruiniert. Geht hin und schüttet den Mörtelätzkalk für die neue Stallwand gegen den Baumstamm, der dumme Kerl! Er hat den Baum regelrecht umgebracht – und dabei hängt er voller Äpfel!»

«Und von den Ribston-Pippins gibt's wenig!» sagte Tante Holman mitfühlend.

«Ja! Aber Timothy ist eben schwachsinnig, und er hat Frau und Kinder. Er hat es mir oft schwergemacht mit seiner Schwerfälligkeit, aber ich habe es dem Herrn unterbreitet und mich bemüht, ihn zu ertragen. Aber nun halte ich es nicht mehr aus, meine Geduld ist am Ende. Er soll sich eine andere Arbeit suchen. Und nun reden wir nicht mehr davon, Frau.» Er nahm sanft ihre Hand von seiner Schulter und berührte sie mit den Lippen, versank aber wieder in ein Schweigen, das ebensotief war wie zuvor, wenn auch nicht ganz so verdrossen. Ich weiß nicht warum, aber dieses kurze Gespräch zwischen ihren Eltern hatte Phillis anscheinend all ihre gekünstelte Munterkeit genommen. Sie sprach nicht mehr, sondern schaute aus dem offenen Fenster auf den stillen, riesigen Mond, der sich langsam über den dämmrigen Himmel schob. Einmal meinte ich Tränen in ihren Augen zu sehen, aber selbst wenn das zutraf, so schluckte sie sie hinunter und stand bereitwillig auf, als ihre Mutter müde und bedrückt vorschlug, gleich nach dem Beten zu Bett zu gehen. Wir wünschten jeder auf seine Weise dem Pfarrer eine gute Nacht; er saß immer noch am Tisch, die große Bibel offen vor sich, und hob kaum den Blick bei unseren Grußworten, erwiderte sie aber freundlich. Als ich jedoch als letzter das Zimmer verlassen wollte, sagte er, den Blick immer noch kaum erhoben: «Paul, tu mir den Gefallen und bleib ein paar Minuten hier. Ich würde mich gern mit dir unterhalten.»

Ich wußte augenblicklich, was nun kam. Behutsam schloß ich die Tür, löschte meine Kerze, setzte mich nieder und ergab mich in mein Schicksal. Der Anfang schien ihm Schwierigkeiten zu bereiten. Wenn ich nicht gehört hätte, daß er mit mir reden wollte, wäre ich nie darauf gekommen, so sehr schien er in sein Kapitel vertieft.

Plötzlich hob er den Kopf und sagte: «Es geht um deinen Freund Holdsworth. Paul, hast du irgendeinen Grund anzunehmen, daß er Phillis falsche Versprechungen gemacht hat?»

Bei dem bloßen Gedanken glühten seine Augen in solch zornigem Feuer, daß ich alle Geistesgegenwart verlor und nur wiederholte: «Phillis falsche Versprechungen gemacht?»

«Ach, du weißt genau, was ich meine: daß er sie umworben hat, um sie herumscharwenzelt hat, sie glauben gemacht hat, daß er sie liebe, und dann fortgegangen ist und sie sitzengelassen hat. Nenn es, wie du willst, Paul, nur gib mir eine Antwort, so oder so – eine richtige Antwort, meine ich, und plappre nicht nach, was ich gesagt habe.»

Er zitterte am ganzen Körper, als er sprach.

Ich zögerte nicht eine Sekunde mit meiner Antwort: «Ich glaube nicht, daß Edward Holdsworth Phillis falsche Versprechungen gemacht hat, daß er ihr jemals den Hof gemacht hat. Meines Wissens hat er sie niemals glauben gemacht, er liebe sie.»

Ich hielt inne. Ich suchte all meinen Mut zusammen für ein Geständnis, doch ich wollte das Geheimnis von Phillis' Liebe zu Holdsworth soweit wie möglich bewahren, dieses unantastbare, sorgsam und mühevoll gehütete Geheimnis; und ich mußte erst nachdenken, bevor ich fortfuhr mit dem, was ich zu sagen hatte.

Wieder begann er zu sprechen, bevor ich mir meine Rede zurechtgelegt hatte. Es war, als spräche er mit sich selbst. «Sie ist mein einziges Kind, meine kleine Tochter! Sie ist kaum den Kinderschuhen entwachsen; ich habe geglaubt, ich könnte sie noch jahrelang unter meinen Fittichen bergen. Ihre Mutter und ich würden unser Leben geben, um sie vor Kummer und Sorge zu bewahren.» Dann hob er die Stimme, sah mich an und sagte: «Irgend etwas ist mit dem Kind nicht in Ordnung, und mir scheint, als sei es seit dem Zeitpunkt, als sie von der Hochzeit erfuhr. Der Gedanke ist bitter, daß du vielleicht mehr von ihren geheimen Sorgen und Kümmernissen weißt als ich – aber vielleicht ist es so, Paul, vielleicht ist es so. Aber wenn es keine Sünde ist, sag mir, was ich tun kann, damit sie wieder glücklich ist, sag's mir.»

«Das wird leider nicht viel nützen», erwiderte ich, «aber ich will gestehen, welchen Fehler ich begangen habe; ich meine nicht Fehler im Sinn von Sünde, sondern im Sinn von Dummheit. Unmittelbar bevor er abfuhr, gab mir Holdsworth zu verstehen, daß er Phillis liebe und hoffe, sie würde seine Frau werden – und ich hab' es ihr erzählt.»

So! Nun war es heraus, zumindest, was mein Teil an der Sache betraf; und ich preßte die Lippen aufeinander und wartete auf das, was kommen mußte. Ich sah sein Gesicht nicht, denn ich blickte starr auf die gegenüberliegende Wand; aber ich hörte, wie er einmal zu sprechen anhob und dann wieder in seinem Buch blätterte. Wie furchtbar still diese Stube war! Und draußen, wie still war es da! Durchs offene Fenster kam kein Blätterrascheln, kein Zwitschern oder Flattern von Vögeln, kein einziger Laut. Die Uhr im Treppenhaus, der schwere Atem des Pfarrers – sollte das ewig dauern?

Die tiefe Stille machte mich unerträglich nervös, und ich mußte etwas sagen: «Ich tat es in bester Absicht.»

Der Pfarrer schlug das Buch hastig zu und stand auf. Jetzt sah ich, wie ergrimmt er war.

«In bester Absicht, sagst du? Es schien dir also am besten, einem jungen Mädchen etwas zu erzählen, wovon du kein Wort zu ihren Eltern gesagt hast, die dir vertraut haben wie ihrem eigenen Sohn?»

Er fing an, im Zimmer herumzugehen, immer vor den offenen Fenstern auf und ab, und braute bittere Gedanken über mir zusammen.

«Einem Kind solche Flausen in den Kopf zu setzen», fuhr er fort, «ihr friedliches Mädchendasein mit dem Geschwätz über die Liebe eines Mannes zu stören, zumal über eine solche Liebe», nun sprach er verächtlich, «die für jede junge Frau zu haben ist. Ach, dieses unglückliche Gesicht meiner armen kleinen Tochter heute mittag, dieses Leid, Paul! Ich hielt dich für jemand, dem man vertrauen kann, für deines Vaters Sohn – und da setzt du einem Kind solche Flöhe ins Ohr und tuschelst mit ihr, daß dieser Mann sie heiraten will!»

Ich konnte nicht umhin, an die Kinderschürze zu denken, die Phillis so lange getragen hatte, als hätten die Eltern ihre Entwicklung zur jungen Frau nicht wahrgenommen. Genau so sprach und dachte der Pfarrer jetzt von ihr, wie von einem Kind, dessen unschuldigen Frieden ich durch eitles und dummes Geschwätz gestört hatte. Ich wußte, daß die Wahrheit anders lautete, obwohl ich sie jetzt kaum hätte aussprechen können. Und ich dachte nicht daran, es auch nur zu versuchen; es lag mir fern, dem Kummer, den ich verursacht hatte, auch nur ein Jota hinzuzufügen. Der Pfarrer lief weiter herum, blieb aber immer wieder stehen und verschob ruckartig, ungeduldig und sinnlos Möbelstücke oder Gegenstände auf dem Tisch.

Schließlich fing er wieder an: «So jung, so unverdorben von der Welt! Wie konntest du nur so dumm sein und mit einem solchen Kind reden, Hoffnungen schüren, Gefühle wecken – nur damit es dieses Ende nahm! Aber immer noch besser so, auch wenn ich ihr armes, bejammernswertes Gesicht ansehen mußte. Ich kann dir nicht verzeihen, Paul, es war mehr als falsch, es war niederträchtig – vor ihr die Worte dieses Mannes zu wiederholen.»

Er stand mit dem Rücken zur Tür, und da er der eigenen tiefen, zornigen Stimme lauschte, hörte er nicht, daß sich die Tür langsam öffnete, und sah auch Phillis nicht, die schon mitten im Zimmer stand, bis er sich wieder umwandte. Da blieb er stehen. Sie mußte schon halb ausgezogen gewesen sein, aber sie hatte sich einen dunklen Wintermantel umgeworfen, der ihr in langen Falten bis auf die weißen, nackten, lautlos auftretenden Füße fiel. Ihr Gesicht war merkwürdig bleich, die Augen mit den dunklen Ringen blickten düster.

Ganz langsam trat sie an den Tisch, stützte die Hand darauf und sagte traurig: «Vater, du darfst Paul nicht tadeln. Ich habe einiges mitgehört von dem, was du gesagt hast, ich konnte nicht anders. Ja, er hat es mir erzählt, und vielleicht wäre es klüger gewesen, das nicht zu tun, lieber Paul. Aber – ach Gott, mir wird ganz schlecht vor Scham! Er hat es mir aus Mitgefühl erzählt, denn er merkte, wie furchtbar unglücklich ich war, als *er* fortgefahren war.»

Sie senkte den Kopf und stützte sich schwerer als vorher auf ihre Hand.

«Ich verstehe nicht», antwortete der Vater, aber er begann sehr wohl zu verstehen. Phillis antwortete nicht, bis er sie noch einmal fragte. Heute würde ich ihn wegen seiner Grausamkeit niederschlagen, aber damals konnte ich alles nachempfinden.

«Ich liebte ihn, Vater», sagte sie schließlich, hob die Augen und sah dem Pfarrer ins Gesicht.

«Hat er jemals zu dir von Liebe gesprochen? Paul behauptet, nein.»

«Nie.» Sie schlug die Augen nieder und sank noch mehr in sich zusammen. Ich fürchtete fast, sie würde fallen.

«Ich wollte es ihm nicht glauben», sagte er mit harter Stimme und seufzte doch gleich danach. Einen Augenblick herrschte Totenstille. «Paul! Ich war ungerecht gegen dich. Du hast Tadel verdient, aber nicht allen, den ich dir erteilte.» Wieder Schweigen. Ich meinte zu sehen, daß sich Phillis' bleiche Lippen bewegten, aber das konnte auch vom Flackern der Kerze kommen – eine Motte war durchs offene Fenster hereingeflogen und flatterte nun um die Flamme. Ich hätte sie retten können, aber ich beachtete sie nicht, mein Herz war zu sehr erfüllt von anderen Dingen. Endlose Minuten lang war jedenfalls kein Geräusch zu hören. Dann sagte der Pfarrer: «Phillis! Haben wir nicht dafür gesorgt, daß du hier glücklich bist? Haben wir dich nicht genug geliebt?»

Sie schien die Bedeutung dieser Frage nicht zu verstehen; wie verwirrt blickte sie hoch, die schönen Augen geweitet vor Schmerz und Qual. Er fuhr fort und kümmerte sich nicht um den Ausdruck in ihrem Gesicht; ich bin sicher, er sah ihn nicht.

«Und doch hättest du uns verlassen, dein Heim, deinen Vater und deine Mutter, und wärst mit diesem Fremden fortgegangen und durch die weite Welt gezogen.»

Auch er litt – ein kummervoller Unterton schwang in der Stimme, mit der er ihr diesen Vorwurf machte. Wahrscheinlich waren sich Vater und Tochter nie im Leben so fern gewesen, so ohne Mitgefühl füreinander. Doch nun überfiel sie ein neuer Schrecken, und trotz allem war er es, den sie um Hilfe bat. Ein Schatten glitt über ihr Gesicht, und sie taumelte auf den Vater zu, dann brach sie zusammen, schlang die Arme um seine Knie und stöhnte: «Vater – mein Kopf,

mein Kopf!» Dann entglitt sie seinen rasch aus-
gebreiteten Armen und lag auf dem Boden zu
seinen Füßen.

Nie im Leben werde ich seinen Blick vergessen, der plötzlich voller Seelenangst war, niemals! Wir hoben sie hoch, ihr Gesicht war
merkwürdig dunkel geworden, und sie war ohnmächtig. Ich rannte durch die hintere Küche zur
Pumpe im Hof und holte Wasser. Der Pfarrer
hielt sie auf den Knien, ihren Kopf gegen seine
Brust gedrückt, fast wie ein schlafendes Kind. Er
versuchte mit seiner traurigen, kostbaren Last
aufzustehen, aber der jähe Schreck hatte den
kräftigen Mann all seiner Kraft beraubt, und er
sank schluchzend auf seinen Stuhl zurück.

«Sie ist doch nicht tot, Paul?» flüsterte er heiser, als ich zu ihm trat.

Auch ich konnte nicht sprechen, aber ich deutete auf die zuckenden Muskeln um ihren Mund.
In diesem Augenblick kam, aufmerksam geworden durch die ungewohnten Geräusche, Tante
Holman herunter. Ich erinnere mich, daß ich
über ihre Geistesgegenwart staunte; mitten im
schlimmsten Entsetzen, das sie erblassen und am
ganzen Körper zittern ließ, wußte sie offenbar
viel besser als der Pfarrer, was zu tun war. Ich
glaube heute, daß es die Erinnerung an die vor-
hergegangenen Ereignisse war, die den Pfarrer so
lähmte, der furchtbare Gedanke, daß wahrscheinlich seine Worte diesen Anfall, oder was
immer es war, verschuldet hatten. Wir trugen sie

die Treppe hoch, und während die Frauen sie zu Bett brachten, immer noch bewußtlos, immer noch leise zuckend, schlüpfte ich hinaus, sattelte ein Pferd und ritt, so schnell das schwerfällige Tier es gestattete, nach Hornby, um den Arzt zu holen. Er war nicht zu Hause, wurde womöglich die ganze Nacht aufgehalten. Ich weiß noch, wie ich rief: «Gott steh' uns bei!», als ich da auf meinem Pferd saß, unter dem Fenster, in dem als Antwort auf mein ungestümes Zerren an der Nachtglocke der Kopf des Gehilfen erschienen war.

Der war ein gutmütiger Kerl. Er meinte: «Er kann in einer halben Stunde schon wieder zu Hause sein, das weiß man nie. Aber ich glaube es fast. Gleich wenn er kommt, schicke ich ihn zur Hope Farm hinaus. Das ist doch diese hübsche junge Frau, Holmans Tochter, die krank ist?»

«Ja.»

«Das wäre schade, wenn die sterben müßte. Sie ist doch das einzige Kind, oder? Ich stehe jetzt auf und rauch' ein Pfeifchen im Sprechzimmer, dann bin ich gleich da, wenn der Doktor kommt. Denn wenn ich jetzt wieder ins Bett gehe, schlafe ich womöglich ein.»

«Danke, Sie sind ein braver Kerl!» Und ich ritt zurück, fast so schnell, wie ich gekommen war.

Es war eine Gehirnentzündung. Das stellte der Arzt fest, als er am frühen Sommermorgen kam. In den Wachen der vergangenen Nacht hatten wir schon geahnt, um welche Krankheit es sich handelte. Ob wir eines fernen Tages auf Genesung hoffen durften oder ob er ein vermutlich schlimmes Ende prophezeien mußte – der vorsichtige Arzt ließ sich auf keines von beiden festlegen. Er gab seine Anweisungen und versprach wiederzukommen; so bald, daß allein dies schon verriet, wie ernst der Fall war.

Durch Gottes Barmherzigkeit wurde sie wieder gesund, aber es dauerte lange, und anfangs war es eine schwere Zeit. Ursprünglich hatte ich vorgehabt, Anfang August wieder zu Hause zu sein. Aber all diese Pläne wurden nun wortlos fallengelassen. Ich bin noch heute fest überzeugt, daß ich im Haus gebraucht wurde, und in jener Zeit vor allem vom Pfarrer. Mein Vater war der letzte, der mich unter solchen Umständen erwartet hätte.

Ich sagte, daß ich im Haus gebraucht wurde. Jeder Mensch auf dem Hof (beinahe hätte ich gesagt, jedes Geschöpf, denn auch das stumme Vieh schien Phillis zu kennen und zu lieben) schlich bekümmert und traurig herum, als ob sich eine Wolke vor die Sonne geschoben hätte. Sie taten ihre Arbeit, auch wenn der Pfarrer kein Auge auf sie hatte – alle bemühten sich, der Versuchung zur Schlamperei zu widerstehen und das Vertrauen, das er in sie setzte, zu rechtfertigen. Denn am Tag, nachdem Phillis krank geworden war, hatte er die auf dem Hof beschäftigten Männer in die leere Scheune gerufen und sie beschworen, für sein einziges Kind zu beten;

dann hatte er ihnen gestanden, daß er im Augenblick unfähig sei, an irgend etwas anderes auf Erden zu denken als an seine kleine Tochter, die auf den Tod darniederliege, und er hatte sie gebeten, in der täglichen Arbeit fortzufahren, so gut sie es ohne seine Leitung vermöchten. So taten also diese ehrlichen Männer ihre Arbeit nach besten Kräften, aber gebeugt und mit traurigen und sorgenvollen Mienen. Morgens, wenn es noch fast dunkel war, erschien einer nach dem anderen und erkundigte sich, ob es in der leidvollen Angelegenheit, die das Haus überschattete, etwas Neues gab, und vernahm dann unter langsamem Kopfschütteln und düsterem, nachdenklichem Mitleid Bettys Meldung, die, nachdem sie deren Gemüt durchwandert hatte, nur noch trostloser geworden war. Aber die armen Kerle waren nicht gerade geeignet, um rasche Botengänge zu erledigen, und hier waren meine bescheidenen Dienste gefragt. Einmal mußte ich rasch zu Sir William Bentinck reiten und um Eis aus seinem Eiskeller bitten, das man auf Phillis' Kopf legen wollte. Ein andermal mußte ich zu Pferd oder mit dem Zug oder sonstwie nach Eltham fahren und den dortigen Arzt um einen Krankenbesuch bitten, denn es waren neue Symptome aufgetaucht, welche Mr. Brown aus Hornby für bedenklich hielt. So manche Stunde habe ich auf der Fensterbank auf halber Höhe der Treppe gesessen, gleich neben der alten Uhr, und durch die Hitze und Stille im Haus auf die

Geräusche aus dem Krankenzimmer gelauscht. Ich begegnete dem Pfarrer oft, aber wir sprachen selten miteinander. Er sah so alt aus, so alt! Er teilte sich mit seiner Frau die Krankenpflege; die nötige Kraft schien ihnen damals beiden gegeben. Sie brauchten niemand anderen bei ihrer Tochter. Jeder Dienst an ihr war ihnen heilig; selbst Betty kam nur fürs Allernötigste ins Zimmer. Einmal sah ich Phillis durch die offenstehende Tür. Das schöne goldene Haar hatte man schon lange zuvor abgeschnitten, der Kopf war mit feuchten Tüchern bedeckt, und sie drehte ihn mit müden, nicht enden wollenden Bewegungen auf dem Kissen hin und her, die armen Augen geschlossen, und versuchte, wie früher ein Kirchenlied zu summen, brach aber immer wieder ab und stöhnte vor Schmerzen. Die Mutter saß neben ihr, tränenlos, und wechselte geduldig und besorgt die Tücher auf ihrem Kopf. Den Pfarrer sah ich zuerst nicht, aber schließlich gewahrte ich ihn in einer dunklen Ecke, wo er auf den Knien lag und die Hände zu inbrünstigem Gebet gefaltet hielt. Dann schloß sich die Tür wieder, und ich sah nichts mehr.

Eines Tages verlangte man nach ihm, und ich mußte ihn holen. Bruder Robinson und ein anderer Prediger, die von seiner «Prüfung» gehört hatten, waren zu Besuch gekommen. Das meldete ich ihm flüsternd auf dem Treppenabsatz. Er war seltsam beunruhigt.

«Sie werden mich auffordern, mein Innerstes

zu offenbaren. Das kann ich nicht. Bleib bei mir, Paul. Sie meinen es gut, aber geistliche Hilfe in solch einer Zeit – die kann nur Gott gewähren, nur Gott allein.»

So ging ich mit ihm hinein. Es waren zwei Prediger aus der näheren Umgebung, beide älter als Ebenezer Holman, ihm aber in Bildung und gesellschaftlicher Stellung deutlich unterlegen. Ich merkte, daß sie mich wie einen Eindringling beäugten, aber ich dachte an die Worte des Pfarrers und wich nicht vom Fleck. Um beschäftigt zu wirken, griff ich nach einem Buch der armen Phillis, von dem ich kein Wort verstand. Gleich darauf verlangten sie, ich solle mich «ins Gebet stürzen», und wir knieten alle nieder. Bruder Robinson «übernahm die Führung» und zitierte, soweit ich mich erinnere, ausgiebig aus dem Buch Hiob. Offenbar hatte er folgende Textstelle gewählt (sofern Bibeltexte überhaupt für Gebete benützt werden): «Siehe, du hast viele unterwiesen und schlaffe Hände gestärkt; deine Rede hat die Strauchelnden aufgerichtet, und die bebenden Knie hast du gekräftigt. Nun es aber an dich kommt, bist du verzagt, und nun es dich trifft, erschrickst du.»[20] Als wir uns erhoben, blieb der Pfarrer noch ein paar Minuten auf den Knien; dann stand auch er auf und verharrte einen Augenblick, das Gesicht uns zugewandt, ehe wir uns alle zum Konklave setzten.

Nach einer Pause fing Robinson an: «Wir grämen uns um Euretwillen, Bruder Holman, denn

Euer Leid ist groß. Aber wir sähen es gerne, wenn Ihr Euch erinnern würdet, daß Ihr wie ein Licht auf dem Berge seid[21] und daß die Gemeinden wachen Auges auf Euch blicken. Auf dem Weg hierher sprachen wir beide, Bruder Hodgson und ich, über die zwei Aufgaben, die Euch in dieser Not gestellt sind. Und wir haben beschlossen, Euch diesbezüglich zu ermahnen. Zum ersten hat Gott Euch die Gelegenheit geschenkt, beispielhaft vorzuleben, was ‹Ergebung› bedeutet.» Der arme Mr. Holman zuckte bei diesem Wort sichtbar zusammen. Ich malte mir aus, wie er sich in glücklicheren Zeiten solche brüderliche Salbaderei verbeten hätte; aber jetzt war sein ganzer Organismus abgespannt, und «Ergebung» war ihm ein Begriff, der das drohende Leid von Phillis' Verlust als unvermeidlich voraussetzte. Aber der werte Mr. Robinson fuhr gefühllos fort: «Wir hören von allen Seiten, daß es für Eure Tochter kaum noch Hoffnung auf Genesung gibt; und so ist es gewiß recht, wenn wir Euch nahelegen, Euch an Abraham zu erinnern und daran, wie er sein einziges Kind töten wollte, als der Herr es befahl. Nehmt Euch ein Beispiel an ihm, Bruder Holman. Laßt uns die Worte hören: ‹Der Herr hat's gegeben, der Herr hat's genommen. Gelobt sei der Name des Herrn!›»[22]

Es folgte eine erwartungsvolle Pause. Ich glaube wahrhaftig, der Pfarrer bemühte sich, dieses Gefühl in sich zu wecken, aber er konnte nicht. Sein Herz war viel zu sehr aus Fleisch und Blut; er besaß kein Herz aus Stein.

«Ich will es vor meinem Herrgott aussprechen, wenn er mir die Kraft dazu gibt – wenn der Tag kommt», sagte er schließlich.

Die beiden anderen sahen sich an und schüttelten den Kopf. Daß er die gewünschte Antwort verweigerte, kam ihnen wohl nicht ganz unerwartet. Der Pfarrer fuhr fort. «Es gibt immer noch Hoffnung», sagte er, als spräche er mit sich selbst. «Gott hat mir ein hoffnungsvolles Herz geschenkt, und ich will nicht über die Gegenwart hinaussehen.» Dann fügte er, mehr zu ihnen gewandt und mit lauterer Stimme, hinzu: «Brüder, Gott wird mir die Kraft verleihen, wenn die Zeit kommt, wenn die Ergebung, von der ihr sprecht, nötig wird. Bis dahin kann ich sie nicht empfinden, und was ich nicht empfinde, will ich nicht ausdrücken. Ich will nicht Worte verwenden, als wären sie Beschwörungsformeln.» Er wurde allmählich ärgerlich, das merkte ich.

Mit diesen Worten hatte er sie eigentlich entlassen; aber nach einer Weile und wiederholtem Kopfschütteln fing Robinson wieder an: «Zweitens wollen wir, daß Ihr auf die Züchtigung hört und Euch fragt, für welche Sünden Euch diese Heimsuchung auferlegt worden ist. Ob Ihr Euch nicht vielleicht zu sehr Eurem Land und Eurem Vieh gewidmet habt; ob Euch die weltliche Bildung nicht zu hochmütiger, eitler Selbstgefälligkeit und der Vernachlässigung der geistlichen Dinge getrieben hat; ob Ihr nicht Eure Tochter abgöttisch verehrt habt?»

«Ich kann nicht antworten – ich will nicht antworten!» rief der Pfarrer. «Meine Sünden will ich Gott bekennen. Aber wenn sie gleich rot sind wie Scharlach[23], und das sind sie vor Seinem Angesicht», fügte er demütig hinzu, «so stimme ich doch mit Christus überein, daß Leid nicht von Gott im Zorn gesandt wird als Strafe für unsere Sünden.»

«Ist das rechtgläubig, Bruder Robinson?» erkundigte sich der andere Prediger respektvoll fragend.

Trotz des Pfarrers ausdrücklichem Befehl, ihn nicht zu verlassen, fand ich, die Lage würde allmählich so ernst, daß eine kurze, unbeholfene Unterbrechung immer noch besser war als meine weitere Anwesenheit, und ich ging in die Küche hinüber, Betty um Hilfe zu bitten.

«Zum Kuckuck mit ihnen!» sagte sie. «Die kommen immer daher, wenn's gar nicht paßt! Und sie haben einen so gesegneten Appetit, die werden mit solchen Sachen, was ich dem Herrn und Ihnen aufgetischt hab', seit das arme Mädel krank ist, nicht zufrieden sein. Ich hab' nur ein bißchen kaltes Rindfleisch im Haus, aber ich will Schinken und Eier machen. Dann wird's ihnen schon vergehen, den Pfarrer zu piesacken! Sie werden immer um einiges ruhiger, wenn sie gefüttert worden sind. Letztes Mal, wie der alte

Robinson kam, war er recht verwerflich wegen dem vielen Lernen von unserm Herrn, er begreift's ums Verrecken nicht. – Drum braucht *er* vor dieser Versuchung auch keine Angst zu haben! Und er hat Wörter gesagt, die waren so lang, man konnte einen erschlagen damit. Aber wie die gnä' Frau und ich ihn verpflegt hatten und er ein frisches Bier getrunken und ein Pfeifchen geschmaucht hatte, hat er geredet wie jeder andere auch und sogar Witze mit mir gemacht.»

Dieser Besuch war die einzige Unterbrechung der langen, mühseligen Tage und Nächte. Das soll nicht heißen, daß von anderen Seiten keine Nachfragen kamen. Wohl sämtliche Nachbarn trieben sich Tag für Tag auf dem Hof herum, bis sie von jemandem, der aus dem Haus kam, erfuhren, wie es Phillis Holman ging. Aber sie waren gescheit genug, nicht bis ans Haus zu kommen, denn wegen des heißen Augustwetters standen immerzu alle Türen und Fenster offen, und das leiseste Geräusch von draußen drang durchs ganze Haus. Die Hähne und Hennen hatten eine böse Zeit, denn Betty trieb sie alle in eine leere Scheune und hielt sie tagelang im Finstern gefangen – allerdings ziemlich ergebnislos, was ihr Krähen und Gackern anbelangte.

Schließlich kam die Krisis, ein langer Schlaf, aus dem Phillis mit neuem, schwachem Leben erwachte. Ihr Schlummer hatte viele, viele Stunden gedauert. Während dieser Zeit wagten wir kaum zu atmen oder uns zu bewegen; so lange hatten wir uns bemüht zu hoffen, daß unsere Herzen wund waren und wir den vielversprechenden Anzeichen nicht zu trauen wagten: dem gleichmäßigen Atem, der feuchten Haut, der langsam wiederkehrenden zarten Farbe auf den blassen, blutleeren Lippen. Ich erinnere mich, daß ich mich an jenem Abend in die beginnende Dunkelheit hinausstahl und im Schatten der Ulmen, die sich wie ein Gewölbe spannten, die grasbewachsene Straße hinunterwanderte, bis zu der kleinen Brücke am Fuß des Hügels, wo sich die Straße von der Hope Farm mit einer anderen Straße nach Hornby vereinigte. Auf dem niedrigen Brückengeländer fand ich Timothy Cooper sitzen, den einfältigen, schwachsinnigen Landarbeiter, der müßig Mörtelstückchen in den Bach hinunterwarf. Er sah kurz auf, als ich näher kam, grüßte mich aber nicht, weder mit Worten noch mit Gesten. Er hatte sonst immer angedeutet, daß er mich erkannte, aber diesmal war er wohl verdrossen wegen seiner Entlassung. Trotzdem hatte ich das Gefühl, es würde mich erleichtern, wenn ich ein wenig mit jemandem reden könnte, und ich setzte mich neben ihn. Während ich überlegte, wie ich anfangen sollte, gähnte er mißmutig.

«Bist du müde, Tim?» fragte ich.

«Ja», antwortete er. «Aber ich schätz', jetzt kann ich heimgehen.»

«Sitzt du schon lange hier?»

«Fast den ganzen Tag. Mindestens seit sieben Uhr früh.»

«Meine Güte, was um alles in der Welt hast du denn getan?»

«Nix.»

«Warum hast du dann hier gesessen?»

«Wagen abhalten.» Er stand nun, streckte sich und schüttelte seine tolpatschigen Glieder.

«Wagen? Was für Wagen?»

«Wagen, die das Mädel drüben aufgeweckt hätten! In Hornby is doch Markt heute. Du bist scheint's auch nich viel besser als wie 'n Schwachsinniger.» Er schielte zu mir herüber, als wollte er meinen Verstand abschätzen.

«Und du hast den ganzen Tag hier gesessen, um die Straße ruhigzuhalten?»

«Ja. Ich hab' ja sonst nix zu tun. Der Pfarrer hat mich rausgeschmissen. Hast du gehört, wie's dem Mädel heut abend geht?»

«Sie hoffen, daß es ihr besser geht, wenn sie aufwacht, weil sie jetzt so lang schläft. Gute Nacht, Timothy, und Gott segne dich!» sagte ich.

Er achtete kaum auf meine Worte, als er ungelenk über einen Zauntritt kletterte, der zu seiner Hütte führte. Gleich darauf ging ich zum Hof zurück. Phillis war aufgewacht und hatte leise ein paar Worte gesprochen. Ihre Mutter war bei ihr und flößte ihr Nahrung in den kaum aufnahmefähigen Mund. Die anderen Haushaltsmitglieder wurden zum ersten Mal seit vielen Tagen zum Abendgebet zusammengerufen. Es war eine Rückkehr zu den Gebräuchen glücklicher und gesunder Tage. Aber in dieser schweigsamen Zeit war unser ganzes Leben ein ungesprochenes Gebet gewesen. Nun trafen wir uns in der Wohnstube, sahen einander an und bemerkten seltsam berührt die Dankbarkeit auf unseren Gesichtern. Wir knieten nieder und warteten auf die Stimme des Pfarrers. Doch er fing nicht an wie gewöhnlich. Er konnte vor innerer Bewegung nicht sprechen, und wir hörten, wie der starke Mann schluchzte.

Da drehte sich der alte John auf den Knien herum und sagte: «Pfarrer, ich glaube, wir haben den Herrn aus ganzem Herzen gepriesen, wenn wir's auch nicht gesagt haben, und vielleicht braucht er heut abend keine gesprochenen Worte. Gott schütze uns alle und bewahre unsere Phillis vor Leid! Amen.»

Und so blieb es an jenem Abend bei dem improvisierten Gebet des alten John.

«Unsere Phillis», wie er sie genannt hatte, erholte sich ab jetzt von Tag zu Tag mehr. Nicht eben schnell; manchmal verzweifelte ich schon und fürchtete, sie würde nie mehr dieselbe, die sie einmal gewesen war – und in gewisser Weise wurde sie's auch nicht mehr.

Ich ergriff die nächste Gelegenheit, dem Pfarrer zu erzählen, daß Timothy Cooper freiwillig einen ganzen langen Sommertag auf der Brücke Wache gehalten hatte.

«Gott verzeih' mir!» rief der Pfarrer. «Ich war

hochmütig in meinem Dünkel. Der erste Schritt, den ich aus dem Haus tue, soll mich zu Coopers Hütte führen.»

Ich brauche wohl kaum zu berichten, daß Timothy seine Stelle auf dem Hof wieder erhielt, und ich habe seither oft die Langmut bewundert, mit der ihm sein Herr zeigte, wie die einfache Arbeit zu verrichten sei, die von nun an sorgfältig auf seine Fähigkeiten abgestimmt war.

Phillis wurde nach unten umgebettet und lag Stunde um Stunde ganz still auf dem großen Sofa, das man vor die Fenster in der Wohnstube geschoben hatte. Sie schien immer die gleiche zu bleiben, sanft, ruhig und traurig. Mit ihrem körperlichen Erstarken war noch keineswegs ihre innere Lebendigkeit zurückgekehrt. Es war manchmal bejammernswert anzusehen, wie sich die Eltern vergeblich bemühten, ihr Interesse zu wecken. Eines Tages brachte ihr der Pfarrer ein paar blaue Bänder mit und erinnerte sie liebevoll lächelnd an ein Gespräch, bei dem sie gestanden hatte, eine Schwäche für solch weiblichen Tand zu haben. Sie bedankte sich bei ihm, aber als er fort war, legte sie sie beiseite und schloß gleichgültig die Augen. Ein andermal sah ich, wie die Mutter ihr die lateinischen und italienischen Bücher brachte, die sie vor ihrer Krankheit so geliebt hatte – oder vielmehr, bevor Holdsworth fortgegangen war. Das war nun das Allerschlimmste. Sie wandte das Gesicht zur Wand und weinte, sobald die Mutter ihr den Rücken zugewandt hatte. Betty breitete gerade das Tischtuch fürs Mittagessen aus. Ihr waches Auge erfaßte sofort, wie die Dinge lagen.

«So, Phillis!» sagte sie und trat ans Sofa. «Wir haben alles für dich getan, was wir konnten, die Ärzte haben getan, was sie konnten, und ich glaub', auch der Herrgott hat für dich getan, was er konnte – und mehr, als was du verdient hast, wenn du nicht auch selber was für dich tust! Wenn ich du wär', würd' ich lieber aufstehen und nicht mehr irgendwelchen Luftschlössern nachhängen, bis daß den Eltern das Herz bricht vor lauter Wachen und Warten drauf, daß du dich gnädigst zu deiner alten Munterkeit durchringst. So, ich war nie ein Freund von langen Predigten. Ich hab' gesagt, was ich sagen wollte.»

Als wir ein oder zwei Tage später allein waren, fragte mich Phillis, ob meine Eltern wohl erlauben würden, daß sie zu Besuch käme und ein paar Monate bei ihnen bliebe. Sie errötete ein wenig, als sie ihren Wunsch hervorstotterte, auf andere Gedanken zu kommen und die Umgebung zu wechseln.

«Nur für kurze Zeit, Paul. Dann... werden wir wieder in Frieden leben wie in früheren Zeiten. Ich weiß, es muß sein; und ich kann und will es!»

1865

I

Das Feuer brannte fröhlich. Meine Frau war gerade nach oben gegangen, um das Kleine ins Bett zu bringen. Charles saß mir gegenüber, sehr braungebrannt und gutaussehend. Es war recht erfreulich, daß wir mehrere Wochen vor uns hatten, in denen wir unter demselben Dach leben würden – das hatte es seit unserer Kindheit nicht mehr gegeben. Ich war zu faul zum Reden, deshalb aß ich Walnüsse und schaute ins Feuer. Aber Charles wurde unruhig.

«Deine Frau ist nach oben gegangen, Frank; jetzt mußt du mir erzählen, wonach ich dich schon die ganze Zeit fragen wollte, seit ich sie heute morgen sah. Berichte mir davon, wie du um sie geworben und sie erobert hast. Ich brauche ein Rezept, wie ich auch zu einer so bezaubernden kleinen Frau komme. Deine Briefe haben gerade die notwendigsten Einzelheiten beschrieben. Also fang an, Junge, und schildere mir alles haargenau.»

«Wenn ich dir alles erzähle, wird es eine lange Geschichte.»

«Keine Angst – wenn ich müde werde, schlafe ich ein bißchen und träume, ich sei wieder als einsamer Junggeselle auf Ceylon, und wenn du fertig bist, wache ich auf und stelle fest, daß ich mich unter deinem Dach befinde. Schieß los, Junge! ‹Es war einmal ein stattlicher, unverheirateter junger Mann...› Das ist doch ein guter Anfang!»

«Also gut: ‹Es war einmal ein stattlicher, unverheirateter junger Mann, der hin und her überlegte, wo er sich niederlassen sollte, nachdem er seine Ausbildung zum Arzt abgeschlossen hatte...› Nein, ich muß in der ersten Person erzählen; ich kann nicht als ‹stattlicher, unverheirateter junger Mann› auftreten.

Ich hatte gerade fertig famuliert, als du nach Ceylon gingst. Vielleicht erinnerst du dich: Ich wollte wie du ins Ausland gehen und gedachte mich als Schiffsarzt zu bewerben. Aber ich merkte, daß ich damit in meinem Beruf eher an Ansehen verlieren würde, und so zögerte ich, und während ich noch zögerte, erhielt ich einen Brief von Mr. Morgan, dem Vetter meines Vaters – das war jener alte Herr, der meiner Mutter immer so lange Briefe mit guten Ratschlägen schrieb und mir eine Fünfpfundnote schenkte, als ich einwilligte, zu Mr. Howard in die Lehre zu gehen anstatt zur See. Nun, der alte Herr hatte offenbar die ganze Zeit vorgehabt, mich als Partner zu sich zu nehmen, wenn ich mich als anstellig erweisen sollte, und da er von einem alten Freund, der Arzt im Guy's Hospital war, Gutes über mich gehört hatte, schlug er mir brieflich folgende Abmachung vor: Fünf Jahre lang sollte ich ein Drittel der Einkünfte bekommen, danach die Hälfte; und schließlich sollte ich sein Nachfolger werden. Das war kein schlechtes Angebot für einen mittellosen Mann wie mich, da Mr. Morgan eine große Landpraxis hatte, und obwohl ich ihn nicht persönlich kannte, hatte ich eine ziemlich genaue Vorstellung von ihm: für mich war er ein ehrbarer, gutmütiger, nervöser, etwas besserwisserischer alter Junggeselle.

Es war ein überaus zutreffendes Bild, wie ich schon in der ersten halben Stunde meiner Bekanntschaft mit ihm feststellte. Ich hatte eigentlich gedacht, daß ich bei ihm wohnen würde, denn er war Junggeselle und so etwas wie ein Freund der Familie; und er fürchtete wohl, ich würde solch ein Abkommen erwarten. Denn als ich mit dem Dienstmann, der meinen Koffer trug, zu seiner Tür hochstieg, kam er mir auf den Stufen entgegen, und während er meine Hand ergriff und schüttelte, sagte er zu dem Dienstmann: ‹Jerry, warte einen Augenblick, Mr. Harrison geht gleich mit dir in sein Quartier zu Jocelyn›, und dann erst wandte er sich mir zu und begrüßte mich. Ich war versucht, ihn für wenig gastfreundlich zu halten, aber später verstand ich ihn besser.

‹Jocelyn ist das beste Haus›, sagte er, ‹das ich in der Eile finden konnte. Wir haben hier zur Zeit ziemlich viele fiebrige Erkrankungen – eine schwache Form des Typhus im ältesten Stadtteil –, deshalb wünschte ich so dringend, daß Sie noch in diesem Monat kämen. Für ein oder zwei Wochen werden Sie sich dort schon wohlfühlen. Ich habe mir erlaubt, meine Haushälterin zu bitten, sie möge ein paar Sachen hinschicken, die das Zimmer etwas heimeliger machen, einen bequemen Sessel, einen schönen Arzneischrank und ein paar Kleinigkeiten zum Essen. Aber wenn Sie meinen Rat hören wollen: Ich habe schon einen Plan im Kopf, den wir morgen vormittag besprechen werden. Im Augenblick möchte ich nicht, daß Sie hier draußen auf der Treppe stehen bleiben müssen, ich will Sie nicht daran hindern, zu Ihrem Quartier zu gehen. Wahrscheinlich ist meine Haushälterin schon dort und macht Tee für Sie.›

Ich konnte des alten Herrn Angst um seine Gesundheit nachfühlen, die er als Sorge um die meine ausgab, denn er trug nur eine Art locker fallenden grauen Rock und keinen Hut auf dem Kopf. Aber ich wunderte mich, daß er mich nicht ins Haus bat, anstatt mich auf der Treppe aufzuhalten. Allerdings glaube ich heute, daß ich mich getäuscht hatte, als ich annahm, er habe Angst vor einer Erkältung. Er fürchtete nur, jemand könnte ihn nachlässig gekleidet sehen. Und was seine scheinbare Ungastlichkeit betraf, so war ich noch nicht lange in Duncombe, als ich schon begriff, wie wohltuend es ist, wenn das eigene Haus als Burg gilt, in die niemand eindringen darf, und ich merkte genau, warum Mr. Morgan sich angewöhnt hatte, mit allen Leuten nur an der Tür zu sprechen. Es war nur die Macht der Gewohnheit, weshalb er mich so empfing. Schon kurze Zeit später ging ich bei ihm ungehindert ein und aus.

In meinem möblierten Zimmer fanden sich allerlei Spuren liebenswürdiger Aufmerksamkeit und Vorsorge von seiten eines gewissen Jemand, der zweifellos Mr. Morgan war. Ich war zu träge, um an diesem Abend noch viel zu tun; so setzte ich mich in den kleinen Erker, der über Jocelyns Laden vorsprang, und schaute die Straße hinauf und hinunter. Duncombe nennt sich eine Stadt; ich würde es eher ein Dorf nennen. Von Jocelyn aus gesehen ist es wirklich ein sehr malerischer Ort. Die Häuser sind alles andere als einförmig; in den baulichen Einzelheiten mögen sie eher bescheiden sein, aber zusammen sehen sie hübsch aus; sie bilden nicht diese glatte, durch nichts unterbrochene Fassade, die so manche weit anspruchsvollere Stadt vorzeigt. Hie und da ein Erker, ab und zu ein Giebel wie ein Scherenschnitt gegen den Himmel, gelegentlich ein vorspringendes Obergeschoß, das läßt Licht und Schatten die Straße entlang gut zur Wirkung kommen. Und sie haben dort eine drollige Eigenart, den Anstrich mancher Häuser mit einem Rosa wie Löschpapier farbig abzutönen – ein bißchen so wie der Sandstein, aus dem Mainz gebaut ist.[1] Das mag ganz geschmacklos sein, aber für meine Begriffe macht es die Farbe wärmer. Ab und zu hat ein Wohnhaus einen Vorgarten mit einem Rasenfleck rechts und links des gepflasterten Weges und einem großen Baum oder auch zweien, Linden oder Roßkastanien, deren dicke, weitausladende obere Äste auf die Straße hinausreichen und im Sommer, wenn es einmal regnet, für runde, trockene Zufluchtsorte auf dem Pflaster sorgen.

Während ich im Erker saß und über den Unterschied zwischen diesem Ort und dem Zimmer im Herzen Londons nachsann, das ich erst vor zwölf Stunden verlassen hatte – hier stand das Fenster offen und ließ statt Staub und Rauch wie in der ***Street nur Düfte von den Resedastöcken auf dem Fensterbrett herein, obwohl es mitten in der Stadt lag; und die einzigen Laute, die man hier auf der Hauptstraße hörte, waren die Stimmen der Mütter, die ihre spielenden Kinder heimriefen, weil sie ins Bett mußten, und die acht Glockenschläge der alten Pfarrkirche, deren Bimbam an das Abendläuten früherer Zeiten erinnerte – während ich also derart müßig dasaß, ging die Tür auf, und das kleine Zimmermädchen sagte mit einem Knicks: ‹Bitte, Sir, die besten Empfehlungen von Mrs. Munton, und sie möchte sich erkundigen, wie es Ihnen nach Ihrer Reise geht.›

Sieh mal einer an! War das nicht herzlich und liebenswürdig? Wäre denn selbst mein engster Freund in Guy's Hospital auf den Gedanken gekommen, so etwas zu tun? Wohingegen sich Mrs. Munton, deren Namen ich noch nie gehört hatte, eindeutig große Sorgen machte, bis ich sie beruhigen und ihr Bescheid geben konnte, daß es mir ganz gut ginge.

‹Meine Empfehlungen an Mrs. Munton, es geht mir leidlich gut. Ich bin ihr sehr verbunden.› Warum sollte ich nicht ‹leidlich gut› sagen – bei ‹sehr gut› hätte Mrs. Munton das Interesse, welches sie mir offensichtlich entgegenbrachte, womöglich verloren. Gute Mrs. Munton, liebe Mrs. Munton! Vielleicht auch junge, hübsche, reiche, verwitwete Mrs. Munton! Ich rieb mir die Hände vor Freude und Vergnügen, nahm meinen Beobachtungsposten wieder ein und fragte mich, in welchem Haus Mrs. Munton wohl lebte.

Wieder ein leises Klopfen, und das kleine Zimmermädchen erschien: ‹Bitte, Sir, schöne Grüße von den beiden Miss Tomkinson, und sie würden gerne wissen, wie Sie sich nach der Reise fühlen.›

Ich weiß nicht warum – aber der Name der beiden Miss Tomkinson hatte nicht solch einen Glorienschein wie der von Mrs. Munton. Dennoch war es sehr nett von den Fräulein, sich zu erkundigen. Ich wünschte mir nur, ich würde mich nicht gar so kräftig fühlen. Fast schämte ich mich, daß ich nicht ausrichten konnte, ich sei vor Müdigkeit völlig erschöpft und seit meiner Ankunft schon zweimal in Ohnmacht gefallen. Wenn ich wenigstens Kopfweh gehabt hätte! Ich atmete tief ein: meine Lungen waren völlig in Ordnung, ich hatte mich nicht erkältet. Also antwortete ich wieder: ‹Sehr verbunden. Ich bin nicht besonders müde, und es geht mir einigermaßen gut. Meine Empfehlungen an die beiden Miss Tomkinson.›

Die kleine Sally konnte kaum die Treppe hinuntergelaufen sein, da kam sie schon wieder zurück, mit leuchtendem Gesicht und atemlos: ‹Schöne Grüße von Mr. und Mrs. Bullock, Sir, und sie hoffen, es geht Ihnen leidlich gut nach Ihrer Reise.›

Wer hätte solche Liebenswürdigkeit bei einem so wenig verheißungsvollen Namen erwartet?[2] Freilich, Mr. und Mrs. Bullock waren weniger interessant als ihre Vorgänger; aber ich antwortete huldvoll: ‹Meine Empfehlungen! Einmal gut schlafen, und ich bin wieder auf den Beinen.›

In kurzer Folge wurden mir von einigen weiteren unbekannten Menschenfreunden ähnliche Botschaften überbracht. Ich wünschte wirklich, ich sähe nicht so rotbackig aus. Ich fürchtete die mitfühlende Stadt zu enttäuschen, wenn sie merkten, was für ein kräftiger junger Kerl ich war. Und ich schämte mich fast, meinen gewaltigen Appetit einzugestehen, als Sally hochkam und fragte, was ich essen wollte. Beefsteak klang so verlockend, aber vielleicht sollte ich lieber ein Schleimsüppchen essen und zu Bett gehen? Das Beefsteak trug jedoch den Sieg davon. Ich hätte mir meinen gelinden Stolz sparen können, denn dieser Beweis städtischer Aufmerksamkeit wird

hier jedem zuteil, der nach einer Reise an-
kommt. Viele dieser Leute haben sich heute
auch nach dir erkundigt – und du bist ein großer,
breitschultriger, braungebrannter Bursche –, nur
hat Sally dir die Mühe erspart, spannende Antworten zu erfinden.

II

Anderntags erschien Mr. Morgan, noch bevor ich
zu Ende gefrühstückt hatte. Er war der adretteste
kleine Mann, den ich je erlebt habe. Man kennt
die Vorliebe, die Menschen für den Kleidungsstil
hegen, der modern war, als sie junge Stutzer und
Schönheiten waren und die größte Bewunderung erfuhren. Sie wollen nicht glauben, daß ihre
Jugend und Schönheit verschwunden ist, und
finden, daß die heute herrschende Mode un-
vorteilhaft sei. Mr. Morgan kann zum Beispiel
stundenlang über Gehröcke und Backenbärte
schimpfen. Sein Kinn ist immer noch glattrasiert,
er trägt einen schwarzen Frack und dunkelgraue
Pantalons, und auf seiner morgendlichen Be-
suchsrunde bei seinen Patienten in der Stadt
trägt er unverändert die glänzendsten und
schwärzesten Reitstiefel mit baumelnden Sei-
denquasten an beiden Seiten. Wenn er ungefähr
um zehn Uhr heimgeht und sich für seinen Ritt
zu den Patienten auf dem Lande fertigmacht,
zieht er die elegantesten Stulpenstiefel an, die ich
je gesehen habe. Er läßt sie bei einem wunderbaren Schuhmacher anfertigen, hundert Meilen

weit weg. – Sein Äußeres entsprach genau dem, was man einen ‹Stenz› nennt, es gibt kein besseres Wort dafür. Er war sichtlich ein wenig verstört, als er mich im Morgenmantel antraf und das Benehmen sah, das ich mir bei meinen Kollegen in Guy's Hospital angewöhnt hatte: die Füße zum Feuer hin ausgestreckt, den Stuhl auf den Hinterbeinen balancierend (eine Art zu sitzen, die er ganz besonders verabscheute, wie ich später entdeckte), Pantoffeln an den Füßen – die er ‹außerhalb des Schlafzimmers› ebenfalls als eine dem Gentleman unangemessene Schlamperei betrachtete –, kurzum, wie ich später erfuhr, wurden all seine festgefügten Ansichten durch mein Aussehen bei seinem ersten Besuch gröblich verletzt. Ich legte mein Buch hin und sprang auf, um ihn willkommen zu heißen. Er stand da, Hut und Rohrstock in der Hand.

‹Ich kam, um zu fragen, ob es Ihnen genehm wäre, mich auf meiner Morgenvisite zu begleiten; dabei könnte ich Sie gleich einigen Freunden vorstellen.› Ich hörte sehr wohl den kühlen Unterton, der von seiner Enttäuschung über mein Äußeres herrührte, obwohl er nie angenommen hätte, daß er irgendwie spürbar war. ‹Ich bin gleich fertig, Sir›, erwiderte ich und stürzte in mein Schlafzimmer, nur zu froh, seinem prüfenden Blick zu entkommen.

Als ich zurückkam, wurde ich durch allerlei eigenartiges Gehüstel und Gestammel davon unterrichtet, daß ihn meine Kleidung nicht zufriedenstellte. Ich stand fertig da, Hut und Handschuhe in der Hand, aber er schlug noch immer nicht vor, zu unserem Rundgang aufzubrechen. Ich errötete, und mir wurde siedend heiß.

Schließlich sagte er: ‹Entschuldigen Sie, mein lieber junger Freund, aber darf ich Sie fragen, ob Sie nicht einen anderen Rock haben als diesen – ‚Cutaway‘ nennt man das, glaube ich? Wir sind rechte Pedanten in Fragen der Schicklichkeit hier in Duncombe; und vieles hängt vom ersten Eindruck ab. Ziehen Sie sich standesgemäß an, mein Lieber. Schwarz ist das Amtskleid unseres Berufes. Verzeihen Sie, daß ich so offen spreche, aber ich denke, ich stehe *in loco parentis*[3].›

Er war so wohlwollend, so höflich und eigentlich so freundlich, daß es höchst kindisch gewesen wäre, beleidigt zu sein; aber ich empfand doch tief drinnen einen leisen Unmut ob solch einer Behandlung. Trotzdem murmelte ich: ‹Oh, natürlich, Sir, wenn Sie es wünschen›, und kehrte noch einmal um, meinen Rock zu wechseln, meinen armen Cutaway.

‹Diese Röcke, Sir, verleihen einem Mann eine etwas zu sportliche Erscheinung, die nicht so recht zu den akademischen Berufen paßt. Es sieht eher so aus, als kämen Sie hierher, um zu jagen, nicht um der Galen oder Hippokrates dieses Landstrichs zu werden.› Er lächelte gewinnend, und so unterdrückte ich einen Seufzer; denn offen gestanden hatte ich die Hundehatz, auf die ich hoffte (Duncombe lag nämlich in einem berühmten Jagdgebiet), schon fast gewittert und mich sogar in Guy's Hospital damit gebrüstet. Aber all diese Pläne lösten sich in Luft auf, als mich Mr. Morgan in den Hof des Gasthauses führte, wo ein Roßhändler auf dem Weg zu einem Jahrmarkt in der Nähe haltmachte, und mir dringend riet – was bei unserer derzeitigen Beziehung gleichbedeutend mit einem ausdrücklichen Befehl war –, ein kleines, brauchbares, raschtrabendes, braunes, gedrungenes Pferd zu kaufen statt des schönen, prächtigen Rosses, ‹das jeden Zaun nimmt, den ich ihm vor die Nase stelle›, wie mir der Pferdehändler versicherte. Mr. Morgan war sichtlich erfreut, als ich mich seiner Entscheidung beugte und alle Hoffnungen auf eine gelegentliche Jagd aufgab.

Nach diesem Kauf wurde er wesentlich mitteilsamer. Er berichtete mir von seinem Plan, mich in einem Haus unterzubringen, was respektabler – um nicht zu sagen standesgemäßer – wirkte, als wenn ich in einem möblierten Zimmer wohnte. Und dann berichtete er noch, daß er vor kurzem einen Freund verloren hatte, einen Arztkollegen in einer benachbarten Stadt, der eine Witwe mit kleinem Einkommen hinterlassen hatte, die sehr gerne bei mir leben und die Rolle der Hausfrau übernehmen würde, wodurch sich meine Unkosten verringerten.

‹Sie ist eine Dame›, sagte Mr. Morgan, ‹nach dem wenigen, was ich von ihr gesehen habe;

ungefähr fünfundvierzig oder so, und sie mag für Sie in den kleinen Fragen des guten Tons in unserem Berufsstand durchaus hilfreich sein – bei den kleinen, feinen Aufmerksamkeiten, die jeder Mann lernen muß, wenn er im Leben vorwärtskommen will. – Hier wohnt Mrs. Munton, Sir›, sagte er und blieb vor einer sehr unromantischen grünen Tür mit einem Messingklopfer stehen.

Ich hatte keine Zeit mehr zu fragen: ‹Wer ist Mrs. Munton?›, denn schon hörten wir, Mrs. Munton sei zu Hause, und so folgten wir dem sauber gekleideten ältlichen Dienstmädchen die enge, teppichbelegte Treppe hinauf in den Salon. Mrs. Munton war die Witwe eines früheren Hilfskanonikus, über sechzig Jahre alt und fast taub; aber wie alle Schwerhörigen, die ich kennengelernt habe, sprach sie gern und viel, vielleicht weil sie dann das Gesprächsthema kannte, während es ihr entglitt, wenn jemand anderer redete. Sie hatte ein chronisches Leiden, das sie oft am Ausgehen hinderte; die wohlmeinenden Stadtbewohner pflegten sie daher zu besuchen und ihr die jüngsten, frischesten Lekkerbissen an Neuigkeiten zuzutragen, so daß ihr Salon das Zentrum des Klatsches von Duncombe war – nicht der Skandalgeschichten wohlgemerkt, denn ich mache einen Unterschied zwischen Klatsch und Skandalgeschichten. Jetzt kannst du dir vorstellen, wie wenig sich die erträumte und die wirkliche Mrs. Munton glichen. Anstatt eines törichten Traumbilds von einer schönen, blühenden Witwe, die zärtlich besorgt um die Gesundheit des Fremden ist, erblickte ich eine hausbackene, redselige ältere Frau, mit scharf beobachtenden Augen und Spuren des Leidens im Gesicht; schlicht im Benehmen und in der Kleidung, aber doch unzweifelhaft eine Dame. Sie sprach mit Mr. Morgan, schaute aber mich an, und ich sah, daß ihr nichts entging, was ich tat. Ich ärgerte mich über Mr. Morgan, denn er stellte mich regelrecht zur Schau; aber immerhin war er liebenswürdigerweise ängstlich besorgt, Mrs. Munton jeglichen für mich vorteilhaften Umstand zu Gehör zu bringen, denn er wußte sehr wohl, daß nicht einmal der städtische Ausrufer mehr Möglichkeiten hatte als sie, alles über mich zu verbreiten.

‹Was war das doch gleich für eine Bemerkung von Sir Astley Cooper[4], von der Sie mir erzählt haben?› fragte er. Es waren die nichtssagendsten Worte der Welt, und ich hatte sie auf unserem Weg hierher erwähnt. Es war mir peinlich, sie zu wiederholen, aber es entsprach Mr. Morgans Zwecken: Noch ehe es Nacht wurde, hatte die ganze Stadt erfahren, daß ich ein Lieblingsschüler von Sir Astley war – den ich nur zweimal im Leben gesehen hatte – und daß Mr. Morgan befürchtete, Sir Astley werde mich, sobald er meinen ganzen Wert erkannt habe, zurückrufen, damit ich ihn in seinen Pflichten als Arzt der königlichen Familie unterstütze. Jeder kleine

Umstand, der meine Wichtigkeit unterstreichen konnte, wurde in das Gespräch hineingepreßt. ‹Wie ich ja schon Sir Robert Peel[5] zu Mr. Harrison, dem Vater unseres jungen Freundes hier, sagen hörte: Im August scheint der Mond besonders voll und strahlend.› Vielleicht erinnerst du dich, Charles: Mein Vater war immer stolz darauf, daß er Sir Robert einmal ein Paar Handschuhe verkauft hatte, als er sich in The Grange aufhielt, in der Nähe von Biddicombe, und ich nehme an, der gute Mr. Morgan hat meinem Vater gerade damals seinen einen Besuch abgestattet. Aber Mrs. Munton schaute mich mit merklich verdoppelter Ehrfurcht an nach dieser beiläufigen Bemerkung, der ich zu meinem Ergötzen ein paar Monate später wieder begegnete, verkleidet als Behauptung, mein Vater sei ein enger Freund des Premierministers gewesen und eigentlich sein Berater bei den meisten Maßnahmen, die dieser im öffentlichen Leben getroffen habe. Ich saß daneben, halb empört und halb amüsiert. Mr. Morgan wirkte so zufrieden mit sich und erfreut über den großen Erfolg dieses Gesprächs, daß ich es nicht durch Erklärungen stören wollte. Und ich hatte damals noch keine Ahnung, daß sich in Duncombe kleine Bemerkungen zu großen Ereignissen auswachsen konnten. Als wir Mrs. Munton verließen, war er in milder, mitteilsamer Laune.

‹Sie werden in Duncombe auf eine merkwürdige statistische Tatsache stoßen: In einer bestimmten Gesellschaftsschicht sind fünf Sechstel der Haushaltsvorstände Frauen. Wir haben Witwen und alte Jungfern im Überfluß. Ja, mein Lieber, ich glaube, daß Sie und ich fast die einzigen Gentlemen hier am Ort sind – Mr. Bullock natürlich ausgenommen. Mit Gentlemen meine ich Akademiker. Wir sollten uns füglich dessen bewußt sein, wie viele Angehörige des weiblichen Geschlechts auf uns und unser Wohlwollen vertrauen und auf den Schutz, den jeder Mann, der diesen Namen verdient, nur zu gerne gewährt.›

Miss Tomkinson, die wir als nächste besuchten, kam mir nicht so vor, als brauchte sie unbedingt von einem Mann beschützt zu werden. Sie war eine große, hagere, männlich aussehende Frau, umweht von einer Art angeborenem Trotz, den sie allerdings Mr. Morgan zuliebe besänftigte und abschwächte, soweit es ihr möglich war. Dieser, so schien mir, hatte ein wenig Angst vor der Dame, die sehr *brusque* und offenherzig war und sich auf ihre Entschiedenheit und Aufrichtigkeit offenbar einiges zugute hielt.

‹So, das ist also der Mr. Harrison, von dem Sie uns so viel erzählt haben, Mr. Morgan? Ich muß gestehen, nach dem, was ich gehört habe, hätte ich ein wenig mehr – hm, hm – erwartet. Aber er ist ja noch jung, er ist jung. Wir haben alle mit einem Apoll gerechnet, Mr. Harrison, nach Mr. Morgans Beschreibung, und mit einem Äskulap noch dazu. Aber vielleicht sollte ich mich auf den Apoll beschränken; er war ja, glaube ich, der Gott der Medizin!›

Wie konnte Mr. Morgan mich beschreiben, wenn er mich noch nie gesehen hatte? fragte ich mich.

Miss Tomkinson setzte die Brille auf und rückte sie auf ihrer römischen Nase zurecht. Aber plötzlich ließ ihre musternde Strenge nach, und sie bat Mr. Morgan: ‹Ach, Sie müssen Caroline untersuchen, ich hätte es beinahe vergessen. Sie hat bei den Schülerinnen zu tun, aber ich lasse sie holen. Sie hatte gestern schlimme Kopfschmerzen und sah sehr blaß aus. Ich war äußerst beunruhigt.›

Sie läutete und wies das Dienstmädchen an, Miss Caroline zu holen.

Miss Caroline war die jüngere Schwester, und zwar um zwanzig Jahre jünger; und deshalb wurde sie von Miss Tomkinson, die allermindestens fünfundfünfzig war, als Kind betrachtet. Das heißt, daß sie auch gehätschelt, verzärtelt und umsorgt wurde wie ein Kind. Sie war als Säugling in die Obhut ihrer älteren Schwester gekommen, und als der Vater starb und sie eine Schule eröffnen mußten, nahm Miss Tomkinson alle schwierigen Arbeiten auf sich, versagte sich jedes Vergnügen und brachte jedes Opfer, damit ‹Carry› die veränderten Verhältnisse nicht zu spüren bekam. Meine Frau hat mir erzählt, die Schwestern hätten einmal Seide gekauft, die bei geschicktem Zuschnitt für zwei Kleider gereicht hätte; aber Carry wünschte sich Volants oder solchen Tand, und ohne ein weiteres Wort verzichtete Miss Tomkinson auf ihr Kleid, damit der ganze Stoff so, wie Carry sich das wünschte, zu einem einzigen schönen Kleid verarbeitet werden konnte. Sie selbst trug weiterhin ein abgewetztes Stück, so wohlgemut, als wäre es aus Genueser Samt gewesen. Das ist kennzeichnend für die Beziehung zwischen den Schwestern, und ich rechne es mir sehr hoch an, daß ich so früh darüber spreche, denn es dauerte lange, bis ich Miss Tomkinsons wahre Güte erkannte; zunächst haben wir uns böse gestritten. Miss Caroline sah sehr zart und schmachtend aus, als sie hereinkam; sie war im selben Grade weich und gefühlsselig, wie Miss Tomkinson hart und männlich wirkte, und sagte: ‹Ach, Schwester, wie kannst du nur?› zu Miss Tomkinsons furchteinflößenden Reden, in einem Ton, den ich noch nie ausstehen konnte, besonders wenn er von einem gewissen Blick auf die anwesende Gesellschaft begleitet wird, als wollte sie zu verstehen geben, daß sie sich gegen das Benehmen ihrer Schwester verwahrte, es outriert fand und darob entsetzt war. Ich finde das schäbig unter Schwestern. Ein Tadel unter vier Augen hätte vielleicht gutgetan – obwohl ich für mein Teil inzwischen Miss Tomkinsons Redeweise und Verhalten schätzen gelernt habe. Aber ich kann die Art mancher Leute nicht leiden, die mit den Seiten ihrer Freunde und Verwandten, die sie vielleicht nicht eben beliebt machen, nichts zu tun haben wollen. Ich weiß, ich antwortete ziemlich schroff, als Miss Caroline mich fragte, ob mir der Umzug von der ‹riesigen Metropole› in ein kleines Landstädtchen gut bekommen sei. Erstens, warum konnte sie nicht ‹London› oder ‹Großstadt› sagen, und damit hat sich's? Und zweitens, warum liebte sie ihren Heimatort nicht so sehr, daß sie sich vorstellen konnte, jeder würde ihn gern haben, wenn er ihn erst so gut kannte wie sie?

Ich wußte sehr wohl, daß ich im Gespräch mit ihr recht kurz angebunden war, und merkte, daß Mr. Morgan mich beobachtete, obwohl er vorgab, Miss Tomkinsons geflüstertem Bericht über die Krankheitssymptome ihrer Schwester zu lauschen. Aber als wir wieder auf der Straße standen, fing er an: ‹Mein lieber junger Freund...›

Ich zuckte zusammen. Im Laufe des Morgens hatte ich nämlich bemerkt, daß er immer dann, wenn er mir einen kleinen, wenig schmackhaften Ratschlag erteilen wollte, mit ‹mein lieber junger Freund› anfing. Auch bei dem Pferd hatte er das gesagt.

‹Mein lieber junger Freund, ich würde Ihnen gern den einen oder anderen Hinweis bezüglich Ihres Auftretens geben. Der große Sir Everard Home[6] pflegte zu sagen: ‚Ein praktischer Arzt sollte entweder sehr gute Manieren haben oder sehr schlechte.' In letzterem Fall muß er freilich über reichliche Begabung und Fertigkeiten verfügen, um sicherzustellen, daß man ihn ruft, wie immer er sich benimmt. Die Grobheit wird seinen Fähigkeiten traurige Berühmtheit verschaffen. Abernethy[7] ist ein einschlägiges Beispiel. Was mich angeht, so möchte ich angesichts dieser Mode mit den schlechten Manieren doch Bedenken anmelden. Ich habe mich daher bemüht, mir eine aufmerksame, besorgte Höflichkeit anzueignen, die Ungezwungenheit und Anstand mit einfühlsamer Rücksicht und Teilnahme verbindet. Ich selbst kann nicht beurteilen, ob ich mein Ideal erreicht habe – das können nur wenige Menschen; aber ich empfehle Ihnen, sich um solch ein Benehmen zu bemühen; es ist gerade unserem Beruf besonders angemessen. Versetzen Sie sich an die Stelle Ihrer Patienten, mein Lieber. Ihr gutes Herz weiß gewiß, was Mitleid ist, und kann echtes Mitgefühl empfinden, wenn Sie dem Bericht ihrer Leiden zuhören. Es tröstet die Kranken, wenn sie dieses Gefühl aus Ihrem Verhalten herausspüren. In unserem Beruf ist es tatsächlich der Stil, Sir, welcher den Mann ausmacht. Ich möchte mich nicht als Vorbild hinstellen, beileibe nicht, aber ... Hier wohnt Mr. Hutton, unser Pfarrer! Einer der Dienstboten ist unpäßlich, und ich nehme gerne die Gelegenheit wahr, Sie vorzustellen. Wir können unser Gespräch ein andermal weiterführen.›

Mir war noch nicht aufgefallen, daß wir ein Gespräch führten, denn hierzu sind meines Erachtens zwei Teilnehmer nötig. Warum hatte sich Mr. Hutton gestern abend nicht nach meinem Befinden erkundigt, so wie es im Städtchen der Brauch war? Ich war ein wenig beleidigt.

III

Das Pfarrhaus lag am nördlichen Ende der Straße, dort, wo sie sich auf die Hügel hinauszog. Es war ein langgestrecktes, niederes Haus, das ein wenig hinter seinen Nachbarn zurücktrat. Zwischen Haus und Straße lag ein Hof mit einem gepflasterten Weg und einer alten steinernen Zisterne rechts von der Tür; unter den Fenstern wuchs Salomonssiegel. Hinter den Vorhängen mußte jemand hervorgespäht haben, denn die Türe öffnete sich wie von Geisterhand, als wir sie erreichten. Wir betraten einen niedrigen, mit Teppichen ausgelegten Raum, der als Halle diente, mit tiefen, altmodischen Fenstersitzen und glasierten Ofenkacheln am Kamin. Er war eigentlich sehr kühl und erfrischend nach der heißen Sonne auf der weißroten Straße.

‹Bessie geht's nicht gut, Mr. Morgan›, sagte das niedliche kleine Mädchen von etwa elf Jahren, das die Tür aufgemacht hatte. ‹Sophy wollte nach Ihnen schicken; aber Papa meinte, Sie kämen gewiß am frühen Vormittag, und wir sollten daran denken, daß es auch noch andere Kranke gibt, die Sie brauchen.›

‹Hier kommt Mr. Morgan, Sophy›, sagte sie und öffnete die Tür in ein nach hinten gelegenes

Zimmer. Man ging eine Stufe hinunter, ich erinnere mich genau, denn ich stolperte beinahe, so ergriffen war ich von dem Bild dort drinnen. Ja, es war wie ein Bild, zumindest durch den Türrahmen gesehen. Eine Komposition aus Karmesinrot und Meergrün im Zimmer und dahinter ein sonniger Garten; ein sehr niedriges Flügelfenster, das sich in die bernsteinfarbene Luft hinaus öffnete. Üppig blühende weiße Rosen lugten herein, und auf einem Kissen am Boden saß Sophy. Das Licht fiel von oben auf ihren Kopf, und neben ihr kniete ihr kleiner, stämmiger, rundäugiger Bruder, dem sie das Alphabet beibrachte. Er war mächtig erleichtert, als wir hereinkamen, das sah ich schon; und ich müßte mich sehr irren, wenn er sich leicht wieder zu seiner Lektion einfangen ließ, nachdem man ihn einmal weggeschickt hatte, um den Papa zu suchen. Sophy stand ruhig auf, und natürlich wurden wir einander kurz vorgestellt, aber das war alles, dann ging sie schon mit Mr. Morgan nach oben zu dem kranken Hausmädchen. Ich blieb in dem Zimmer mir selbst überlassen. Es sah so sehr nach einem Zuhause aus, daß es mich sofort den vollen Zauber dieses Wortes spüren ließ. Bücher und Handarbeiten lagen herum, und es war zu merken, daß man sich damit beschäftigt hatte; auf dem Boden lag Kinderspielzeug, und an den meergrünen Wänden hingen einige Aquarellporträts; eines davon zeigte bestimmt Sophys Mutter. Die Stühle und das

Sofa waren mit Chintz überzogen; auch die Vorhänge waren aus diesem Stoff: hübsche rote Röschen auf weißem Grund. Ich weiß nicht mehr, wo das Karmesinrot herkam, aber irgendwo kam ganz sicher Karmesinrot vor, vielleicht im Teppich. Neben dem Fenster gab es noch eine Glastür, durch die man eine Stufe hinauf in den Garten gehen konnte. Der bestand zunächst einmal aus einer Rasenfläche unmittelbar vor den Fenstern, dahinter kamen gerade Kieswege mit Buchsbaumeinfassungen und schmalen Blumenbeeten zu beiden Seiten, die in allen Farben leuchteten, es war ja Ende August. Hinter den Blumenbeeten verbargen an Holzspalieren gezogene Obstbäume die Beete des Gemüsegartens.

Während ich herumschaute, kam ein Herr herein, das war gewiß der Pfarrer. Es war ziemlich peinlich, denn ich mußte meine Anwesenheit erklären.

‹Ich kam mit Mr. Morgan, mein Name ist Harrison›, sagte ich und verbeugte mich. Ich merkte, daß er durch diese Erklärung auch nicht viel klüger wurde, aber wir setzten uns und sprachen über die Jahreszeit oder ähnliche Themen, bis Sophy und Mr. Morgan zurückkamen. Nun erlebte ich Mr. Morgan in einem vorteilhafteren Licht. Bei einem Mann wie dem Pfarrer, den er verehrte, verlor er das förmliche, gekünstelte Gebaren, das er sonst immer hatte, und wurde gelassen und würdevoll – aber nicht so würdevoll wie der Pfarrer. Noch nie hatte ich solch einen Menschen erlebt. Er war sehr ruhig und zurückhaltend, manchmal fast geistesabwesend; obwohl äußerlich unauffällig, war er ganz und gar ein Mann, vor dem man den Hut zog, wenn man mit ihm sprach. Das bewirkte seine Persönlichkeit, über die er sich zwar keine Gedanken machte, die aber in jedem Wort, jedem Blick und jeder Bewegung spürbar wurde.

‹Sophy›, sagte er, ‹Mr. Morgan sieht aus, als wäre ihm sehr warm; könntest du nicht an der Südwand ein paar Jargonellen pflücken? Ich könnte mir vorstellen, daß es dort schon reife gibt. Unsere Birnen sind dieses Jahr auffallend früh dran.›

Sophy ging in den sonnigen Garten, und ich sah, daß sie einen Rechen nahm und wie mit einer Lanze gegen die Birnen stach, die offenbar außerhalb ihrer Reichweite hingen. Im Wohnzimmer war es kühl geworden – später entdeckte ich, daß es einen Steinfußboden hatte, daher rührte die Kälte –, und ich hatte Lust, in die warme Sonne hinauszugehen. Ich sagte, ich wolle der jungen Dame helfen, und ohne auf eine Antwort zu warten, trat ich in den warmen, duftenden Garten hinaus, wo die Bienen unter unaufhörlichem, geschäftigem Summen die Blumen plünderten. Sophy hatte es schon fast aufgegeben, an die Früchte zu gelangen, und freute sich über meine Hilfe. Es war ziemlich dumm von mir, daß ich sie so schnell herunterschlug, denn sobald sie eingesammelt waren, mußten wir wieder hineingehen. Ich wäre gern durch den Garten spaziert, aber Sophy ging gleich mit den Birnen davon, und mir blieb nichts übrig, als ihr zu folgen. Sie nahm ihre Näharbeit wieder auf, während wir die Früchte aßen. Bald waren sie verzehrt, und als der Pfarrer sein Gespräch mit Mr. Morgan über einige arme Leute beendet hatte, brachen wir auf. Ich war Mr. Morgan dankbar, daß er so wenig über mich gesprochen hatte. Ich hätte es nicht ertragen, wenn er auch im Pfarrhaus Sir Astley Cooper oder Sir Robert Peel zur Sprache gebracht hätte; auch die ausführliche Schilderung meiner ‹großartigen Möglichkeiten, umfassendes berufliches Wissen zu erwerben›, von denen er Miss Tomkinson erzählt hatte, während ihre Schwester mit mir sprach, hätte ich nicht ausgehalten. Zum Glück ersparte er mir all das beim Pfarrer. Als wir schieden, war es Zeit, die Pferde zu besteigen und die Besuche auf dem Land draußen zu erledigen, und ich war froh darüber.

IV

Nach und nach begannen die Bewohner von Duncombe mir zu Ehren Gesellschaften zu geben. Mr. Morgan verriet mir, daß sie meinetwegen stattfanden, sonst hätte ich es wahrscheinlich nie gemerkt. Aber er freute sich über jede neue Einladung und rieb sich die Hände und lachte stillvergnügt in sich hinein, als wäre sie ein Kompliment für ihn – was es in Wirklichkeit auch war.

Unterdessen war mit Mrs. Rose eine feste Abmachung getroffen worden. Sie sollte ihre Möbel mitbringen und damit ein Haus einrichten, für das ich die Miete bezahlte. Sie würde die Pflichten einer Hausfrau übernehmen, dafür mußte sie nichts für Kost und Logis zahlen. Mr. Morgan mietete das Haus an und machte sich ein Vergnügen daraus, mir Ratschläge zu erteilen und all meine Sachen einzuräumen. Ich war teils ungehalten, teils belustigt, ließ aber alles über mich ergehen. Das Haus, das er für mich mietete, lag in der Nähe seines eigenen; es hatte im Erdgeschoß zwei Wohnzimmer, die durch eine allerdings meist geschlossene Flügeltür miteinander verbunden waren. Der hintere Raum war mein Sprechzimmer – er riet mir, es ‹Bibliothek› zu nennen –, und er schenkte mir einen Schädel, den ich oben auf mein Bücherregal stellen sollte. Alle medizinischen Bücher waren in den gut sichtbaren Fächern säuberlich aufgereiht, wohingegen Miss Austen, Dickens und Thackeray von Mr. Morgan höchsteigen gekonnt-nachlässig hineingeschoben worden waren: Sie standen auf dem Kopf oder mit dem Rücken zur Wand. Der vordere Wohnraum sollte das Eßzimmer werden, und der Raum darüber wurde mit dem Tisch und den Stühlen aus Mrs. Roses Salon eingerichtet. Freilich stellte ich später fest, daß sie lieber unten im Eßzimmer saß, ganz nah am Fenster, wo sie nach jedem Nadelstich aufblikken und sehen konnte, was auf der Straße vor sich ging. Ich kam mir ziemlich komisch vor als Herr in diesem Haus, das mit den Möbeln einer anderen Person angefüllt war, noch bevor ich die Dame, deren Eigentum sie waren, überhaupt gesehen hatte.

Bald darauf erschien sie. Mr. Morgan holte sie vor dem Gasthaus ab, wo die Kutsche hielt, und begleitete sie zu meinem Haus. Ich konnte die beiden vom Salonfenster aus sehen; der kleine Herr setzte zierlich seine Schritte, schwang den Spazierstock und plauderte offenbar fortwährend. Sie war ein wenig größer als er und trug strenge Witwentracht, so viele Schleier und Faltenwürfe und Pelerinen und Mäntel, daß sie aussah wie ein schwarzer Heuhaufen im Trauerflor. Als wir einander vorgestellt wurden, hob sie den dichten Schleier, sah umher und seufzte.

‹Mr. Harrison, Ihr Aussehen und Ihre Lebensumstände erinnern mich eindringlich an die Zeit, da ich mit meinem lieben Gatten vermählt war, der nun in Frieden ruht. Er fing damals wie Sie als praktischer Arzt an. Zwanzig Jahre lang teilte ich sein Wohl und Wehe und half ihm, soweit es irgend in meiner Macht stand, bis hin zum Pillendrehen, wenn der Gehilfe fort war. Mögen wir in ähnlicher Harmonie für eine ebensolange Zeit zusammenleben! Möge unser freundschaftliches Empfinden füreinander ähnlich aufrichtig sein, wenn es auch freilich nicht ehelicher Natur sein wird, sondern wie das von Mutter und Sohn!›

Ich bin überzeugt, sie hatte diese Ansprache in der Kutsche zusammengestoppelt, denn später erzählte sie mir, sie sei die einzige Reisende gewesen. Als sie fertig war, hätte ich am liebsten ein Weinglas in der Hand gehabt, um wie nach einem Toast auf ihr Wohl trinken zu können. Und doch bezweifle ich, daß ich es von Herzen getan hätte, denn ich hoffte mitnichten, zwanzig Jahre mit ihr zu verbringen; das klang doch recht trostlos. Ich verneigte mich indessen und behielt meine Gedanken für mich. Während Mrs. Rose oben war und ihre Sachen auspackte, lud ich Mr. Morgan ein, zum Tee zu bleiben; er willigte ein, rieb sich vor Zufriedenheit immer wieder die Hände und sagte: ‹Eine sehr feine Frau, Sir, eine sehr feine Frau! Und welcher Stil! Wie Ihre Patienten empfangen wird, wenn sie Ihnen während Ihrer Abwesenheit vielleicht eine Nachricht hinterlassen wollen! Nein, wirklich, welcher Redefluß!›

Mr. Morgan konnte nach dem Tee nicht lange bleiben, da noch ein paar Hausbesuche gemacht werden mußten. Gern wäre ich selbst gegangen und hatte zu diesem Zweck schon meinen Hut aufgesetzt, aber er meinte, es wäre nicht rücksichtsvoll, ‹nicht das Richtige›, Mrs. Rose am ersten Abend nach ihrer Ankunft alleine zu lassen.

‹Mitfühlende Rücksicht auf das weibliche Geschlecht – auf eine Witwe in den ersten Monaten ihres Alleinseins – erfordert ein wenig Takt, mein Lieber. Ich werde Ihnen den Fall bei Miss Tomkinson überlassen; vielleicht machen Sie dort morgen früh einen Hausbesuch. Miss Tomkinson ist recht eigen und imstande, ihr Mißfallen unverblümt zu äußern, wenn sie glaubt, man widme sich ihr nicht angemessen.›

Ich hatte schon öfters bemerkt, daß er die Besuche bei Miss Tomkinson mir zuschob, und ich habe den Verdacht, daß er die Dame ein wenig fürchtete.

Es wurde ein ziemlich langer Abend mit Mrs. Rose. Meiner Meinung nach hatte sie, höflich ausgedrückt, keinen Grund, im Wohnzimmer zu bleiben und nicht hinaufzugehen und auszupacken. Ich bat sie, sich durch mich nicht aufhalten zu lassen, aber zu meiner nicht gelinden Enttäuschung lächelte sie würdevoll und verhalten und sagte, es wäre ihr ein Vergnügen, mich besser kennenzulernen. Einmal ging sie nach oben, und mir ahnte nichts Gutes, als ich sie mit einem sauberen, zusammengefalteten Taschentuch herunterkommen sah. Ach, wie wahr! Kaum saß sie, fing sie schon an, mir einen Bericht von Krankheit, Symptomen und Tod ihres verstorbenen Gatten zu liefern. Es war ein ganz alltäglicher Fall, aber sie glaubte anscheinend, er sei etwas Besonderes gewesen. Sie hatte ein nur oberflächliches medizinisches Wissen und benützte die Fachausdrücke durchwegs so deplaciert, daß ich mich eines Lächelns kaum erwehren konnte. Aber um alles in der Welt hätte ich nicht gelächelt, denn sie empfand sichtlich tiefen und echten Kummer.

Schließlich sagte sie: ‹Ich habe die Diagonalen vom Leiden meines lieben Mannes in meinem Schreibtisch liegen, Mr. Harrison, wenn Sie den Fall für die ‚Lanzette' ins reine schreiben wollen. Es hätte ihn bestimmt gefreut, den armen Jungen, wenn man ihm gesagt hätte, daß seinen irdischen Überresten solche Ehre zuteil würde und sein Fall in diesem angesehenen Blatt erscheint.›

Es war ziemlich peinlich, denn es handelte sich wie gesagt um einen ganz banalen Fall. Ich hatte jedoch bei aller Kürze meiner Praxiserfahrung bereits gelernt, einige jener Laute von mir zu geben, die einen nicht bloßstellen und doch als äußerst vielsagend ausgelegt werden können, wenn der Zuhörer ein wenig seine Phantasie zu gebrauchen bereit ist.

Noch ehe der Abend verstrichen war, hatten wir uns so weit angefreundet, daß sie mir das Bildnis des verstorbenen Mr. Rose herunterbrachte, damit ich es anschauen konnte. Sie gestand mir, daß sie es nicht ertrug, die geliebten Züge selber zu betrachten, daß sie aber, falls ich die Miniatur ansehen wolle, ihr Gesicht abwenden werde. Ich bot ihr an, das Bildchen selbst zu halten, aber sie schien verletzt ob dieses Vorschlags und sagte, niemals, niemals könne sie solch einen Schatz aus der Hand geben. So drehte sie den Kopf ganz weit nach links, während ich das Porträt begutachtete, das sie mit dem rechten Arm von sich streckte.

Der verstorbene Mr. Rose mußte ein recht gutaussehender, fröhlicher Mann gewesen sein; der Künstler hatte ihn mit einem so breiten Lächeln und Augenzwinkern gemalt, daß es wirklich schwerfiel, ihn nicht wieder anzugrinsen. Aber ich hielt mich zurück.

Anfangs lehnte Mrs. Rose jede der ihr zugesandten Einladungen ab, mich zu den Teegesellschaften in der Stadt zu begleiten. Sie war so gutmütig und schlicht, daß sie bestimmt keinen anderen Grund hatte als den einen, den sie anführte: die kurze Zeit, die seit dem Tod ihres Mannes verstrichen war. Sonst hätte mir, der ich inzwischen mit der Gastlichkeit, die sie so hartnäckig ablehnte, einige Erfahrung hatte, der Verdacht kommen können, sie wäre vielleicht froh um diesen Entschuldigungsgrund gewesen. Manchmal wünschte ich mir, eine Witwe zu sein. Da kam ich nach einem anstrengenden Tagesritt müde heim, und wenn ich nur sicher gewesen wäre, daß Mr. Morgan nicht auftauchen würde, hätte ich mir bestimmt meine Hausschuhe und den weiten Morgenmantel angezogen und im Garten genießerisch eine Zigarre geraucht. Für mich war es ein grausames Opfer, das ich der Gesellschaft darbrachte, wenn ich mich in enge Stiefel und einen steifen Rock zwängte und zum Fünfuhrtee ging. Aber Mr. Morgan hielt mir solche Predigten über die Notwendigkeit, mir das Wohlwollen meiner Mitbürger nicht zu verscherzen, und schien derart enttäuscht, ja fast gekränkt, als ich mich einmal über die Langeweile auf solchen Einladungen beklagte, daß ich das Gefühl hatte, ich dürfe nicht so selbstsüchtig sein und höchstens jede dritte ausschlagen. Wenn Mr. Morgan erfuhr, daß ich abends eingeladen war, übernahm er oft die längere Tour und die Hausbesuche bei den weiter entfernt wohnenden Kranken. Erst verdächtigte ich ihn der Absicht, die ich zugegebenermaßen auch oft hegte, sich nämlich um die Einladungen zu drücken; aber ich merkte bald, daß er ein Opfer brachte, weil er glaubte, es sei zu meinem Vorteil.

V

Eine Einladung jedoch schien einiges Vergnügen zu versprechen. Mr. Bullock, der Rechtsanwalt von Duncombe, war in zweiter Ehe mit einer Dame aus einer großen Provinzstadt verheiratet, der daran lag, tonangebend zu sein – was nicht schwer war, denn alle folgten gern ihrem Beispiel. Sie schlug also statt einer Teeparty mir zu Ehren ein Picknick in einem alten Herrenhaus in der näheren Umgebung vor, und der Plan klang wirklich recht verlockend. Alle unsere Patienten schienen erfüllt von dem Thema, sowohl die eingeladenen als auch jene, die nicht eingeladen waren. Rings um das Gutshaus zog sich ein Wassergraben mit einem Kahn; und innen gab es eine Galerie, von der herab Musik wunderbar klang. Die Familie, welcher das Anwesen gehörte, weilte im Ausland und bewohnte, wenn sie zu Hause war, einen neueren und größeren Landsitz. Nur ein Bauer und seine Familie lebten in dem alten Herrenhaus, und sie hatten es übernommen, alles vorzubereiten.

Die kleine gutmütige Stadt war entzückt, als an dem Oktobertag unseres Picknicks die Sonne strahlend schien; die Ladenbesitzer und Häusler machten zufriedene Gesichter, als sie zusahen, wie sich der Reitertrupp vor Mr. Bullocks Tür sammelte. Wir waren etwa zwanzig Leute, ‹lächerlich wenig› nannte es Mrs. Bullock, aber ich fand es gerade genug. Die beiden Miss Tomkinson und zwei ihrer jungen Damen waren dabei – eine davon stamme aus einer adligen Familie, flüsterte mir Mrs. Bullock zu –, dann kamen Mr., Mrs. und Miss Bullock und ein Schwarm kleiner Kinder, die Nachkommen der derzeitigen Mrs. Bullock. Miss Bullock war nur eine Stieftochter. Auch Mrs. Munton hatte die Einladung zu unserem Ausflug angenommen. Das hatten die Gastgeber eigentlich gar nicht erwartet, wie ich ihren leisen Bemerkungen entnahm, aber sie hießen sie herzlich willkommen. Auch Miss Horsman nahm teil, eine unverheiratete Dame, die bis vor einer Woche zu einem

Besuch fortgewesen war. Und schließlich kamen noch der Pfarrer und seine Kinder. Das war, mit Mr. Morgan und mir, die ganze Gesellschaft. Ich freute mich sehr darauf, etwas mehr von der Familie des Pfarrers zu sehen. Er selbst war zwar ab und zu auf den Abendeinladungen erschienen und hatte sich freundlich mit uns allen unterhalten, aber er pflegte nie lange zu bleiben. Und seine Tochter, fand er, sei zu jung für Besuche. Sie habe seit dem Tod der Mutter die Sorge für die jüngeren Geschwister übernommen, und das nehme viel von ihrer Zeit in Anspruch. Sie sei froh, wenn sie abends ihren eigenen Interessen nachgehen könne. Aber heute war das etwas anders. Sophy, Helen, Lizzie und selbst der kleine Walter waren da und standen vor Mr. Bullocks Tür, denn niemand von uns brachte genügend Geduld auf, mit Mrs. Munton und den älteren Herrschaften still im Wohnzimmer zu sitzen und dort ruhig auf die beiden Kutschen und den gefederten Wagen zu warten, die um zwei Uhr hätten hier sein sollen, und nun war es schon fast Viertel nach zwei. ‹So eine Schande! Da vergeht ja die schönste Zeit des Tages!› Die mitfühlenden Ladenbesitzer standen da, ein jeder in seiner Tür, die Hände in den Taschen, und hatten wie ein Mann den Kopf in die Richtung gedreht, aus der die ‹Kaleschen› (wie Mrs. Bullock sie nannte) kommen sollten.

Nun ertönte ein Rumpeln die gepflasterte Straße herunter, und die Ladenbesitzer drehten sich um, lächelten und nickten uns gratulierend zu. Alle Mütter und kleinen Kinder des Ortes drängten sich um die Tür, um uns aufbrechen zu sehen. Mein Pferd stand bereit, aber vorher half ich noch den Leuten in die Wagen. Man erlebt viel Organisationstalent bei solchen Gelegenheiten. Zuerst wurde Mrs. Munton in eine Kutsche gehoben, dann gab es eine kleine Verzögerung, denn die meisten jungen Leute wollten im gefederten Wagen fahren, ich weiß auch nicht, warum. Dann trat jedoch Miss Horsman vor, bekanntlich eine enge Freundin von Mrs. Munton, und so war immerhin ein Problem befriedigend gelöst. Aber wer wollte sich als dritte Person zwischen zwei alte Damen zwängen, die am liebsten mit geschlossenen Fenstern fuhren? Ich sah Sophy mit Helen sprechen, dann kam sie heran und erbot sich, als dritte einzusteigen. Die beiden alten Damen machten zufriedene und fröhliche Gesichter – wie jeder in Sophys Nähe –, und so war diese Kutschladung zusammengestellt.

Gerade als es losgehen sollte, kam jedoch die Magd aus dem Pfarrhaus mit einem Brief für ihren Herrn angerannt. Es las ihn, ging zum Wagenschlag und teilte Sophy wahrscheinlich genau das gleiche mit, was ich ihn nachher zu Mrs. Bullock sagen hörte, daß nämlich der Geistliche einer Nachbargemeinde krank sei und den Trauergottesdienst für ein Gemeindeglied, das am selben Nachmittag beerdigt werden sollte, nicht halten könne. Natürlich mußte der Pfarrer hingehen, und er meinte, er werde heute nacht nicht mehr heimkommen. Manche schien es merklich zu erleichtern, daß nun der leichte Zwang wegfiel, den ihnen seine hochwürdige Gegenwart auferlegt hätte. Eben jetzt kam Mr. Morgan an, der den ganzen Vormittag in scharfem Trab geritten war, um sich unserer Gesellschaft rechtzeitig anschließen zu können; die Mehrheit fand sich daher mit der Abwesenheit des Pfarrers ab. Seine eigene Familie vermißte ihn am schmerzlichsten, und ich schätzte sie darum um so mehr. Nach ihnen war wohl ich derjenige, der sein Fortgehen am meisten bedauerte, denn ich verehrte und bewunderte ihn und hatte mich immer wohl gefühlt, wenn ich mit ihm zusammengewesen war.

In der zweiten Kutsche saßen Miss Tomkinson, Mrs. Bullock und die ‹adlige› junge Dame. Letztere wäre wohl lieber in dem Wagen mit dem jüngeren und fröhlicheren Grüppchen gefahren, aber wahrscheinlich hielt man dies für unter ihrem Niveau. Der Rest der Gesellschaft mußte abwechselnd reiten und gehen, und es war ein höchst ausgelassener, lustiger Haufen.

Mr. Morgan und ich ritten – das heißt, ich führte mein Pferd am Zügel, und obendrauf saß der kleine Walter. Links und rechts von dem breiten Pferderücken standen seine dicken, kurzen Beine steif ab. Er war ein liebenswertes

Kerlchen und plapperte den ganzen Weg, und seine Schwester Sophy war die Heldin all seiner Geschichten. Ich erfuhr, daß er diesen Tagesausflug nur ihr verdanke, denn sie habe Papa gebeten, ihn mitkommen zu lassen; die Kinderfrau sei strikt dagegen gewesen. ‹Böse alte Kinderfrau!› nannte er sie einmal, dann sagte er: ‹Nein, nicht böse. Liebe Kinderfrau. Sophy sagt, Walter darf nicht böse Kinderfrau sagen.› Nie habe ich ein Kind erlebt, das noch so klein und schon so mutig war. Das Pferd scheute vor einem Baumstamm. Walter wurde hochrot und klammerte sich an der Mähne fest, aber er saß aufrecht wie ein kleiner Mann und sprach kein Wort, solange das Pferd tänzelte.

Als es vorüber war, sah er mich an und lächelte: ‹Sie passen schon auf, daß mir nichts passiert, ja, Mr. Harrison?› Er war der netteste kleine Kerl, den ich je gesehen habe.

Immer wieder rief man aus dem Wagen nach mir. ‹Ach, Mr. Harrison, ziehen Sie uns doch diesen Brombeerzweig runter, mit dem Peitschenstiel kommen Sie ran!› – ‹Ach, Mr. Harrison, da waren so herrliche Nüsse auf der anderen Heckenseite, kehren Sie noch mal kurz um?› Miss Caroline Tomkinson wurde es einige Male fast übel, weil der Wagen so schaukelte, und sie bat mich um mein Riechfläschchen, da sie das ihre vergessen habe. Der Gedanke, daß ich solche Gegenstände mit mir herumtragen sollte, erheiterte mich. Dann fiel ihr ein, daß sie lieber zu

247

Fuß gehen wollte, und sie stieg aus und kam auf meine Straßenseite herüber; aber ich empfand den kleinen Walter als angenehmeren Weggenossen und ließ das Pferd bald in Trab fallen, und mit dieser Gangart konnte ihre zarte Konstitution nicht Schritt halten.

Der Weg zu dem alten Herrenhaus führte über eine sandige Straße mit hohen Heckenböschungen. Die darauf wachsenden Bergulmen berührten einander oben beinahe. ‹Und so was nennt sich Landwirtschaft!› rief Mr. Bullock empört, und vielleicht hatte er recht; aber es war sehr angenehm und sah malerisch aus. Die Bäume prangten in Farbtönen von Orange bis Karmesinrot, unterbrochen von großen, dunkelgrünen Stechpalmen, die in der Herbstsonne schimmerten. In einem Bild hätte ich die Farben freilich als zu kräftig empfunden, besonders als unser Weg sich den steilen Abhang hochschlängelte, nachdem wir auf einer kleinen Brücke den Bach überquert hatten – was gab das für ein Gelächter und Gekreische, als der Wagen spritzend durch das glitzernde Wasser rollte! –, und ich die purpurnen Hügel in der Ferne erblickte. Auch das alte Haus konnten wir von diesem Punkt aus schon sehen, mit seinen warmen, dichten Wäldern, die dahinter wogten, und dem blauen Wasser des Grabens, der still im Sonnenlicht lag.

Lachen und Schwatzen macht hungrig, und man wünschte allgemein zu speisen, als wir auf dem Rasen vor dem Haus anlangten, wo wir essen sollten. Ich sah, wie Miss Carry Miss Tomkinson beiseite zog und mit ihr flüsterte; und gleich darauf kam die ältere Schwester zu mir. Ich war etwas weiter weg damit beschäftigt, aus Heu, das ich aus der Scheune des Bauern geholt hatte, eine Unterlage für meinen kleinen Freund Walter zu schaffen, der, wie ich festgestellt hatte, etwas heiser war; ich wollte ihn nicht gerne im Gras sitzen lassen, so trocken es auch aussah.

‹Mr. Harrison, Caroline sagt, es sei ihr sehr übel gewesen und sie habe Angst, sie könnte wieder einen ihrer Anfälle bekommen. Zu Ihren ärztlichen Fähigkeiten habe sie mehr Vertrauen als zu denen von Mr. Morgan, meint sie. Ich müßte lügen, wenn ich sagen wollte, daß ich hierin mit ihr einer Meinung bin, aber da es nun einmal so ist, darf ich Sie bitten, ein Auge auf sie zu haben? Ich finde ja, sie hätte lieber nicht mitkommen sollen, wenn es ihr nicht gut geht, aber das arme Mädchen hat sich von ganzem Herzen auf diesen Tag gefreut. Ich habe ihr angeboten, mit ihr nach Hause zu gehen, aber sie meint, wenn sie sicher sein kann, daß Sie in erreichbarer Nähe sind, würde sie lieber bleiben.›

Natürlich verbeugte ich mich und versprach, Miss Caroline jeglichen notwendigen Beistand zu leisten. In der Zwischenzeit, bis sie meine Dienste in Anspruch nahm, glaubte ich ebensogut der Pfarrerstochter helfen zu können, die in ihrem weißen Musselinkleid so frisch und hübsch aussah und sich hier und da und überall, bald im Sonnenschein, bald im grünen Schatten, darum kümmerte, daß sich alle wohl fühlten, und an alle dachte, nur nicht an sich selbst.

Aber da erschien schon Mr. Morgan.

‹Miss Caroline fühlt sich nicht wohl. Ich habe ihrer Schwester versprochen, daß Sie nach ihr sehen.›

‹Ich auch, Sir. Aber Miss Sophy kann diesen schweren Korb nicht tragen.›

Es lag nicht in meiner Absicht, daß sie diese Entschuldigung hören sollte, aber sie schnappte sie auf und sagte: ‹Aber ja, das kann ich schon! Ich werde die Sachen einzeln tragen. Gehen Sie zu der armen Miss Caroline, bitte, Mr. Harrison.›

Ich ging, aber äußerst ungern, muß ich gestehen. Als ich erst einmal neben ihr saß, ging es ihr offenbar besser. Es war wahrscheinlich nur eine nervöse Angst, die sich verlor, sobald sie Hilfe in der Nähe wußte, denn sie langte beim Essen kräftig zu. Ich glaubte schon, sie würde nie mehr aufhören mit ihren bescheidenen Bitten um ‹noch ein klein bißchen Taubenpastete› oder ‹ein Gabelbeinchen vom Huhn›. Ich hoffte, ein so herzhaftes Mahl würde sie nachhaltig stärken, und das tat es auch. Denn nun verkündete sie mir, sie könne bestimmt einen Spaziergang durch den Garten machen und die alten Pfaueneiben anschauen, wenn ich so freundlich sei, ihr den Arm zu reichen. Es war unerträglich; ich sehnte mich von ganzem Herzen danach, mit den Pfarrerskindern beisammen zu sein. Ich riet Miss Caroline dringend, sich auf dem Sofa in der Küche der Bauersleute ein wenig hinzulegen und vor dem Tee zu ruhen. Du kannst dir nicht vorstellen, wie ich sie beschwor, auf sich achtzugeben. Schließlich willigte sie ein und dankte mir für meine feinfühlige Anteilnahme; sie werde meine liebenswürdige Aufmerksamkeit ihr gegenüber nie vergessen. Sie ahnte nicht, was sich gleichzeitig in meinem Innern abspielte. Nun gut, sie war jetzt bei der Bauersfrau in guten Händen, und ich stürmte hinaus auf der Suche nach einem weißen Kleid und einer biegsamen Gestalt, als ich an der Haustür Mrs. Bullock begegnete. Sie war eine vornehme, grimmig dreinblickende Frau. Während des Essens schien sie mir ein wenig ungehalten gewesen zu sein ob meiner Aufmerksamkeiten – wider Willen – gegenüber Miss Caroline; aber jetzt, da sie mich alleine sah, lächelte sie überaus huldvoll.

‹Oh, Mr. Harrison, ganz alleine! Wie dies? Wie kommen die jungen Damen dazu, solche Flegelhaftigkeit zu erlauben? Übrigens habe ich dort hinten eine junge Dame sitzen, die über Ihren Beistand bestimmt sehr froh wäre – meine Tochter Jemima.› Sie meinte ihre Stieftochter. ‹Mr. Bullock ist ein so zärtlich besorgter Vater, daß er sich zu Tode fürchtet bei dem Gedanken, sie könnte ohne einen Begleiter, der schwimmen kann, in den Kahn im Wassergraben steigen. Er selbst ist gerade nicht da, weil er mit dem Bauern über den neuen Karrenpflug redet. Sie wissen ja, Landwirtschaft ist sein Steckenpferd, wohingegen das Recht, das fürchterliche Recht, sein Beruf ist. Aber nun grämt sich das arme Mädchen am Ufer und wünscht sich so sehr, mit den anderen mitfahren zu dürfen. Ich wage nicht, es ihr zu erlauben, es sei denn, Sie würden sie freundlicherweise begleiten und versprechen, sie zu retten, wenn ein Unfall passiert.›

Ach, Sophy, warum sorgte sich niemand um dich?

VI

Miss Bullock stand am Ufer und hielt, wie ich annahm, sehnsüchtig nach der Gesellschaft auf dem Wasser Ausschau. Deren fröhliches Gelächter klang recht angenehm aus dem Boot herüber, das vielleicht hundert Yards weit weg festsaß. Es konnte nämlich keiner von ihnen rudern, und der Kahn war schwerfällig und flach gebaut, so daß er nun unbeweglich zwischen den langen Stengeln der Seerosen lag. Sie seien ‹durch ungünstiges Wetter am Auslaufen gehindert›, riefen sie herüber.

Miss Bullock sah nicht auf, bis ich dicht vor ihr stand. Als ich ihr von meinem Auftrag erzählte, hob sie ihre großen, ernsten, traurigen Augen und sah mich kurz an. Mir war, als erwarte sie in meinem Gesicht einen bestimmten Ausdruck, finde ihn aber nicht und sei darüber erleichtert.

Sie war ein äußerst blasses, unglücklich wirkendes Mädchen, aber sehr still, und wenn auch nicht sympathisch, so doch immerhin nicht vorlaut oder kratzbürstig. Ich rief zu den Leuten im Boot hinüber, und sie glitten langsam zwischen den großen, kühlen, grünen Seerosenblättern hindurch auf uns zu. Als sie näher kamen, sahen wir, daß es keinen Platz mehr für uns gab, und Miss Bullock sagte, sie bleibe lieber auf der Wiese und schlendere umher, wenn ich gern mitfahre, und ihr Gesichtsausdruck verriet mir, daß sie die Wahrheit sprach. Aber Miss Horsman rief mit schriller Stimme und einem höchst unangenehmen, vielsagenden Lächeln: ‹Oh, da wird die Mama aber traurig sein, wenn Sie nicht mitkommen, Miss Bullock, wo sie sich doch mit dieser netten Verabredung so viel Mühe gegeben hat!›

Bei diesen Worten zögerte das arme Mädchen und setzte sich schließlich, etwas unentschlossen, als wisse sie nicht, ob sie recht handle, im Kahn auf Sophys Platz. Helen und Lizzie gingen mit ihrer Schwester an Land, so daß reichlich Platz war für Miss Tomkinson, Miss Horsman und all die kleinen Bullocks; und die drei Pfarrerstöchter spazierten über die Wiese und spielten mit Walter, der ganz aufgeregt war. Die Sonne stand schon tief, aber das schwächer werdende Licht fiel schön über das Wasser, und um den Zauber der Stunde noch zu erhöhen, stimmten Sophy und ihre Schwestern, als sie auf dem grünen

Rasen vor dem Herrenhaus standen, einen kleinen deutschen Kanon an, den ich vorher noch nie gehört hatte: ‹Oh, wie wohl ist mir am Abend...›[8]

Schließlich rief man uns zu, wir sollten den Kahn zum Landeplatz an der Wiese schleppen, denn im Haus seien der Tee und ein knisterndes Feuer für uns bereit. Ich reichte meinen Arm Miss Horsman, die ein wenig hinkte, und wieder sagte sie in ihrer merkwürdigen, unangenehmen Art: ‹Würden Sie nicht lieber Miss Bullock geleiten, Mr. Harrison? Das wäre doch angemessener.›

Trotzdem half ich Miss Horsman die Stufen hinauf. Danach wiederholte sie ihren Vorschlag, und so besann ich mich, daß Miss Bullock schließlich die Tochter der Gastgeber war, und ging zu ihr. Aber obwohl sie meinen Arm nahm, merkte ich, daß sie mein Angebot nicht gerne sah.

Die Halle wurde von einem herrlichen Holzfeuer aus dem breiten, alten Kamin erhellt; im Westen schwand das Tageslicht, und die großen Fenster ließen durch ihre kleinen, mit Wappen bemalten und in Blei gefaßten Scheiben nur wenig von dem herein, was noch übrig war. Die Bauersfrau hatte einen großen, langen Tisch aufgebaut, auf dem sich leckere Dinge häuften, und über dem glühendheißen, prasselnden, flackernden Feuer, das den Raum freundlich wärmte, summte ein riesiger schwarzer Kessel.

Auch Mr. Morgan war hier (er hatte einige Besuche bei seinen Patienten in dieser Gegend gemacht), lächelte und rieb sich wie immer die Hände. Mr. Bullock unterhielt sich am Gartentor mit dem Bauern über verschiedene Düngemittel, und mir fiel auf, daß er zwar glänzende Namen und Theorien ins Feld führen konnte, der Bauer aber praktisches Wissen und Erfahrung, und ich weiß, wem ich getraut hätte. In meiner Gegenwart sprach Mr. Bullock recht gern über Liebig[9]; das klang gut und sachkundig.

Mrs. Bullock war nicht besonders friedlicher Stimmung. Ich hatte vor, mich neben die Pfarrerstochter zu setzen, und Miss Caroline wollte ebenso entschieden auf meiner anderen Seite sitzen, vermutlich, weil sie Angst vor ihren Ohnmachtsanfällen hatte. Aber Mrs. Bullock rief mich an einen Platz neben ihrer Tochter. Nun, ich fand, ich hätte genug Höflichkeit gegenüber einem Mädchen bewiesen, das augenscheinlich eher verärgert als erfreut über meine Aufmerksamkeiten war, und ich gab vor, beschäftigt zu sein, indem ich mich unter den Tisch nach Miss Carolines Handschuhen bückte, die verlorengegangen waren. Aber es half alles nichts; Mrs. Bullocks scharfer, gestrenger Blick wartete ab, bis ich wieder auftauchte, und sie rief mich ein zweites Mal.

‹Ich halte Ihnen diesen Platz zu meiner Rechten frei, Mr. Harrison. Jemima, bleib sitzen!›

Ich ging an den Ehrenplatz, und um meinen Ärger zu verbergen, versuchte ich mich zu beschäftigen und schenkte Kaffee ein; als ich aber vergaß, vorher das Wasser auszuschütten, das sie hineingegossen hatte, um die Tassen vorzuwärmen, wie Mrs. Bullock sagte, und auch keinen Zucker hinzufügte, erklärte die Dame, sie verzichte lieber auf meine Dienste und überlasse mich meiner Nachbarin auf der anderen Seite.

‹Sich mit der jüngeren Dame zu unterhalten, entspricht zweifelsohne mehr Mr. Harrisons Berufung, als die ältere zu bedienen.› Es war die Art, wie diese Worte gesagt wurden, die sie beleidigend wirken ließen. Miss Horsman saß mir gegenüber und lächelte in einem fort, und Miss Bullock sprach gar nicht, schien aber niedergeschlagener als je zuvor. Schließlich lieferten sich Miss Horsman und Mrs. Bullock eine Schlacht aus Andeutungen, die für mich völlig unverständlich waren, und ich fühlte mich sehr unwohl in meiner Haut, während am unteren Ende des Tisches Mr. Morgan und Mr. Bullock die jungen Leute zu ausgelassenem Lachen brachten.

Ein Teil der Heiterkeit rührte daher, daß Mr. Morgan darauf bestand, an diesem Tischende den Tee zuzubereiten, und Sophy und Helen suchten ihm alle möglichen Mißgriffe anzudichten. Ich dachte bei mir: ‹Ehre ist schön und gut, aber Fröhlichkeit ist besser.› Hier auf meinem vornehmen Platz hörte ich nichts als böse Worte.

Endlich wurde es Zeit zum Heimgehen. Der Abend war feucht, und die Plätze in den Kutschen waren die besten und begehrtesten. Und nun erbot sich Sophy, im offenen Wagen zu fahren; ihr lag nur daran – und mir auch –, Walter vor den weißen Nebelschwaden zu schützen, die aus dem Tal heraufwogten. Aber der zärtliche kleine Hitzkopf wollte sich nicht von Sophy trennen. So baute sie ihm in einer Wagenecke ein Nest auf ihrem Schoß und deckte ihn mit ihrem Schal zu; und ich hoffte, es möchte ihm nicht schaden. Miss Tomkinson, Mr. Bullock und einige Jüngere gingen zu Fuß, aber ich schien an die Kutschenfenster gekettet, denn Miss Caroline bat mich, sie nicht allein zu lassen, da sie sich schrecklich vor Räubern fürchte; und Mrs. Bullock flehte mich an, darauf zu achten, daß der Kutscher auf den schlechten Straßen den Wagen nicht umwarf, da er bestimmt zuviel getrunken hatte.

Ich war schließlich so gereizt, als ich zu Hause ankam, daß ich fand, dies sei das unangenehmste Vergnügen gewesen, das ich je erlebt hätte, und ich ertrug es kaum, Mrs. Roses endlose Fragen zu beantworten. Sie gestand mir jedoch, nach meinen Berichten sei der Tag so zauberhaft gewesen, daß sie daran denke, die Strenge ihrer Abgeschiedenheit etwas zu mildern und sich ein wenig mehr unter die Gesellschaft zu mischen, die ich so verführerisch beschrieben habe. Sie glaube, ehrlich gesagt, dies wäre auch der Wunsch ihres geliebten Mr. Rose, und sein Wille sei ihr Befehl, nach seinem Tode ebenso wie zeit seines Lebens. Um seinen Wünschen Folge zu leisten, wolle sie sogar ihren eigenen Gefühlen ein wenig Zwang antun.

Sie war sehr lieb und freundlich. Sie achtete nicht nur auf alles, was ihrer Meinung nach meinem Behagen diente, sondern gab sich auch große Mühe, die Fleischbrühen und nahrhaften Speisen zuzubereiten, die ich unter der Bezeichnung ‹Kraftfutter› meinen ärmeren Patienten zu verordnen oft für geraten hielt; und ich sah wirklich nicht ein, warum sie sich einsperren sollte, nur um der Form zu genügen, wenn sie sich allmählich unter die kleine, friedliche Gesellschaft von Duncombe mischen wollte. Also legte ich ihr nahe, Besuche zu machen, und antwortete stellvertretend für den verstorbenen Mr. Rose – auch wenn ich bedachte, was vermutlich die diesbezüglichen Wünsche des werten Herrn gewesen wären – und versicherte seiner Witwe, er würde es ganz gewiß zutiefst bedauern, wenn sie sich unmäßigem Kummer hingäbe, und er wäre alles andere als unerfreut, wenn er ihr Bemühen erkannte, sich durch ein paar ruhige Besuche zu zerstreuen. Sie wurde ganz fröhlich und sagte, wenn ich wirklich so dächte, wolle sie ihre eigenen Neigungen hintanstellen und die nächste Einladung annehmen.

VII

Mitten in der Nacht wurde ich durch einen Boten vom Pfarrhaus aus dem Schlaf gerissen. Der kleine Walter hatte einen Anfall von Krupphusten, und Mr. Morgan war bereits zu einem anderen Krankenbesuch auf dem Land draußen geholt worden. Ich zog mich hastig an und lief durch die ruhige, kleine Straße. Im oberen Stockwerk des Pfarrhauses brannte Licht. Es war das Kinderzimmer. Die Magd, die mir öffnete, kaum hatte ich geklopft, schluchzte bekümmert und konnte meine Fragen kaum beantworten, als ich, zwei Stufen auf einmal nehmend, nach oben zu meinem kleinen Liebling lief.

Das Kinderzimmer war ein großer, breiter Raum. Am hinteren Ende wurde es von einer einfachen Kerze erhellt, die den vorderen Teil, wo die Tür lag, im Dunkeln ließ. So sah mich die Kinderfrau wohl nicht hereinkommen, denn sie sprach sehr mürrisch.

‹Miss Sophy!› sagte sie. ‹Ich habe Ihnen wieder und wieder gesagt, daß es nicht gut ist, wenn er geht, bei seiner Heiserkeit. Aber Sie wollten ihn ja unbedingt mitnehmen! Das wird Ihrem Papa das Herz brechen, das sag' ich Ihnen. Aber das ist nicht meine Sache.›

Was immer Sophy empfand, sie gab keine Antwort. Sie lag auf den Knien vor dem warmen Bad, in dem der kleine Bursche mit einem entsetzten Blick nach Luft rang, wie man ihn oft bei kleinen Kindern sieht, wenn sie plötzlich von einer schweren Krankheit niedergestreckt werden. Es ist, als erblickten sie etwas Unendliches und Unsichtbares, auf dessen Befehl Schmerz und Angst kommen, vor denen sie keine Liebe beschützen kann. Es ist ein herzzerreißender Blick, erscheint er doch auf den Gesichtern derer, die noch zu jung sind, um aus den Worten des Glaubens oder den Versprechungen der Religion Trost zu schöpfen. Walter hatte seine Arme um Sophys Hals geschlungen, als ob sie, die immer sein guter Geist gewesen war, ihn vor dem Grabesschatten des Todes retten könnte. Ja, des Todes! Ich kniete auf der anderen Seite neben ihm nieder und untersuchte ihn. Gerade weil sein kleiner Körper so kräftig war, packte ihn diese Krankheit, die eine der schrecklichsten ist, welche Kinder seines Alters befallen kann, um so heftiger.

‹Du brauchst keine Angst zu haben, Watty›, sagte Sophy besänftigend, ‹es ist nur Mr. Harrison, mein Schatz, der dich auf seinem Pferd hat reiten lassen.› Ich hörte das Zittern in ihrer Stimme, obwohl sie versuchte, ruhig und leise zu sprechen, um dem kleinen Burschen die Angst zu nehmen. Wir hoben ihn aus der Wanne, und ich ging fort, Blutegel zu holen. Während ich weg war, kam Mr. Morgan. Er liebte die Pfarrerskinder, als wäre er ihr Onkel gewesen, und erstarrte vor Entsetzen bei Walters Anblick. Eben noch so aufgeweckt und kräftig, eilte er nun der furchtbaren Verwandlung entgegen, dem stummen, geheimnisvollen Land, in das er, so umhegt und umsorgt er auf Erden auch gewesen war, alleine gehen mußte. Der kleine, liebe Kerl!

Wir setzten die Egel an seiner Kehle an. Erst wehrte er sich, aber Sophy, Gott segne sie, schob die eigene Angst und den Kummer beiseite und dachte nur noch an ihn, und sie fing an, die Liedchen zu singen, die er so liebte. Wir anderen schwiegen. Der Gärtner war aufgebrochen, den Pfarrer zu holen, aber der war zwölf Meilen weit weg, und wir zweifelten, ob er noch rechtzeitig kommen konnte. Ich weiß nicht, ob die anderen noch hofften, aber als sich Mr. Morgans und meine Blicke trafen, sah ich sofort, daß er, genau wie ich, keine Hoffnung mehr hatte. Das Ticken der Standuhr tönte durch das dunkle, stille Haus. Walter schlief jetzt, und die schwarzen Blutegel hingen an seinem hübschen, weißen Hals. Immer noch sang Sophy Wiegenliedchen, die sie einst unter ganz anderen und glücklicheren Umständen gesungen hatte. Ich erinnere mich an eine Strophe, weil sie mir damals so merkwürdig passend erschienen war:

Schlaf, Kindlein, schlaf!
Ein Engel schütze deine Ruh'!
Auf weiten Weiden grasen Lamm und Schaf
Und leiden nimmer Not noch Mangel.
Schlaf, Kindlein du.

Tränen traten in Mr. Morgans Augen. Ich glaube, weder er noch ich hätten mit unserer gewöhnlichen Stimme sprechen können, aber das tapfere Mädchen sang leise und deutlich weiter. Endlich hielt sie inne und schaute auf.

‹Es geht ihm besser, nicht wahr, Mr. Morgan?›

‹Nein, Liebes, er ist… hm, hm.› Er konnte nicht gleich sprechen. Dann sagte er: ‹Meine Liebe, bald wird es ihm besser gehen. Denken Sie an Ihre Mama, liebe Miss Sophy. Sie wird sehr froh sein, wenn sie einen ihrer Lieblinge bei sich hat, dort, wo sie ist.›

Immer noch weinte sie nicht. Aber sie beugte sich zu dem kleinen Gesicht hinunter und küßte es lange und zärtlich.

‹Ich hole Helen und Lizzie. Es würde ihnen weh tun, wenn sie ihn nicht mehr gesehen hätten.› Sie stand auf und holte sie. Die armen Mädchen kamen herein in ihren Morgenmänteln, die Augen in jähem Entsetzen geweitet, bleich vor Schreck, und schlichen sich ganz vorsichtig näher, als ob ein Geräusch ihn hätte stören können. Sophy tröstete sie mit sanften Liebkosungen. Es war bald vorüber.

Mr. Morgan weinte wie ein Kind, und ich rechnete es ihm hoch an. Er glaubte indes, sich bei mir dafür entschuldigen zu müssen. ‹Ich habe mich gestern ein bißchen überarbeitet, Sir. Ich hatte ein paar schlimme Nächte, und die haben mich etwas aus der Fassung gebracht. In Ihrem Alter war ich genauso widerstandsfähig und mannhaft wie jeder andere und hätte es als unwürdig empfunden, Tränen zu vergießen.›

Sophy trat zu uns.

‹Mr. Morgan! Mir tut Papa so leid. Wie soll ich es ihm sagen?› Sie kämpfte um ihres Vaters willen den eigenen Kummer nieder. Mr. Morgan bot sich an, seine Heimkehr abzuwarten, und sie schien dankbar für diesen Vorschlag. Ich, ein neuer Freund, fast noch ein Fremder, durfte nicht länger bleiben. Die Straße lag so ruhig da wie eh und je; kein Schatten hatte sich verändert, es war ja noch nicht einmal vier Uhr. Und dennoch war heute nacht eine Seele dahingegangen.

Nach allem, was ich sah und hörte, überboten sich der Pfarrer und seine Tochter darin, einander zu trösten. Beide dachten mehr an das Leid des anderen, beteten mehr für den anderen als für sich selbst. Wir sahen sie aufs Land hinaus wandern, wir hörten von ihnen in den Hütten der Armen. Aber es verging einige Zeit, bis ich einen von beiden wieder traf. Und dann spürte ich durch etwas Unbeschreibliches in ihrem Verhalten zu mir, daß ich nun zu ‹jenen Auserwählten gehörte, die der Tod hat lieb und teuer werden lassen›. Das hatte jener Tag auf dem alten Herrensitz bewirkt. Ich war vielleicht der letzte Mensch, der dem armen kleinen Jungen eine besondere Freude bereitet hatte. Armer Walter! Ich wollte, ich hätte mehr tun können, um sein kurzes Leben glücklich zu machen!

VIII

Man legte eine kleine Pause bei den Einladungen ein, aus Ehrfurcht vor dem Leid des Pfarrers. Das gab Mrs. Rose Zeit, bei ihrer Trauerkleidung zu gedämpftem Schmerz überzugehen.

Kurz vor Weihnachten verschickte Miss Tomkinson Einladungen zu einer Gesellschaft. Miss Caroline hatte sich schon mehrmals bei mir entschuldigt, daß noch nichts derartiges stattgefunden habe, aber die Anforderungen des Alltags hinderten sie daran, wie sie sagte, solche kleinen Circles außerhalb der Ferienzeit zu veranstalten. Und tatsächlich, kaum hatten die Ferien begonnen, kam ein höfliches Briefchen:

Miss Tomkinson und Miss Caroline Tomkinson bitten um das Vergnügen, Mrs. Rose und Mr. Harrison am Montag, den 23. d. M. des Abends bei sich zum Tee empfangen zu dürfen. Tee um fünf Uhr.

Bei diesem Anblick erwachten Mrs. Roses Lebensgeister wie die eines Schlachtrosses beim Klang der Trompete. Sie war nicht griesgrämig veranlagt, aber sie glaubte wahrscheinlich, die Gastgeber unter den Einwohnern von Duncombe hätten es schon aufgegeben, sie einzuladen, und zwar gerade in dem Augenblick, als sie sich erweichen lassen und – in Übereinstimmung mit den Wünschen des verstorbenen Mr. Rose – die Einladungen annehmen wollte.

Wie viele Schnipsel aus weißseidenem Trauer-besatz fand ich nicht überall, die den Teppich verunzierten! Eines Tages wurde dummerweise ein kleines Paket aus Versehen mir ausgehändigt. Ich schaute nicht auf die Adresse, denn ich nahm fest an, es sei das Hyoscyamin, das ich aus London erwartete. Ich riß es also auf und fand darin ein Papier, auf dem in großen Buchstaben geschrieben stand: ‹Nie mehr graues Haar!› Rasch faltete ich es zusammen, versiegelte das Päckchen wieder und gab es Mrs. Rose; aber ich konnte mir nicht verkneifen, sie kurz darauf zu fragen, ob sie mir etwas gegen das Ergrauen empfehlen könne, und ich fügte hinzu, Vorbeu-gen sei bestimmt besser als Heilen. Daraufhin entdeckte sie wohl den Abdruck meines Siegels auf dem Papier; denn ich erfuhr, sie habe ge-weint und geklagt, niemand auf der ganzen Welt habe mehr Mitgefühl mit ihr seit Mr. Roses Tod, und sie zähle die Tage, bis sie sich in einer besseren Welt wieder mit ihm vereinigen dürfe. Ich glaube, sie zählte auch die Tage bis zu Miss Tomkinsons Teegesellschaft; sie sprach soviel davon.

Die Schonbezüge waren von Miss Tomkinsons Stühlen, Vorhängen und Sofas abgenommen worden, und mitten auf dem Tisch stand eine große Vase mit künstlichen Blumen. Dies sei alles ihr Werk, erzählte Miss Caroline, denn sie schwärme für das Schöne und Künstlerische im Leben. Miss Tomkinson stand kerzengerade wie ein Grenadier neben der Tür und empfing ihre Freunde; sie schüttelte ihnen herzlich die Hand, wenn sie eintraten, und sagte, sie sei aufrichtig erfreut, sie zu sehen. Und sie freute sich wirklich.

Wir waren gerade mit dem Tee fertig, und Miss Caroline hatte einen kleinen Stoß Frage-und-Antwort-Karten gebracht – Bündel aus Pappstreifen mit Fragen an Verstand oder Gefühl in einem Päckchen und ebensolchen Antworten von Verstand und Gefühl in einem anderen; und da alle Antworten auf alle Fragen paßten, kann man sich vorstellen, was für eine belanglose und fade Angelegenheit das war. Ich war gerade von Miss Caroline gefragt worden: ‹Wissen Sie, was die Personen, die Ihnen am liebsten sind, gerade von Ihnen denken?›, und ich hatte geantwortet: ‹Sie werden doch nicht erwarten, daß ich den anwesenden Damen und Herren solch ein Geheimnis verrate!›, als das Dienstmädchen meldete, ein Herr, ein Freund von mir, wünsche mich unten zu sprechen.

‹Ach, führ ihn nur herauf, Martha, führ ihn herauf!› sagte Miss Tomkinson in ihrer Gastfreundlichkeit.

‹Jeder Freund von unserem Freund ist uns willkommen›, sagte Miss Caroline einschmeichelnd.

Ich sprang auf, weil ich annahm, es wollte mich jemand in meiner Funktion als Arzt sprechen. Ich war aber eingekeilt zwischen den Tischen, deren Spinnenbeine auf allen Seiten

266

herausstanden, und kam nicht so schnell hinaus, wie ich wollte. Und ehe ich es verhindern konnte, hatte Martha Jack Marshland heraufgebeten. Er war auf dem Weg nach Hause, wo er die Weihnachtstage verbringen wollte.

Er trat mit freundlicher Miene ein, verbeugte sich vor Miss Tomkinson und erklärte, sein Weg habe ihn in der Nähe vorbeigeführt, und da sei er herübergekommen, um einen Abend bei mir zu verbringen; und meine Dienstmagd habe ihm mitgeteilt, wo ich zu finden sei.

Seine Stimme, schon immer laut, klang wie die Stentors in diesem kleinen Zimmer, wo wir alle gewissermaßen wie schnurrende Katzen sprachen. Er kannte kein An- und Abschwellen in seiner Sprechweise, sie war *forte* von Anfang an. Erst schien mir, die Tage meiner Jugend kehrten zurück, als ich eine volltönende Männerstimme hörte; ich war stolz auf meinen Freund, als er Miss Tomkinson für ihre Freundlichkeit dankte, hatte sie ihn doch eingeladen, für den Abend zu bleiben. Nach einer Weile war er bis zu mir vorgedrungen, und er war gewiß überzeugt, er habe die Stimme gesenkt, denn er machte ein Gesicht, als spräche er im Vertrauen, während in Wirklichkeit das ganze Zimmer mithören konnte.

‹Frank, mein Junge, wann gibt's denn bei dieser netten alten Dame ein Abendessen? Ich bin verteufelt hungrig.›

‹Abendessen! Nun ja, wir haben erst vor einer Stunde Tee getrunken.› Während er noch sprach, erschien Martha mit einem kleinen Tablett, auf der eine einzige Tasse Kaffee stand und drei mit Butter bestrichene Oblaten lagen. Seine Bestürzung und sichtliche Unterwerfung unter die Beschlüsse des Schicksals erheiterten mich derart, daß ich dachte, er solle ruhig noch mehr von dem Leben zu kosten bekommen, das ich Monat für Monat führte. Ich gab mein Vorhaben auf, sofort mit ihm nach Hause zu gehen, und freute mich schon im voraus auf das herzliche Gelächter, das wir am Ende des Abends anstimmen würden. Ich wurde empfindlich bestraft für diesen Entschluß.

‹Sollen wir weiterspielen?› fragte Miss Caroline, die ihr Häufchen mit Fragen nicht aus der Hand gegeben hatte.

So fuhren wir fort zu fragen und zu antworten, ohne dabei viel voneinander zu erfahren.

‹Hohe Wetten gibt's bei dem Spiel nicht, was, Frank?› fragte Jack, der uns zugeschaut hatte. ‹Hier verlierst du keine zehn Pfund auf einmal wie manchmal bei Short's. So was nennt man wohl ein Liebhaberspiel?›

Miss Caroline lächelte geziert und senkte den Blick. Jack dachte aber nicht an sie; er dachte an unsere Zeiten in der ‹Mermaid›[10]. Plötzlich sagte er: ‹Wo warst du heute vor einem Jahr, Frank?›

‹Das weiß ich nicht mehr!› antwortete ich.

‹Dann will ich's dir sagen. Heute ist der Dreiundzwanzigste – der Tag, an dem du aufgegriffen wurdest, weil du den Burschen in Long Acre niedergeschlagen hattest, und wo ich für dich bürgen mußte, damit du zum Weihnachtstag noch aus dem Gefängnis kamst. Heute abend hast du ein wesentlich angenehmeres Quartier.›

Es lag nicht in seiner Absicht, daß jemand diesen Rückblick mitbekam, war aber nicht im geringsten überrascht, als Miss Tomkinson mit einem Gesicht voll blankem Entsetzen fragte: ‹Mr. Harrison aufgegriffen, Sir?›

‹Jaja, Madam, und Sie sehen ja, es war für ihn eine so alltägliche Sache, eingesperrt zu werden, daß er sich an die Daten seiner verschiedenen Arretierungen gar nicht mehr erinnern kann.›

Er lachte herzlich, und das hätte ich auch getan, wenn ich nicht gemerkt hätte, welchen Eindruck diese Geschichte machte. Die Sache war eigentlich ganz einfach und leicht zu erklären: Ich war über einen großen, ungeschlachten Kerl in Wut geraten, der aus reiner Bosheit einem Krüppel die Krücke weggestoßen hatte, und hatte ihm einen Schlag versetzt, härter als beabsichtigt. Er stürzte zu Boden und schrie nach der Polizei, und ich mußte für meine Freilassung vor dem Friedensrichter erscheinen. Ich empfand es jetzt als unter meiner Würde, dies zu erklären. Es ging sie nichts an, was ich vor einem Jahr getan hatte; dennoch hätte Jack seine Zunge im Zaum halten können. Aber dieser schwer zu bändigende Körperteil war nun einmal in Gang gesetzt, und später erzählte er mir, er sei entschlossen gewesen, den alten Damen einen kleinen Einblick ins wirkliche Leben zu verschaffen. Zu diesem Zweck besann er sich auf jeden Streich, den wir jemandem gespielt hatten, und erzählte und lachte und brüllte wieder. Ich versuchte mich mit Miss Caroline zu unterhalten, mit Mrs. Munton, mit irgend jemandem – aber Jack war der Held des Abends, und alle hörten ihm zu.

‹Hat er denn, seit er hier ist, nie irgendwelche Briefe verschickt, um Leute zum Narren zu halten? Brav! Dann hat er ein neues Leben angefangen! Er war der durchtriebenste Bursche, dem ich je begegnet bin. Was der für anonyme Briefe verschickt hat! Erinnerst du dich an den Brief an Mrs. Walbrook, Frank? Der war zu schlimm!› Der Schuft lachte die ganze Zeit. ‹Nein, ich erzähl' nichts davon, keine Angst… So ein schändlicher Schabernack…!› Er lachte wieder.

‹Bitte, erzähl nur›, rief ich, denn so sah es noch schlimmer aus, als es war.

‹O nein, nein, du hast dich gebessert – um nichts in der Welt würde ich deine knospenden Bemühungen beschneiden. Wir wollen das Vergangene begraben und vergessen.›

Ich versuchte, meinen Nachbarinnen die Geschichte zu erzählen, auf die er anspielte, aber sie waren von Jacks Übermut gefesselt und wollten nicht nur die bloßen Tatsachen hören.

Dann wurde es eine Weile still; Jack sprach fast leise mit Miss Horsman. Plötzlich rief er durchs ganze Zimmer: ‹Wie oft warst du schon mit der Meute draußen? Man hat dieses Jahr ziemlich lange nicht durch die Hecken schauen können, aber inzwischen hat es doch noch ein paar schöne, milde Tage gegeben.›

‹Ich war überhaupt nicht draußen›, erwiderte ich kurz angebunden.

‹Überhaupt nicht? Nanu! Ich dachte, es sei das eigentlich Verlockende an Duncombe.›

Er war wirklich unerträglich! Immer wieder bezeugte er mir sein Beileid und erreichte damit, daß sich das Thema im Kopf aller Anwesenden festsetzte.

Die Tabletts mit dem Abendessen wurden hereingebracht, und es gab ein allgemeines Stühlerücken. Wieder saßen wir beide nebeneinander.

‹Hör mal, Frank, was gibst du mir, wenn ich dieses Tablett nicht leer esse, bevor die anderen sich zum zweiten Mal nehmen können? Ich bin hungrig wie ein Wolf!›

‹Du kriegst daheim einen Rinderbraten und eine rohe Hammelkeule. Nur, bitte, benimm dich hier!›

‹Gut, dir zuliebe. Aber bewahre mich vor diesen Tabletts, sonst kann ich nicht für mich garantieren. ,Haltet mich, sonst schlag’ ich zu!‘, wie die Iren sagen. Ich werde mich mit dieser kleinen alten Dame in Blau unterhalten und mich mit dem Rücken zu dieser Fata Morgana von Lebensmitteln setzen.›

Er ließ sich neben Miss Caroline nieder, der

seine Beschreibung von ihr gar nicht gefallen hätte, und fing ein ernstes, leidlich leises Gespräch an. Ich versuchte mich so angenehm wie möglich zu machen, um den Eindruck, den er von mir vermittelt hatte, zu verwischen, aber ich stellte fest, daß alle ein wenig steif wurden, wenn ich näher kam, und mich zu keinerlei Äußerungen ermutigten.

Während ich mich so bemühte, hörte ich, wie Miss Caroline Jack fragte, ob er nicht ein Glas Wein wolle, und er schenkte sich etwas ein, das nach Portwein aussah. Aber schon nach dem ersten Tropfen setzte er das Glas ab und rief: ‹Donnerwetter, das ist ja Essig!› Er verzog furchtbar das Gesicht, und Miss Tomkinson eilte gestrengen Blicks herbei, um der Sache nachzugehen. Das Getränk entpuppte sich als der Brombeerwein, auf den sie besonders stolz war. Ich trank zwei Gläser, um mich bei ihr lieb Kind zu machen, und kann bezeugen, daß er sauer war. Leider nahm sie aber meine Bemühungen nicht wahr, denn sie war vollauf damit beschäftigt, Jack zuzuhören, der sich für seine blamable Bemerkung entschuldigte. Er behauptete mit todernster Miene, er sei schon so lange Abstinenzler, daß er nur noch eine vage Erinnerung an den Unterschied zwischen Wein und Essig habe, und insbesondere meide er letzteren, da er zweimal fermentiert sei. Er habe geglaubt, Miss Caroline habe ihm Toastwasser[11] angeboten, sonst hätte er die Karaffe nie angerührt.

IX

Als wir heimgingen, sagte Jack: ‹Mensch, Frank! Ich habe mich so amüsiert mit der kleinen Dame in Blau! Ich habe ihr erzählt, daß du mir jeden Samstag schreibst und mir die Ereignisse der Woche berichtest. Sie hat alles für bare Münze genommen.› Er blieb stehen, um zu lachen, denn er gluckste und kicherte so sehr, daß er nicht mehr gleichzeitig lachen und gehen konnte. ‹Ich erzählte ihr, du seist unsterblich verliebt› – wieder ein Lachen – ‹und ich hätte dich nicht überreden können, mir den Namen der Dame zu nennen; aber sie habe hellbraunes Haar. Kurzum, ich malte nach der Natur und beschrieb genau sie selbst. Ich sagte, mir liege viel daran, sie zu sehen und anzuflehen, sie möge Mitleid mit dir haben, du seist nämlich bei Frauen ein überaus schüchterner, zaghafter Bursche.› Er lachte, bis ich glaubte, er werde gleich umfallen. ‹Ich bat sie, falls sie aus meiner Beschreibung erraten könne, wer die Dame sei – und ich wette, das konnte sie, dafür hab' ich schon gesorgt, denn ich sagte, du habest ein Muttermal auf der linken Wange beschrieben, und zwar mit den poetischsten Worten, daß nämlich Venus es aus Neid dort hingesetzt habe, als sie eine schönere Frau erblickte – uff, halt mich, ich fall' um! Lachen und Hunger haben mich so geschwächt! – Also, ich bat sie, wenn sie wisse, wer die Schönste sei, sie anzuflehen, dich zu retten. Ich wisse, daß dir nach einer früheren Liebesgeschichte ein Lungenflügel kaputtgegangen sei, und ich könnte mich nicht für den anderen verbürgen, wenn sich auch die hiesige Dame grausam zeige. Sie schlug ein Sauerstoffgerät vor, aber ich meinte, das tauge wohl für den übriggebliebenen Lungenflügel, aber ob es auch gegen ein wundes Herz helfe? Ich habe wirklich schön gesprochen. Dabei habe ich auch das Geheimnis der Beredsamkeit entdeckt: Man muß nur an das glauben, was man sagt. Und ich habe mich richtig in die Vorstellung hineingesteigert, daß du die kleine Dame in Blau heiratest.›

Endlich mußte auch ich lachen, obwohl ich so wütend gewesen war; seine Frechheit war unwiderstehlich. Mrs. Rose hatte sich per Sänfte heimbringen lassen und war schon zu Bett gegangen. Und so saßen wir beide über Rinderbraten und Brandy mit Wasser bis zwei Uhr früh zusammen.

Er fand, ich hätte schon ganz die für meinen Beruf typische Art angenommen, in einem Zimmer wie auf Mäusefang herumzuspähen und zu miauen oder zu schnurren, je nachdem, ob es meinen Patienten gut oder schlecht ging. Er äffte mich nach, und ich mußte über mich selbst lachen. Am anderen Morgen brach er früh auf.

Mr. Morgan erschien zur üblichen Zeit. Er und Marshland hätten sich nie vertragen; und mir wäre nicht wohl gewesen beim Anblick zweier Freunde von mir, die sich nicht mochten und einander verachteten.

Mr. Morgan war verstimmt; aber höflich, wie er zu Frauen war, nahm er sich vor Mrs. Rose zusammen. Er bedauerte, daß er am Vorabend nicht zu Miss Tomkinson habe kommen können und folglich Mrs. Rose nicht in der Gesellschaft erlebt habe, welcher Glanz zu verleihen sie ausersehen war.

Aber als wir unter uns waren, sagte er: ‹Ich wurde heute früh zu Mrs. Munton gerufen – die üblichen Krampfanfälle. Darf ich fragen, was es mit dieser Geschichte auf sich hat, die sie mir von – nun ja, von einem Gefängnis erzählte? Ich bin überzeugt, daß sie da etwas mißverstanden hat, Sir, und Sie nie in… daß es sich um ein unhaltbares Gerücht handelt.› Es bekam es gar nicht richtig heraus: ‹… daß Sie drei Monate in Newgate[12] saßen!› Ich lachte laut heraus; die Geschichte war wie ein Pilz in die Höhe geschossen. Mr. Morgan schaute ernst drein. Ich erzählte ihm, wie es wirklich gewesen war, aber er schaute immer noch ernst.

‹Ich zweifle nicht daran, Sir, daß Sie redlich gehandelt haben; aber es klingt peinlich. Ich glaubte Ihrer Heiterkeit gerade eben zu entnehmen, daß die Geschichte jeder Grundlage entbehrt. Leider stimmt das nicht.›

‹Ich war nur eine Nacht auf der Polizeiwache. Und ich würde aus demselben Grund noch einmal hingehen, Sir.›

‹Sehr mutig, Sir, ganz wie Don Quijote; aber merken Sie nicht, daß Sie ebensogut gleich auf dem Gefängnisschiff[13] hätten landen können?›

‹Nein, Sir.›

‹Ich verspreche Ihnen, es dauert nicht lange, und die Geschichte wird soweit aufgebauscht worden sein. Wir wollen jedoch nicht gleich das Schlimmste annehmen. *Mens conscia recti*[14], Sie erinnern sich, das ist die Hauptsache. Schade ist nur, daß es einige Zeit dauern wird, bis ein gewisses Vorurteil gegen Sie, das diese Geschichte erweckt hat, überwunden sein wird. Nun ja, wir wollen nicht mehr darüber sprechen. *Mens conscia recti.* Denken Sie nicht mehr daran, Sir!›

Es war eindeutig, daß er sehr wohl daran dachte.

x

Ein paar Tage vorher war ich von den Bullocks eingeladen worden, am Weihnachtstag mit ihnen zu speisen. Mrs. Rose wollte die Woche bei Freunden in der Stadt verbringen, wo sie früher gelebt hatte; und mir gefiel der Gedanke, in eine Familie aufgenommen zu werden und ein bißchen mit Mr. Bullock zusammenzusein, den ich als derben, gutmütigen Kerl in lebhafter Erinnerung hatte.

Aber heute, am Dienstag vor Weihnachten, kam eine Einladung aus dem Pfarrhaus, ob ich nicht dort speisen wolle; es werde nur die eigene

Familie da sein und Mr. Morgan. ‹Nur die Familie›: Das bedeutete mir inzwischen alles. Ich war wütend auf mich, daß ich so vorschnell Mr. Bullocks Einladung angenommen hatte – ungehobelt und ungebildet, wie er war; und dazu das anspruchsvolle Getue seiner Frau und Miss Bullocks Begriffsstutzigkeit! Ich überlegte hin und her. Nein, ich konnte nicht gut schlimme Kopfschmerzen haben, die mich hinderten, in das Haus zu gehen, an dem mir nichts lag, mir aber die Freiheit ließen, dorthin zu gehen, wo ich wollte. Ich konnte mich nur nach der Kirche den Mädchen aus dem Pfarrhaus anschließen und mit ihnen einen langen Spaziergang über Land machen.

Sie waren still, nicht eigentlich traurig; aber es war offensichtlich, daß ihnen an diesem Tag der Gedanke an Walter nicht aus dem Kopf ging. Wir wanderten durch ein Wäldchen, wo viel immergrünes Gebüsch als Unterschlupf für das Wild gepflanzt war. Es lag Schnee; aber die Sonne schien hell und strahlend und glitzerte auf den glatten Stechpalmenblättern. Lizzie bat mich, ihr ein paar von den knallroten Beeren zu pflücken, und fing einen Satz an: ‹Erinnerst du dich…›, als Helen sie unterbrach: ‹Pst!› Sie schaute zu Sophy hinüber, die ein wenig abseits ging und leise vor sich hin weinte. Offenbar gab es eine Verbindung zwischen Walter und den Stechpalmenbeeren, denn Lizzie warf sie sofort weg, als sie Sophys Tränen sah. Bald darauf kamen wir an einen Zauntritt, der auf eine offene, windige, hie und da mit Stechginster bewachsene Allmende führte. Ich half den kleinen Mädchen hinüber und ließ sie den Abhang hinunterrennen, Sophys Arm aber nahm ich in den meinen, und obwohl ich nicht sprechen konnte, glaube ich doch, daß sie ahnte, was ich für sie empfand. Ich brachte es kaum übers Herz, ihr am Pfarrhaustor Lebewohl zu sagen; mir war, als müßte ich hineingehen und den Tag mit ihr verbringen.

XI

Ich ließ meine schlechte Laune an den Bullocks aus, indem ich zu spät zum Essen kam. Es waren ein paar Praktikanten da, mit denen Mr. Bullock gönnerhaft und aufdringlich umging. Mrs. Bullock war teuer und außerordentlich raffiniert gekleidet. Miss Bullock sah unscheinbarer aus als je zuvor; immerhin hatte sie irgendein altes Kleid aus dem Schrank gezogen, denn ich hörte Mrs. Bullock sagen, daß sie immer etwas aus sich zu machen verstehe. In mir keimte heute der Verdacht, daß die Mutter durchaus nichts dagegen haben würde, wenn ich mich in ihre Stieftochter verliebte. Wieder wurde ich beim Essen neben sie gesetzt, und als die Kleinen zum Nachtisch hereinkamen, machte man mich darauf aufmerksam, wie gern sie Kinder habe – und wirklich, als eines der Kinder sich an sie schmiegte, hellte sich ihr Gesicht auf. Aber kaum hörte sie die laut geflüsterte Bemerkung, wurde ihr Blick wieder finster, ja fast zornig; und sie reagierte sehr mürrisch und verstockt, als man sie bat, im Salon zu singen.

Mrs. Bullock wandte sich an mich: ‹Manche jungen Damen singen erst, wenn sie von den Herren gebeten werden.› Sie war sehr verärgert. ‹Wenn *Sie* Jemima fragen, singt sie bestimmt. Mir zuliebe will sie es offenbar nicht tun.›

Ich dachte mir, daß der Gesang, wenn wir ihn denn zu hören bekämen, wahrscheinlich höchst langweilig wäre; dennoch tat ich, worum man mich gebeten hatte, und trat mit meiner Bitte an die junge Dame heran, die ein wenig abseits saß.

Sie sah mit Tränen in den Augen zu mir hoch und sagte in entschlossenem Ton – wenn ich nicht ihre Augen gesehen hätte, würde ich sagen, er klang genauso verärgert wie der ihrer Mutter –: ‹Nein, Sir, ich werde nicht singen.›

Sie stand auf und verließ das Zimmer. Ich erwartete, daß Mrs. Bullock sie für ihren Starrsinn schelten würde. Statt dessen fing sie an, mir von dem vielen Geld zu erzählen, das für ihre Erziehung ausgegeben worden sei, und was jede einzelne ihrer Fertigkeiten gekostet habe. Sie sei schüchtern, sagte sie, aber sehr musikalisch. ‹Wo immer ihr zukünftiges Zuhause sein mag, es wird an Musik keinen Mangel leiden.› Sie fuhr fort, sie anzupreisen, bis sie mir regelrecht zuwider war. Wenn sie glaubten, ich würde das ungeschlachte, tolpatschige Mädchen heiraten, hatten sie sich getäuscht.

Nun näherte sich Mr. Bullock mit seinen Praktikanten. Er zog den Liebig hervor und rief mich zu sich.

‹Ich habe schon eine ganze Menge von dieser Agrikulturchemie verstanden›, sagte er, ‹und habe es in die Praxis umgesetzt – bisher ohne großen Erfolg, zugegeben. Aber diese einzelnen Buchstaben verwirren mich ein bißchen. Sie werden schon irgendeine Bedeutung haben – oder hat man sie womöglich nur abgedruckt, damit das Buch voll wird?›

‹Ich finde, sie lassen die Seite sehr zerrissen wirken›, warf Mrs. Bullock ein, die sich uns zugesellt hatte. ‹Ich habe ein wenig von meines verstorbenen Vaters Vorliebe für Bücher geerbt und muß sagen, ich schätze ein schönes Schriftbild, einen breiten Rand und einen geschmackvollen Einband. Mein Vater haßte jegliches Allerlei; er hätte entsetzt die Hände über dem Kopf zusammengeschlagen angesichts der billigen Literatur heutzutage! Er brauchte nicht viele Bücher, aber von denen, die er besaß, hatte er zwanzig verschiedene Ausgaben, und er bezahlte mehr für den Einband als für die Bücher selbst. Guter Geschmack bedeutete ihm eben alles. Deinen Liebig hätte er nicht geduldet, Mr. Bullock. Weder das Thema noch die ordinäre Schrift noch die minderwertige Ausstattung hätten ihm zugesagt.›

‹Geh und mach uns bitte Tee, meine Liebe, und laß Mr. Harrison und mich allein, wir wollen ein bißchen über diese Düngemittel sprechen.›

Also fingen wir an. Ich erklärte ihm die Bedeutung der Symbole und die Lehre von den chemischen Gleichungen. Schließlich meinte er: ‹Doktor! Sie geben mir eine zu hohe Dosis auf einmal. Wir wollen es so halten, daß wir *hodie*[15], so würde es Mr. Morgan in seiner Fachsprache nennen, nur eine kleine Menge, einnehmen. Kommen Sie mich besuchen, wenn Sie Zeit haben, und geben Sie mir eine Stunde Abc-Unterricht. Von all dem, was Sie mir erklärt haben, weiß ich nur noch, daß ‹C› Kohlenstoff bedeutet und ‹O› Sauerstoff. Und ich merke schon, man muß erst die Bedeutung dieser ganzen verflixten Buchstaben kennen, ehe man mit Liebig viel anfangen kann.›

‹Wir essen um drei Uhr›, sagte Mrs. Bullock. ‹Es wird immer ein Gedeck für Mr. Harrison aufgelegt sein. Bullock, beschränke deine Einladung nicht auf den Abend!›

‹Nun ja, nach dem Essen mache ich doch immer ein Nickerchen; da kann ich nicht gut Chemie lernen.›

‹Sei nicht so selbstsüchtig, Mr. B.! Denk an die Freude, die Jemima und ich an Mr. Harrisons Besuch hätten.›

Ich machte dem Streitgespräch ein Ende, indem ich versprach, von Zeit zu Zeit abends vorbeizukommen und Mr. Bullock Unterricht zu erteilen; vorher würden mich meine beruflichen Verpflichtungen unweigerlich mit Beschlag belegen.

Ich mochte Mr. Bullock. Er war unkompliziert und gleichzeitig aufgeweckt, und mit einem Mann zusammenzusein war eine Erleichterung für mich nach all der weiblichen Gesellschaft, die ich Tag für Tag genoß.

XII

Am Morgen des nächsten Tages traf ich Miss Horsman.

‹Sie haben also gestern bei Mr. Bullock gespeist, Mr. Harrison? Im engsten Familienkreis, wie ich höre. Sie sind ganz entzückt von Ihnen und Ihren Chemiekenntnissen. Das hat mir Mr. Bullock gerade im Laden von Hodgson erzählt. Miss Bullock ist ein reizendes Mädchen, nicht wahr, Mr. Harrison?›

Sie sah mich scharf an. Natürlich konnte ich nicht anders als ihr zustimmen, was immer ich dachte. ‹Auch ein hübsches kleines Vermögen – dreitausend Pfund, Staatsanleihen, von ihrer leiblichen Mutter.›

Was ging mich das an? Sie mochte meinetwegen drei Millionen haben. Ich hatte allerdings angefangen, ziemlich viel über Geld nachzudenken, aber nicht im Zusammenhang mit ihr. Ich hatte unsere Bücher abgeschlossen, um die Weihnachtsrechnungen zu verschicken, und mich gefragt, ob der Pfarrer wohl fand, daß mich dreihundert Pfund jährlich (mit der Aussicht auf Einkommenssteigerung) berechtigten, an Sophy zu denken. Denn ich konnte nicht anders, als an sie zu denken, und je mehr ich darüber nachdachte, wie gut und lieb und schön sie war, desto mehr fühlte ich, daß sie viel mehr verdiente, als ich ihr anbieten konnte. Außerdem war mein Vater ein Krämer, und ich sah schon, daß der Pfarrer eine gewisse Ehrfurcht vor Leuten aus gutem Hause hatte. Ich beschloß, mich intensiv um meinen Beruf zu kümmern. Ich war zu allen Menschen so höflich wie möglich und wetzte den Filz an der Krempe ab, weil ich den Hut so oft zog.

Ich hielt die Augen offen, um mir Sophys Anblick nicht entgehen zu lassen, wo immer sie auftauchte. Ich bin heute überreichlich mit Handschuhen eingedeckt, die ich damals kaufte, um in den Läden, wo ich ihr schwarzes Kleid erblickte, eine Bestellung aufgeben zu können. Ich kaufte pfundweise Pfeilwurzmehl, bis ich die ewigen Pfeilwurzpuddings satt hatte, die mir Mrs. Rose zubereitete. Ich fragte sie, ob sie nicht Brot daraus backen könne, aber das fand sie anscheinend zu teuer; und so ging ich denn zu Seife als einer ungefährlichen Handelsware über.

Seife wird, glaube ich, besser, wenn man sie lagert.

XIII

Je besser ich Mrs. Rose kannte, desto mehr schätzte ich sie. Sie war lieb, freundlich und mütterlich, und es gab nie Reibereien. Ein- oder zweimal habe ich sie wohl gekränkt, als ich ihr bei ihren endlosen Geschichten über Mr. Rose ins Wort fiel. Aber ich stellte fest, daß sie nicht ganz so oft an ihn dachte, wenn sie viel zu tun hatte. So äußerte ich den Wunsch nach Corazzahemden, und als sie sich den Kopf zerbrach, wie diese wohl zugeschnitten werden mußten, vergaß sie Mr. Rose für einige Zeit. Noch angenehmer berührte mich ihr Verhalten nach einer Erbschaft, die ihr der ältere Bruder hinterlassen hatte. Ich kannte die Summe nicht, aber sie war ansehnlich, und sie hätte ein eigenes Haus beziehen können. Aber, erzählte sie Mr. Morgan – der es an mich weitergab –, sie wolle bei mir bleiben, da sie recht wie eine ältere Schwester für mich empfinde.

Die ‹adlige junge Dame›, Miss Tyrrell, kehrte nach den Ferien zu Miss Tomkinson zurück. Sie hatte vergrößerte Mandeln, die regelmäßig mit Höllenstein bepinselt werden mußten, so daß ich sie oft besuchte. Stets empfing mich Miss Caroline und hielt mich mit ihrem verblasnen Gerede auf, nachdem ich meine Patientin besucht hatte. Eines Tages verkündete sie mir, sie glaube eine Herzschwäche zu haben, und ich möchte doch bitte nächstes Mal mein Stethoskop mitbringen – was ich auch brav tat. Während ich auf den Knien lag und dem Herzschlag lauschte, kam eine von den Schülerinnen herein. Sie rief: ‹Ach du liebe Güte! Ich wollte nicht... Verzeihung, Madam›, und flitzte hinaus.

Miss Caroline fehlte weiter nichts – das Herz war vielleicht etwas schwach, aber das bewirkte nur eine gewisse Schlaffheit und allgemeine Müdigkeit. Als ich hinunterging, sah ich ein paar Mädchen aus der halboffenen Tür des Unterrichtsraumes lugen. Sie schlugen sie jedoch rasch zu, und ich hörte sie lachen.

Als ich das nächste Mal vorsprach, saß Miss Tomkinson feierlich da und empfing mich.

‹Miss Tyrrells Hals scheint keine großen Fortschritte zu machen. Verstehen Sie sich auf den Fall, Mr. Harrison, oder sollen wir noch jemand anderen zu Rate ziehen? Mr. Morgan wird wahrscheinlich besser Bescheid wissen.›

Ich versicherte ihr, daß es sich um die einfachste Sache der Welt handle, daß dies immer eine leicht lethargische Gesamtverfassung mit sich bringe und daß wir es vorzögen, den Körper auf natürlichem Wege zu beeinflussen, was freilich langsamer vonstatten gehe. Die Medizin, welche die junge Dame nehme, Eisenjodid, schlage bestimmt an, wiewohl es seine Zeit dauere.

Sie neigte den Kopf und sagte: ‹Mag sein. Aber sie gestand mir, sie habe mehr Vertrauen in Medikamente, die auch wirken.›

Anscheinend erwartete sie eine Antwort, aber

es gab nichts zu sagen, und so verabschiedete ich mich. Irgendwie brachte es Miss Tomkinson mit ihren ständigen Zurechtweisungen stets fertig, daß ich mir sehr klein vorkam; und immer wenn ich sie verließ, mußte ich mir unter dem Eindruck ihrer Widerreden Mut machen und mir sagen: ‹Bloß weil sie behauptet, etwas sei so und so, ist es noch lange nicht so!› Oder ich dachte mir aus, welche schlagfertigen Antworten ich auf ihre barschen Worte hätte geben können, wenn sie mir nur rechtzeitig eingefallen wären. Es war jedoch unerträglich, daß ich nicht genug Geistesgegenwart besaß, mich ihrer zu entsinnen, wenn ich sie brauchte.

XIV

Im großen und ganzen lief alles glatt. Mr. Holdens Vermächtnis traf gerade um diese Zeit ein, und ich kam mir ganz reich vor. Mit fünfhundert Pfund konnte man das Haus einrichten, dachte ich, wenn Mrs. Rose fortging und Sophy einzog. Außerdem gab ich mich gern der Vorstellung hin, daß Sophy den Unterschied zwischen meinem Verhalten gegen sie und dem gegenüber allen anderen wahrnahm und daß sie deshalb verlegen und schüchtern, aber nicht ungehalten über mich war. Alles fügte sich so glücklich, daß ich auf Flügeln schwebte, statt auf Füßen zu gehen. Wir hatten sehr viel zu tun, brauchten uns aber nicht über ernste Fälle zu sorgen. Meine Erbschaft wurde zu Händen von Mr. Bullock ausgezahlt, der neben seiner Rechtsanwaltskanzlei noch ein kleines Bankgeschäft betrieb. Im Austausch gegen seine Ratschläge in Sachen Geldanlagen – die ich nie zu tätigen gedachte, da ich eine viel reizendere, wenn auch weniger gewinnträchtige Anlageform im Sinn hatte – ging ich ziemlich oft zu ihm und gab ihm Unterricht in Agrochemie. Ich war so glücklich über Sophys Erröten, daß ich aller Welt wohlgesinnt war und jedermann eine Freude machen wollte. Auf Mrs. Bullocks unbestimmte Einladung hin kam ich eines Tages unangemeldet zum Essen; aber bei meinem Kommen erhob sich solch ein Getue und kaum verhohlener Aufwand, daß ich nie wieder hinging. Ihr kleiner Sohn erschien, nachdem ihm die Köchin hörbar aufgetragen hatte zu fragen, ob dies der Herr sei, für den sie das gute Tafelservice aufdecken und den besten Nachtisch servieren solle?

Ich stellte mich taub, beschloß aber, nie wieder zu kommen.

Miss Bullock und ich wurden inzwischen fast Freunde. Wir stellten fest, daß wir einander nicht mochten, und waren es zufrieden. Wenn Leute überhaupt etwas wert sind, ist diese Art von Abneigung ein sehr guter Anfang für eine Freundschaft. Alle guten Eigenschaften enthüllen sich von selbst und ganz langsam und sorgen für angenehme Überraschungen. Ich merkte, daß Miss Bullock klug und sogar sanftmütig war, wenn ihre Stiefmutter sie nicht mit ihren wichtigtuerischen Bemühungen, sie zur Schau zu stellen, reizte. Aber nach Mrs. Bullocks beleidigenden Lobpreisungen ihrer Vorzüge konnte sie stundenlang schmollen. Und niemals habe ich jemanden so bis zur Weißglut erzürnt gesehen wie sie, als sie einmal plötzlich ins Zimmer trat und Mrs. Bullock mir gerade von all den Heiratsanträgen berichtete, die ihr gemacht worden waren.

Durch meine Erbschaft fühlte ich mich bereit zu tollkühnen Taten. Zum Valentinstag durchstöberte ich die ganze Gegend nach einem herrlichen Kamelienstrauß und schickte ihn Sophy. Ich wagte nicht, eine Zeile dazuzuschreiben, sondern wünschte mir, die Blumen könnten sprechen und ihr sagen, wie sehr ich sie liebte.

An jenem Tag machte ich einen Besuch bei Miss Tyrrell. Miss Caroline lächelte gezierter denn je und spielte ständig auf das Datum an.

‹Verbinden Sie mit den kleinen Galanterien dieses Tages ehrliche Absichten, Mr. Harrison?› fragte sie schmachtend. Ich dachte an meine Kamelien, und wie ich mit ihnen auch mein Herz Sophy anvertraut hatte, und ich erwiderte, solch ein Tag komme oftmals dem zupaß, der Gefühle andeuten wollte, die er nicht deutlich auszusprechen wage.

Später fiel mir wieder ein, daß sie demonstrativ ein Valentinsbriefchen auseinandergefaltet hatte, nachdem Miss Tyrrell aus dem Zimmer gegangen war. Aber damals achtete ich nicht darauf; ich hatte nur Sophy im Kopf.

An ebenjenem Abend geschah es, daß John Brouncker, der für alle Haushalte mit kleinen Gärten als Gärtner arbeitete, stürzte und sich schwer am Handgelenk verletzte. Ich verschone dich mit den Einzelheiten dieses Falls; sie sind nur für den Fachmann interessant und würden dich langweilen; wenn du neugierig bist, findest du sie in der ‹Lanzette› vom August jenes Jahres. Wir alle mochten John, und dieser Unfall wurde als ein Unglück für die ganze Stadt empfunden. Außerdem mußten einfach die Gärten besorgt werden. Mr. Morgan und ich gingen sofort zu ihm. Es war eine äußerst gefährliche Verletzung, und seine Frau und die Kinder weinten sehr. Er selbst war in großer Not, weil er auf einen Schlag nicht mehr arbeiten konnte. Er bat uns, etwas zu tun, um ihn rasch zu heilen, denn mit sechs Kindern, die auf ihn als Ernährer angewiesen seien, könne er es sich nicht leisten, im Bett zu liegen. Wir sagten nicht viel vor ihm, glaubten aber insgeheim beide, daß der Arm amputiert werden mußte, und es war sein rechter Arm. Als wir aus der Hütte traten, sprachen wir darüber. Mr. Morgan hielt es für unbedingt notwendig. Zur Essenszeit kam ich zurück, um nach dem armen Kerl zu sehen. Er fieberte und hatte Angst. Vormittags hatte er eine Äußerung von Mr. Morgan aufgeschnappt und erraten, welche Maßnahme wir in Betracht zogen. Er bat seine

Frau, aus dem Zimmer zu gehen, und sprach mit mir unter vier Augen.

‹Bitte, Sir, lieber wäre ich gleich tot, als daß man mir den Arm abnimmt und ich eine Last für meine Familie bin. Ich hab' keine Angst vorm Sterben, aber ich könnte es nicht ertragen, mein Leben lang ein Krüppel zu sein, der das Brot, was er ißt, nicht verdienen kann.›

Tränen stiegen ihm in die Augen, so ernst war es ihm. Schon die ganze Zeit hatte ich, anders als Mr. Morgan, bezweifelt, daß die Amputation unbedingt nötig war. Ich wußte um die verbesserten Behandlungsmethoden in solchen Fällen. Zu seiner Zeit hatten praktische Ärzte viel schneller zu Roßkuren gegriffen. Ich machte also dem armen Kerl einige Hoffnung.

Am Nachmittag traf ich Mr. Bullock.

‹Soso, Sie wollen also morgen eine Amputation versuchen, wie ich höre. Der arme John Brouncker! Immer wieder hab' ich ihm gesagt, er ist nicht vorsichtig genug mit seinen Leitern! Mr. Morgan ist ganz aufgeregt. Er hat mich gefragt, ob ich dabeisein und zuschauen will, wie sauber ein Absolvent von Guy's Hospital operieren kann; er sagt, Sie machen es bestimmt ganz schön. Aber, puuh!, das ist kein Anblick für mich, vielen Dank!›

Der rotköpfige Mr. Bullock wurde bei diesem Gedanken um ein oder zwei Schattierungen blasser.

‹Merkwürdig, wie ausschließlich berufsmäßig

ein Mann solche Dinge betrachten kann! Da reibt sich doch dieser Mr. Morgan, der immer so stolz auf Sie war, als wären Sie sein eigener Sohn, bei dem Gedanken an diese Vollendung des Ruhms, an diese Feder in Ihrem Kopfschmuck, regelrecht die Hände! Gerade eben hat er mir erzählt, er wäre immer zu aufgeregt gewesen, um ein guter Chirurg zu sein, und habe deshalb lieber nach Dr. White aus Chesterton geschickt. Aber ab jetzt könne jeder einen schweren Unfall haben, dem der Sinn danach stünde, denn Sie wären immer zur Hand.›

Ich erklärte Mr. Bullock, daß ich eigentlich hoffte, wir könnten die Amputation vermeiden, aber er war ganz besessen von diesem Gedanken und wollte mir nicht zuhören. Die ganze Stadt war erfüllt davon. Das ist das Schöne an einer Kleinstadt, daß alle so einstimmig von den gleichen Ereignissen erfüllt sind. Sogar Miss Horsman hielt mich auf und fragte teilnahmsvoll nach John Brouncker, stutzte aber meinen hochfliegenden Plänen, den Arm zu retten, die Flügel.

‹Um die Frau und die Familie werden wir uns schon kümmern. Überlegen Sie mal, Mr. Harrison: Welch gute Gelegenheit für Sie, Ihr Können vorzuführen!›

Das sah ihr ähnlich: allzeit zur Hand mit Vorschlägen, die böswilligen oder selbstsüchtigen Motiven entsprangen.

Mr. Morgan lauschte meinem Vorschlag einer

Behandlungsweise, mit der ich glaubte, den Arm retten zu können.

‹Da bin ich anderer Meinung, Mr. Harrison›, widersprach er. ‹Es tut mir leid, aber ich bin *in toto* anderer Meinung. In diesem Fall führt sie Ihr gutes Herz in die Irre. Es gibt keinen Zweifel, daß amputiert werden muß – spätestens morgen früh, würde ich sagen. Ich habe mich freigehalten, um Ihnen zur Verfügung zu stehen, Sir. Es wird mir ein Vergnügen sein, als Ihr Assistent arbeiten zu dürfen. Es gab eine Zeit, da wäre ich stolz gewesen, die Hauptperson zu sein, aber ein leichtes Zittern im Arm hindert mich daran.›

Ich legte ihm noch einmal eindringlich meine Gründe dar, aber er beharrte auf seiner Ansicht. In Wirklichkeit hatte er so sehr mit meinen chirurgischen Fähigkeiten geprahlt, daß ihm der Gedanke, ich könnte mir diese Gelegenheit, mein Geschick zu zeigen, entgehen lassen, gar nicht behagte. Er sah nicht ein, daß es von größerem Geschick zeugte, den Arm zu retten; auch ich dachte in jenem Augenblick nicht daran. Ich ärgerte mich über seine, wie ich fand, altmodische Engstirnigkeit; und verbissen entschloß ich mich, meinen eigenen Kurs zu verfolgen. Wir schieden recht kühl voneinander, und ich ging geradewegs zu John Brouncker, um ihm mitzuteilen, daß ich glaubte, ich könnte den Arm retten, wenn er sich weigerte, ihn amputieren zu lassen. Bevor ich hineinging und mit ihm sprach, versuchte ich, mich ein bißchen zu beruhigen.

Freilich muße ich zugeben, daß wir das Risiko eines Wundstarrkrampfes eingingen; aber im ganzen gesehen, und wenn ich den Fall ernst und gewissenhaft bedachte, war ich mir sicher, daß meine Behandlungsmethode die bessere sein würde.

Er war ein vernünftiger Mann. Ich berichtete ihm von den Meinungsverschiedenheiten zwischen Mr. Morgan und mir und fügte hinzu, daß wir ein kleines Risiko eingingen, wenn wir nicht amputierten, daß ich jedoch Schutzmaßnahmen dagegen treffen würde und zuversichtlich glaubte, den Arm retten zu können.

‹So Gott will›, sagte er demütig. Ich neigte den Kopf. Ich rede nicht gern viel über mein allgegenwärtiges Gefühl, daß der Erfolg meiner Bemühungen von jenem göttlichen Willen abhängt, aber ich war froh, daß John so sprach, denn es verriet ein ruhiges und gläubiges Herz, und von dieser Zeit an war ich mir eines guten Ausgangs für ihn fast sicher.

Wir kamen überein, daß er Mr. Morgan den Grund für seine Weigerung nennen und sein Vertrauen in mein Urteil aussprechen sollte. Ich beschloß, noch einmal alle meine Bücher, die sich mit ähnlichen Fällen befaßten, zu Rate zu ziehen und Mr. Morgan, wenn irgend möglich, von meiner Einsicht zu überzeugen. Leider entdeckte ich später, daß er in der Zwischenzeit, also bevor ich ihn abends noch einmal besuchte, Miss Horsman begegnet war und daß diese ihm überdeutlich zu verstehen gegeben hatte, ich schrecke vor der Ausführung der Operation zurück – ‹zweifelsohne aus gutem Grunde!› Sie hätte gehört, die Londoner Medizinstudenten seien ein übles Pack und nicht gerade berühmt für ihre regelmäßige Anwesenheit in den Krankenhäusern. Sie möge sich irren, aber sie finde, es sei womöglich besser, wenn der arme John Brouncker seinen Arm nicht von einem... abgeschnitten bekomme. Ob es nicht so etwas wie den kalten Brand nach einer stümperhaften Operation gebe? Vielleicht handle es sich hier nur um die Wahl zwischen zwei Todesarten!

Mr. Morgan war von alledem schwer gekränkt. Vielleicht sprach ich nicht ehrerbietig genug; auch ich war ziemlich erregt. Wir wurden nur immer wütender aufeinander, obwohl er – da muß ich ihm Gerechtigkeit widerfahren lassen – die ganze Zeit so höflich wie möglich war, wenn man bedenkt, daß er dahinter seinen Ärger und seine Enttäuschung verbarg. Seine Angst um den armen John versuchte er nicht zu verbergen. Müde und entmutigt ging ich nach Hause. Ich packte die nötigen Verbände für John zusammen und brachte sie zu ihm, und mit dem Versprechen, bei Tagesanbruch wiederzukommen – ich wäre gern geblieben, aber ich wollte ihn nicht beunruhigen –, ging ich heim und beschloß, wach zu bleiben und die Behandlungen ähnlicher Fälle zu studieren.

Da klopfte Mrs. Rose an die Tür.

‹Herein!› rief ich scharf.

Sie sagte, sie habe gemerkt, daß mir den ganzen Tag etwas im Kopf herumgehe, und sie wolle nicht zu Bett gehen, ohne mich zu fragen, ob sie nicht etwas für mich tun könne. Sie war lieb und freundlich, und ich konnte nicht anders, als ihr ein bißchen von der Wahrheit zu erzählen. Sie war eine gute Zuhörerin, und ich schüttelte ihr dankbar die Hand und dachte, wenn sie auch nicht sehr klug sei, so wiege doch ihr gutes Herz ein Dutzend scharfzüngiger, verschlagener, hartherziger Menschen wie Miss Horsman auf.

Als ich bei Tagesanbruch zu John ging, sprach ich vor der Tür ein paar Minuten mit seiner Frau. Sie hätte es wohl lieber gesehen, wenn ihr Mann in Mr. Morgans Obhut gewesen wäre statt in meiner, aber ihr Bericht darüber, wie er die Nacht verbracht hatte, fiel so günstig aus, wie ich es nur wünschen konnte, und wurde durch meine Untersuchung bestätigt.

Als Mr. Morgan und ich ihn etwas später zusammen besuchten, sagte John, was wir tags zuvor vereinbart hatten, und ich erklärte Mr. Morgan offen, daß die Amputation auf meinen Rat hin abgelehnt werde. Er sprach nicht mit mir, bis wir das Haus verlassen hatten. Dann sagte er: ‹Nun, Sir, von jetzt an liegt dieser Fall ausschließlich in Ihren Händen. Vergessen Sie bloß nicht, daß der arme Kerl eine Frau und sechs Kinder hat. Falls Sie sich wieder meiner Meinung anschließen wollen, denken Sie daran, daß Mr. White wie früher zum Operieren herüberkommen kann.›

Mr. Morgan glaubte also, daß ich die Operation verweigerte, weil ich mich ihr nicht gewachsen fühlte! Sehr gut! Ich war zutiefst gekränkt.

Wir trennten uns, und eine Stunde später erhielt ich ein Billett folgenden Inhalts:

> Geehrter Herr!
> Ich übernehme heute die große Runde, so daß Ihnen Zeit bleibt für den Fall Brouncker, den ich für sehr schwerwiegend halte.
>
> J. Morgan

Das war sehr zuvorkommend. Ich ging sobald wie möglich wieder zu Johns Häuschen. Während ich bei ihm im Hinterzimmer saß, hörte ich draußen die Stimmen der beiden Miss Tomkinson. Sie waren gekommen, um sich nach ihm zu erkundigen. Miss Tomkinson kam herein und versuchte offensichtlich, neugierig herumzuschnüffeln. Mrs. Brouncker hatte ihr berichtet, daß ich drinnen war – und dort wollte ich auch bleiben, bis sie fort waren!

‹Wonach riecht es hier so streng?› fragte sie. ‹Sie halten wohl nichts von Sauberkeit. Käse! In diesem Schrank liegt Käse! Kein Wunder, daß es so unangenehm riecht. Wissen Sie nicht, daß Sie ganz besonders auf Reinlichkeit achten müssen, wenn jemand krank ist?›

Mrs. Brouncker war im allgemeinen außerordentlich sauber und fühlte sich durch diese Worte verletzt.

‹Bitte, Madam, ich konnte John gestern nicht allein lassen, um meine Hausarbeit zu verrichten, und Jenny hat den Tisch abgeräumt. Sie ist erst acht Jahre alt.›

Aber damit gab sich Miss Tomkinson nicht zufrieden – offenbar wollte sie ihren Überwachungsrundgang fortsetzen.

‹Frische Butter, ich muß schon sagen! Wissen Sie eigentlich, Mrs. Brouncker, daß ich mir um diese Jahreszeit keine frische Butter leiste? Wie können Sie bei solcher Verschwendungssucht sparsam wirtschaften?›

‹Verzeihung, Madam›, entgegnete ihr Mrs. Brouncker, ‹fänden Sie es nicht seltsam, wenn ich mir bei Ihnen zu Hause solche Freiheiten herausnähme, wie Sie es hier tun?›

Ich erwartete eine heftige Antwort. Aber nein! Miss Tomkinson schätzte ein offenes Wort. Der einzige Mensch, bei dem sie Umschweife duldete, war ihre Schwester.

‹Nun ja, Sie haben recht›, antwortete sie. ‹Trotzdem sollten Sie nicht zu stolz sein, Rat anzunehmen. Frische Butter um diese Jahreszeit ist Verschwendung. Aber Sie sind eine gute Frau, und ich habe große Achtung vor John. Schicken Sie Jenny um etwas Brühe zu mir, sobald er sie trinken kann. Komm, Caroline, wir müssen weiter zu Williams.›

Aber Miss Caroline wandte ein, sie sei müde

und wolle bleiben, wo sie sei, bis Miss Tomkinson zurückkomme. Ich war für einige Zeit eingesperrt, stellte ich fest.

Als sie mit Mrs. Brouncker allein war, sagte sie: ‹Sie dürfen meiner Schwester ihre schroffe Art nicht übelnehmen. Sie meint es gut. Sie hat nicht viel Phantasie oder Mitgefühl und kann die Zerstreutheit nicht nachvollziehen, die einen befällt, wenn der angebetete Gatte krank ist.› Ich hörte den langgezogenen, mitleidigen Seufzer, der diesen Worten folgte.

Mrs. Brouncker erwiderte: ‹Verzeihung, Madam, aber ich bete meinen Mann nicht an. So eine Sünde würde ich nie begehen.›

‹Meine Güte, das werden Sie doch nicht für eine Sünde halten? Was mich betrifft, ich würde ihn anbeten, ihn vergöttern, wenn...› Ich dachte bei mir, daß sie sich solch einen unwahrscheinlichen Fall gar nicht auszumalen brauchte.

Aber die standhafte Mrs. Brouncker widersprach erneut: ‹Ich hoffe doch, daß ich besser weiß, wem ich was schuldig bin. Ich habe meine Zehn Gebote nicht umsonst gelernt. Ich weiß, wen ich anbeten darf.›

In diesem Augenblick kamen die Kinder herein, zweifellos schmutzig und ungewaschen. Und nun zeigte sich Miss Carolines wahre Natur. Sie fuhr sie an und fragte, ob sie keine Manieren hätten, daß sie sich ·wie kleine Schweine so an ihrem Seidenkleid rieben? Sie beruhigte sich erst wieder und wurde zuckersüß, als Miss Tomkinson zurückkehrte, begleitet von jemandem, dessen Stimme, ‹seufzend wie Sommerwind›, ich als die meiner geliebten Sophy erkannte.

Sie sagte nicht viel, aber was und wie sie sprach, war sehr liebevoll und mitfühlend. Sie wollte die vier Kleinen zu sich ins Pfarrhaus holen, damit sie der Mutter nicht im Weg waren; die beiden älteren konnten zu Hause helfen. Sie erbot sich, ihnen Hände und Gesicht zu waschen; und als ich aus dem Hinterzimmer auftauchte – nachdem die beiden Miss Tomkinson fortgegangen waren –, fand ich sie mit einem pausbäckigen Kind auf dem Schoß, das unter ihrer nassen weißen Hand prustete und spritzte, das Gesicht sauber, rosig und heiter unter dieser Prozedur. Gerade als ich hereinkam, sagte sie zu ihm: ‹So, Jemmy, jetzt kann ich dir ein Küßchen auf dein hübsches, sauberes Gesicht geben.›

Sie errötete, als sie mich sah. Ich liebte ihr Sprechen, und ich liebte ihr Schweigen. Jetzt schwieg sie, und ‹ich liebt' sie um so mehr›. Ich erteilte Mrs. Brouncker meine Anweisungen und eilte fort, um Sophy und die Kinder noch einzuholen, aber sie waren vermutlich über die Feldwege gegangen, denn ich sah nichts mehr von ihnen.

Ich machte mir große Sorgen um meinen Patienten. Abends ging ich noch einmal hin. Miss Horsman war dagewesen; sie mochte wirklich gut zu den Armen sein, aber sie konnte es sich

nicht verkneifen, überall einen Stachel zu hinterlassen. Sie hatte Mrs. Brouncker Angst um ihren
Mann eingejagt und ihr offenbar ihre Zweifel
hinsichtlich meiner Fähigkeiten dargelegt, denn
Mrs. Brouncker begann: ‹Ach bitte, Sir, wenn Sie
nur zuließen, daß Mr. Morgan ihm den Arm
abnimmt! Ich würde deswegen nicht schlechter
von Ihnen denken, weil Sie es nicht können.›

Ich erklärte ihr, daß ich den Arm nicht schonen wollte, weil ich meinen Fähigkeiten als
Chirurg nicht traute, sondern daß er selbst sehnlich wünschte, er möge gerettet werden.

‹Ach, Gott segne ihn! Er macht sich Sorgen,
daß er nicht mehr genug für uns verdient, wenn
er verkrüppelt ist. Aber das macht nichts, Sir. Ich
würde mir die Finger bis auf die Knochen ab-
arbeiten, und die Kinder auch; wir empfänden es
als Ehre, für ihn zu arbeiten und ihn zu ernähren.
Gott schütze ihn! Besser, er lebt mit nur einem
Arm, als er liegt auf dem Friedhof, sagt Miss
Horsman…›

‹Hol' sie der Kuckuck!› rief ich.

‹Dankeschön, Mr. Harrison›, sagte eine wohlbekannte Stimme hinter mir. Sie war noch einmal ausgegangen, obwohl es schon dunkelte, um
Mrs. Brouncker alte Leinwand zu bringen, denn
sie tat, wie schon erwähnt, allerlei Gutes unter
den armen Leuten von Duncombe.

‹Ich bitte um Verzeihung.› Meine Worte taten
mir wirklich leid – oder vielmehr: Es tat mir leid,
daß sie sie gehört hatte.

‹Keine Ursache›, antwortete sie, reckte sich würdevoll und kniff die Lippen zu einem giftigen Strich zusammen.

John ging es recht gut; aber natürlich war die Gefahr des Wundstarrkrampfs nicht überstanden. Ehe ich ging, flehte mich seine Frau händeringend an, ihm den Arm abzunehmen. ‹Retten Sie ihn, Mr. Harrison›, beschwor sie mich. Miss Horsman stand daneben. Es war ziemlich demütigend, aber ich glaubte fest daran, daß ich die Macht besaß, den Arm zu retten, und ich blieb standhaft.

Du kannst dir nicht vorstellen, wie wohltuend Mrs. Roses Mitgefühl bei meiner Heimkehr auf mich wirkte. Natürlich verstand sie kein Wort von dem Fall, den ich ihr erläuterte; aber sie hörte teilnahmsvoll zu, und solange sie den Mund hielt, glaubte ich wahrhaftig, sie verstehe mich. Aber bereits ihre erste Bemerkung war so deplaciert wie nur möglich.

‹Sie wollen unbedingt das Schienbein retten – mir ist vollkommen klar, daß das sehr schwierig sein wird. Mein verstorbener Mann hatte einen ganz ähnlichen Fall, und ich weiß noch, welche Sorgen er sich machte. Aber Sie sollten sich nicht zu sehr quälen, mein lieber Mr. Harrison, es wird bestimmt alles gut.›

Ich wußte, daß sie keinen Grund zu dieser Annahme hatte, und dennoch trösteten mich ihre Worte.

Aber es fügte sich, daß John sich so gut erholte,

wie ich gehofft hatte. Natürlich dauerte es lange, bis er wieder zu Kräften kam, und zu seiner völligen Genesung schien Seeluft so nötig, daß ich dankbar Mrs. Roses Angebot annahm, ihn auf ihre Kosten für zwei oder drei Wochen nach Highport zu schicken. Ihre freundliche Großzügigkeit in diesem Fall ließ mich mehr denn je wünschen, ihr alle erdenklichen Zeichen meiner Hochachtung und Anerkennung zu geben.

XV

Um diese Zeit fand in Ashmeadow, einem hübschen Haus in der Nähe von Duncombe, eine Versteigerung statt. Es war bequem in einem Spaziergang zu erreichen, und das Frühlingswetter lockte so manchen dorthin, der nicht vorhatte, etwas zu kaufen, dem aber der Gedanke gefiel, durch den von frühen Primeln und wilden Narzissen bunten Forst zu streifen und das Haus und die Gartenanlagen zu besichtigen, zu denen die Stadtbewohner bisher keinen Zutritt gehabt hatten. Mrs. Rose hatte vorgehabt hinzugehen, aber eine dumme Erkältung hinderte sie daran. Sie bat mich, ihr genauestens zu berichten; gerade die Einzelheiten würden sie freuen, sie habe auch Mr. Rose immer nach den Beilagen gefragt, wenn er irgendwo zum Essen eingeladen war. Das Benehmen des verstorbenen Mr. Rose würde mir übrigens immer als Muster vorgehalten.

Ich machte mich also auf den Weg Richtung

Ashmeadow, blieb bei ein paar Ausflüglern aus der Stadt stehen und schlenderte mit anderen wieder weiter; wir hatten ja alle das gleiche Ziel. Schließlich stieß ich auf den Pfarrer und Sophy, und mit ihnen blieb ich zusammen. Ich setzte mich neben Sophy, redete und hörte zu. Eine Versteigerung ist eigentlich eine recht ergötzliche Versammlung. Auf dem Lande wird dem Auktionator das Recht eingeräumt, von seiner Tribüne aus Witze zu reißen, und da er die meisten Leute persönlich kennt, kann er manchmal sehr treffende Anspielungen machen und hat dann die Lacher auf seiner Seite. Auf dieser Versteigerung saß zum Beispiel ein Bauer mit seiner Frau da, die dafür berüchtigt war, daß sie ‹die Hosen anhatte›. Der Auktionator wollte gerade eine Pferdedecke verkaufen und bot mit lauter Stimme und einem verschwörerischen Blick in die Runde dieser Bäuerin den Posten an: Das gebe ein Paar fesche Hosen für sie ab, falls sie vielleicht so was brauche! Sie wandte sich würdevoll ab und sagte: ‹Komm, John, das reicht.› Und unter dem Gelächter, das daraufhin ausbrach, lief John ergeben hinter seiner Frau her und aus dem Haus. Die Wohnzimmermöbel waren wohl recht schön, aber ich achtete nicht weiter darauf. Plötzlich hörte ich, wie der Auktionator zu mir sagte: ‹Mr. Harrison, wollen Sie nicht auf diesen Tisch bieten?›

Es handelte sich um einen sehr hübschen kleinen Tisch aus Walnußholz. Ich fand, er würde recht gut in mein Studierzimmer passen, und machte ein Angebot. Als ich merkte, daß Miss Horsman mithielt, bot ich mit allem Nachdruck weiter, und schließlich wurde er mir zugeschlagen.

Der Auktionator lächelte und beglückwünschte mich. ‹Ein sehr nützliches Geschenk für Mrs. Harrison, wenn es diese Dame einmal gibt.›

Alle lachten. Witzeleien über die Ehe hört man immer gern, sie sind so leicht zu verstehen. Indessen entpuppte sich der Tisch, den ich für einen Schreibtisch gehalten hatte, als Nähtisch – alles inbegriffen bis zu Schere und Fingerhut. Kein Wunder, daß ich ein dummes Gesicht machte. Sophy sah mich nicht an, wenigstens ein Trost. Sie war angelegentlich damit beschäftigt, ein Sträußchen aus Waldanemonen und wildem Sauerklee zusammenzustellen.

Miss Horsman kam näher und schaute neugierig. ‹Ich hatte keine Ahnung, daß die Dinge schon so weit fortgeschritten sind, daß Sie einen Nähtisch kaufen, Mr. Harrison!›

Ich lachte verlegen. ‹So? Da sind Sie aber spät dran, Miss Horsman! Haben Sie etwa noch gar nicht von meinem Klavier gehört?›

‹Nein, kein Wort›, antwortete sie, unsicher, ob ich es ernst meinte oder nicht. ‹Es sieht ja so aus, als fehlte jetzt nur noch die Dame.›

‹Vielleicht fehlt sie gar nicht mehr›, sagte ich, denn ich wollte sie wegen ihrer maßlosen Neugier etwas verunsichern.

XVI

Als ich von meinem Rundgang heimkam, traf ich Mrs. Rose etwas beunruhigt an.

‹Miss Horsman war hier, nachdem Sie weggegangen sind›, sagte sie. ‹Haben Sie gehört, wie es John Brouncker in Highport geht?›

‹Sehr gut›, antwortete ich. ‹Ich habe soeben seine Frau besucht, und sie hat gerade einen Brief von ihm bekommen. Sie war in Sorge um ihn, weil sie seit einer Woche nichts gehört hatte. Aber jetzt ist alles in Ordnung; und sie hat wahrhaftig genug zu tun bei Mrs. Munton, weil deren Hausmädchen krank ist. Ach, die schaffen es schon, keine Bange.›

‹Bei Mrs. Munton? Ach, das erklärt alles. Die ist so schwerhörig und schießt immer solche Böcke.›

‹Erklärt was?› fragte ich.

‹Ach, vielleicht sollte ich es Ihnen besser gar nicht sagen›, stotterte Mrs. Rose.

‹Doch, sagen Sie's sofort! Entschuldigung, aber ich hasse Geheimnisse.›

‹Sie gleichen so sehr meinem armen, lieben Mr. Rose! Er sprach auch immer so streng und mürrisch mit mir. Nun, es war so: Miss Horsman war hier. Sie hat für John Brounckers Witwe gesammelt …›

‹Aber der Mann lebt doch!› warf ich ein.

‹Es sieht so aus. Aber Mrs. Munton hat ihr erzählt, er sei tot. Und Mr. Morgan hat sich ganz oben auf der Liste eingetragen, und auch Mr. Bullock.›

Mr. Morgan und ich sprachen nur kurz angebunden und kühl miteinander, seit wir in der Behandlung von Brounckers Arm so verschiedener Meinung gewesen waren, und ich hatte ein paarmal gehört, daß er über Johns Fall den Kopf geschüttelt habe. Um nichts in der Welt hätte er sich gegen meine Methode geäußert, und er bildete sich ein, seine Bedenken zu verbergen.

‹Miss Horsman ist, glaube ich, sehr boshaft›, seufzte Mrs. Rose.

Ich merkte, daß etwas gesagt worden war, wovon ich nichts wußte, denn die bloße Tatsache, daß jemand Geld für eine Witwe sammelte, war etwas Gutes, wer immer es tat. So fragte ich ruhig, was sie gesagt habe.

‹Ach, ich weiß nicht, ob ich's Ihnen erzählen soll. Ich weiß nur, daß sie mich zum Weinen gebracht hat, denn es geht mir nicht gut, und ich halte es nicht aus, wenn man über jemanden schimpft, mit dem ich zusammenlebe.›

Aha! Das war ziemlich eindeutig.

‹Was hat Miss Horsman über mich gesagt?› fragte ich, halb lachend; ich wußte ja, daß wir uns beide nicht ausstehen konnten.

‹Ach, sie sagte nur, sie wundere sich, daß Sie zur Versteigerung gehen und Ihr Geld dort verschleudern können, wo doch Ihre Unfähigkeit Jane Brouncker zur Witwe und die Kinder zu Waisen gemacht habe.›

‹Pah! Unsinn! John ist am Leben und lebt vielleicht so lang wie Sie oder ich, dank Ihrer Unterstützung, Mrs. Rose.›

Als mein Nähtisch geliefert wurde, staunte Mrs. Rose, wie schön und wohlbestückt er war, und aus Dankbarkeit, daß sie mein Anliegen zu dem ihren gemacht und sich John gegenüber so freundlich erwiesen hatte, bat ich sie, ihn als Geschenk anzunehmen. Sie schien sehr erfreut, und nach ein paar Ausflüchten willigte sie ein und stellte ihn auf den auffälligsten Platz im vorderen Wohnzimmer, wo sie meistens saß. Am Tag nach der Versteigerung machte ganz Duncombe am frühen Nachmittag Höflichkeitsbesuche, und zu diesem Zeitpunkt war die Tatsache, daß John lebte, schon fest im Bewußtsein aller verankert, außer in dem von Miss Horsman, die anscheinend noch immer ihre Zweifel hatte. Ich selbst sprach mit Mr. Morgan, der sofort sein Geld zurückforderte und sich bei mir für die Nachricht bedankte. Er freute sich aufrichtig und schüttelte mir zum ersten Mal seit einem Monat herzlich die Hand.

XVII

Einige Tage nach der Versteigerung saß ich im Sprechzimmer. Das Dienstmädchen mußte wohl die Flügeltür ein wenig offengelassen haben. Mrs. Munton war bei Mrs. Rose zu Besuch, und da erstere schwerhörig war, hörte ich jedes Wort der letztgenannten Dame, denn sie mußte sehr laut sprechen, um verstanden zu werden.

Sie fing an: ‹Das freut mich sehr, Mrs. Munton, wo Sie sich doch so selten wohl genug fühlen, um ausgehen zu können.›

Murmel, murmel, murmel, tönte es durch die Tür.

‹Oh, sehr gut, vielen Dank. Nehmen Sie bitte Platz, dann können Sie meinen neuen Nähtisch bewundern, Madam, ein Geschenk von Mr. Harrison.›

Murmel, murmel.

‹Wer hat Ihnen das erzählt, Madam? Miss Horsman? Ach ja, ich habe ihn Miss Horsman gezeigt.›

Murmel, murmel.

‹Ich verstehe nicht ganz, Madam.›

Murmel, murmel.

‹Ich werde gar nicht rot. Ich tappe völlig im dunkeln, was Sie meinen.›

Murmel, murmel.

‹O ja, Mr. Harrison und ich fühlen uns recht wohl miteinander. Er erinnert mich so sehr an meinen lieben Mr. Rose – er ist genauso nervös und eifrig in seinem Beruf.›

Murmel, murmel.

‹Jetzt scherzen Sie aber, Madam!›

Dann hörte ich ein sehr lautes ‹O nein!›

Murmel, murmel, murmel über längere Zeit hinweg.

‹Das soll er wirklich gesagt haben? Also davon weiß ich bestimmt nichts. Es täte mir leid, wenn er in einer so wichtigen Sache zum Unglücklichsein verurteilt wäre, aber Sie kennen meine unverbrüchliche Achtung vor dem verstorbenen Mr. Rose.›

Wieder langes Gemurmel.

‹Sehr freundlich von Ihnen, gewiß. Mr. Rose dachte immer mehr an mein Glück als an sein eigenes› – es folgte ein kurzes Weinen –, ‹aber die Turteltaube war immer mein Vorbild, Madam.›[16]

Murmel, murmel.

‹Niemand hätte glücklicher sein können als ich… Wie Sie sagen, es ist ein Loblied auf die Ehe.›

Murmel.

‹Oh, so etwas will ich nicht noch einmal hören! Mr. Harrison würde das gar nicht gefallen. Er kann es nicht leiden, wenn man über seine Privatangelegenheiten spricht.›

Nun änderte sich das Gesprächsthema; die Besucherin erkundigte sich offenbar nach einer bedürftigen Frau. Ich hörte Mrs. Rose sagen: ‹Sie hat leider eine Schleimhaut, Madam.›

Mitfühlendes Gemurmel.

‹Das muß nicht unbedingt gefährlich sein. Mr. Rose hat Fälle gekannt, die noch jahrelang lebten, nachdem man bei ihnen eine Schleimhaut festgestellt hatte.›

Pause.

Dann erkundigte sich Mrs. Rose in verändertem Tonfall: ‹Sind Sie sicher, Madam, daß kein Irrtum vorliegt über das, was er gesagt hat?›

Murmel.

‹Bitte, schauen Sie nicht so genau hin, Mrs. Munton. Sie entdecken zuviel. Da kann man gar keine kleinen Geheimnisse haben.›

Der Besuch ging zu Ende, und ich hörte, wie Mrs. Munton im Flur sagte: ‹Ich wünsche Ihnen von ganzem Herzen Glück, Madam. Leugnen hat keinen Sinn, ich habe es schon immer kommen sehen!›

Als ich zum Abendessen kam, sagte ich zu Mrs. Rose: ‹Sie hatten anscheinend Besuch von Mrs. Munton. Hat sie irgendwelche Neuigkeiten mitgebracht?›

Zu meiner Überraschung warf sie den Kopf zurück, lächelte geziert und erwiderte: ‹Ach, fragen Sie lieber nicht, Mr. Harrison – so dumme Gerüchte.›

Ich fragte nicht weiter, denn sie wollte es ja nicht, und daß es immer allerlei dumme Gerüchte gab, wußte ich schon. Daraufhin hatte ich den Eindruck, daß sie beleidigt war, weil ich nicht fragte. Sie verhielt sich überhaupt so seltsam, daß ich unwillkürlich zu ihr hinsah, und da hob sie den Handschirm hoch und hielt ihn zwischen sich und mich. Ich bekam wahrhaftig ein wenig Angst um sie.

‹Fühlen Sie sich nicht wohl?› fragte ich ahnungslos.

‹Oh, danke, es geht mir ganz gut! Es ist nur ziemlich warm hier im Zimmer, nicht wahr?›

‹Soll ich Ihnen die Jalousie herunterlassen? Die Sonne hat schon ziemlich viel Kraft.› Ich zog die Jalousie herab.

‹Sie sind so aufmerksam, Mr. Harrison. Selbst Mr. Rose hat mir meine kleinen Wünsche nicht besser erfüllt als Sie.›

‹Ich wollte, ich könnte mehr für Sie tun, könnte Ihnen zeigen, wie sehr es mich bewegt…› ‹… daß Sie so gütig zu John Brouncker sind›, wollte ich sagen, aber gerade da wurde ich zu einem Patienten gerufen.

Bevor ich fortging, wandte ich mich um und sagte: ‹Passen Sie auf sich auf, liebe Mrs. Rose; ruhen Sie sich lieber ein wenig aus.›

‹Um Ihretwillen gerne›, sagte sie zärtlich.

Es war mir gleichgültig, um wessentwillen sie sich hinlegte; ich dachte wirklich nur, es gehe ihr nicht gut und sie brauche Ruhe. Zur Teestunde fand ich sie affektierter als sonst und hätte mich das eine oder andere Mal über ihr albernes Getue ärgern können – aber ich kannte ja die wahre Güte ihres Herzens. Sie wollte, sie hätte die Macht, mir das Leben so zu versüßen wie den Tee, sagte sie. Ich erzählte ihr, welch ein Trost sie für mich in der jüngsten sorgenvollen Zeit gewesen war. Dann schlich ich mich hinaus. Vielleicht konnte ich das abendliche Singen im Pfarrhaus hören, wenn ich mich dicht hinter die Gartenmauer stellte.

XVIII

Am nächsten Morgen besuchte ich wie verabredet Mr. Bullock, um mit ihm ein wenig über die Erbschaft zu reden, die bei ihm hinterlegt war. Als ich im Vollgefühl meines Reichtums sein Büro verließ, traf ich Miss Horsman.

Sie lächelte ziemlich grimmig und sagte: ‹Ach, Mr. Harrison, ich glaube, ich muß Ihnen gratulieren. Ich weiß nicht, ob ich's wissen darf, aber da ich's jetzt weiß, muß ich Ihnen doch Glück wünschen. Ein recht hübsches Sümmchen als Dreingabe. Ich hab' immer gesagt, Sie würden noch zu Geld kommen.›

Sie hatte also entdeckt, daß ich geerbt hatte, oder wie? Nun ja, das war kein Geheimnis, und wer steht nicht gern im Ruf, vermögend zu sein. Ich lächelte entsprechend und sagte, ich sei ihr sehr verbunden, und wenn sich mein Schatz noch etwas nach meinem Geschmack aufrunden lasse, dürfe sie mir noch mehr gratulieren.

Sie sagte: ‹Ach, Mr. Harrison, man kann nicht alles haben. Anders wäre es freilich besser. Aber das Geld ist die Hauptsache, wie Sie gemerkt haben. Der Verwandte starb zur rechten Zeit, muß ich sagen.›

‹Es war kein Verwandter›, sagte ich, ‹nur ein enger Freund.›

‹Ach du liebe Zeit! Ich dachte, es sei ein Bruder gewesen! Nun, das Erbe ist jedenfalls in sicheren Händen.›

Ich wünschte ihr guten Tag und ging weiter. Kurz darauf wurde ich zu Miss Tomkinson gerufen.

Miss Tomkinson saß ernst und feierlich da und empfing mich. Ich trat ein und gab mir den Anschein von Unbefangenheit, denn mir war nie recht wohl bei ihr.

‹Stimmt das, was ich gehört habe?› fragte sie wie bei einem Verhör.

Ich dachte, sie spiele auf meine fünfhundert Pfund an; daher lächelte ich und antwortete, ja, ich glaube schon.

‹Bedeutet Ihnen denn Geld so viel, Mr. Harrison?› fragte sie weiter.

Ich entgegnete, ich hätte mir nie viel aus Geld gemacht und sähe es nur als Hilfsmittel an, mein Leben zu gestalten. Da mir ihre strenge Art, über dieses Thema zu sprechen, nicht gefiel, sagte ich noch, ich hoffe, es gehe allen gut – obwohl ich natürlich erwartete, daß jemand krank war, sonst hätte man mich ja nicht geholt.

Miss Tomkinson schaute sehr ernst und bekümmert drein. Dann antwortete sie: ‹Caroline ist ganz elend – das altbekannte Herzklopfen. Aber Ihnen bedeutet es ja nichts.›

Ich antwortete, das tue mir leid. Ich wußte, dies war ihre schwache Stelle. Ob ich sie sehen durfte? Vielleicht konnte ich ihr etwas verschreiben.

Mir war, als murmelte Miss Tomkinson leise vor sich hin, ich sei ein herzloser Schwindler. Dann sprach sie laut und deutlich weiter. ‹Ich war immer argwöhnisch gegen Sie, Mr. Harrison. Mir hat Ihr Gesicht nie gefallen. Wieder und wieder habe ich Caroline gebeten, Ihnen nicht zu vertrauen. Ich habe vorausgesehen, wie es enden würde. Und nun fürchte ich, es wird ihr teures Leben kosten.›

Ich bat sie, sich nicht zu ängstigen, denn höchstwahrscheinlich fehle ihrer Schwester gar nicht viel. Ob ich sie sehen durfte?

‹Nein!› erwiderte sie kurz angebunden und stand auf, als wollte sie mich entlassen. ‹Das hatten wir schon zur Genüge, dieses Sehen und Besuchemachen. Mit meiner Einwilligung werden Sie sie nie mehr zu Gesicht bekommen.›

Ich verneigte mich. Natürlich war ich verärgert. Solch eine Verabschiedung konnte meiner Praxis schaden, gerade jetzt, wo mir so sehr daran lag, sie zu vergrößern.

‹Haben Sie keine Verteidigung, keine Entschuldigung anzubieten?›

Ich sagte, ich hätte mein Bestes getan; ich wüßte nicht, warum ich mich verteidigen sollte. Ich wünschte ihr guten Tag.

Plötzlich trat sie näher an mich heran. ‹Ach, Mr. Harrison›, sagte sie, ‹wenn Sie Caroline wirklich geliebt haben, werden Sie sie doch nicht wegen einer lumpigen kleinen Summe im Stich lassen und eine andere nehmen.›

Ich war sprachlos. Miss Caroline geliebt! Da war mir ja Miss Tomkinson noch um einiges lieber, die ich schon nicht leiden konnte.

Sie fuhr fort: ‹Ich habe fast dreitausend Pfund gespart. Wenn Sie glauben, Sie seien zu arm, um eine Frau ohne Mitgift zu heiraten, will ich Caroline alles geben. Ich bin gesund und kann weiterarbeiten; aber sie kränkelt, und diese Enttäuschung wird sie umbringen.› Sie setzte sich plötzlich und verbarg ihr Gesicht in den Händen.

Dann sah sie auf: ‹Ich sehe schon, Sie wollen nicht. Sie brauchen nicht zu glauben, ich hätte Sie gedrängt, wenn es um mich ginge; aber sie leidet so großen Kummer.› Und nun weinte sie richtig laut. Ich versuchte, etwas zu erklären, aber sie wollte nicht hören, sondern sagte nur immer wieder: ‹Verlassen Sie das Haus, Sir, verlassen Sie das Haus!› Ich wollte aber, daß sie mir zuhörte.

‹Ich habe nie ein tieferes Gefühl als das der Hochachtung für Miss Caroline empfunden und nie andere Gefühle gezeigt. Keine Sekunde habe ich daran gedacht, sie zu meiner Frau zu machen, und sie hat keinen Grund, mein Verhalten dahingehend auszulegen.›

‹Ihre Worte sind nicht nur verletzend, sondern auch noch beleidigend›, sagte sie. ‹Verlassen Sie mein Haus, Sir, augenblicklich!›

XIX

Ich ging fort, und zwar ziemlich niedergeschlagen. In einem kleinen Ort wird solch ein Vorkommnis mit Sicherheit zum Stadtgespräch und richtet einiges Unheil an. Als ich zum Essen nach Hause ging, war mein Kopf so voll davon, und ich spürte so deutlich, daß ich einen Anwalt brauchen würde, um den Fall ins rechte Licht zu rücken, daß ich beschloß, mich der guten Mrs. Rose anzuvertrauen. Ich konnte nichts essen. Sie beobachtete mich liebevoll und seufzte, als sie meine Appetitlosigkeit bemerkte.

‹Sie haben gewiß etwas auf dem Herzen, Mr. Harrison. Wäre es... wäre es nicht... eine Erleichterung, wenn Sie sich einer verständnisvollen Freundin anvertrauten?›

Genau das wollte ich.

‹Meine liebe, gute Mrs. Rose›, sagte ich, ‹ich muß es Ihnen erzählen, wenn Sie mir zuhören wollen.›

Sie griff nach dem Handschirm und hielt ihn wie gestern zwischen sich und mich.

‹Es ist ein denkbar unseliges Mißverständnis entstanden. Miss Tomkinson glaubt, ich hätte Miss Caroline den Hof gemacht, wo doch in Wirklichkeit – darf ich es Ihnen sagen, Mrs. Rose? – meine Neigung einer anderen gehört. Vielleicht haben Sie es schon bemerkt?› Ich dachte tatsächlich, ich sei viel zu verliebt, um vor jemandem, der mein Tun und Lassen so genau kannte wie Mrs. Rose, meine Liebe zu Sophy verheimlichen zu können.

Sie senkte den Kopf und sagte, ja, sie ahne mein Geheimnis schon.

‹Dann stellen Sie sich vor, wie gräßlich meine

Lage ist! Wenn ich hoffen darf... ach, Mrs. Rose, meinen Sie, ich darf hoffen...?›

Sie hielt den Fächer noch näher vors Gesicht und antwortete nach einigem Zögern: Wenn ich beharrlich sei... mit der Zeit... dürfe ich vielleicht hoffen. Und dann stand sie plötzlich auf und ging aus dem Zimmer.

XX

Am selben Nachmittag traf ich Mr. Bullock auf der Straße. Die Geschichte mit Miss Tomkinson ging mir ständig im Kopf herum, und ich wäre an ihm vorbeigegangen, ohne ihn zu bemerken, wenn er mich nicht aufgehalten hätte. Er müsse mit mir sprechen, erklärte er – wegen meiner wunderbaren fünfhundert Pfund, nahm ich an. Aber die waren mir im Augenblick unwichtig.

‹Was muß ich hören›, fragte er scharf, ‹Sie sind mit Mrs. Rose verlobt?›

‹Mit Mrs. Rose!› rief ich und lachte fast, obwohl es mir schwer genug ums Herz war.

‹Ja, mit Mrs. Rose!› entgegnete er streng.

‹Ich bin nicht mit Mrs. Rose verlobt›, widersprach ich. ‹Da liegt ein Mißverständnis vor.›

‹Freut mich, das zu hören›, antwortete er, ‹freut mich sehr. Dennoch bedarf die Sache einer Erklärung. Mrs. Rose hat Glückwünsche entgegengenommen und die Wahrheit dieses Gerüchts bestätigt. Es wird durch viele Tatsachen erhärtet. Den Nähtisch, den Sie eingestandenermaßen ‚für ihre zukünftige Frau' kauften, haben Sie ihr geschenkt. Wie rechtfertigen Sie all das, Sir?›

Ich gedächte es gar nicht zu rechtfertigen, versetzte ich. Im Augenblick sei mir vieles unbegreiflich, und selbst wenn ich eine Erklärung dafür liefern könnte, würde ich mich wohl nicht aufgerufen fühlen, sie ihm zuteil werden zu lassen.

‹Sehr gut, Sir, sehr gut›, sagte er und wurde krebsrot. ‹Ich werde auf der Hut sein und Mr. Morgan davon unterrichten, was ich von Ihnen halte. Was meinen Sie, welche Bezeichnung ein Mann verdient, der mit der Bitte um Freundschaft in eine Familie eindringt, diese Vertrautheit ausnützt, um sich die Zuneigung der Tochter zu erschleichen, und sich dann mit einer anderen Frau verlobt?›

Ich dachte, er beziehe sich auf Miss Caroline. Ich konnte ihm nur versichern, daß ich nicht verlobt war und Miss Tomkinson ganz und gar irreging, wenn sie glaubte, ich hätte ihrer Schwester eine Aufmerksamkeit gezollt, die über das, was bloße Höflichkeit gebot, hinausging.

‹Miss Tomkinson! Miss Caroline! Ich verstehe nicht, was Sie meinen! Gibt es noch ein anderes Opfer Ihrer Falschheit? Ich spreche davon, daß Sie meiner Tochter, Miss Bullock, den Hof gemacht haben!›

Noch eine! Ich konnte es nur weit von mir weisen wie bei Miss Caroline; aber ich fing an zu verzweifeln. Würde sich auch noch Miss Horsman als Opfer meiner zärtlichen Neigungen melden? Das war alles Mr. Morgans Werk, der mir gepredigt hatte, ich müsse mich so zartfühlend und ehrerbietig verhalten. Aber im Fall von Miss Bullock verteidigte ich tapfer meine Unschuld. Ich mochte sie eindeutig nicht, und das sagte ich ihrem Vater, wenn auch mit höflicheren und zurückhaltenderen Worten; und ich fügte hinzu, ich sei überzeugt, daß dieses Gefühl auf Gegenseitigkeit beruhe.

Er machte ein Gesicht, als wollte er mir eins mit der Peitsche überziehen. Nur zu gern hätte ich ihn gefordert.

‹Hoffentlich war meine Tochter klug genug, Sie zu verschmähen, hoffentlich! Vielleicht hat sich meine Frau in ihren Gefühlen getäuscht.›

Es war ihm also von seiner Frau zugetragen worden. Dies erklärte einiges und beruhigte mich etwas. Ich bat ihn inständig, er möge Miss Bullock selbst fragen, ob sie jemals gedacht habe, daß ich im Umgang mit ihr irgendwelche Hintergedanken gehegt hätte, die über bloße Freundlichkeit hinausgingen – sie gingen ja nicht einmal so weit, hätte ich ergänzen können. Ich würde den Fall in ihre Hände legen.

‹Mädchen›, erwiderte Mr. Bullock, nun ein wenig ruhiger, ‹gestehen nicht gerne ein, daß sie genasführt und enttäuscht worden sind. Aus diesem Grund schenke ich dem Zeugnis meiner Frau mehr Glauben als dem meiner Tochter.

Und sie sagte mir, sie habe nie daran gezweifelt, daß sie und Jemima, wiewohl noch nicht eigentlich verlobt, einander bestens verstünden. Sie ist fest überzeugt, daß sich Jemima durch Ihr Verlöbnis mit Mrs. Rose tief verletzt fühlt.›

‹Ein für allemal: Ich bin mit niemandem verlobt. Sprechen Sie mit Ihrer Tochter und lassen Sie sich von ihr aufklären. Bis dahin: Leben Sie wohl.›

Ich verbeugte mich steif und hochmütig und ging nach Hause. Als ich aber vor meiner Tür ankam, fiel mir Mrs. Rose wieder ein und daß Mr. Bullock gesagt hatte, sie habe das Gerücht unserer Verlobung bestätigt. Wo war ich jetzt noch sicher? Mrs. Rose, Miss Bullock, Miss Caroline – sie hockten gewissermaßen auf den Eckpunkten eines gleichseitigen Dreiecks, und ich saß mittendrin. Nun, dann ging ich eben zu Mr. Morgan und trank bei ihm Tee. Dort konnte ich wenigstens sicher sein, daß mich niemand heiraten wollte, und ich durfte mich nach Lust und Laune gediegen höflich geben, ohne daß ich mißverstanden wurde. Indessen erwartete mich auch dort ein Malheur.

XXI

Mr. Morgan machte ein ernstes Gesicht. Nachdem er eine Weile herumgedruckst hatte, begann er: ‹Ich bin zu Miss Caroline Tomkinson gerufen worden, Mr. Harrison. Es schmerzt

320

mich, was ich dort zu hören bekam. Ich stelle zu meinem Kummer fest, daß anscheinend mit den Gefühlen einer höchst achtbaren Dame gespielt wurde. Miss Tomkinson ist tief verzweifelt und sagt, sie hätten allen Grund zu der Annahme gehabt, daß Sie sich zu ihrer Schwester hingezogen fühlten. Darf ich fragen, ob Sie etwa nicht beabsichtigen, sie zu heiraten?›

Ich versicherte, nichts liege mir ferner.

‹Werter Herr›, entgegnete Mr. Morgan ziemlich aufgebracht, ‹drücken Sie sich nicht so scharf und heftig aus. Das ist despektierlich gegenüber dem anderen Geschlecht. Ehrerbietiger klingt es in solchen Fällen, wenn man sagt, man wage nicht zu hoffen. Das versteht jeder, und es hört sich nicht so eindeutig ablehnend an.›

‹Ich kann nicht anders, Sir, ich muß reden, wie mir der Schnabel gewachsen ist. Ich würde nie unehrerbietig mit einer Frau sprechen, aber nichts bringt mich dazu, Miss Caroline Tomkinson zu heiraten, und wäre sie Venus selbst und die Königin von England obendrein. Ich verstehe nicht, wie man auf diese Idee kommen konnte.›

‹Nun, Sir, das ist sehr einfach: Sie hatten einen leichten Fall im Haus zu behandeln, und den nahmen Sie ständig zum Vorwand, die Dame zu besuchen und sich mit ihr zu unterhalten.›

‹Daran ist sie schuld, nicht ich!› widersprach ich scharf.

‹Erlauben Sie, daß ich fortfahre. Man hat Sie auf den Knien vor ihr liegen sehen – eine eindeutige Verletzung der Anstaltsregeln, wie Miss Tomkinson bemerkt. Am Valentinstag kam ein höchst leidenschaftliches Liebesbriefchen an; und als man Sie fragte, betonten Sie die Ernsthaftigkeit, die Ihrer Meinung nach mit derlei Dingen verbunden sei.› Er hielt inne; in seinem Eifer hatte er mehr geredet als sonst und war außer Atem geraten.

Ich platzte mit meiner Rechtfertigung dazwischen: ‹Von dem Valentinsbrief weiß ich nichts.›

‹Es ist Ihre Handschrift›, sagte er kühl. ‹Ich wäre zutiefst bekümmert, wenn... Nein, ich kann es eigentlich von Ihres Vaters Sohn nicht glauben. Dennoch muß ich feststellen: Es ist Ihre Handschrift.›

Ich versuchte es noch einmal, und schließlich konnte ich ihn überzeugen, daß ich Miss Carolines Zuneigung nur durch Mißgeschick und nicht absichtlich und schuldhaft errungen hatte. Freilich, räumte ich ein, ich hatte mir Mühe gegeben, mich so rundum gewinnend zu benehmen, wie er es mir geraten hatte, und ich erinnerte ihn an einige seiner Ratschläge. Er war ziemlich bestürzt.

‹Aber Sir, ich hatte keine Ahnung, daß Sie meinen Ratschlägen mit solcher Konsequenz folgen würden. ‚Liebeleien‘ nannte es Miss Tomkinson. Das ist ein hartes Wort, Sir. Mein Benehmen war immer zartfühlend und teilnahmsvoll; aber ich wüßte nicht, daß ich je irgendwelche Hoffnungen erweckt hätte; nie gab es Gerüchte über mich. Ich glaube, keine Dame fühlte sich je zu mir hingezogen. Um diesen goldenen Mittelweg müssen Sie sich bemühen, Sir.›

Ich war immer noch verzweifelt. Mr. Morgan hatte nur von einer gehört, aber es gab drei Damen – wenn man Miss Bullock mitrechnete –, die mich heiraten wollten. Er bemerkte meinen Unmut.

‹Grämen Sie sich nicht zu sehr, lieber Freund. Ich war von Anfang an überzeugt, daß Sie für so was viel zu ehrenhaft sind. Mit einem Gewissen wie dem Ihren würde ich der ganzen Welt trotzen.›

Besorgt suchte er mich zu trösten, und ich überlegte schon, ob ich ihm nicht von allen drei Zwangslagen erzählen sollte, da wurde ihm ein Briefchen gebracht. Es kam von Mrs. Munton. Er schob es mir mit einem erschrockenen Blick zu.

Lieber Mr. Morgan!
Ich gratuliere Ihnen von Herzen zu der glücklichen Verlobung, die Sie, wie ich gehört habe, mit Miss Tomkinson eingegangen sind. Alle Vorbedingungen wirken glückverheißend zusammen, wie ich soeben Miss Horsman gegenüber bemerkt habe. Und ich wünsche Ihnen, daß aller erdenkliche Segen Ihr Eheleben begleiten möge.
Hochachtungsvoll
Jane Munton

Ich konnte mir das Lachen nicht verkneifen; gerade eben hatte er sich noch glücklich gepriesen, daß niemals derartige Gerüchte über ihn im Umlauf gewesen seien.

Er sagte: ‹Sir! Da gibt's nichts zu lachen, wirklich nicht!›

Ich konnte mir die Frage nicht verbeißen, ob ich daraus schließen dürfe, daß an der Geschichte nichts Wahres dran sei.

‹Wahr, Sir!? Sie ist von vorne bis hinten erlogen! Über gewisse Damen möchte ich mich nicht zu deutlich äußern, und ich habe größte Achtung vor Miss Tomkinson, aber ich versichere Ihnen, Sir: genausogern, ja sogar noch lieber würde ich einen Leibgardisten Ihrer Majestät heiraten. Es wäre angemessener. Miss Tomkinson ist eine sehr ehrenwerte Dame, aber sie ist ein regelrechter Dragoner.›

Er wurde sehr nervös. Er war sichtlich beunruhigt. Er hielt es nicht für unmöglich, daß Miss Tomkinson kam und ihn heiratete, *vi et armis*[17]. Wahrscheinlich geisterte ihm der unbestimmte Gedanke an eine Entführung im Kopf herum. Dennoch war er besser dran als ich, denn er saß in seinem eigenen Haus, und das Gerücht hatte ihn nur mit einer Dame verlobt, während ich wie Paris zwischen drei streitenden Schönheiten stand. Wahrhaftig, ein Apfel der Zwietracht war in unsere kleine Stadt geworfen worden. Ich argwöhnte schon damals, was ich heute weiß, daß nämlich alles Miss Horsmans Werk war. Freilich

– um ihr Gerechtigkeit widerfahren zu lassen –
nicht absichtlich. Aber sie hatte die Geschichte
von meinem Verhalten gegen Miss Caroline in
Mrs. Muntons Hörrohr geschrien, und im festen
Glauben, daß ich mit Mrs. Rose verlobt war,
dachte diese Dame, das männliche Fürwort
beziehe sich auf Mr. Morgan, den sie am selben
Nachmittag im *tête-à-tête* mit Miss Tomkinson
angetroffen hatte, wie er dieser gerade zartfühlend und voller Ehrerbietung sein Beileid aussprach – mein Wort darauf!

XXII

Ich war sehr feige. Ich traute mich einfach nicht
nach Hause, aber irgendwann mußte ich ja doch
gehen. Ich hatte getan, was ich konnte, um
Mr. Morgan zu beruhigen, aber er wollte sich
nicht trösten lassen. Schließlich ging ich. Ich zog
an der Glocke. Ich weiß nicht, wer öffnete, aber
wahrscheinlich war es Mrs. Rose. Ich hielt mir
ein Taschentuch vors Gesicht, murmelte irgendwas von schrecklichem Zahnweh, flüchtete in
mein Zimmer und verriegelte die Tür. Ich hatte
keine Kerze, aber was bedeutete das schon! Ich
war in Sicherheit. Ich konnte nicht schlafen, und
wenn ich doch eindöste, war das Aufwachen
zehnmal schlimmer. Ich wußte nicht mehr, ob
ich verlobt war oder nicht. Aber wenn ich verlobt war, mit welcher Dame? Ich hatte mich
selber immer als eher unansehnlich eingeschätzt,

325

aber anscheinend hatte ich mich geirrt. Ich mußte zumindest anziehend sein, vielleicht sah ich sogar gut aus? Sobald der Morgen dämmerte, stand ich auf, um mich dieser Tatsache im Spiegel zu vergewissern. Obwohl ich fest entschlossen war, mich überzeugen zu lassen, entdeckte ich keine umwerfende Schönheit in meinem unrasierten, runden Gesicht, über dem die Nachtmütze wie eine Narrenkappe saß. Nein. Ich mußte mich damit zufriedengeben, daß ich nicht schön aussah, sondern nur annehmbar. Ich erzähle dir das im Vertrauen. Es soll bloß niemand erfahren, daß ich ein bißchen eitel bin. Gegen Morgen schlief ich ein.

Ein Klopfen an der Tür weckte mich. Es war Peggy. Sie streckte eine Hand mit einem Brief herein. Ich nahm ihn.

‹Er ist doch nicht von Miss Horsman?› fragte ich halb im Scherz und halb in bitterernster Angst.

‹Nein, Sir. Mr. Morgans Diener hat ihn gebracht.›

Ich öffnete ihn. Er lautete folgendermaßen:

Werter Herr!
Es ist nun fast zwanzig Jahre her, daß ich mir das letzte Mal eine kleine Erholung gegönnt habe, und ich finde, meine Gesundheit macht eine solche dringend erforderlich. Auch habe ich volles Vertrauen in Sie, und dieses Gefühl wird gewiß von unseren Patienten geteilt. Ich

habe daher keine Bedenken, einen eilends entworfenen Plan in die Tat umzusetzen, und fahre nach Chesterton, um dort mit dem Frühzug meine Reise nach Paris anzutreten. Wenn Ihre Berichte gut sind, werde ich wahrscheinlich vierzehn Tage bleiben. Schreiben Sie mir ins Hotel ‹Meurice›.

Ihr getreuer J. Morgan

P.S. Vielleicht ist es besser, wenn Sie niemandem erzählen, wo ich hingefahren bin, besonders nicht Miss Tomkinson.

Er hatte mich im Stich gelassen. Er – mit nur einem Gerücht – hatte mich, der ich mich gegen drei behaupten mußte, verlassen.

‹Mrs. Roses Empfehlungen, Sir, und es ist fast neun Uhr. Das Frühstück ist fertig, Sir.›

‹Sag Mrs. Rose, daß ich kein Frühstück brauche. Oder, halt!› – denn ich hatte großen Hunger – ‹Ich möchte hier oben eine Tasse Tee und etwas Toast.›

Peggy brachte das Tablett an die Tür.

‹Sie sind doch nicht krank, Sir?› fragte sie freundlich.

‹Nicht schlimm. Es wird bestimmt besser, wenn ich an die frische Luft gehe.›

‹Mrs. Rose ist scheint's arg aufgeregt›, sagte sie. ‹Es geht ihr scheint's recht nah.›

Ich paßte einen günstigen Augenblick ab und schlich mich durch die Hintertür in den Garten.

XXIII

Ich hatte Mr. Morgan bitten wollen, er möge im Pfarrhaus vorsprechen und dort vor der Abreise eine Erklärung abgeben, noch bevor sie selbst von dem Gerücht hören konnten. Nun überlegte ich, daß ich selbst mit Sophy reden wollte, falls ich sie antraf; aber ich hatte keine Lust, dem Pfarrer zu begegnen. So ging ich die Straße hinterm Pfarrhaus entlang und traf plötzlich auf Miss Bullock. Sie errötete und fragte, ob sie mit mir sprechen könne. Ich konnte mich nur ergeben, aber vielleicht ließ sich durch dieses Gespräch wenigstens ein Gerücht zum Schweigen bringen.

Sie weinte fast.

‹Ich muß gestehen, Mr. Harrison, ich habe Sie hier abgefangen, um mit Ihnen zu reden. Mit dem größten Bedauern habe ich von Papas gestrigem Gespräch mit Ihnen gehört.› Jetzt weinte sie richtig. ‹Ich stehe Mrs. Bullock wohl im Weg, und sie will mich verheiraten. Nur so kann ich mir erklären, daß sie Papa gegenüber die Tatsachen so völlig verdreht hat. Ich mache mir nichts aus Ihnen, Sir, nicht das geringste. Und Sie haben mir niemals den Hof gemacht. Sie waren beinahe unhöflich zu mir und wurden mir dadurch eher sympathischer. Ich will damit sagen, daß ich Sie nie gern gehabt habe.›

‹Ich bin aufrichtig froh über Ihre Worte›, erwiderte ich. ‹Machen Sie sich keine Sorgen; ich war überzeugt, daß ein Irrtum vorliegt.›

Aber sie weinte bitterlich. ‹Es ist ein schlimmes Gefühl, daß man zu Hause meine Heirat – mein Verschwinden – so sehr herbeisehnt. Ich fürchte mich vor jeder neuen Bekanntschaft, die wir mit einem Herrn schließen. Das bedeutet unweigerlich eine Serie von Angriffen auf ihn, die natürlich jedermann bemerkt und zu denen mein Einverständnis vermutet wird. Aber das wäre nicht so schlimm, wenn ich nicht genau wüßte, daß sie mich unbedingt aus dem Weg haben will. Ach, meine eigene liebe Mama, die hätte nie…›

Sie weinte noch mehr als zuvor. Sie tat mir wirklich leid, und ich hatte gerade mit den Worten ‹Liebe Miss Bullock› ihre Hand ergriffen, als die Tür in der Gartenmauer des Pfarrhauses aufging. Es war der Pfarrer, der Miss Tomkinson hinausbegleitete. Ihr Gesicht war vom Weinen ganz verschwollen. Er erblickte mich, verbeugte sich aber nicht und grüßte mich auch sonst nicht. Im Gegenteil, er sah streng auf mich herab, als stünde er auf einem Podest, und schloß hastig die Tür.

Ich wandte mich wieder an Miss Bullock. ‹Ich fürchte, der Pfarrer hat von Miss Tomkinson Nachteiliges über mich gehört, und nun ist es sehr peinlich…›

Sie beendete meinen Satz: ‹… daß er uns hier zusammen angetroffen hat. Ja. Aber solange wir beide wissen, daß wir einander nichts bedeuten, ist es unwichtig, was die Leute sagen.›

‹O nein, für mich ist es wichtig›, widersprach ich. ‹Vielleicht darf ich Ihnen erzählen – aber sagen Sie es keiner Seele weiter! –, daß ich mich zu Miss Hutton hingezogen fühle.›

‹Zu Sophy! Oh, Mr. Harrison, das freut mich aber! Sie ist so ein liebes Geschöpf. Ach, da wünsche ich Ihnen Glück.›

‹Noch nicht, ich habe noch mit niemandem darüber gesprochen.›

‹Ach, das geht bestimmt gut!› Sie sprang mit weiblicher Geschwindigkeit zum Ende der Geschichte. Und dann fing sie an, Sophy zu preisen. Nun gibt es keinen Mann, der nicht gerne dem Loblied auf seine Liebste zuhört. Ich spazierte neben ihr her, und zusammen gingen wir an der Straßenseite des Pfarrhauses vorbei. Ich blickte auf und sah Sophy drinnen, und sie sah mich.

Am selben Nachmittag wurde sie fortgeschickt – angeblich um eine Tante zu besuchen; in Wirklichkeit wegen der Gerüchte um mein Verhalten, die über den Pfarrer hereinbrachen und von denen er eines mit eigenen Augen bestätigt gesehen hatte.

XXIV

Ich hörte von Sophys Abreise, wie man von allen Ereignissen hört: kurz nachdem sie stattgefunden hatte. Ich scherte mich nicht mehr um meine peinliche Lage, die mich am Morgen noch so verwirrt und belustigt hatte. Ich spürte, daß etwas nicht stimmte, daß man Sophy von mir entfernt hatte. Verzweiflung packte mich. Wenn sie mich heiraten wollten – sollten sie doch! Ich war einverstanden damit, geopfert zu werden. Mit Mrs. Rose sprach ich nicht mehr. Sie wunderte sich über mich und grämte sich über meine Kälte, das merkte ich; aber ich hatte keine Empfindungen mehr. Miss Tomkinson schnitt mich auf der Straße, und es brach mir nicht das Herz. Sophy war fort, das war alles, was mich noch kümmerte. Wo hatte man sie hingeschickt? Und was für eine Tante mußte sie unbedingt besuchen?

Eines Tages traf ich Lizzie, die ein Gesicht machte, als hätte man sie angewiesen, nicht mit mir zu reden, aber ich mußte sie einfach ansprechen.

‹Hast du etwas von deiner Schwester gehört?› frage ich.

‹Ja.›

‹Wo ist sie? Ich hoffe, es geht ihr gut.›

‹Sie ist bei den Leoms.› Nun war ich auch nicht klüger als zuvor. ‹O ja, es geht ihr sehr gut. Fanny sagt, sie war letzten Mittwoch auf dem Ball und hat die ganze Nacht mit den Offizieren getanzt.›

Mir war, als müßte ich mich augenblicks als Mitglied der Friedensgesellschaft einschreiben. Sie war also nichts weiter als eine kleine Kokette und eine eiskalte Person! – Wahrscheinlich habe ich mich von Lizzie nicht einmal verabschiedet.

XXV

Ein Unglück suchte mich heim, das den meisten Menschen schwerwiegender als Sophys Fernsein vorgekommen wäre: Ich stellte fest, daß meine Praxis schlechter ging. Ich hatte die Voreingenommenheit der ganzen Stadt gegen mich. Mrs. Munton erzählte mir alles, was geredet wurde. Sie erfuhr es über Miss Horsman. Es hieß – grausame Kleinstadt! –, daß meine Nachlässigkeit oder Unfähigkeit an Walters Tod schuld war, daß Miss Tyrrell infolge meiner Behandlung kränker wurde und daß John Brouncker durch mein Ungeschick beinahe gestorben wäre – wenn er nicht schon tot war. Jack Marshlands Witze und Enthüllungen, die ich vergessen geglaubt hatte, wurden alle wieder hervorgekramt, um mich schlechtzumachen. Ihn selbst, der früher zu meinem Erstaunen ziemlich hoch in der Gunst der guten Leute von Duncombe gestanden hatte, nannte man jetzt ‹einen meiner verrufenen Freunde›.

Kurzum, die ehrbaren Leute von Duncombe waren so voreingenommen, daß nur wenig fehlte, und sie hätten mir einen brutalen Straßenraub in die Schuhe geschoben, der sich damals in dieser Gegend ereignete. Mrs. Munton gestand mir, *à propos* Raubüberfall, sie habe nie so recht begriffen, warum ich ein Jahr in Newgate im Gefängnis gesessen habe; nach Mr. Morgans Beschreibung zweifle sie nicht, daß es seine guten Gründe gehabt habe, aber es wäre ihr lieb, wenn ich ihr die Einzelheiten darlegen wollte.

Miss Tomkinson schickte nach Chesterton zu Mr. White, damit er Miss Caroline untersuchte; und als er herüberkam, schienen das alle unsere ehemaligen Patienten auszunutzen, denn sie ließen ihn ebenfalls rufen.

Aber das Schlimmste war das Verhalten des Pfarrers mir gegenüber. Wenn er mich absichtlich übersehen hätte, so hätte ich ihn fragen können, warum er das tat; aber der Wechsel zur Kälte in seinem Benehmen war nicht recht faßbar, obwohl er mir bitter weh tat. Von Lizzie hörte ich, wie munter Sophy war. Ich überlegte, ob ich ihr nicht schreiben sollte. Gerade jetzt ging Mr. Morgans vierzehntägiger Urlaub zu Ende. Ich war erschöpft von Mrs. Roses zärtlichen Launen, und ihr Mitgefühl, dem ich eigentlich eher auswich, war kein Trost für mich. Ihre Tränen ärgerten mich, statt daß sie mich betrübten. Ich wünschte, ich hätte ihr auf der Stelle sagen können, daß ich nicht beabsichtigte, sie zu heiraten.

XXVI

Mr. Morgan war noch keine zwei Stunden zu Hause, als man ihn schon ins Pfarrhaus rief. Sophy war wieder da, und ich hatte nichts davon gehört. Sie war krank und erschöpft heimgekommen und brauchte Ruhe; und die letzte Ruhe schien sich mit schrecklichen Schritten zu nähern. Mr. Morgan vergaß alle seine Pariser Abenteuer und seine Angst vor Miss Tomkinson, als man ihn zur Untersuchung holte. Sie war an einem Fieber erkrankt, das beängstigend rasch fortschritt. Als er es mir erzählte, hätte ich am liebsten die Pfarrhaustür eingetreten, um sie wenigstens zu sehen. Aber ich beherrschte mich und verwünschte nur mein Zaudern, das mich daran gehindert hatte, ihr zu schreiben. Gut, daß ich keine Patienten hatte: Ihre Aussichten, daß ich ihnen meine Aufmerksamkeit schenkte, wären nur kläglich gewesen. Ich strich um Mr. Morgan herum, der sie sehen durfte und sie auch tatsächlich sah. Aber aus seinen Berichten entnahm ich, daß die von ihm gewählte Behandlung zu halbherzig war, um einer so plötzlichen und schweren Erkrankung Einhalt zu gebieten. Oh, wenn sie mich nur zu ihr gelassen hätten! Aber das kam nicht in Frage. Nicht genug, daß der Pfarrer von meiner Rolle als lebenslustiger Don Juan gehört hatte – es waren obendrein Zweifel an meiner ärztlichen Kunst laut geworden. Die Berichte wurden immer schlimmer. Plötzlich war mein Entschluß gefaßt. Mr. Morgans besondere Verehrung für Sophy machte ihn in der Behandlung zaghafter als sonst. Ich ließ mein Pferd satteln und galoppierte nach Chesterton. Von dort nahm ich den Schnellzug in die Stadt. Ich ging zu Dr. *** und berichtete ihm alle Einzelheiten des Falles. Er hörte zu, schüttelte aber den Kopf. Schließlich schrieb er ein Rezept auf und riet mir zu einem neuen Präparat, das noch nicht allgemein im Gebrauch war – eine eigentlich giftige Mixtur.

‹Es kann ihre Rettung sein›, sagte er. ‹Bei dem beschriebenen Stand der Dinge verschafft es uns eine Chance. Man muß es am fünften Tag geben – wenn der Puls es zuläßt. Crabbe mischt es sehr sorgfältig. Halten Sie mich bitte auf dem laufenden.›

Ich ging zu Crabbe. Ich bat darum, es selber mischen zu dürfen, aber meine Hände zitterten, so daß ich die Mengen nicht abwiegen konnte. Also bat ich den Gehilfen, es für mich zuzubereiten. Ohne einen Bissen gegessen zu haben, lief ich zum Bahnhof, mit der Medizin und dem Rezept in der Tasche. Wie im Flug ging's zurück über Land. Ich sprang auf mein Pferd Bay Maldon, das mir der Knecht bereitgehalten hatte, und galoppierte quer über die Felder nach Duncombe.

Aber ich zog die Zügel an, als ich den Hügelkamm erreichte – oberhalb des alten Herrenhauses, von dem aus man zum ersten Mal auf die Stadt herunterblickt –, denn ich dachte bei mir, daß sie vielleicht schon tot war, und fürchtete mich, Gewißheit zu erhalten. Der Weißdorn in den Wäldern war schon aufgeblüht, die jungen Lämmer sprangen über die Wiesen, der Gesang der Drosseln erfüllte die Luft, aber all das machte den Gedanken nur noch schlimmer.

‹Was, wenn sie nun inmitten dieser hoffnungs-

vollen und lebendigen Welt tot daliegt?› Ich
hörte die Kirchenglocken, leise und klar. Mir
wurde ganz schlecht dabei. War es das Toten-
glöcklein? Nein. Es schlug acht Uhr. Ich gab dem
Pferd die Sporen, obwohl es bergab ging. Wir
stürmten in die Stadt. Ich brachte es samt Sattel
und Zaumzeug in den Stallhof und lief weiter zu
Mr. Morgan.

‹Geht es ... wie geht es ihr?› fragte ich.

‹Sehr schlecht. Mein armer Junge, ich sehe,
wie es um Sie steht. Vielleicht überlebt sie es –
aber ich fürchte für sie. Ich habe ganz große
Angst, lieber Freund.›

Ich erzählte ihm von meiner Reise und meiner
Konsultation des Dr. *** und zeigte ihm das
Rezept. Seine Hände zitterten, als er zum Lesen
die Brille aufsetzte.

‹Das ist ein sehr gefährliches Medikament, Sir›,
sagte er und tippte auf den Namen des Giftes.

‹Es ist eine neue Rezeptur›, erklärte ich.
‹Dr. *** hält viel davon.›

‹Ich traue mich nicht, es anzuwenden›, antwortete er. ‹Ich habe es noch nie ausprobiert. Es
muß sehr stark sein. Ich will in diesem Fall kein
Risiko eingehen.›

Ich glaube, daß ich vor Unwillen mit dem Fuß
aufstampfte; aber es nützte alles nichts. Meine
Reise war vergeblich gewesen. Je mehr ich darauf bestand, daß die drohende Gefahr bei diesem
Fall eine starke Medizin erfordere, desto ängstlicher wurde er.

Ich sagte, ich würde die Zusammenarbeit mit ihm aufkündigen. Ich drohte ihm damit, obgleich es mir in Wirklichkeit ohnehin unvermeidlich schien und ich mich schon vor Sophys Krankheit dazu entschlossen hatte, da ich das Vertrauen seiner Patienten verloren hatte.

Er erwiderte nur: ‹Ich kann es nicht ändern, Sir. Ich würde es bedauern, um Ihres Vaters willen; aber ich muß meine Pflicht tun. Ich kann das Risiko, Miss Sophy diese starke Medizin zu geben – ein Präparat aus einem tödlichen Gift –, nicht eingehen.›

Ich verließ ihn ohne ein Wort. Er hatte völlig recht, daß er seiner eigenen Überzeugung folgte, wie ich heute weiß; aber damals fand ich ihn unmenschlich und starrsinnig.

XXVII

Ich ging nach Hause. Ich fuhr Mrs. Rose grob an, die an der Tür auf meine Rückkehr wartete, stürmte an ihr vorbei und schloß mich in meinem Zimmer ein. Aber ich konnte nicht zu Bett gehen.

Die Morgensonne schien herein und regte mich auf, wie alles seit Mr. Morgans Weigerung. Ich zog die Jalousie so heftig herunter, daß die Schnur riß. Na und, sollte das Licht doch hereinscheinen! Was bedeutete mir noch die Sonne? Und dann fiel mir ein, daß eben diese Sonne vielleicht sie beschien – tot...

Ich setzte mich und barg mein Gesicht in den Händen. Mrs. Rose klopfte an die Tür. Ich öffnete. Sie war nicht im Bett gewesen, und auch sie hatte geweint.

‹Mr. Morgan möchte mit Ihnen sprechen, Sir.›

Ich stürzte ins Zimmer zurück, um meine Medizin zu holen, und lief zu ihm hinaus. Er stand an der Tür, blaß und bekümmert.

‹Sie lebt, Sir›, sagte er, ‹aber das ist schon alles. Wir haben nach Dr. Hamilton geschickt. Es steht zu befürchten, daß er nicht rechtzeitig hier sein wird. Da Dr. *** es gutheißt, sollten wir es vielleicht doch wagen, ihr dieses Medikament zu geben. Es ist nur ein Versuch, aber ich fürchte, es ist der einzige, der uns bleibt.› Er weinte regelrecht, noch bevor er geendet hatte.

‹Ich habe es schon bei mir›, sagte ich und lief los, aber er konnte nicht so schnell gehen.

‹Ich bitte um Verzeihung, Sir›, sagte er, ‹für meine schroffe Weigerung gestern abend.›

‹Eigentlich muß eher ich Sie um Verzeihung bitten, Sir›, widersprach ich ihm. ‹Ich war sehr heftig.›

‹Ach, macht nichts, macht nichts! Wollen Sie mir noch einmal ausführen, was Dr. *** sagte?›

Das tat ich und fragte dann, mit einer Demut, die mich selbst erstaunte, ob ich nicht hineingehen und es ihr verabreichen dürfte.

‹Nein, Sir›, erwiderte er. ‹Leider nicht. Sie mit Ihrem guten Herzen wollen doch bestimmt niemandem weh tun. Außerdem könnte es sie aufregen, wenn sie vor ihrem Tod noch einmal zu Bewußtsein kommt. Im Fieberwahn hat sie oft Ihren Namen genannt, und ich hörte – Sie werden es bestimmt nicht weitererzählen, Sir, da es eigentlich unter das Berufsgeheimnis fällt –, ich hörte, wie unser guter Pfarrer ein wenig streng über Sie sprach, ja ich hörte, wie er Ihnen fluchte. Sie können sich vorstellen, welchen Schaden es in der Pfarrei anrichten würde, wenn dies bekannt würde.›

Ich übergab ihm das Medikament, folgte ihm mit den Augen, als er ins Haus ging, und sah, wie sich die Tür schloß. Den ganzen Tag lungerte ich in der Nähe des Hauses herum. Arm und Reich, alle kamen, um sich zu erkundigen. Die noblen Leute kamen in ihren Kutschen vorgefahren, die Verkrüppelten und Lahmen auf ihren Krücken angehumpelt. Ihre Besorgtheit tat meinem Herzen wohl. Mr. Morgan teilte mir mit, daß sie schlafe, und ich beobachtete, wie Dr. Hamilton ins Haus ging. Die Nacht brach an. Sie schlief. Ich belauerte das Haus von allen Seiten. Hoch oben sah ich ein Licht, das ruhig und gleichmäßig brannte. Dann sah ich, daß es bewegt wurde. Das war die Krisis, so oder so.

XXVIII

Mr. Morgan kam aus dem Haus. Der gute alte Mann! Die Tränen liefen ihm über die Wangen; er konnte nicht sprechen, sondern schüttelte nur unausgesetzt meine Hand. Ich brauchte keine Worte. Ich begriff, daß es ihr besserging.

‹Dr. Hamilton sagt, es sei das einzige Mittel gewesen, das sie habe retten können. Ich war ein alter Narr, Sir. Ich bitte Sie um Verzeihung. Der Pfarrer soll alles erfahren. Verzeihen sie mir, Sir, wenn ich grob war.›

Von diesem Augenblick an lief alles glänzend.

Mr. Bullock besuchte mich und entschuldigte sich für seinen Irrtum und die daraus entstandenen Vorwürfe. Auch John Brouncker kam heim, gesund und munter.

Nur Miss Tomkinson mußte ich noch zu meinen Feinden zählen; und Mrs. Rose, so fürchtete ich, nur allzusehr zu meinen Freunden.

XXIX

Eines Abends war sie zu Bett gegangen, und auch ich wollte mich schon zurückziehen. Ich hatte im hinteren Zimmer, in das ich unter den obwaltenden Umständen vor ihr flüchtete, studiert – ich las damals zahlreiche Bücher über Chirurgie und außerdem ‹Vanity Fair›[18] –, als ich ein lautes, anhaltendes Klopfen an der Haustür hörte, das ausreichte, die ganze Straße aufzuwecken. Bevor ich noch öffnen konnte, hörte ich den wohlbekannten Baß von Jack Marshland – einmal gehört, niemals vergessen! – ein Spiritual anstimmen: ‹Who's dat knocking at de door?›

Obwohl es gerade stark regnete und ich ihn

hereinbat, wollte er sein Lied im Freien fertig-
singen. Laut und hell klang es die Straße hinunter. An einem Fenster sah ich Miss Tomkinsons
Kopf mit einer Nachtmütze auftauchen. Sie rief:
‹Polizei! Polizei!›

Nun gab es in der Stadt keine Polizeistation,
nur einen rheumatischen Schutzmann; aber die
Damen hatten sich angewöhnt, wenn sie nachts
erschraken, nach einer imaginären Polizei zu
rufen, denn sie glaubten, dies würde abschrek-
kend wirken; aber da jedermann um den wirklichen Zustand der unbewachten Stadt wußte,
achteten wir für gewöhnlich nicht weiter darauf.
Gerade jetzt wollte ich jedoch meinen guten Ruf
wiederherstellen. So zog ich den tremolierenden
Jack ins Haus.

‹Jetzt hast du mir mein schönes Vibrato verdorben›, klagte er, ‹jawohl. Ich singe fast so gut
wie Jenny Lind, und ich bin eben eine Nachtigall, genau wie sie.›[19]

Wir saßen bis spät in die Nacht beieinander,
und ich weiß nicht, wie es kam, aber ich erzählte
ihm von all meinem Pech in Ehedingen.

‹Ich wußte doch, daß ich deine Handschrift
gut nachmachen kann›, grinste er. ‹Meine Güte,
war das ein glühender Valentinsbrief! Kein
Wunder, daß sie glaubte, du liebst sie!›

‹Das war also dein Werk? Dann will ich dir
sagen, womit du das wiedergutmachen kannst:
Du schreibst mir einen Brief, den ich vorzeigen
kann, in dem du deinen Streich gestehst.›

‹Gib mir Feder und Papier, mein Junge; du sollst diktieren. ,Aus zutiefst reuigem Herzen…‘ Taugt das als Anfang?›

Ich sprach ihm vor, was er schreiben sollte: ein einfaches, ehrliches Bekenntnis seines Schabernacks; und dies legte ich einem Brief mit einigen Zeilen des Bedauerns bei, daß ohne mein Wissen einer meiner Freunde so gehandelt habe.

xxx

Zu diesem Zeitpunkt wußte ich nur, daß Sophy sich langsam erholte. Eines Tages traf ich Miss Bullock, die sie besucht hatte.

‹Wir haben über Sie gesprochen›, erzählte sie mit strahlendem Lächeln; denn seit sie wußte, daß ich sie nicht liebte, war sie ganz unbefangen und konnte recht einnehmend lächeln. Ich erfuhr, daß sie Sophy über das Mißverständnis bezüglich ihrer eigenen Person aufgeklärt hatte; so war ich nun nach der Absendung von Jack Marshlands Brief an Miss Tomkinson auf dem besten Wege, meinen guten Ruf an zwei Fronten wiederherzustellen. Aber die dritte machte mir Sorgen. Ich schätzte Mrs. Rose wegen ihrer guten Eigenschaften wirklich aufrichtig, so daß mir der Gedanke an eine förmliche Erklärung, bei der von meiner Seite manches gesagt werden mußte, was ihr weh tat, widerstrebte. Wir waren einander recht fremd geworden seit jenem Gerücht von unserem Verlöbnis. Ich merkte, daß

ihr das Kummer bereitete. Solange Jack Marshland bei uns wohnte, war mir in Gegenwart eines
Dritten wohler. Aber er verriet mir im Vertrauen, er wage nicht lange zu bleiben, aus Angst,
die eine oder andere Dame möchte ihn sich
schnappen und heiraten. Ich für mein Teil hielt
es allerdings für nicht unwahrscheinlich, daß er
sich eine von ihnen schnappen würde, wenn er
nur könnte. Denn als wir eines Tages Miss Bullock begegneten und ihrem hoffnungsvollen, frohen Bericht über Sophys Besserung lauschten –
sie besuchte sie täglich –, fragte er mich, wer
denn dieses Mädchen mit den strahlenden
Augen sei? Und als ich ihm erläuterte, das sei
eben jene Miss Bullock, von der ich ihm erzählt
habe, stellte er in bester Laune fest, ich sei ein
ganz großer Narr gewesen, und fragte mich, ob
Sophy irgend etwas besitze, das diesen herrlichen Augen gleichkomme. Ich mußte ihm noch
einmal von Miss Bullocks traurigen Verhältnis-
sen zu Hause erzählen, und daraufhin wurde er
sehr nachdenklich – ein sehr ungewöhnliches
und auf eine gesundheitliche Störung deutendes
Symptom bei ihm.

Kurz nach seiner Abreise wurde mir durch
Mr. Morgans freundliche Vermittlung und Erklärungen gestattet, Sophy zu besuchen. Ich
durfte nicht viel sprechen; das war verboten, um
sie nur ja nicht aufzuregen. Wir sprachen über
das Wetter und die Blumen, und wir schwiegen.
Aber ihre kleine, weiße, schmale Hand lag in der

meinen, und wir verstanden einander ohne Worte. Danach hatte ich eine lange Unterredung mit dem Pfarrer und ging froh und zufrieden fort.

Mr. Morgan besuchte mich am Nachmittag, offensichtlich besorgt, wie mein Besuch im Pfarrhaus ausgegangen war – obwohl er nicht geradeheraus fragte, dazu war er zu höflich. Ich sagte, er dürfe mir gratulieren. Er schüttelte mir herzlich die Rechte und rieb sich dann die Hände. Ich erwog, ihn wegen meiner Zwangslage mit Mrs. Rose zu Rate zu ziehen, die durch meine Verlobung, so fürchtete ich, tief getroffen sein würde.

‹Es gibt nur noch eine Schwierigkeit›, fing ich an, ‹und zwar Mrs. Rose.› Ich stockte, weil ich nicht recht wußte, wie ich ihre offenkundige Zuneigung und die Tatsache, daß sie zu unserem angeblichen Verlöbnis schon Glückwünsche entgegengenommen hatte, in Worte fassen sollte, aber ehe ich noch sprechen konnte, unterbrach er mich schon: ‹Lieber Freund, darüber brauchen Sie sich keine Sorgen zu machen, sie wird ein Zuhause haben. Ja, in der Tat, Sir›, sagte er und errötete ein wenig, ‹ich dachte, es würde vielleicht den Gerüchten, die meinen Namen mit dem von Miss Tomkinson in Verbindung bringen, ein Ende machen, wenn ich eine andere heirate. Ich erhoffte mir davon eine wirksame Widerlegung. Und ich bewunderte zutiefst, wie unverändert Mrs. Rose das Andenken ihres verstorbenen Ehemanns in Ehren hielt. Aber ich

will nicht zu weit abschweifen: Heute morgen
habe ich Mrs. Roses Einwilligung erhalten zu –
zur Heirat. Ja, Sir!› schloß er krönend seine
Ansprache.

Das war eine Überraschung! Dann hatte also
Mr. Morgan nie von dem Gerücht über Mrs.
Rose und mich gehört. Bis heute glaube ich, sie
hätte lieber mich genommen, wenn ich ihr einen
Antrag gemacht hätte. Um so besser.

Hochzeiten waren dieses Jahr groß in Mode.
Eines Morgens begegnete mir Mr. Bullock, als
ich auf dem Weg zu Sophy war, um mit ihr aus-
zureiten. Dank Jemima hatten wir das Mißverständnis zwischen uns ausgeräumt und waren so
gut Freund wie zuvor. An diesem Morgen lachte
er im Gehen laut vor sich hin.

‹Halt, Mr. Harrison!› rief er, als ich schnell vorbeiging. ‹Haben Sie schon das Neueste gehört?
Miss Horsman hat mir gerade erzählt, daß Miss
Caroline mit dem jungen Hoggins auf und davon
ist! Sie ist zehn Jahre älter als er! Erst tut sie so
vornehm, und dann heiratet sie einen Lichtzie-
her! Aber eigentlich ist es gar nicht schlecht für
sie›, fuhr er etwas ernsthafter fort. ‹Der alte Hoggins ist reich, und obwohl er jetzt wütend ist,
wird er sich bald versöhnen lassen.›

Falls ich mir irgend etwas eingebildet haben
sollte, weil ich angeblich drei Damen gleichzeitig bezaubert hatte, so verging mir das rasch.
Kurz nach Mr. Hoggins Hochzeit begegnete ich
Miss Tomkinson zum ersten Mal seit unserer

denkwürdigen Unterhaltung von Angesicht zu Angesicht. Sie hielt mich auf und sagte: ‹Erlauben Sie mir, Mr. Harrison, Ihnen zu Ihrer überaus erfreulichen Verlobung mit Miss Hutton Glück zu wünschen. Außerdem muß ich mich für mein Verhalten entschuldigen, als Sie uns letztes Mal besuchten. Ich glaubte damals wirklich, Caroline sei Ihnen zugetan gewesen, und das machte mich wütend, zugegeben auf eine höchst unbillige und nicht zu rechtfertigende Art und Weise. Aber erst gestern hörte ich sie zu Mr. Hoggins sagen, daß sie ihm seit vielen Jahren zugetan gewesen sei, schon seit der Zeit, wo er noch Kinder-schürzchen trug; und als ich sie nachher fragte, wie sie so etwas sagen könne, nachdem sie wegen der Gerüchte über Sie und Mrs. Rose so verzweifelt gewesen war, weinte sie und warf mir vor, ich hätte sie nie verstanden, und der hysterische Anfall, der mich so erschreckt hatte, sei nur davon gekommen, daß sie Essiggurken gegessen habe. Meine Begriffsstutzigkeit und meine ungehörigen Worte tun mir sehr leid, Mr. Harrison; aber ich hoffe, wir sind nun wie-der gut Freund, denn ich möchte, daß mich Sophys Ehemann gern hat.›

Ach, die gute Miss Tomkinson, da glaubt sie an Verdauungsstörungen als Ausrede wegen ent-täuschter Liebe! Ich schüttelte ihr freundlich die Hand, und seither verstehen wir uns wieder gut. Ich glaube, ich habe dir schon erzählt, daß sie die Patin unseres Kindchens ist.

Ich hatte einige Schwierigkeiten, Jack Marshland zu überreden, er möge den Brautführer machen, aber als er von allen Abmachungen hörte, kam er doch. Miss Bullock war Brautjungfer. Er mochte uns alle so gern, daß er an Weihnachten wiederkam; und er benahm sich viel gesitteter als im Jahr zuvor. Man stellte ihm überall glänzende Zeugnisse aus. Selbst Miss Tomkinson räumte ein, der junge Mann habe sich gebessert. Wir speisten alle zusammen bei Mr. Morgan – eigentlich wollte uns der Pfarrer zu sich einladen, aber wie mir Sophy gestand, kannte sich Helen mit der Fleischfüllung für die Pasteten nicht aus und fürchtete sich ein wenig vor einer so großen Gesellschaft. Es wurde ein fröhlicher Tag. Mrs. Morgan war freundlich und mütterlich wie immer. Bestimmt setzte Miss Horsman eine Geschichte in Umlauf, daß der Pfarrer Miss Tomkinson als seine zweite Frau heimzuführen gedenke, aber sonst entstand bei unserem glücklichen, fröhlichen Weihnachtsfest wohl kein Gerücht. Das ist ein Wunder, wenn man bedenkt, wie es danach mit Jack Marshland und Jemima weiterging.›

In diesem Augenblick kam Sophy herunter; das Kleine war jetzt im Bett, und Charles wachte auf.

1855

Die Nachmittagssonne warf ihre prächtigen
Strahlen auf den grasüberwachsenen Friedhof
und ließ den Schatten der alten Eibe, unter der
wir saßen, dagegen noch dunkler erscheinen.
Das endlose Summen der Myriaden von Som-
merinsekten sorgte für ein vielstimmiges Schlaf-
lied.

Ich kann den Blick, der sich unseren Augen
bot, gar nicht angemessen schildern. Im Vorder-
grund stand die graue Steinmauer des Pfarrgar-
tens, vielfarbig durch unzählige Flechten, Farne,
Efeu von zartestem Grün und in feinster Ver-
ästelung und das leuchtende Scharlachrot des
Storchschnabels, der in jedem Löchlein und
jeder Ritze eine Bleibe fand – und oben auf dieser alten Mauer prangten unbeschnittene Wein-
ranken und die langen, blütenbeladenen Zweige
einer Kletterrose, die dahinter an einem Spalier
hochwuchs. Jenseits des Gartens lag das Grün der
Wiesen, das Grau der Berge und der blaue Glanz
der Morecambe Bay[1], die zwischen uns und dem
ferneren Horizont glitzerte.

Eine Zeitlang schwiegen wir, lebten nur diesem Blick und dem Gesumm. Dann nahm
Jeremy das Gespräch da wieder auf, wo wir es,

plötzlich müde angesichts dieses tiefgrünen, schattigen Rastplatzes, vor einer Viertelstunde unterbrochen hatten.

Zu den Freuden der Ferien gehört es, daß uns die Gedanken nicht ungestüm durch äußere Gewalt, Eile und geschäftige Ungeduld entrissen werden, sondern in der sonnigen Muße solcher Tage ausgereift von den Lippen fallen. Der Baum mag nicht viel tragen, aber die Frucht hat reifen dürfen.

«Wie würdest denn du einen Helden beschreiben?» fragte ich.

Eine lange Pause trat ein, und ich hatte meine Frage schon fast vergessen, weil ich einem Wolkenschatten nachsah, der über die fernen Hügel glitt, als Jeremy antwortete: «Meines Erachtens ist ein Held jemand, der gemäß der höchsten Idealvorstellung von Pflicht handelt, die er ausbilden konnte, gleichgültig, welches Opfer er dabei bringen muß. Ich glaube, nach dieser Begriffsbestimmung dürfen wir alle Entwicklungsstufen der Menschheit einschließen, auch die Helden der Alten, deren einzige – für uns primitive – Pflichtvorstellung in körperlicher Tapferkeit bestand.»

«Dann würdest du sogar Kriegshelden gelten lassen?» fragte ich.

«Ja, mit einem gewissen Bedauern, daß die Umstände ihnen keine höheren Pflichtideale anboten. Aber wenn sie sich aufgeopfert haben, um zu tun, was sie aus tiefster Überzeugung für richtig hielten, kann ich ihnen doch den Titel ‹Held› nicht verweigern.»

«Ein trauriges, unchristliches Heldentum, das darin besteht, anderen zu schaden!» sagte ich.

Wir wurden von einer dritten Stimme aufgeschreckt.

«Wenn ich mir die Freiheit nehmen darf, Sir...», und der Sprecher hielt inne.

Es war der Totengräber[2], den wir bei unserer Ankunft als Beigabe zum Landschaftsbild wahrgenommen, dann aber vergessen hatten, als wäre er so unbelebt wie einer der bemoosten Grabsteine.

«Wenn ich so frei sein darf», sagte er noch einmal und wartete auf die Erlaubnis zu sprechen. Jeremy verneigte sich aus Achtung vor seinem weißen, unbedeckten Haupt. Dadurch ermutigt, fuhr er fort.

«Was der Herr da eben gesagt hat» – er spielte auf meine letzten Worte an –, «erinnert mich an einen Menschen, der jetzt schon viele Jahre tot und begraben ist. Vielleicht hab' ich Sie auch nicht richtig verstanden, Gentlemen, aber soweit ich sehe, wären Sie wohl beide einverstanden, wenn man den armen Gilbert Dawson einen Helden nennen würde. Auf jeden Fall», sagte er und stieß einen tiefen, zitternden Seufzer aus, «hab' ich allen Grund, ihn so zu nennen.»

«Wollen Sie sich nicht setzen, Sir, und uns von ihm erzählen?» fragte Jeremy und stand auf, um zu warten, bis sich der alte Mann niedergelassen hatte. Ich muß gestehen, daß mich die Störung etwas verdroß.

«An Martini werden es fünfundvierzig Jahre», erzählte der Totengräber und hockte sich auf einen grasüberwachsenen Grabhügel zu unseren Füßen, «daß ich meine Lehre beendet hatte und mich in Lindal[3] niederließ. Sie können Lindal abends und morgens auf der anderen Seite der Bucht sehen, ein bißchen rechts von Grange; zumindest hab' ich es oft gesehen, bevor mein Augenlicht so schwach wurde; ich habe manche Viertelstunde damit verbracht, in die Ferne hinüberzustarren und an die Tage zu denken, als ich dort lebte – bis mir die Tränen in die Augen traten und ich nicht mehr schauen konnte. Ich werde es nie mehr sehen, weder fern noch nah, aber Sie können es sehen, so oder so. Es ist ein unheimlich schöner Fleck. Als ich in meiner Jugend loszog und mich dort niederließ, traf ich auf den wildesten Haufen junger Burschen, den man sich vorstellen kann: nichts als Raufen, Wildern, Streiten und solches Zeug. Anfangs war ich erschrocken, als ich entdeckte, wo ich hingeraten war, aber bald fing ich an, ihnen nachzueifern, und schließlich wurde ich genauso ein rauher Geselle wie alle anderen.

Ich war etwa zwei Jahre dort und galt allgemein als der Anführer im Dorf, als Gilbert Dawson, der, von dem ich vorhin gesprochen habe, nach Lindal kam. Er war ein ebenso strammer Bursche wie ich – sechs Fuß war ich groß, wenn ich jetzt auch so geschrumpft und krumm bin –, und weil wir beide den gleichen Beruf hatten (wir schnitten Weiden und Holz für die Faßbinder in Liverpool, die brauchten jede Menge Material aus den Wäldern rings um die Bucht), trafen wir zusammen und fanden sofort großen Gefallen aneinander. Ich bemühte mich nach Kräften, es Gilbert gleichzutun; auch ich hatte ja einiges in der Schule gelernt – wenn ich auch das meiste vergessen hatte, seit ich nach Lindal gekommen war. Eine Weile verbarg ich meine rauhen Umgangsformen, ich hätte mich nämlich geschämt, wenn er mich so erlebt hätte. Aber das dauerte nicht lange. Nach einer Weile bildete ich mir ein, daß er für ein Mädchen schwärmte, das ich innig liebte; es hatte sich aber immer von mir ferngehalten. Ach, wie war sie damals schön! So was gibt's heute nicht mehr. Ich sehe sie noch die Straße entlanggehen mit ihrem tänzelnden Schritt und die langen blonden Locken zurückwerfen, um mir oder einem anderen Burschen ein keckes Wort zuzurufen – kein Wunder, daß Gilbert sie liebgewann, dabei war er ernst und sie so munter und vergnügt. Aber allmählich glaubte ich, daß auch sie ihn liebte, und da fing mein Blut an zu kochen. Was er auch tat, er war mir ein Dorn im Auge. Früher war ich neben ihm gestanden und hatte ihm voller Bewunderung zugeschaut, wie er sprang, Ringe warf und Cricket spielte. Und nun knirschte ich mit den Zähnen vor Haß, wenn er etwas tat, was Lettys

Aufmerksamkeit auf sich zog. Ich sah es ihrem Blick an, daß sie ihn mochte, wenn sie bei ihm auch genauso unnahbar tat wie bei allen anderen. Gott verzeih' mir, wie hab' ich diesen Mann gehaßt!»

Er sprach, als hätte er den Haß noch gestern empfunden, so deutlich zeichneten sich in seinem Gedächtnis die Taten und Gefühle seiner Jugend ab.

Dann senkte er die Stimme und sagte: «Ich versuchte also einen Streit mit ihm vom Zaun zu brechen, denn mein Blut war in Wallung, und ich wollte gegen ihn kämpfen. Wenn ich ihn besiegte, so dachte ich – und ich war damals ein ausgezeichneter Boxer –, würden Lettys Gefühle für ihn abkühlen. Also stritt ich mich eines Abends beim Wurfringspiel mit ihm (ich habe keine Ahnung mehr, wie oder warum, aber kleine Worte haben große Folgen) und forderte ihn zum Kampf. Ich merkte, daß er sehr zornig war; er wurde abwechselnd rot und blaß – und wie ich schon gesagt habe: er war ein stattlicher, lebhafter junger Kerl. Aber plötzlich hielt er inne und erklärte, er würde nicht kämpfen. Was brach da für ein Geheul unter den Burschen von Lindal aus, die uns zuschauten! Ich hör' es noch. Er tat mir unwillkürlich leid, weil er sich so zum Gespött machte. Ich glaubte, daß er mich nicht richtig verstanden hatte, und ich gab ihm noch eine Chance: Ich wiederholte meine Worte und forderte ihn klar und deutlich auf, den Streit auszufechten. Da antwortete er, er könnt' keinen Grund zum Streit mit mir sehen; vielleicht, daß er mich mit Worten gereizt hätte, ihm wär' nichts dergleichen bekannt, aber wenn doch, würd' er mich um Verzeihung bitten; aber auf keinen Fall würde er kämpfen.

Ich verachtete ihn zutiefst wegen seiner Feigheit und ärgerte mich, daß ich ihm eine zweite Chance gegeben hatte, und ich stimmte in das Geheul ein, das sich erhob, doppelt so schlimm wie vorher. Er ertrug es mit zusammengebissenen Zähnen, sehr bleich, und als wir schwiegen, weil uns die Luft ausging, sprach er laut, aber mit heiserer Stimme, ganz anders als sonst: ‹Ich kann nicht kämpfen, weil ich es unrecht finde, zu streiten und Gewalt anzuwenden.›

Damit wandte er sich zum Gehen. Ich war so außer mir vor Haß und Verachtung, daß ich rief: ‹Sag wenigstens die Wahrheit, Kerl! Wenn du dich nicht zu kämpfen traust, dann erzähl keine Lügengeschichten. Mamas Liebling hat Angst vor einem blauen Auge, der Süße! Man wird ihm schon nicht weh tun, aber er soll keine Märchen erzählen.›

Die anderen lachten, aber mir war nicht nach Lachen zumute. Wie konnte ein kräftiger junger Bursche nur so ein Feigling und Angsthase sein!

Noch bevor die Sonne untergegangen war, sprach man überall in Lindal davon, wie ich Gilbert zum Kampf gefordert und wie er mich abgewiesen hatte; die Leute standen in den

Türen und sahen ihm nach, als er den Berg hinauf nach Hause ging, so, als wäre er ein Affe oder ein Ausländer – aber niemand wünschte ihm guten Abend. Nie zuvor hatte man in Lindal erlebt, daß jemand sich geweigert hätte zu kämpfen. Am nächsten Tag hatten sie allerdings ihre Stimme wiedergefunden. Die Männer murmelten in Gilberts Hörweite das Wort ‹Feigling› und hielten sich abseits; die Frauen kicherten, wenn er vorüberging, und die frechen kleinen Buben und Mächen riefen: ‹Seit wann bist du Quäker⁴? Wiedersehen, du Friedensapostel!› und derlei Scherze.

Am gleichen Abend begegnete ich ihm, als er mit Letty vom Strand zurückkam. Sie weinte fast, als ich ihnen in der Kurve begegnete, und sie blickte ihm ins Gesicht, als würde sie ihn um etwas bitten. Und so war es auch, erzählte sie mir später. Sie hatte ihn nämlich wirklich lieb und ertrug es nicht, daß er von allen als Feigling beschimpft wurde. Sie war doch so schüchtern, aber an diesem Abend gestand sie ihm um ein Haar, daß sie ihn liebte, und bat ihn, sich nicht in Schande zu stürzen, sondern mit mir zu kämpfen, wie ich es verlangte. Als er darauf beharrte, daß er es nicht konnte, weil er es für unrecht hielt, wurde sie von Ärger und Wut gepackt, weil sie, um ihn zu überreden, mit ihm gesprochen und ihre Gefühle verraten hatte, und sie spottete beißender über seine Feigheit als alle anderen zusammen, wie sie mir später erzählte, und sagte schließlich, sie würde ihr Lebtag nie mehr mit ihm reden. Einmal tat sie es trotzdem noch – ihr Segenswunsch waren die letzten menschlichen Worte, die vor seinem schrecklichen Ende sein Ohr trafen.

Aber vorher geschah noch mancherlei. Nach dem Tag, als ich die beiden beim Spaziergehen getroffen hatte, wandte Letty sich mir zu; ich merkte, daß es zum Teil aus Trotz gegen Gilbert geschah, sie war nämlich immer doppelt so freundlich, wenn er in der Nähe war oder vielleicht davon erfuhr; aber im Lauf der Zeit gewann sie mich um meiner selbst willen lieb, und der Tag unserer Heirat wurde festgesetzt. Gilbert hielt sich von allen fern und verfiel in Schwermut und Gleichgültigkeit. Sogar sein Gang veränderte sich: Sein Schritt war immer forsch und weit zu hören gewesen, und nun schlurfte er schwerfällig über den Boden. Ich versuchte ihn oft durch Blicke zu reizen und einzuschüchtern, aber immer sah er mir standhaft und ruhig in die Augen, dabei hatte sich so viel für ihn verändert. Die Burschen wollten ihn nicht mehr als Mitspieler, und als er merkte, daß sie ihn links liegenließen, wenn er zum Wurfspiel oder Cricket erschien, blieb er einfach weg.

Der alte Schreiber war der einzige, der mit ihm Umgang hatte; oder besser gesagt, er war der einzige, der mit ihm Umgang haben wollte. Sie wurden schließlich so enge Freunde, daß der alte Jonas immer sagte, Gilbert hätte das Evangelium auf seiner Seite und würde sich nicht anders verhalten, als es im Evangelium steht; aber keiner von uns achtete so recht auf seine Worte, besonders wo doch unser Pfarrer einen Bruder hatte, der Oberst in der Armee war – und wollte sich Jonas womöglich anmaßen, wie wir ihm oft rechthaberisch vorwarfen, das Evangelium besser zu kennen als unser Pfarrer? Das hieß doch den Karren vor die Pferde spannen, wie die französischen Radikalen! Und wenn der Pfarrer Streiten und Kämpfen für Sünde halten würde, und die Bibel auch, hätte er dann so viel Aufhebens gemacht von den massenhaften Siegen in jener Zeit[5], wegen denen das Glöcklein in der Kirche von Lindal alle naslang bimmelte, oder hätte er so viel von ‹meinem Bruder, dem Oberst› gehalten, von dem er dauernd sprach?

Als ich mit Letty verheiratet war, hörte ich auf, Gilbert zu hassen. Irgendwie tat er mir sogar leid – er wurde so sehr verachtet und geschnitten; hatte zwar etwas Kühnes im Blick, wie wenn er sich nicht schämen würde, aber er schien sich zu grämen und kleiner geworden zu sein. Es ist bitter, wenn man von seinesgleichen auf Armeslänge ferngehalten wird; und so empfand es auch Gilbert, der arme Kerl. Aber die kleinen Kinder mochten ihn, sie umschwärmten ihn wie die Bienen – sie waren zu jung, um zu wissen, was ein Feigling ist, und spürten nur, daß er immer bereit war, sie gernzuhaben und ihnen zu helfen, und nie laut oder ägerlich wurde, ganz gleich, wie lästig sie auch waren. Nach einer Weile bekamen auch wir ein Kindchen. Was war sie für ein gesegneter Schatz! Wir liebten sie so innig, ganz besonders Letty, die jetzt, wo sie für ein Kind zu sorgen hatte, bedachtsamer wurde. Ich hatte schon manchmal gedacht, daß ihr diese Fähigkeit ganz abging.

Alle meine Verwandten lebten auf dieser Seite der Bucht, oberhalb von Kellet. Jane – sie liegt neben dem weißen Rosenstrauch da drüben begraben – wollte heiraten, und es half alles nichts, Letty und ich mußten zur Hochzeit kommen; alle meine Schwestern liebten Letty nämlich, sie hatte so ein gewinnendes Wesen. Letty ließ das Kind nicht gern allein, und ich wollte nicht, daß sie es mitnahm; wir besprachen uns also und beschlossen, es bei Lettys Mutter einen Nachmittag allein zu lassen. Ich merkte, daß Letty das Herz ein bißchen weh tat, denn bisher hatte sie die Kleine noch nie allein gelassen, und sie fürchtete offenbar alle Schrecknisse dieser Welt, sogar daß die Franzosen einfielen und sie raubten. Wir liehen uns einen Shandry[6] aus, spannten meine alte graue Stute davor, die sonst immer vor dem Lastkarren ging, und brachen vornehm wie König George[7] gegen drei Uhr über das Watt auf. Es war nämlich etwa um zwölf Uhr Flut, und während der Ebbe mußten wir hinfahren und wieder zurück; Letty konnte das Kind nicht lange allein lassen.

Es wurde ein fröhlicher Nachmittag; das letzte

Mal, daß ich Letty von Herzen lachen sah, und übrigens auch das letzte Mal, daß ich richtig herzlich lachte. Der letzte Zeitpunkt, zu dem wir das Watt überqueren konnten, war neun Uhr, und wir waren beim Aufbruch spät dran. Die Uhren gingen falsch, und wir mußten noch mühsam Jagd auf das Schwein machen, das Letty von meinem Vater für zu Hause geschenkt bekommen hatte. Endlich fingen wir es ein, es schrie und schrie hinten in dem Shandry, und wir lachten, und die andern lachten, und mitten in dem ganzen Spaß ging die Sonne unter, und das ernüchterte uns ein wenig, nun wurde uns nämlich klar, wie spät es war. Ich gab der alten Mähre die Peitsche, aber sie war noch schwerfälliger als am frühen Nachmittag und wollte die Abhänge weder hinunter noch hinauf schneller gehen – und es gibt nicht wenige davon zwischen Kellet und der Küste! Im Watt wurde es noch schlimmer. Der Sand war feucht und schwer zu befahren; nach dem vielen Regen führte der Fluß an der Mündung mehr Wasser. Mein Gott, wie ich das arme Vieh schlug, um das letzte Abendrot noch zu nutzen! Sie haben vielleicht das Watt noch nicht erlebt, Gentlemen. Von der Seite, wo Bolton liegt – von da brachen wir auf –, sind es mehr als sechs Meilen bis Cart Lane, und man muß zwei Priele durchqueren, ganz zu schweigen von Senken und Treibsand. Am zweiten Priel von hier aus wartet der Wächter, von Sonnenaufgang bis Sonnenuntergang während der

Zeit, zu der man die Bucht überqueren kann; drei Stunden vor und nach dem Höchststand der Flut ist er natürlich nicht da. Wenn er bestellt ist, bleibt er auch bis nach Sonnenuntergang, sonst nicht. Jetzt wissen Sie also, wie wir in jener fürchterlichen Nacht dran waren. Wir hatten den ersten Priel schon etwa zwei Meilen hinter uns, und es wurde über uns und ringsumher immer dunkler, ein einziger roter Lichtstreif lag noch auf den Hügeln, als wir an eine Senke kamen; der Sand sieht so flach aus, aber es gibt dort viele Vertiefungen, in denen man die Küste völlig aus den Augen verliert. Wir brauchten länger, als wir hätten brauchen dürfen, um die Senke zu durchqueren, denn der Sand gab so nach; und als wir wieder hinaufkamen, lief vor der Schwärze der Nacht schon der weiße Strich der brausenden Flut die Bucht hoch! Es sah aus, als wäre sie nicht mal mehr eine Meile weit weg, und wenn der Wind landeinwärts weht, kommt sie schneller als ein galoppierendes Pferd. ‹Gott schütze uns!› rief ich, und gleich tat es mir leid, daß ich gesprochen und Letty Furcht eingejagt hatte, aber der Schreck hatte mir die Worte aus dem Herzen gepreßt. Ich spürte, wie Letty neben mir erschauerte und sich an meinen Mantel klammerte. Und wie wenn das Schwein, das sich schon vor einiger Zeit heiser geschrien hatte, die Gefahr erkannt hätte, in der wir uns alle befanden, fing es wieder an zu quieken, daß man fast irre wurde. Ich verwünschte es mit zusammengebissenen Zähnen, weil es solchen Lärm machte; und doch war dies Gottes Antwort auf mein Gebet, ich blinder Sünder. Ja, Sie lächeln vielleicht, Sir, aber in Notfällen sucht sich Gott oft ein wenig geachtetes Werkzeug.

Jetzt war die Stute schon schweißbedeckt und zitterte und keuchte wie in Todesangst; wir waren zwar auf der letzten Sandbank vor dem zweiten Priel, aber das Wasser umspülte schon ihre Hufe, und sie war so erschöpft! Als wir den Priel erreichten, blieb sie stehen, und soviel ich sie auch schlug, sie rührte sich nicht. Sie ächzte ganz laut und zitterte, daß es sie nur so schüttelte. Bis jetzt hatte Letty kein Wort gesprochen, sie klammerte sich nur an meinen Mantel. Nun hörte ich, daß sie etwas sagte, und ich neigte den Kopf.

‹Ich glaub', John – ich glaub', ich seh' unser Kindchen nie mehr wieder!›

Dann schrie sie so furchtbar auf – so laut , so gellend und herzzerreißend! Es machte mich schier wahnsinnig. Ich zog mein Messer, um das alte Roß anzuspornen, damit es so oder so ein Ende nahm, das Wasser hatte sich nämlich heimlich und langsam schon bis zur Radachse hochgearbeitet, ganz zu schweigen von den weißen Wellen, die stetig und gnadenlos vorwärtsdrangen. Diese eine Viertelstunde schien mir so lang wie mein ganzes bisheriges Leben. Gedanken, Phantastereien, Träume und Erinnerungen verschwammen ineinander. Mir schien, als würde der Nebel, der dichte Nebel, der uns wie ein gespenstischer, tödlicher Vorhang umfing, die Blumendüfte unseres Gartens mit sich bringen – vielleicht stimmte das sogar, dort fiel er ja als segensreicher Tau, während er uns wie ein Leichentuch vorkam. Letty erzählte mir später, sie hätte das Kind weinen gehört, über dem Gurgeln der steigenden Flut, so deutlich, wie sie nur je etwas gehört hätte; aber die Seevögel kreischten, und das Schwein schrie – ich habe nichts gehört, es war ja auch meilenweit weg.

Gerade als ich mein Messer gezogen hatte, drang ein anderer Laut an unser Ohr, er mischte sich mit dem Gurgeln des nahen Wassers und dem Brüllen des fernen, das gar nicht so fern war; wir konnten kaum etwas sehen, aber wir meinten vor dem tiefbleiernen Grau der Wellen, des Nebels und des Himmels etwas Schwarzes auszumachen. Es kam näher und näher, langsam und gleichmäßig bewegte es sich über den Priel genau auf uns zu.

Mein Gott! Es war Gilbert Dawson auf seinem kräftigen Braunen.

Wir wechselten nur wenige Worte, und es war auch kaum Zeit dazu. In diesem Augenblick dachte ich nicht an Vergangenheit oder Zukunft – ich kannte nur einen Gedanken in der Gegenwart: wie ich Letty retten konnte und wenn möglich auch mich. Erst später fiel mir ein, daß Gilbert sagte, daß er durch die Schreckensschreie eines Tieres geleitet worden wär'; erst als alles vorbei war, erfuhr ich, daß er sich Sorgen um unsere Rückkehr gemacht hatte, weil der Fluß soviel Wasser führte. Er hatte sich einen Damensattel für sein Pferd ausgeliehen und war am frühen Abend nach Cart Lane hinuntergeritten, um nach uns Ausschau zu halten. Wenn alles gut gegangen wäre, hätten wir nie davon erfahren. Der alte Jonas hat uns alles erzählt, und die Tränen liefen ihm über die eingefallenen Wangen.

Wir banden Gilberts Pferd an unseren Wagen und hoben Letty in den Sattel. Die Flut stieg mit jedem Augenblick, dumpf brüllend. Fast schwappte sie schon in den Wagen. Letty klammerte sich an das Sattelhorn, ließ aber den Kopf hängen, als hätte sie alle Hoffnung auf Rettung verloren. Schneller als ein Gedanke – und doch wäre für verführerische Gedanken allemal Zeit genug gewesen: Wenn er mit Letty weggeritten wäre, hätte er überlebt, nicht ich! – saß Gilbert im Wagen neben mir.

‹Schnell!› sagte er, klar und entschieden. ‹Setz dich vor sie und halte sie oben. Das Pferd kann schwimmen. So Gott will, komm’ ich nach. Ich kann die Zügel kappen, und wenn die Stute nicht mehr vom Wagen behindert wird, bringt sie mich bestimmt heil nach Hause. Du bist schließlich Ehemann und Vater. Mich braucht niemand.›

Verabscheuen Sie mich nicht, meine Herren. Oft wünsche ich mir, diese Nacht wäre nur ein Traum gewesen. Sie hat mich seither im Schlaf verfolgt wie ein Traum und war doch keiner. Ich nahm Gilberts Platz auf dem Sattel ein, legte Lettys Arme um mich und spürte ihren Kopf an meiner Schulter. Ich hoffe zu Gott, daß ich ein paar Dankesworte gesagt habe, aber ich weiß es nicht mehr. Ich erinnere mich nur, daß Letty den Kopf hob und rief: ‹Gott segne dich dafür, Gilbert Dawson, daß du mein Kind davor bewahrst, heute nacht zur Waise zu werden.› Dann sank sie wieder an meinen Rücken, wie bewußtlos.

Ich brachte sie durch, oder vielmehr: das kräftige Pferd schwamm tapfer durch die steigenden Wellen. Wir waren tropfnaß, als wir den Ufersand erreichten, aber wir hatten nur einen Gedanken: Wo war Gilbert? Dichter Nebel und die steigende Flut umgaben uns. Wo war er? Wir riefen laut. Letty, so schwach wie sie war, erhob ihre Stimme und schrie hell und gellend. Keine Antwort kam, die See dröhnte weiter in ihrem endlosen, dumpfen Rhythmus. Ich ritt zum Haus des Wächters. Der lag schon im Bett und wollte nicht aufstehen, dabei bot ich ihm mehr, als ich besaß. Vielleicht merkte er das, der verfluchte alte Schurke! Ich hätte meine Schuld unter allen Umständen abbezahlt, und wenn ich mein Leben lang geschuftet hätte. Er sagte, ich könnte sein Horn nehmen, wenn's mir Spaß machen würd'. Das tat ich denn auch und blies ein so durchdringendes Signal in die schweigende, finstere Nacht, daß die dunstige Luft davon widerhallte; aber kein menschlicher Laut war zu hören. Den Toten konnte das wilde Geschmetter nicht mehr wecken.

Ich brachte Letty heim zu ihrem Kind, und die ganze lange Nacht weinte sie über ihm. Ich ritt zurück ans Ufer bei Cart Lane, ging mit schleppenden Schritten dort auf und ab, immer am Rand der Flut entlang, und schickte von Zeit zu Zeit in das Schweigen hinaus einen Ruf nach Gilbert, ohne Erfolg. Die Flut ging zurück und hinterließ keine Spur. Zwei Tage später wurde er in der Nähe von Flukeborough an Land gespült. Den Shandry und die arme alte Stute fand man halb begraben unterm Sand bei Arnside Knot. Wir reimten uns die Geschichte so zusammen, daß ihm bei dem Versuch, die Zügel durchzuschneiden, das Messer aus der Hand gefallen war und er damit alle Aussicht auf Rettung verloren hatte. Jedenfalls wurde das Messer in einem Spalt der Deichsel gefunden.

Seine Freunde kamen von Garstang herüber zur Beerdigung. Ich wollte als der, den es am meisten betraf, hinter dem Sarg gehen, aber das stand mir nicht zu, und ich durfte nicht; dafür habe ich bis auf den heutigen Tag nicht aufgehört, um ihn zu trauern. Als seine Schwester seine Habseligkeiten zusammenpackte, bat ich inständig um einen Gegenstand aus seinem Besitz. Sie wollte mir keins von seinen Kleidungsstücken geben, sie war eine ausgesprochen sparsame Frau und hatte selber Kinder, die hineinwachsen konnten. Aber sie warf mir seine

Bibel zu und meinte, daß sie schon eine hätten, und die seine wär' bloß ein armseliges, zerlesenes Ding. Aber sie hatte ihm gehört, und so war sie mir teuer. Sie war in schwarzes Leder gebunden und hatte Seitentaschen, wie früher üblich, und in einer steckte ein Sträußchen aus getrockneten Blumen. Letty sagte, sie war fast sicher, daß sie es ihm einmal geschenkt hatte.

Viele Textstellen im Evangelium waren dick mit seinem Zimmermannsbleistift unterstrichen, und sie rechtfertigten mehr als deutlich seine Weigerung zu kämpfen. Gewiß kann man seine Tapferkeit ausreichend beweisen, wenn man Gott dient und die Menschen liebt, ohne Kampf und Streit.

Danke, meine Herren, daß Sie mir zugehört haben. Ihre Worte haben die Erinnerung an ihn heraufgeholt, und ich mußte Ihnen mein Herz ausschütten. Aber jetzt eilt es; ich muß noch ein Grab für ein Kind ausheben, das morgen früh beerdigt wird, gerade dann, wenn seine Kameraden in die Schule losziehen.»

«Aber was ist mit Letty, lebt sie noch?» fragte Jeremy.

Der alte Mann schüttelte den Kopf und unterdrückte einen qualvollen Seufzer. Nach einer kleinen Pause sagte er: «Sie starb kaum zwei Jahre nach dieser Nacht. Sie ist nie mehr die alte geworden. Immer saß sie da und grübelte – ich nehme an, sie dachte an Gilbert. Aber ich konnte ihr keinen Vorwurf daraus machen. Wir bekamen einen Sohn und nannten ihn Gilbert Dawson Knipe; er ist jetzt Heizer auf der Eisenbahn nach London. Unser Mädchen wurde fortgerafft, als die Zähne kamen, und Letty welkte ganz still dahin und starb knapp sechs Wochen später. Sie wurden hier begraben; drum bin ich hierhergezogen, um bei ihnen zu sein und um aus Lindal wegzukommen, wo ich es nicht mehr aushielt, als Letty tot war.»

Er machte sich an die Arbeit; und wir, die wir genug gerastet hatten, standen auf und wanderten weiter.

1848

LOIS DIE HEXE

I

Im Jahr 1691 stand Lois Barclay auf einem kleinen hölzernen Landungssteg und suchte auf dem Festland das Gleichgewicht wiederzugewinnen, fast so, wie sie vor acht oder neun Wochen versucht hatte, auf dem Deck des schwankenden Schiffes, das sie aus dem alten England nach Neuengland herüberbrachte, das Gleichgewicht zu halten. Der feste Boden unter den Füßen war ihr nun geradeso fremd, wie es ihr bis vor kurzem fremd gewesen war, Tag und Nacht von der See geschaukelt zu werden; und auch das Land sah fremdartig aus. Die fernen Wälder ringsum, die in Wirklichkeit von den Holzhäusern, aus denen die Stadt Boston bestand, gar nicht so weit entfernt waren, zeigten ein anderes Grün und andere Umrisse als die, welche Lois Barclay von ihrer alten Heimat in Warwickshire kannte. Ein wenig verließ sie der Mut, als sie hier alleine stand und auf den Kapitän des braven Schiffes «Erlösung» wartete, den freundlichen, rauhbeinigen alten Seemann, der einzige Mensch, den sie kannte, der einzige Freund in diesem unbekannten Erdteil. Kapitän Holdernesse hatte jedoch noch zu tun, wie sie sah, und es würde wahrscheinlich einige Zeit dauern, bis er fertig war und sich um sie kümmern konnte. So setzte sich Lois auf eines der Fässer, die herumstanden, hüllte sich fest in ihren grauen Lodenumhang und schützte sich, so gut es ging, mit der Kapuze vor dem schneidenden Wind, der denen, die er auf See tyrannisiert hatte, unerbittlich zu folgen schien, um sie auch noch an Land zu quälen. Sehr geduldig saß Lois dort, obwohl sie müde war und vor Kälte zitterte. Es war ein ungemütlicher Tag für Mai, und die «Erlösung» mit ihrer Ladung lebensnotwendiger und das Leben erleichternder Güter für die puritanischen Siedler Neuenglands war das erste Schiff im Jahr gewesen, das die Überfahrt gewagt hatte.[1]

Wie sollte Lois in dieser Atempause ihres Lebens, da sie auf dem Pier von Boston saß, nicht an die Vergangenheit denken und grüblerisch in die Zukunft schauen? Sie starrte in den trüben Nebel über der See, und vor ihren schmerzenden Augen, die sich von Zeit zu Zeit gegen ihren Willen mit Tränen füllten, erstand das Kirchlein von Barford – das Dorf liegt keine drei Meilen von Warwick entfernt; man kann es heute noch sehen –, wo ihr Vater seit 1661, lange vor ihrer Geburt, gepredigt hatte. Er und die Mutter lagen nun auf dem Friedhof von Barford, und mit der alten, gedrungenen grauen Kirche sah sie unweigerlich auch das alte Pfarrhaus vor ihrem inneren Auge, ein von Bibernellrosen und gelbem Jasmin überwucherten Cottage, in dem sie als einziges Kind von Eltern, die die Blüte ihrer Jugend schon lange hinter sich hatten, geboren worden war. Sie sah den Weg, kaum hundert Schritte lang, vom Pfarrhaus zur Sakristeitür: den Weg, den ihr Vater Tag für Tag ging, denn die Sakristei war sein Studierzimmer und ihm allein vorbehalten; dort vertiefte er sich in die dicken Bücher der Kirchenväter und verglich ihre Regeln mit denen der Autoritäten der Anglikanischen Kirche jener Tage – der Zeit der letzten Stuarts. Das Pfarrhaus von Barford war kaum größer und vornehmer als die Hütten, die es umgaben; es hatte nur drei Räume pro Geschoß und war nur zwei Geschosse hoch. Zu ebener Erde lagen Wohnzimmer, Küche und Neben- oder Spülküche; eine Treppe höher befanden sich das Zimmer von Mr. und Mrs. Barclay, Lois' Zimmer und die Schlafkammer des Hausmädchens. Wenn ein Gast kam, machte Lois Platz und teilte das Bett mit der alten Clemence. Aber diese Zeiten waren vorbei. Niemals mehr würde Lois auf Erden Vater und Mutter sehen, sie schliefen ruhig und friedlich auf dem alten Kirchhof von Barford, ungerührt davon, was aus ihrem verwaisten Kind wurde – zumindest was irdische Liebe und Sorge anging. Auch Clemence lag dort in ihrer grasüberwachsenen Ruhestatt, festgehalten von den Ranken einer wilden Rose, die Lois über den drei teuren Gräbern gezogen hatte, bevor sie England für immer verließ.

Einige wenige gab es, die sie gerne gehalten hätten; einen, der in seinem Herzen einen Eid vor dem Herrn geschworen hatte, daß er sie früher oder später suchen werde, wenn sie noch auf Erden weilte. Aber er war der reiche Erbe und einzige Sohn des Müllers Lucy, dessen Mühle am Ufer des Avon in den grünen Wiesen von Barford stand, und sein Vater hatte ehrgeizigere Pläne für ihn als eine Heirat mit der armen Tochter von Pfarrer Barclay. – So gering wurden Geistliche damals geachtet! Auf den bloßen Verdacht hin, Hugh Lucy könnte sich zu Lois Barclay hingezogen fühlen, hielten es seine Eltern für klüger, dem verwaisten Mädchen kein Zuhause anzubieten, obwohl sonst niemand von den Gemeindemitgliedern die Mittel dazu hatte, auch wenn sie gewollt hätten.

So schluckte Lois ihre Tränen hinunter, bis Zeit zum Weinen war, und tat, wie ihr die Mutter geraten hatte: «Lois, dein Vater ist an diesem furchtbaren Fieber gestorben, und auch ich sterbe. Ja, so ist es – obwohl ich seit ein paar Stunden weniger Schmerzen leide, Gott sei gelobt! Die grausamen Männer des Commonwealth haben dich aller Freunde beraubt. Der einzige Bruder deines Vaters fiel bei Edgehill durch eine Kugel.[2] Auch ich habe einen Bruder, wenn du mich auch nie von ihm hast sprechen hören, denn er war Puritaner. Dein Vater und er haben sich gestritten, und er ist in das neue Land jenseits des Meeres ausgewandert, ohne sich von uns zu verabschieden. Aber Ralph war ein guter Kerl, bevor er auf diese überspannten Ideen kam, und um der alten Zeiten willen wird er dich aufnehmen, wie sein eigenes Kind lieben und mit den eigenen Kindern aufziehen. Blut ist dicker als Wasser. Schreib ihm, sobald ich gestorben bin – denn ich sterbe, Lois, und ich preise Gott, daß er mich so bald wieder mit meinem Mann zusammenführt.» So selbstsüchtig war diese eheliche Liebe; Lois' Einsamkeit bedeutete ihr wenig, verglichen mit der Freude über die baldige Vereinigung mit ihrem verstorbenen Mann! «Schreib an deinen Onkel Ralph Hickson in Salem, Neuengland – notiere es auf deinem Täfelchen, Kind –, und sag ihm: Ich, Henrietta Barclay, beschwöre ihn bei allem, was ihm im Himmel und auf Erden teuer ist, bei seinem Heil und der alten Heimat in Lesterbridge, bei Vater und Mutter, die uns das Leben geschenkt haben, und bei den sechs toten Kindern, die zwischen ihm und mir liegen, er möge dich in sein Haus aufnehmen, als wärst du sein eigen Fleisch und Blut, und eigentlich bist du's auch. Er hat selber Frau und Kinder, und keiner braucht sich davor zu fürchten, dich, meine Lois, mein Liebling, mein Kindchen, in seinem Haus zu haben. Ach Lois, wenn du nur mit mir sterben könntest! Der Gedanke an dich macht mir den Tod schwer.» Lois tröstete ihre Mutter mehr als sich selbst, das arme Kind, versprach, ihrem letzten Wunsch bezüglich des Briefes zu gehorchen, und sagte, sie hoffe, die Freundlichkeit ihres Onkels nicht in Anspruch nehmen zu müssen.

«Versprich mir» – der Atem der Sterbenden ging schwerer und schwerer –, «daß du sofort aufbrichst. Das Geld, das unser Hab und Gut einbringt, der Brief, den dein Vater an seinen alten Schulfreund Kapitän Holdernesse geschrieben hat… du weißt wohl, was ich sagen will… meine Lois, Gott schütze dich!»

Lois versprach alles feierlich; und gewissenhaft hielt sie Wort. Das fiel um so leichter, als Hugh Lucy zu ihr kam, ihr in einem leidenschaftlichen Ausbruch seine Liebe gestand und von den heftigen Kämpfen mit seinem Vater berichtete, von seiner augenblicklichen Ohnmacht, seinen Hoffnungen und Zukunftsplänen. Dazwischen stieß er so gräßliche Drohungen aus, verriet so viel unbeherrschte Gewalt, daß Lois das Gefühl hatte, sie dürfe nicht länger in Barford bleiben und zur Ursache eines bösen Streites zwischen Vater und Sohn werden, während sich durch ihre Abwesenheit vielleicht alles beruhigte und sich entweder der reiche alte Müller erweichen ließ, oder – und das Herz tat ihr weh bei dem Gedanken an diese andere Möglichkeit – Hughs Liebe erkaltete und der geliebte Spielgefährte ihrer Kindheit sie vergaß. Wenn nicht, wenn Hugh auch nur den zehnten Teil von dem, was er sagte, hielt, erlaubte Gott ihm vielleicht, seinen Plan in die Tat umzusetzen und nachzukommen und sie aufzuspüren, noch bevor viele Jahre verstrichen waren. Es lag alles in Gottes Hand, und so war es am besten, dachte Lois Barclay.

Sie wurde aus ihren Träumen und Erinnerungen aufgeschreckt durch Kapitän Holdernesse, der dem Maat alle notwendigen Befehle und Anweisungen erteilt hatte und jetzt zu ihr kam, sie für ihre große Geduld lobte und ihr mitteilte, er werde sie nun zur Witwe Smith bringen, einem anständigen Haus, wo er und viele andere ranghöhere Seeleute für die Dauer ihres Aufenthalts an der Küste Neuenglands zu wohnen pflegten. Die Witwe Smith habe ein eigenes Wohnzimmer für sich und ihre Töchter, wo Lois warten könne, während er dem Geschäft nachgehe, das ihn wie erwähnt einige Tage in Boston festhalte; danach werde er sie zu ihrem Onkel nach Salem bringen.

All dies war weitgehend schon an Bord verabredet worden, aber Kapitän Holdernesse, dem nichts einfiel, worüber er reden konnte, sprach alles noch einmal durch, während er mit Lois die Straße entlangging. Das war eben seine Art, Mitgefühl zu zeigen, als sie, die grauen Augen voller Tränen, auf dem Landungssteg beim Klang seiner Stimme aufsprang: «Armes Mädchen», sagte er bei sich, «armes Mädchen! Es ist ein fremdes Land, und es sind lauter fremde Leute; sie wird sich bestimmt einsam fühlen. Ich will versuchen, sie aufzumuntern.» So sprach er weiter über eindeutige, greifbare Tatsachen, die mit dem Leben, das vor ihr lag, zu tun hatten, bis sie zur Witwe Smith kamen; und vielleicht wurde Lois' Gemüt durch diese Art von Gespräch und durch das

Neue, das es ihr vorstellte, mehr aufgehellt als durch das Mitleid der feinfühligsten Frau.

«Ein seltsamer Haufen, diese Neuengländer», sagte Kapitän Holdernesse. «Es sind komische Käuze, was das Beten anbelangt; alle naslang liegen sie auf den Knien. Die Leute haben wohl nichts zu tun in einem neuen Land, sonst müßten sie so wie ich beten, mit einem ‹Hauruck!› am Anfang und am Ende meines Gebets und einem Tau, das mir wie Feuer durch die Hände läuft. Der Lotse dort wollte uns alle zu einem Dankgebet zusammentrommeln, wegen der guten Überfahrt und weil wir den Seeräubern glücklich entronnen sind; aber ich hab' gesagt, ich falte meine Hände immer erst auf dem Trockenen, wenn mein Schiff im Hafen liegt. Außerdem haben die französischen Siedler Rache für den Schlag gegen Kanada geschworen, und die Leute hier toben wie die Heiden – zumindest soweit dies bei gottesfürchtigen Leuten möglich ist –, weil sie ihre Sonderrechte verloren haben.[3] Das sind alles Neuigkeiten, die ich vom Lotsen erfahren habe. Er wollte zwar, daß wir ein Dankgebet abhalten, statt das Lot auszuwerfen, aber über den Zustand des Landes war er ziemlich niedergeschlagen. – So, hier wohnt die Witwe Smith! Und jetzt Kopf hoch! Zeig den Frommen, wie hübsch ein Mädchen aus Warwickshire lächeln kann!»

Bei Witwe Smiths Begrüßung hätte jeder gelächelt. Sie war eine stattliche, mütterliche Frau, gekleidet in die stocksteife Mode, die man vor zwanzig Jahren in England in ihrer Gesellschaftsschicht getragen hatte. Aber ihr freundliches Gesicht strafte das Kleid gewissermaßen Lügen; wäre es noch so braun und unauffällig gewesen, die Leute hätten es als hell und fröhlich in Erinnerung behalten, weil es zur Witwe Smith gehörte.

Sie küßte Lois auf beide Wangen, noch bevor sie recht erfahren hatte, wer das fremde Mädchen war – einfach weil sie eine Fremde war und traurig und einsam aussah; und dann küßte sie sie noch einmal, nachdem Kapitän Holdernesse sie der bewährten Fürsorge der Witwe anvertraut hatte. Sie nahm Lois an der Hand und führte sie in ihr roh gezimmertes, solides Blockhaus, über dessen Tür ein großer Zweig hing, der anzeigen sollte, daß hier Roß und Reiter ein Unterkommen fänden. Aber die Witwe Smith nahm nicht jedermann auf. Zu manchen Leuten konnte sie recht kühl und zurückhaltend sein und taub für alle Fragen außer einer, wo sie nämlich sonst noch absteigen könnten. Darauf antwortete sie bereitwillig und schickte den unwillkommenen Gast rasch weiter. Dabei ließ sich die Witwe Smith von ihrem Instinkt leiten: Ein einziger Blick in das Gesicht eines Mannes sagte ihr, ob sie ihn als Mitbewohner im gleichen Haus wie ihre Töchter haben wollte oder nicht; und wie rasch sie dies entschied, verlieh ihr eine Autorität, der sich niemand widersetzen wollte, besonders da sie kräftige Nachbarn in Rufweite hatte, die sie unterstützen konnten, falls ihre vorgebliche Taubheit einerseits und ihre Stimme und Gesten andererseits nicht ausreichten, um jemanden abzuweisen, der bei ihr absteigen wollte. Witwe Smith suchte sich ihre Gäste nur nach deren leiblicher Gestalt aus; die offenkundigen irdischen Verhältnisse kümmerten sie keinen Deut. Wer einmal in ihrem Haus genächtigt hatte, kam immer wieder, denn sie verstand es trefflich, es allen unter ihrem Dach bequem und behaglich zu machen.

Ihre Töchter Prudence und Hester besaßen einige von ihrer Mutter Gaben, aber nicht in solcher Vollendung. Sie dachten erst ein wenig über das Aussehen eines Fremden nach und wußten nicht auf den ersten Blick, ob sie ihn mochten oder nicht; sie achteten auf Hinweise in seiner Kleidung, auf Stoffqualität und Schnitt, die ihnen einiges über seine gesellschaftliche Stellung verrieten. Sie waren zurückhaltender, zögerlicher als ihre Mutter, hatten nicht ihre unmittelbare Autorität, ihre glückliche Hand. Ihr Brot wurde nicht so locker, ihre Butter geriet manchmal nicht recht, ihr Schinken schmeckte nicht immer «genau wie der Schinken in der alten Heimat», wie es von dem ihrer Mutter stets hieß. Dennoch waren sie brave, ordentliche, gutmütige Mädchen. Sie standen auf und begrüßten Lois mit einem freundlichen Händedruck, als die Mutter, den Arm um die Taille der Fremden geschlungen, sie in das Zimmer der Familie, in den sogenannten «Salon», führte.

Fremdartig wirkte dieser Raum in den Augen des Mädchens aus England. Die Stämme, aus denen das Haus gebaut war, lugten hie und da durch den Lehmputz, obwohl über dem Verputz und den Stämmen Felle von allerlei seltsamen Tieren hingen, die die Witwe von befreundeten Händlern geschenkt bekommen hatte. Die Mitbringsel ihrer zur See fahrenden Gäste waren anderer Art: Muscheln, Wampums, Seevogeleier und Geschenke aus der alten Heimat. Das Zimmer sah mehr nach einem kleinen naturgeschichtlichen Museum der damaligen Zeit aus als nach einem Salon, und es herrschte ein seltsamer und ungewöhnlicher, aber nicht unangenehmer Geruch, der durch den Rauch des im Kamin glimmenden riesigen Kiefernklotzes bis zu einem gewissen Grad überdeckt wurde.

Kaum hatte die Mutter den Mädchen berichtet, daß Kapitän Holdernesse im Vorraum sei, räumten sie ihre Spinnräder und Stricknadeln beiseite und fingen an zu kochen; was für eine Mahlzeit, konnte Lois, die daneben saß und gedankenverloren zusah, nicht sagen. Als erstes wurde Kuchenteig zum Aufgehen angesetzt, dann tauchte aus einem Eckschrank, einem Geschenk aus England, eine riesige viereckige Flasche mit einem Schnaps namens «Goldwasser» auf; als nächstes erschien eine Mühle für Schokolade – damals noch ein seltenes, außer-

379

gewöhnliches Genußmittel –, schließlich ein gewaltiger Cheshirekäse. Drei Scheiben Wildbret wurden zum Braten hergerichtet, und kalter Schweinespeck wurde aufgeschnitten und Sirup darübergegossen; weiter gab es eine große Pastete, ähnlich wie Hackfleischpastete, die die Töchter ehrerbietig «Kürbis-Pie» nannten; dann briet man frischen und gepökelten Fisch und bereitete auf verschiedene Weise Austern zu. Lois fragte sich, was man wohl noch alles für den gastlichen Empfang der Fremden aus der alten Heimat vorbereiten würde.

Schließlich stand alles auf dem Tisch, und die heißen Gerichte dampften; aber alles war lauwarm, um nicht zu sagen kalt, bis der Gemeindeälteste Hawkins, ein allseits geschätzter und hochangesehener alter Nachbar, den die Witwe Smith eingeladen hatte, damit er die Neuigkeiten erfuhr, das Tischgebet beendet hatte, in das er Dankesworte für das vergangene und Bitten für das zukünftige Leben aller Anwesenden verwob, zugeschnitten auf den jeweiligen Fall, wie ihn der Älteste nach dem äußeren Eindruck einschätzte. Das Tischgebet hätte womöglich noch länger gedauert, wenn Kapitän Holdernesse nicht mit seinem Messergriff etwas ungeduldig auf die Tischplatte geklopft und damit die zweite Hälfte der Rede des Ältesten untermalt hätte.

Als sie zu essen anfingen, waren alle zu hungrig, um viel zu sprechen, aber mit nachlassendem Appetit wuchs ihre Neugier, und es gab auf beiden Seiten viel zu erzählen und zu erfahren. Die Nachrichten aus England waren nichts Neues für Lois, aber sie lauschte aufmerksam allen Berichten über das unbekannte Land und die fremden Menschen, unter denen sie leben würde. Ihr Vater war Jakobit gewesen – so nannte man seit einiger Zeit die Anhänger der Stuarts –, sein Vater wiederum ein Jünger von Erzbischof Laud[4]. So kam es, daß Lois bisher nur wenig von den Ansichten der Puritaner gehört und von ihrer Lebensweise gesehen hatte. Der Gemeindeälteste Hawkins zählte zu den strengsten unter den Strengen, und seine Gegenwart schien den Töchtern des Hauses eine ehrfürchtige Scheu einzuflößen. Die Witwe hingegen besaß Sonderrechte: Ihre berühmte Herzensgüte, die schon viele Menschen erfahren hatten, verhalf ihr zu einer Redefreiheit, die vielen anderen stillschweigend versagt blieb, wenn sie nicht Gefahr laufen wollten, für gottlos gehalten zu werden, sobald sie bestimmte festgesetzte Grenzen überschritten. Kapitän Holdernesse und sein Maat sprachen indessen aus, was sie dachten, da mochte anwesend sein, wer wollte. So wurde Lois gleich nach ihrer Ankunft in Neuengland mit den Eigenheiten der Puritaner sozusagen schonend vertraut gemacht, und es waren deren so viele, daß ihr ganz einsam und fremd ums Herz wurde.

Das erste Gesprächsthema war der derzeitige Zustand der Kolonie – das merkte Lois bald, obwohl sie anfangs nicht wenig verwirrt war, weil so häufig Ortsnamen genannt wurden, die sie selbstverständlich mit der alten Heimat verband.

Soeben sprach die Witwe Smith. «Im Bezirk Essex sind die Leute angewiesen, vier Späher zu halten oder auch Trupps von Freiwilligen auf Abruf, jeweils sechs Mann pro Trupp. Die sollen nach wilden Indianern Ausschau halten, die sich ständig in den Wäldern herumtreiben, die heimtückischen Bestien! Seit jener ersten Ernte nach meiner Ankunft in Neuengland habe ich soviel Angst; ich träume immer noch, zwanzig Jahre nach der Geschichte mit Lothrop, von Indianern mit kahlrasierten Schädeln und Kriegsbemalung, die hinter Bäumen lauern und mit lautlosen Schritten näher und näher kommen.»

«Ja», fiel da eine der Töchter ein, «weißt du noch, Mutter, wie Hannah Benson uns erzählt hat, daß ihr Mann jeden Baum in der Nähe des Hauses gefällt hat, damit sich die Roten nicht in ihrem Schutz anschleichen konnten, und daß sie eines Abends in der Dämmerung saß, als die ganze Familie schon zu Bett gegangen und ihr Mann in Geschäften nach Plymouth gereist war, und sie einen Holzklotz im Schatten liegen sah, wie der Stamm eines gefällten Baumes. Sie dachte sich nichts dabei, bis sie eine Weile später wieder hinsah und sich einbildete, er wäre ein bißchen näher ans Haus gerutscht. Ihr wurde vor Angst ganz schlecht, und sie wagte sich erst nicht zu rühren, sondern schloß die Augen und zählte bis hundert. Dann schaute sie wieder hin, und der Schatten war dunkler, aber sie sah, daß der Stamm näher gekommen war. Da rannte sie ins Haus, verriegelte die Tür und lief nach oben, wo ihr ältester Sohn schlief. Es war Elijah, und er war damals erst sechzehn, aber bei den Worten seiner Mutter stand er auf, nahm die lange Entenflinte seines Vaters von der Wand und versuchte sie zu laden, und als er schließlich sprach, war es ein Stoßgebet, Gott möge ihn gut zielen lassen. Er trat an ein Fenster, das zu der Seite hinausschaute, wo der Stamm lag, und feuerte, und niemand wagte nachzusehen, was daraus geworden war, sondern alle im Haus lasen die ganze Nacht in der Heiligen Schrift und beteten, bis der Morgen anbrach und sich auf dem Gras ein langer Blutbach zeigte, gleich neben dem Baumstamm, der im vollen Sonnenlicht gar kein Baumstamm mehr war, sondern sich als ein mit Rinde getarnter und äußerst geschickt bemalter Indianer entpuppte, mit einem Kriegsdolch an der Hüfte.»

Alle lauschten atemlos, obwohl den meisten diese oder ähnliche Geschichten vertraut waren.

Dann erzählte ein andrer Schauergeschichten: «Seit Ihr das letzte Mal hier wart, Kapitän Holdernesse, waren die Piraten unten in Marblehead. Erst im letzten Winter sind sie gelandet, französische Papistenpiraten... und die Leute schlossen sich in ihren Häusern ein, sie wußten ja nicht, was draus werden würde. Die Piraten schleppten Menschen an Land. Eine Frau war unter ihnen; es waren zweifellos Gefangene von einem Schiff, die trieben sie landeinwärts in die Sümpfe; und die Bewohner von Marblehead hielten sich still und stumm, jedes Gewehr geladen und jedes Ohr gespitzt, denn wer wußte, ob die wilden Seeräuber nicht als nächstes einen Streifzug an Land machen würden. Dann hörten sie in der Totenstille der Nacht den lauten, elenden Schrei einer Frau aus den Sümpfen: ‹Herr Jesus, erbarme dich! Errette mich aus der Hand der Feinde, Herr Jesus!› Und allen, die den Schrei hörten, gefror vor Entsetzen das Blut in den Adern, bis die alte Nance Hickson, die seit Jahren stocktaub und bettlägerig war, aufstand, mitten unter die Leute trat, die im Haus ihres Enkels versammelt waren, und verkündete: Weil die Einwohner von Marblehead nicht genug Mut oder Gottvertrauen gehabt hätten, um hinauszulaufen und der Hilflosen beizustehen, müßten sie und ihre Kinder für immer den Schrei der sterbenden Frau hören, bis ans Ende der Zeiten. Und nach den letzten Worten fiel Nance tot nieder, und die Piraten segelten im Morgengrauen von Marblehead fort; aber die Leute dort hören den Schrei noch immer, schrill und elend aus den wüsten Sümpfen: ‹Herr Jesus, erbarme dich! Errette mich aus der Hand der Feinde, Herr Jesus!›»

«Ebendeshalb», sagte da der Gemeindeälteste

Hawkins mit seiner tiefen Baßstimme und dem starken Näseln der Puritaner – die, laut Samuel Butler, «näselnd ihren Pudding schmähen»[5] –, «ordnete der fromme Mr. Noyes ein Fasten in Marblehead an und hielt eine aufwühlende Predigt über die Worte: ‹Was ihr dem Geringsten unter meinen Brüdern nicht getan habt, das habt ihr mir nicht getan.›[6] Aber zuweilen frage ich mich, ob nicht die ganze Vision mit den Piraten und der schreienden Frau ein Trugbild Satans war, um die Menschen von Marblehead zu prüfen und zu sehen, welche Frucht ihre Lehre trug, auf daß sie vor Gottes Angesicht verdammt würden. Wenn dies zuträfe, hat der Erzfeind einen großen Sieg davongetragen, denn es gehört gewiß nicht zur Christenpflicht, einer hilflosen Frau in äußerster Not keinen Beistand zu gewähren.»

«Aber es war kein Trugbild, Ältester», sagte die Witwe Smith, «das waren echte, lebendige Menschen, die an Land gingen, Männer, die Zweige abgebrochen und Fußspuren auf dem Boden hinterlassen haben.»

«Was das betrifft, so hat der Satan viele Mittel, und an dem Tag, da es ihm erlaubt ist, umherzugehen wie ein brüllender Löwe[7], wird er sich nicht mit Kleinigkeiten aufhalten, sondern ganze Arbeit leisten. Ich sage euch, viele Menschen sind böse Geister in sichtbarer Gestalt, denen erlaubt ist, die wüsten Stätten auf Erden zu durchstreifen. Ich selbst glaube, daß die Indianer

385

tatsächlich jene Gottlosen sind, von denen wir in der Heiligen Schrift lesen; und sie stehen zweifelsohne im Bunde mit diesen abscheulichen Papisten, den Franzosen in Kanada. Ich habe sagen hören, daß die Franzosen den Indianern für ein Dutzend Skalps von englischen Köpfen eine Menge Gold zahlen.»

«Das sind ja nette, aufmunternde Gespräche», sagte Kapitän Holdernesse zu Lois, als er ihre bleichgewordenen Wangen und ihre von Angst erfüllte Miene sah. «Du denkst jetzt sicher, du wärst besser in Barford geblieben, Kind. Aber der Teufel ist nicht so schwarz, wie er gemalt wird.»

«Ha! Da haben wir's schon wieder!» rief der Älteste Hawkins. «Der Teufel wird gemalt, so heißt es von alters her, und sind nicht diese Indianer angemalt, genau wie ihr Vater, der Teufel?»

«Ist das alles wahr?» fragte Lois Kapitän Holdernesse leise und ließ den Ältesten weiterpredigen, ohne ihn zu beachten. Die beiden Töchter des Hauses hingegen lauschten ihm ehrfurchtsvoll.

«Mein Kind», antwortete der alte Seemann, «du bist in ein Land gekommen, wo es viele Gefahren gibt, zu Wasser und zu Lande. Die Indianer hassen die Weißen. Ob andere weiße Männer» – damit meinte er die Franzosen oben im Norden – «die Wilden mit Hunden gehetzt haben oder ob die Engländer ihnen ihr Land und ihre Jagdgebiete weggenommen haben, ohne sie angemessen zu entschädigen, und damit die grausame Rachsucht der barbarischen Geschöpfe geweckt haben – wer weiß das? Aber es stimmt, daß es gefährlich ist, weit in die Wälder hineinzugehen, die bemalten Wilden könnten dort nämlich auf der Lauer liegen. Es ist auch gefährlich, fern von einer Siedlung ein Haus zu bauen, und wer von einer Stadt zur anderen reisen will, braucht ein unerschrockenes Gemüt. Die einen sagen, die Indianer wüchsen förmlich aus dem Boden, um die Engländer zu überfallen, und andere behaupten, sie stünden alle mit dem Teufel im Bunde, der die Christen aus dem heidnischen Land, über das er so lange geherrscht hat, vertreiben wolle. Außerdem wird die Küste von Piraten heimgesucht, dem Abschaum aller Völker; die gehen an Land und plündern, rauben, brennen und zerstören. Die Menschen fürchten sich vor den wirklichen Gefahren, und in ihrer Angst bilden sie sich auch Gefahren ein, die es gar nicht gibt. Aber wer weiß? Die Heilige Schrift spricht von Hexen und Zauberern und von der Macht des Bösen an verlassenen Orten; und selbst in der alten Heimat haben wir von Menschen gehört, die ihre Seele für alle Ewigkeit verkauft haben, nur um auf Erden für ein paar Jahre ein bißchen Macht zu besitzen.

Eben jetzt schwieg der ganze Tisch und hörte dem Kapitän zu. Es war nur ein zufälliges Schweigen, wie es manchmal ohne ersichtlichen Grund und oft ohne ersichtliche Folgen eintritt.

Noch ehe jedoch viele Monate verstrichen waren, sollten die Anwesenden allen Grund haben, sich an die Sätze zu erinnern, mit denen Lois antwortete – obwohl sie leise sprach und, ganz vom Augenblick gefangen, glaubte, es höre ihr nur ihr alter Freund, der Kapitän, zu: «Es sind furchtbare Geschöpfe, die Hexen! Aber obwohl ich sie fürchte, tun mir die armen alten Frauen leid. In Barford gab es eine, als ich noch ein kleines Kind war. Niemand wußte, woher sie kam; sie ließ sich in einer Lehmhütte in der Nähe der Allmende nieder und hauste dort mit ihrer Katze.»

Bei dem Wort «Katze» schüttelte der Gemeindeälteste Hawkins lange und schwarzseherisch den Kopf.

«Niemand wußte, wovon sie lebte, es sei denn von Brennesseln und Hafergrützenresten und ähnlichem, das man ihr mehr aus Angst als aus Mitleid überließ. Sie ging gekrümmt und sprach und murmelte immer vor sich hin. Die Leute behaupteten, sie fange in dem Dickicht, das bis an ihre elende Hütte wuchs, mit der Schlinge Vögel und Kaninchen.

Ich weiß nicht, wie es kam, aber in dem Frühjahr, als ich knapp vier Jahre alt war, erkrankten viele Leute im Dorf, und reihenweise starb das Vieh. Ich habe wenig darüber erfahren, denn mein Vater fand es sündhaft, über solche Dinge zu reden. Doch an ein grausiges Erlebnis erinnere ich mich. Eines Nachmittags ging die Magd

Milch holen und nahm mich mit, und wir kamen an einer Wiese vorbei, wo der Avon eine Schleife macht und ein tiefes, rundes Becken bildet. Dort stand eine Menschenmenge, ganz still – und eine stille, atemlose Menge läßt das Herz ängstlicher pochen als eine schreiende, lärmende. Alle starrten aufs Wasser, und die Magd hob mich hoch, damit ich über die Schultern der Leute hinweg etwas sehen konnte. Da sah ich im Wasser die alte Hannah; das graue Haar fiel ihr über die Schultern, und ihr Gesicht war blutig rot und braunschwarz von den Steinen und Schlammklumpen, mit denen die Leute nach ihr geworfen hatten; die Katze hatten sie ihr um den Hals gebunden. Ich verbarg sofort mein Gesicht bei diesem schrecklichen Anblick, das weiß ich noch, denn unsere Blicke trafen sich, als sie wie irr umherstarrten – das arme, hilflose, gequälte Geschöpf! –; und als sie meiner ansichtig wurde, rief sie laut: ‹Pfarrersdirn! Pfarrersdirn, dort auf dem Arm deiner Kinderfrau! Hat dein Vater nichts getan, mich zu erretten, so soll auch dich niemand erretten, wenn du einst angeklagt bist als Hexe!› Ach, die Worte klangen mir noch Jahre danach beim Einschlafen in den Ohren. Ich träumte immer, ich läge dort im Wasser, und alle Menschen starrten mich haßerfüllt an, weil ich eine Hexe war. Und manchmal schien die schwarze Katze wieder am Leben zu sein und rief diese schrecklichen Worte.»[8]

Lois hielt inne. Die beiden Töchter sahen mit

schauderndem Staunen, wie erregt sie war und daß ihr Tränen in den Augen standen. Der Älteste Hawkins schüttelte den Kopf und murmelte Bibelsprüche, die fröhliche Witwe Smith aber, der es nicht gefiel, daß das Gespräch eine so düstere Wendung genommen hatte, versuchte ihm eine leichtere Tonart zu geben und sagte: «Ich zweifle nicht daran, daß die hübsche Pfarrerstochter mit ihren Grübchen und ihrem netten Wesen seither manchen behext hat – hm, Kapitän Holdernesse? Erzählt uns doch, was dieses junge Mädchen in England angestellt hat.»

«Ja, ja», antwortete der Kapitän, «einen gibt es schon in Warwickshire, den sie verzaubert hat und der sich wohl nie mehr davon erholen wird.»

Der Älteste Hawkins erhob sich, um zu reden; die Hände auf den Tisch gestützt, begann er: «Brüder! Ich muß euch tadeln, wenn ihr leichtfertig sprecht; Zauber und Hexerei sind Werke des Bösen. Ich glaube fest, daß dieses Mädchen nichts damit zu tun gehabt hat, nicht einmal in Gedanken. Aber mich überkommen schlimme Ahnungen bei ihrer Geschichte. Der teuflischen Hexe könnte vom Satan Macht gegeben worden sein, ihren Geist, wiewohl sie noch ein Kind war, mit dieser Todsünde zu vergiften. Ich rufe euch alle auf, statt eitel daherzuschwatzen, mit mir zusammen für diese Fremde in unserem Lande zu beten, auf daß ihr Herz gereinigt werde von aller Frevelhaftigkeit. Lasset uns beten.»

«Na, na, was soll daran böse sein!» sagte Kapitän Holdernesse. «Aber wenn Ihr schon dabei seid, Ältester Hawkins, dann betet gleich für uns alle, denn ich fürchte, unter uns gibt's manchen, der weit mehr von Frevelhaftigkeit gereinigt werden muß als Lois Barclay, und für einen Menschen zu beten, kann nie schaden.»

Kapitän Holdernesse hatte Geschäfte in Boston, die ihn dort für mehrere Tage festhielten, und während dieser Zeit blieb Lois bei der Witwe Smith und besah sich, was es von dem neuen Land, in dem ihre zukünftige Heimat lag, zu sehen gab. Unterdessen wurde der Brief ihrer sterbenden Mutter einem Jungen, der nach Salem ging, mitgegeben, um Onkel Ralph Hickson auf die Ankunft seiner Nichte vorzubereiten. Sie sollte kommen, sobald Kapitän Holdernesse Zeit fand, sie hinzubringen; denn er fühlte sich persönlich für sie verantwortlich, bis er sie der Obhut ihres Onkels anvertrauen konnte.

Als es schließlich soweit war und sie nach Salem aufbrachen, wurde Lois sehr traurig, daß sie die liebenswürdige Frau, unter deren Dach sie gewohnt hatte, verlassen mußte, und sie schaute sich um, solange sie noch etwas vom Haus der Witwe Smith sehen konnte. Sie war in einen unförmigen Bauernkarren gepackt worden, der außer für den Kutscher nur Platz für Kapitän Holdernesse und sie bot. Unter ihren Füßen befand sich ein Proviantkorb, und hinter ihnen hing ein Futtersack fürs Pferd; denn die

Reise nach Salem dauerte einen guten Tag, und es hieß, die Straße sei so gefährlich, daß es nicht gut sei, sich für eine Stärkung auch nur eine Minute länger als nötig aufzuhalten.

Schon die englischen Straßen waren in jener Zeit und noch lange danach ziemlich schlecht, aber in Amerika bestand ein Weg einfach aus gerodetem Waldboden, mit den übriggebliebenen Baumstrünken als Hindernissen mittendrin, die es äußerst vorsichtig zu umfahren galt. In den Senken, wo der Boden morastig war, suchte man dem Matsch mit quer über den sumpfigen Teil gelegten Baumstämmen zu begegnen. Der dunkelgrüne Wald, selbst so früh im Jahr ein finsteres Gewirr, reichte überall bis auf wenige Schritte an die Straße heran, obwohl sich die Bewohner der nahen Siedlungen regelmäßig bemühten, auf beiden Seiten einen Streifen freizuhalten, aus Angst vor den stets lauernden Indianern, die sich sonst unbemerkt anschleichen konnten. Die Schreie fremdartiger Vögel, ihre manchmal ungewohnte Farbigkeit legten dem phantasievollen oder unerfahrenen Reisenden den Gedanken an Kriegsgeheul und bemalte Todfeinde nahe. Aber endlich kamen sie doch nach Salem, das in jener Zeit mit Boston in der Größe wetteiferte und sich rühmte, einige Straßen zu besitzen, obwohl dies für ein englisches Auge mehr nach zusammengewürfelten Häusern aussah, die sich um ein Versammlungshaus scharten – oder vielmehr um eines der Versammlungshäuser, denn es wurde gerade ein zweites gebaut. Zwei Palisadenringe umgaben den Ort; zwischen ihnen lagen die Gärten und die Weidegründe derer, die Angst hatten, ihr Vieh könnte in den Wald laufen und sie müßten sich dann in Gefahr begeben, wenn sie es wieder heimtrieben.

Der Bursche, der sie kutschierte, brachte sein erschöpftes Pferd mit der Peitsche zum Traben, als sie durch Salem zu Ralph Hicksons Haus fuhren. Es war Abend, Mußezeit für die Siedler, und die Kinder spielten vor den Häusern. Lois fiel ein entzückendes kleines Kind auf, das gerade laufen gelernt hatte, und sie drehte sich nach ihm um. Es blieb mit dem Füßchen in einem Baumstrunk hängen, fiel hin und schrie, und die Mutter kam erschrocken aus dem Haus gerannt. Ihre Augen fingen Lois' besorgten Blick auf; deren Frage aber, ob sich das Kind weh getan habe, wurde vom Lärm der schweren Räder übertönt. Lois hatte nicht lange Zeit, über den Vorfall nachzudenken, denn schon im nächsten Augenblick blieb das Pferd vor der Tür eines ansehnlichen, breiten, massiven Holzhauses stehen, sahnig weiß verputzt und vielleicht nicht weniger schmuck als jedes andere Haus in Salem; hier, erfuhr sie vom Kutscher, lebte ihr Onkel Ralph Hickson. In der Aufregung merkte sie nicht – Kapitän Holdernesse jedoch sehr wohl –, daß auf den nicht gerade alltäglichen Lärm der Räder hin niemand herauskam, um sie zu empfangen und willkommen zu heißen. Der alte Seemann hob sie herunter und führte sie in einen großen Raum, fast so groß wie die Halle in einem englischen Herrenhaus. Ein hochgewachsener und hagerer junger Mann von drei- oder vierundzwanzig Jahren saß vor einem der Fenster auf einer Bank und las im schwindenden Tageslicht in einem großen Folianten. Er stand nicht auf, als sie hereinkamen, sondern sah sie erstaunt an, ohne daß ein Leuchten des Erkennens in sein strenges, finsteres Gesicht trat. Es war keine Frau in dem Wohnraum.

Kapitän Holdernesse schwieg einen Augenblick, dann fragte er: «Ist dies das Haus von Ralph Hickson?»

«Ja», antwortete der junge Mann mit schleppender, tiefer Stimme. Aber er sprach kein Wort weiter.

«Das ist seine Nichte Lois Barclay», erklärte der Kapitän, nahm das Mädchen am Arm und schob es nach vorn. Der junge Mann sah sie eine Zeitlang unverwandt und ernst an; dann erhob er sich, kennzeichnete sorgfältig die Seite in dem Folioband, der bisher auf seinen Knien gelegen hatte, und sagte, immer noch schwerfällig und unbeteiligt: «Ich hole meine Mutter, die wird Bescheid wissen.»

Er öffnete eine Tür, die in eine warme, helle, vom Herdfeuer rot beleuchtete Küche führte, wo offenbar drei Frauen mit Kochen beschäftigt waren, während eine vierte, eine alte Indianerin von grünlichbrauner Hautfarbe, runzlig und merklich vom Alter gebeugt, hin- und herlief und offenbar die Sachen holte, die die anderen brauchten.

«Mutter», sagte der junge Mann, und als er ihre Aufmerksamkeit erlangt hatte, zeigte er über die Schulter auf die soeben angekommenen Fremden. Dann widmete er sich wieder seinem Buch, wobei er Lois allerdings von Zeit zu Zeit unter seinen dunklen, buschigen Augenbrauen hervor verstohlen musterte.

Eine große, breitgebaute Frau, die schon über die Lebensmitte hinaus war, kam aus der Küche und stellte sich mit forschendem Blick vor die Fremden hin.

Kapitän Holdernesse sprach. «Dies ist Lois Barclay, Master Ralph Hicksons Nichte.»

«Davon weiß ich nichts», sagte die Hausherrin mit einer tiefen Stimme, die fast so männlich klang wie die ihres Sohnes.

«Aber Master Hickson hat doch einen Brief von seiner Schwester bekommen, oder nicht? Ich habe ihn eigenhändig einem Jungen namens Elias Wellcome mitgegeben, der gestern früh von Boston nach hier aufbrach.»

«Ralph Hickson hat keinen solchen Brief bekommen. Er liegt krank in dem Zimmer dort hinten. Alle Briefe an ihn gehen durch meine Hände, deshalb kann ich mit Sicherheit behaupten, daß hier kein solcher Brief abgeliefert wurde. Seine Schwester Barclay, geborene Henrietta Hickson, deren Mann sich mit einem Eid an Charles Stuart band und auf seiner Pfründe hocken blieb, als alle gottesfürchtigen Menschen die ihre aufgaben…»[9]

Lois, die noch vor einer Minute geglaubt hatte, ihr Herz sei bei dem unfreundlichen Empfang, der ihr zuteil wurde, für immer zu Stein erstarrt, fühlte, wie ihr bei dieser Beleidigung ihres Vaters eine Antwort die Kehle hochstieg, und zu ihrem eigenen Erstaunen und dem des Kapitäns sprach sie: «Es mögen gottesfürchtige Menschen gewesen sein, die an jenem Tag, von dem Ihr sprecht, Madam, ihre Kirchen verließen, aber das waren nicht die einzigen gottesfürchtigen Menschen, und niemand hat das Recht, aus bloßer Überzeugung heraus zu entscheiden, was wahre Gottesfurcht ist.»

«Gut gesagt, Mädchen», sprach der Kapitän, drehte sich anerkennend und staunend nach ihr um und tätschelte ihr den Rücken.

Lois und ihre Tante schauten einander in die Augen, ohne mit der Wimper zu zucken, und schwiegen eine Minute oder länger; aber das Mädchen spürte, wie es abwechselnd rot und blaß wurde, während die ältere Frau keinerlei Veränderung zeigte. Die Augen des jungen Mädchens füllten sich rasch mit Tränen, die von Grace Hickson dagegen behielten ihren unverwandten Blick, trocken und unerschütterlich.

«Mutter!» sagte der junge Mann und erhob sich, und zwar schneller, als sich bisher irgend jemand in diesem Haus bewegt hatte, «es ist nicht recht, über solche Dinge zu sprechen, wenn meine Base zum ersten Mal zu uns kommt. Der Herr möge ihr künftighin gnädig sein, aber heute ist sie von Boston bis hierher gefahren, und sie und der Seemann müssen sich bestimmt ausruhen und brauchen etwas zu essen.»

Er wartete die Wirkung seiner Worte nicht ab, sondern setzte sich und schien sogleich wieder in sein Buch vertieft zu sein. Vielleicht wußte er, daß sein Wort seiner grimmigen Mutter wie ein Befehl galt, denn er hatte kaum geendigt, da wies sie schon auf eine hölzerne Sitzbank, glättete die Furchen auf ihrer Stirn und sagte: «Manasseh hat recht. Setzt Euch hierhin, bis ich Faith und Nattee gebeten habe, ein Essen herzurichten; inzwischen gehe ich zu meinem Mann und erzähle ihm, daß eine, die sich seiner Schwester Kind nennt, zu ihm zu Besuch gekommen ist.»

Sie ging zur Küchentür und erteilte dem älteren Mädchen, von dem Lois nun wußte, daß es die Tochter des Hauses war, einige Anweisungen. Faith stand teilnahmslos da, während die Mutter sprach, und warf kaum einen Blick auf die fremden Neuankömmlinge. Sie sah ihrem Bruder ähnlich, hatte aber hübschere Gesichtszüge und große, geheimnisvolle Augen, wie Lois sah, als sie sie ein einziges Mal hob und mit einem schweifenden, suchenden Blick das Bild des Kapitäns und ihrer Base gleichsam in sich aufnahm. Um die steife, große, knochige Mutter und die kaum geschmeidigere Gestalt der Tochter herum sprang ein kleines Mädchen von etwa zwölf Jahren und riß wie ein kleiner Teufel allerlei Possen, von ihnen unbeachtet, als würde sie alle Tage so neugierig herumlugen, mal den Kopf durch ihre Arme strecken, mal an dieser Stelle, mal an jener auftauchen. Dabei schnitt sie Lois und Kapitän Holdernesse, die müde und durch diesen Empfang etwas entmutigt gegenüber der Tür saßen, die ganze Zeit Grimassen. Der Kapitän zog Kautabak hervor, um sich damit zu trösten, aber schon nach kurzer Zeit kam ihm seine Zuversichtlichkeit zu Hilfe, und er sagte leise zu Lois: «Dieser Schlingel Elias, dem werd' ich's zeigen! Wenn bloß der Brief hier angekommen wäre, dann hätten sie dich anders begrüßt! Aber wenn ich erst was im Leibe habe, zieh' ich los und such' mir den Kerl und bring' den Brief her, und dann wird alles gut, mein Kind. Nein, verzage nicht, ich kann Frauen nicht weinen sehen. Du bist bloß zermürbt von dem Geschaukel auf dem Wagen, und weil du nichts zu essen gehabt hast.»

Lois wischte sich die Tränen fort und blickte umher, denn sie wollte versuchen, sich abzulenken, indem sie ihre Gedanken auf die Gegenstände in ihrer Umgebung richtete. Da fing sie den Blick ihres Vetters Manasseh auf, der sie aus seinen tiefliegenden Augen verstohlen beobachtete. Es war kein unfreundlicher Blick, und dennoch wurde Lois unbehaglich zumute, besonders da er den Blick nicht abwandte, obwohl er gesehen haben mußte, daß sie ihn bemerkte. Sie war froh, als die Tante sie in ein Hinterzimmer zu ihrem Onkel rief und sie der unverwandten Aufmerksamkeit ihres düsteren, schweigenden Vetters entkam.

Ralph Hickson war wesentlich älter als seine Frau, und die Krankheit ließ ihn noch älter aussehen. Er hatte nie die Wesensstrenge seiner Gattin Grace gehabt, und Alter und Krankheit ließen ihn nun mitunter fast kindisch werden. Aber er war ein liebevoller Mensch, und jetzt streckte er seine zittrigen Arme aus dem Krankenbett hervor, hieß Lois ohne zu zögern willkommen und wartete nicht lang auf die Bestätigung durch den fehlenden Brief, ehe er sie als seine Nichte anerkannte.

«Ei, das ist lieb von dir, daß du über das weite Meer kommst, um deinen Onkel kennenzulernen; lieb von Schwester Barclay, daß sie dich gehen ließ!»

Lois mußte ihm erzählen, daß zu Hause in England niemand mehr lebte, der sie vermissen könnte, ja, daß sie in England kein Zuhause mehr hatte, keinen Vater und keine Mutter mehr auf Erden; und daß die Mutter ihr mit ihren letzten Worten aufgetragen hatte, sie solle ihn suchen und ihn um ein Zuhause bitten. Die Worte kamen halb erstickt aus ihrem schweren Herzen, und sein geschwächter Verstand begriff erst nach mehrmaliger Wiederholung, was sie bedeuteten. Nun weinte er wie ein Kind, mehr weil er selbst eine Schwester verloren hatte, die er über zwanzig Jahre nicht mehr gesehen hatte, als aus Mitleid mit dem verwaisten Mädchen, das da vor ihm stand und nach Kräften versuchte, die Tränen zurückzuhalten und sich in dieses neue, fremdartige Zuhause tapfer einzufügen. Was Lois bei ihrer Selbstbeherrschung am meisten half, war der abweisende Blick ihrer Tante. Geboren und aufgewachsen in Neuengland, empfand Grace Hickson eine Art eifersüchtige Abneigung gegen die englischen Verwandten ihres Mannes, die noch gewachsen war, seit sich in den letzten Jahren sein kindisch gewordenes Gemüt nach ihnen sehnte, seit er vergaß, daß er sich aus gutem Grund selbst verbannt hatte, und die Entscheidung, die dazu geführt hatte, als den größten Fehler seines Lebens beklagte.

«Na, na!» sagte sie, «mir kommt vor, als vergäßest du bei all dem Klagen über den Verlust von jemandem, der nach einem erfüllten Leben starb, in wessen Hand Leben und Tod liegen.»

Wahre Worte, aber zur falschen Zeit gesprochen. Lois blickte mit kaum verhohlener Empörung zu ihr auf, und die steigerte sich noch, als sie hörte, in welch geringschätzigem Ton die Tante mit Ralph Hickson weitersprach, sogar während sie seine Kissen aufschüttelte, damit er bequemer liege.

«Man könnte meinen, du seist ein gottloser

Mensch, bei deinem Gejammer über Dinge, die nicht mehr zu ändern sind; und wahr ist, daß du kindisch geworden bist auf deine alten Tage. Als wir geheiratet haben, hast du alles in Gottes Hand gelegt, sonst hätte ich dich auch nie genommen. Nein, Mädel», sagte sie, als sie den Ausdruck auf Lois' Gesicht gewahrte, «du brauchst mich gar nicht so bissig und fuchtig anzuschauen. Ich tu' meine Pflicht, wie es geschrieben steht, und es gibt keinen Menschen in Salem, der es wagen würde, ein Wort wider Grace Hicksons Arbeit oder Glauben zu sagen. Der fromme Mr. Cotton Mather hat gemeint, sogar er könne von mir lernen; und ich würde dir raten, übe dich in Demut und denk darüber nach, ob dich der Herr nicht auf einen anderen Weg lenken will, da er dich nun gewissermaßen nach Zion geschickt hat, dort zu wohnen, wo der kostbare Tau täglich auf Aarons Bart fällt.[10]»

Lois schämte sich und bedauerte, daß die Tante den Gesichtsausdruck eines Augenblicks so richtig ausgelegt hatte; sie schalt sich ein wenig für das Gefühl, das diesen Ausdruck hervorgerufen hatte, und versuchte sich vorzustellen, wie sich die Tante vielleicht gerade mit etwas herumgeplagt hatte, als die Fremden sie unerwartet störten; und dann wieder hoffte sie, daß die Erinnerung an dieses kleine Mißverständnis bald verging. Sie versuchte sich zu beruhigen und bei dem zarten, zitternden Händedruck ihres Onkels nicht weich zu werden, als sie ihm auf

Geheiß der Tante gute Nacht wünschte, und kehrte dann in den vorderen Raum zurück, in die «Stube», wo jetzt die ganze Familie versammelt war und auf das Abendessen aus Mehlfladen und Wildbret wartete, das Nattee, die Indianermagd, aus der Küche brachte.

Niemand schien mit Kapitän Holdernesse gesprochen zu haben, während Lois weg war. Manasseh saß still und schweigend auf seinem alten Platz, das offene Buch auf dem Schoß und die Augen versonnen ins Leere gerichtet, als sähe er eine Erscheinung oder hätte Wachträume. Faith stand neben dem Tisch und dirigierte Nattee beim Anrichten lustlos herum; Prudence lehnte lümmelnd in dem Türrahmen zwischen Küche und Wohnraum und spielte der alten Indianerin beim Hin- und Hergehen allerlei Streiche, bis Nattee ganz ärgerlich wurde – was sie vergeblich zu verbergen suchte, denn immer wenn sie Anzeichen davon verriet, schien dies Prudence zu noch schlimmerem Schabernack anzustacheln.

Als alles bereitstand, hob Manasseh die rechte Hand, um «den Segen zu erbitten», wie er es nannte; aber es wurde ein langes Gebet um geheimnisvolle geistliche Gnaden daraus, um die Kraft, gegen den Satan zu kämpfen und seine feurigen Pfeile zu löschen[II], und nahm schließlich, so fand Lois, rein persönlichen Charakter an, als hätte der junge Mann den Anlaß und sogar die Anwesenden vergessen und erforschte statt dessen die Leiden, die seine eigene kranke Seele gefangenhielten, und breitete sie vor dem Herrn aus. Er kehrte erst in die Wirklichkeit zurück, als Prudence ihn am Rock zupfte; da öffnete er die Augen, warf einen wütenden Blick auf das Kind, das ihm als Antwort nur eine Grimasse schnitt, und setzte sich schließlich, und nun griffen alle zu. Grace Hickson hätte es sich als böse Unterlassungssünde auf dem Gebiet der Gastlichkeit angerechnet, wenn sie es zugelassen hätte, daß Kapitän Holdernesse sich woanders ein Bett suchte. Auf dem Stubenboden wurden Felle für ihn ausgebreitet, auf den Tisch kamen eine Bibel und eine viereckige Schnapsflasche, falls er nachts etwas brauchte; und trotz aller Sorgen und Nöte, Versuchungen oder Sünden der Hausbewohner lagen alle in tiefem Schlaf, noch bevor die Turmuhr zehn Uhr schlug.

Am andern Morgen wollte der Kapitän als erstes nach dem Jungen Elias und dem fehlenden Brief suchen. Er stieß auf ihn, als er das Schreiben gerade unbeschwerten Gewissens daherbrachte, denn, so dachte Elias, ein paar Stunden früher oder später machen keinen Unterschied, heute abend oder morgen früh, das ist schließlich ganz einerlei. Er wurde indes vermittels einer kräftigen Ohrfeige jählings zur Einsicht seines Unrechts gebracht, und zwar von ebenjenem Mann, der ihn beauftragt hatte, den Brief rasch zu befördern, und den er in diesem Augenblick in Boston wähnte.

Als der Brief ausgehändigt und jeder mögliche Beweis erbracht war, daß Lois ein Recht darauf hatte, bei ihren nächsten Verwandten zu wohnen, hielt es Kapitän Holdernesse für das beste, Abschied zu nehmen.

«Vielleicht wirst du sie liebgewinnen, mein Kind, wenn niemand mehr da ist, der dich an die alte Heimat erinnert. Ach ja, Abschiednehmen ist immer ein schweres Stück Arbeit, und harte Arbeit bringt man am besten gleich hinter sich. Kopf hoch, Mädchen, ich komme wieder und besuche dich im nächsten Frühjahr, wenn wir bis dahin alle noch am Leben sind. Und wer weiß, was für ein schmucker junger Müller mich dann begleitet? Daß du mir inzwischen ja nicht einen von diesen frömmlerischen Puritanern heiratest! Na, na – ich bin schon weg! Gott schütze dich!»

Und nun war Lois allein in Neuengland.

II

Lois mußte sich sehr anstrengen, um sich einen Platz in dieser Familie zu verschaffen. Ihre Tante war eine Frau mit wenigen, aber heftigen Neigungen. Die Liebe zu ihrem Mann, wenn sie je solche empfunden hatte, war vor langer Zeit erloschen und zerstoben. Was sie für ihn tat, tat sie aus Pflichtgefühl, aber das Pflichtgefühl war nicht stark genug, einen bestimmten kleinen Körperteil im Zaum zu halten – die Zunge; und Lois blutete oftmals das Herz bei der endlosen

Flut von verächtlichem Tadel, die sich aus Graces Mund ständig über ihren Gatten ergoß, selbst dann, wenn sie weder Anstrengung noch Mühe scheute, ihm zu leiblichem Behagen und Wohlbefinden zu verhelfen. Daß sie so sprach, diente mehr ihrer eigenen Erleichterung, als daß sie ihn mit diesen Worten kränken wollte, und er war von der Krankheit zu geschwächt, um sie noch als Beleidigung zu empfinden; vielleicht hatte ihn auch die ständige Wiederholung ihres Spotts unempfindlich dagegen gemacht. Solange er zu essen hatte und dafür gesorgt wurde, daß ihm warm genug war, schien er sich jedenfalls um anderes nicht viel zu kümmern. Auch der anfängliche Überschwang von Zuneigung für Lois verebbte bald; er mochte sie, weil sie ihm die Kissen gut und geschickt aufschüttelte und weil sie neuartige und leckere Gerichte kochen konnte, die seinen schwachen Appetit reizten, jedoch nicht mehr, weil sie das Kind seiner verstorbenen Schwester war. Aber immerhin mochte er sie, und Lois war zu froh über diesen kleinen Schatz an Zuneigung, als daß sie dem Wie und Warum ebendieses Geschenks hätte nachgehen wollen. Ihm konnte sie Freude bereiten, aber sonst offenbar niemandem in diesem Haushalt.

Ihre Tante sah sie aus vielerlei Gründen scheel an: Lois' Ankunft in Salem war ungelegen gewesen; ihr mißbilligender Gesichtsausdruck an jenem Abend nistete noch immer in Graces Erinnerung und nagte an ihr; die frühen Vorurteile und mißtrauischen Gefühle gegen das Mädchen aus England hatten allesamt mit dem zu tun, was wir heute «Kirche und Staat» nennen würden und was damals in jenem Land «abergläubisches Befolgen papistischer Regeln»[12] und «knechtische Ehrfurcht vor der Familie eines tyrannischen und gottlosen Königs» genannt wurde. Man darf auch nicht glauben, daß Lois nicht spürte – empfindlich spürte –, wie wenig Zustimmung ihre jetzigen Hausgenossen der alten, überlieferten Treue entgegenbrachten, der Treue zu Kirche und Staat, zu der sie erzogen worden war. Bei ihrer Tante und Manasseh war es mehr als Mangel an Zustimmung, es war eindeutige, lebhafte Ablehnung aller Werte, die Lois lieb und teuer waren. Die bloße, noch so zufällige Erwähnung des alten, grauen Kirchleins von Barford, wo ihr Vater so lange gepredigt hatte, ein absichtsloser Hinweis auf die Wirren, die ihr Land zerrissen, als sie fortging, und das Festhalten an der Überzeugung, zu der sie erzogen worden war, daß nämlich der König kein Unrecht begehen konnte, schien Manasseh unerträglich zu reizen. Wenn Lois so etwas gesagt hatte, vergaß er das Lesen, seine ständige Beschäftigung, wenn er zu Hause war, stand auf, lief wütend im Zimmer umher und brummte vor sich hin; einmal war er sogar vor ihr stehengeblieben und hatte sie mit leidenschaftlichen Worten gebeten, nicht wie eine Närrin daherzuschwatzen.

Das war freilich etwas ganz anderes als das spöttische, verächtliche Verhalten, mit dem seine Mutter auf die kleinen königstreuen Äußerungen der armen Lois reagierte. Grace verleitete sie – zumindest anfangs, bis Lois durch Erfahrung klüger wurde –, ihre Gedanken zu diesen Themen zu äußern, und gerade wenn sich das Herz des Mädchens öffnete, überfiel sie die Tante mit bitterbösem Spott, der mit seiner beißenden Grausamkeit alle garstigen Gefühle in Lois' Gemüt aufwühlte. Manasseh indes wirkte bei allem Zorn so echt bekümmert über das, was er für ihren Irrtum hielt, daß er sie fast schon überzeugte, daß es vielleicht zwei Antworten auf eine Frage gab. Nur war dies eine Auffassung, die ihr wie Verrat am Gedächtnis ihres verstorbenen Vaters vorkam.

Irgendwie fühlte Lois instinktiv, daß Manasseh ihr aufrichtig freundlich gesinnt war. Er hielt sich selten im Haus auf; er mußte das Land bestellen und als eigentliches Oberhaupt der Familie gewisse Handelsgeschäfte abwickeln; und als die Jagdzeit kam, zog er zur Pirsch und zur Hatz in die umliegenden Wälder, mit einem Wagemut, der seine Mutter veranlaßte, ihn unter vier Augen zu warnen und zu tadeln, wenngleich sie sich vor den Nachbarn ihres beherzten und unerschrockenen Sohnes weidlich rühmte. Lois ging nicht oft nur zum Spazierengehen aus dem Haus, denn es gab immer etwas für den Haushalt zu erledigen, wenn eine der Frauen aus

der Familie fortging; aber ein- oder zweimal
hatte sie den düsteren, dunklen Wald, der das
gerodete Land von allen Seiten umgab, flüchtig
erblickt – den großen Wald mit seinen ewig
wogenden Ästen und Zweigen und dem feierlichen Klagen, das, wenn der Wind aus einer
bestimmten Richtung wehte, bis in die Straßen
von Salem drang und das Knarren der Föhren
deutlich bis zu den Ohren derer trug, die Zeit
hatten zu lauschen. Nach allem, was man hörte,
war dieser alte Wald, der die Siedlung umschloß,
voll von furchtbaren und geheimnisvollen Tieren und noch furchtbareren Indianern, die in
seinem Dunkel umherschlichen und auf blutige
Anschläge gegen die Christenmenschen sannen;
wie Wildkatzen gestreifte und kahlgeschorene
Indianer, die nach eigenem Eingeständnis und
allgemeiner Überzeugung mit bösen Mächten
im Bunde standen.

Nattee, die alte Indianermagd, ließ Lois immer wieder das Blut in den Adern gefrieren,
wenn sie zusammen mit Faith und Prudence den
wilden Geschichten lauschte, welche die Alte
ihnen von den Zauberern ihres Volkes erzählte.
Wenn es abends dunkelte und in der Küche
irgend etwas gekocht wurde, hockte das alte
Indianerweib oft auf den Fersen neben der rot-
glimmenden Glut, die keine Flamme mehr
nährte, sondern nur noch ein gespenstisches
Licht warf, das die Schatten auf den Gesichtern
ringsum verzerrte, und erzählte unheimliche

Geschichten, während vielleicht alle darauf warteten, daß der Teig aufging, aus dem das Hausbrot gebacken werden sollte. Immer durchzog diese Geschichte die grausige, unausgesprochene Andeutung, es seien Menschenopfer nötig, um einer Beschwörung des Bösen zu vollem Erfolg zu verhelfen, und sie, das arme alte Geschöpf, selbst gläubig schaudernd, wenn sie in gebrochenem Englisch erzählte, empfand ein seltsames, unbewußtes Vergnügen angesichts ihrer Macht über die Zuhörerinnen – junge Mädchen aus dem Volk der Unterdrücker, das sie so weit erniedrigt hatte, daß sich ihr Stand von dem einer Sklavin kaum noch unterschied, und das ihre Sippe in den Jagdgründen der eigenen Väter zu Ausgestoßenen gemacht hatte.

Nach solchen Erzählungen bedeutete es für Lois keine geringe Überwindung, auf Geheiß der Tante auf die Allmende vor der Stadt hinauszugehen und das Vieh zur Nacht heimzutreiben. Wer wußte, ob nicht vielleicht die Schlange mit den zwei Köpfen hinter einem Brombeerbusch herausfuhr, jenes böse, heimtückische und verfluchte Geschöpf, das im Dienste indianischer Zauberer stand? Wenn weiße Mädchen die Augen an beiden Enden des langen, gewundenen, kriechenden Leibes gesehen hatten, verfielen sie seiner Macht, und mochten sie das Tier und die Indianer noch so sehr verabscheuen, sie mußten in den Wald gehen, sich einen indianischen Mann suchen und ihn bitten, er möge sie in sein Wigwam aufnehmen; und ihrem Glauben und ihrem Volk mußten sie für immer abschwören. Oder es gab Zaubersprüche, sagte Nattee, die von den Hexenmeistern irgendwo am Boden versteckt würden und das Wesen des Menschen, der sie fand, veränderten, so daß er, mochte er vorher noch so sanft und liebevoll gewesen sein, danach kein größeres Vergnügen kannte, als andere grausam zu quälen, und eine seltsame Macht bekam, solche Qualen nach eigenem Gutdünken zu verursachen. Eines Abends, als Nattee leise mit Lois sprach, die allein mit ihr in der Küche war, flüsterte sie angstvoll, Prudence habe gewiß solch einen Zauberspruch gefunden; und als die Indianerin Lois ihre Arme zeigte, die das teuflische Kind schwarz und blau gezwickt hatte, begann sich das Mädchen aus England vor seiner Base wie vor einer Besessenen zu fürchten.

Aber nicht nur Nattee, nicht nur junge, phantasievolle Mädchen glaubten diese Geschichten. Wir können heute darüber lächeln, aber unsere englischen Vorfahren waren zu jener Zeit genauso abergläubisch – und weniger zu entschuldigen, da sie ihre Umwelt besser kannten und sie folglich leichter mit dem gesunden Menschenverstand hätten erklären können als die echten Geheimnisse der tiefen, unerforschten Wälder Neuenglands. Die würdigsten Geistlichen glaubten nicht nur solche Geschichten wie die von der Schlange mit den zwei Köpfen und ähnliche Hexenmärchen, sondern machten derartige Erzählungen auch noch zum Gegenstand ihrer Predigten und Gebete; und da Feigheit grausam macht, wurden damals Menschen, die sich in vielen Lebensbereichen untadelig, in manchen sogar lobenswert verhielten, aus Aberglauben zu grausamen Verfolgern, die gegenüber denen, die sie im Bund mit dem Bösen wähnten, keine Gnade kannten.[13]

Mit Faith fühlte sich das englische Mädchen im Haus seines Onkels am engsten verbunden. Beide waren etwa gleich alt, und bestimmte Hausarbeiten teilten sie sich. Sie trieben abwechselnd die Kühe heim, formten die Butter, die Hosea gestoßen hatte, ein starrköpfiger, alter Stallknecht, in den Grace Hickson großes Vertrauen setzte, und es war noch kein Monat seit Lois' Ankunft verstrichen, da hatte jedes Mädchen ein eigenes großes Spinnrad für Wolle und ein kleineres für Flachs. Faith war ein ernster, schweigsamer Mensch, nie fröhlich, manchmal tieftraurig, und Lois sann so manchen langen Abend nach, warum sie wohl so war. Immer wieder versuchte sie auf ihre liebe, schlichte Art ihre Base aufzuheitern, wenn diese niedergeschlagen war, indem sie ihr alte Geschichten vom Leben in England erzählte. Manchmal schien Faith gern zuzuhören, manchmal aber achtete sie nicht auf Lois' Worte und träumte weiter vor sich hin. Ob von Vergangenheit oder Zukunft, wer konnte das wissen?

Strenge alte Prediger kamen ins Haus und statteten ihre seelsorgerischen Hausbesuche ab. Bei solchen Anlässen band sich Grace Hickson eine saubere Schürze vor und setzte eine saubere Haube auf; dann bereitete sie ihnen einen freundlicheren Empfang, als man es bei ihr jemals einem anderen Gast gegenüber erlebte: Sie brachte das beste Essen aus der Vorratskammer und setzte ihnen von allem vor. Auch die große Bibel wurde hervorgeholt, und sogar Hosea und Nattee mußten ihre Arbeit liegenlassen und zuhören, wenn der Prediger ein Kapitel vorlas und es dabei ausführlich erläuterte. Danach knieten alle nieder, nur er blieb stehen, hob die rechte Hand und betete für alle möglichen Gruppierungen von Christenmenschen und alle möglichen Fälle von geistlicher Not, und schließlich befaßte er sich mit den Menschen vor ihm und sandte für jeden ein ganz persönliches Bittgebet um das empor, was dieser seiner Meinung nach besonders nötig hatte. Anfangs wunderte sich Lois, daß manches dieser Gebete den Lebensumständen der einzelnen so sehr entsprach, aber als sie merkte, daß die Tante am Anfang des Besuches immer ein ziemlich langes, vertrauliches Gespräch mit dem Prediger führte, begriff sie, daß dieser seine Eindrücke und Kenntnisse auf dem Umweg über «diese fromme Frau, Grace Hickson», erhielt; und sie maß seinem Gebet für sie fortan wohl weniger Bedeutung bei, dem Gebet für das «Mädchen aus einem anderen Land, das den Irrglauben jenes Landes sogar über den weiten Ozean als Saatgut mitgebracht hat und die kleinen Samenkörner selbst jetzt noch zu einem Baum der Sünde aufgehen läßt, in dem alle unreinen Geschöpfe Zuflucht finden» [14].

«Mir sind die Gebete unserer Kirche lieber», sagte Lois eines Tages zu Faith. «In England darf kein Geistlicher die Worte seiner Gebete selbst wählen, und deshalb kann er auch andere Menschen nicht beurteilen, um dann seine Gebete so umzuformen, wie er meint, daß es ihrer Lage entspricht – so wie Mr. Tappau heute vormittag.»

«Ich hasse Mr. Tappau», sagte Faith knapp, und ein leidenschaftliches Licht blitzte in ihren dunklen, traurigen Augen auf.

«Warum, Base? Mir scheint, er ist doch ein guter Mensch, wenn ich auch seine Gebete nicht mag.»

Faith wiederholte nur ihre Worte: «Ich hasse ihn.»

Lois betrübte diese ungestüme Feindseligkeit, betrübte sie ihrer Natur nach, denn sie liebte und genoß es, geliebt zu werden; und es durchfuhr sie immer wie ein Stich, wenn sie merkte, daß es anderen an Liebe fehlte. Aber diesmal wußte sie nicht, was sie sagen sollte, und schwieg. Auch Faith trieb ihr Spinnrad heftig weiter an, sprach jedoch kein Wort mehr, bis der Faden riß; da schob sie das Rad rasch beiseite und ging aus dem Zimmer.

Nun schlich sich Prudence leise an Lois heran. Dieses seltsame Kind schien von rasch wechselnden Launen hin und her geworfen zu werden: Heute war es zärtlich und mitteilsam, morgen konnte es hinterlistig und höhnisch sein und so gleichgültig gegenüber den Schmerzen oder Sorgen anderer, daß man es fast unmenschlich nennen konnte.

«Du magst also Pastor Tappaus Gebete nicht?» flüsterte sie.

Lois war es nicht recht, daß ihre Worte gehört worden waren, aber sie wollte und konnte sie nicht zurücknehmen.

«Mir sind sie nicht so lieb wie die Gebete, die ich zu Hause gehört habe.»

«Mutter sagt, du hast bei den Gottlosen gewohnt. Nein, schau mich nicht so an, das hab’ ja nicht ich gesagt. Mir liegt selber nicht soviel am Beten, und an Pastor Tappau übrigens auch nicht. Aber Faith kann ihn nicht ausstehen, und ich weiß warum. Soll ich es dir erzählen, Base Lois?»

«Nein. Wenn, dann will ich die Gründe nur von Faith selbst erfahren, und sie hat sie mir nicht erzählt.»

«Frag sie, wohin der junge Mr. Nolan gegangen ist, dann erfährst du es. Ich habe Faith stundenlang wegen Mr. Nolan weinen sehen.»

«Pst, Kind, pst!» sagte Lois, denn sie hörte Faiths Schritte sich nähern und fürchtete, sie könnte mitbekommen, was sie sagten.

Nun war es so, daß in Salem vor ein oder zwei Jahren ein großer Streit stattgefunden hatte, ein tiefer Zwist in der Gemeinde, und Pastor Tappau war der Anführer der stärkeren und schließlich siegreichen Partei gewesen. Infolgedessen hatte Mr. Nolan, der weniger beliebte Prediger, die Stadt verlassen müssen. Und ihn liebte Faith Hickson mit aller Kraft ihres leidenschaftlichen Herzens, obwohl ihm nie bewußt wurde, welche Neigung er geweckt hatte. Ihre eigene Familie war reinen Gefühlsäußerungen gegenüber zu gleichgültig, als daß sie jemals irgendwelche Anzeichen von Gemütsbewegungen an ihr wahrgenommen hätte. Die alte Indianermagd Nattee hingegen bemerkte und beobachtete sie. Sie wußte so gut, als hätte Faith ihr den Grund genannt, warum sie alles Interesse an Vater und Mutter, Bruder und Schwester verloren hatte, an der Hausarbeit und den täglichen Beschäftigungen, ja sogar an ihren religiösen Pflichten. Nattee legte Faiths tiefen, glühenden Abscheu gegen Pastor Tappau ganz richtig aus; die Indianerin verstand, warum das Mädchen – die einzige Weiße, die sie liebte – den alten Prediger mied – sich lieber im Holzstoß versteckte, als daß sie zu seinen Ermahnungen und Gebeten erschien. Bei primitiven, naiven Menschen trifft der Spruch nicht zu: «Wer mich liebt, muß auch meine Freunde lieben» – sie sind oft eifersüchtig auf das geliebte Wesen. Aber das stimmt: «Wen du hassest, den will auch ich hassen», und Nattees

415

Gefühle für Pastor Tappau waren sogar noch eine Steigerung von Faiths stummem, unausgesprochenem Haß.

Lange Zeit blieb es für Lois ein Geheimnis, warum ihre Base den Prediger so haßte und mied; aber der Name Nolan haftete in ihrem Gedächtnis, ob sie wollte oder nicht; und mehr aus mädchenhafter Anteilnahme an einer vermuteten Liebesgeschichte als aus ungerührter, herzloser Neugier setzte sie unwillkürlich kleine Satzfetzen und Taten sowie Faiths Interesse an dem fernen, verbannten Prediger zu einem erklärenden Schlüssel zusammen, bis kein Zweifel mehr blieb. Und dies, ohne noch einmal mit Prudence zu sprechen, denn Lois lehnte es ab, zu diesem Thema noch etwas von ihr zu erfahren, und kränkte sie damit sehr.

Als der Herbst kam, wurde Faith immer trauriger und trübsinniger. Sie verlor den Appetit, ihr braunes Gesicht wurde fahl und farblos, die dunklen, tiefliegenden Augen blickten verstört. Der erste November[15] nahte. Lois hatte unwillkürlich in dem gutgemeinten Bemühen, Leben und Fröhlichkeit in den eintönigen Haushalt zu bringen, Faith von allerlei englischen Bräuchen erzählt, die freilich recht töricht waren und im Kopf des amerikanischen Mädchens auch kaum Neugier aufflackern ließen. Die Cousinen lagen wach in ihren Betten in dem großen, unverputzten Raum, der teils Vorratskammer, teils Schlafzimmer war. Lois empfand an diesem Abend großes Mitleid mit Faith. Lange hatte sie den schweren, nicht zu unterdrückenden Seufzern ihrer Base gelauscht und dazu geschwiegen. Faith seufzte – ihr Kummer war schon zu alt für Gefühlsausbrüche oder Tränen. Lois lauschte wortlos im Dunkeln, stille Nachtstunden, lange, lange Zeit. Sie hielt sich ganz ruhig, denn sie hoffte, nach solch einem Schmerzensausbruch würde es ihrer Base vielleicht leichter ums Herz. Aber als Faith schließlich, anstatt stillzuliegen, immer unruhiger wurde und sogar mit Armen und Beinen zuckte, fing Lois an zu reden.

Sie sprach über England und die guten alten Bräuche zu Hause, ohne bei Faith viel Aufmerksamkeit zu erregen, bis sie endlich auf das Thema Hallow-e'en kam und von Bräuchen erzählte, die damals und noch lange danach in England gepflegt wurden und in Schottland noch heute nicht ganz ausgestorben sind. Als sie berichtete, was sie oft für Possen gespielt hatte – vom Apfel, den man vor dem Spiegel ißt, vom tropfenden Bettuch, von den Wasserschüsseln, den nebeneinander abbrennenden Kohlestückchen und vielen ähnlichen unschuldigen Methoden der Weissagung, mit denen in England die Mädchen lachend und zitternd die Gestalt ihres späteren Ehemanns zu sehen versuchten, wenn ihnen denn einer beschieden war –, da hörte Faith atemlos zu und stellte kurze und neugierige Fragen, als sei ein Hoffnungsstrahl in ihr düsteres Herz gedrungen. Lois sprach weiter

und erzählte, wo sich das zweite Gesicht be-
wahrheitet hatte, das all denen gewährt wird,
die nach den althergebrachten Methoden suchen
– halb glaubte sie's selbst, halb zweifelte sie, aber
vor allem wünschte sie sehnlich, Faith aufzuheitern.

Plötzlich erhob sich in der dunklen Ecke des
Zimmers Prudence von ihrem Rollbett. Die beiden waren nicht auf den Gedanken gekommen,
daß sie wach sein könnte, aber sie hatte schon
lange zugehört.

«Base Lois kann ja rausgehen und den Teufel
am Bach treffen, wenn sie will, aber wenn du
gehst, Faith, sag' ich es Mutter – ja, und auch
Pastor Tappau. Hör auf mit deinen Geschichten,
Lois, ich ängstige mich zu Tode! Lieber würde
ich nie heiraten, als das Wesen zu spüren, das mir
den Apfel aus der Hand nimmt, wenn ich ihn
über die linke Schulter halte.» Das erregte Mädchen stieß bei dem Bild, das seine Phantasie
heraufbeschworen hatte, einen lauten Schrek-
kensschrei aus. Faith und Lois sprangen aus dem
Bett und flogen in ihren weißen Nachthemden
durch den mondbeschienenen Raum zu Prudence hinüber. Im selben Augenblick und durch
denselben Schrei geweckt, kam auch Grace
Hickson zu ihrem Kind gelaufen.

«Pst, pst!» zischte Faith gebieterisch.

«Was ist los, Kind?» fragte Grace. Lois, die das
Gefühl hatte, an allem Ungemach schuld zu sein,
schwieg.

«Schick sie weg, schick sie weg!» schrie Prudence. «Schau ihr über die Schulter... über die linke Schulter... dort steht der Böse, ich seh', wie er die Hand ausstreckt nach dem angebissenen Apfel!»

«Was sagt sie da?» fragte Grace streng.

«Sie träumt», antwortete Faith. «Prudence, halt den Mund.» Und sie zwickte das Kind fest, während Lois auf sanftere Weise versuchte, die Angst zu lindern, die sie hervorgerufen zu haben glaubte.

«Sei still, Prudence», sagte sie, «und geh schlafen. Ich will bei dir bleiben, bis du eingeschlafen bist.»

«Nein, nein! Geh weg!» schluchzte Prudence, die anfangs wirklich Angst gehabt hatte, nun aber größeres Entsetzen vorspielte, als sie empfand, aus Freude darüber, daß sie im Mittelpunkt der Aufmerksamkeit stand. «Faith soll bei mir bleiben, nicht du, du böse englische Hexe!»

So setzte sich Faith zu ihrer Schwester, und Grace, verärgert und verwirrt, zog sich mit dem Vorsatz in ihr Bett zurück, der Sache anderntags auf den Grund zu gehen. Lois hoffte nur, daß dann alles vergessen war, und beschloß, nie mehr über solche Geschichten zu reden. Aber dann geschah in den noch verbleibenden Nachtstunden etwas, das den Lauf der Dinge änderte. Während Grace nicht im Zimmer gewesen war, hatte ihr Mann einen weiteren Schlaganfall erlitten; ob auch ihn jener unheimliche Schrei erschreckt hatte, konnte niemals mehr geklärt werden. Im schwachen Licht des Binsendochtes, der neben dem Bett brannte, merkte die Frau bei ihrer Rückkehr, daß sich sein Aussehen sehr verändert hatte, und der unregelmäßige Atem klang fast wie ein Grunzen – das Ende nahte. Die Familie wurde geweckt und alle Hilfe geleistet, auf die der Arzt oder die Erfahrung verfielen. Aber noch ehe es an diesem späten Novembermorgen hell wurde, war für Ralph Hickson alles zu Ende.

Den ganzen folgenden Tag saßen und gingen sie in abgedunkelten Räumen herum und sprachen nur wenig, und dies flüsternd. Manasseh blieb zu Hause und betrauerte seinen Vater, kein Zweifel, aber er zeigte wenig Rührung. Faith war das Kind, das seinen Verlust am bittersten beklagte; sie hatte ein warmes Herz, das sich irgendwo unter ihrer schwermütigen Schale versteckte, und der Vater hatte ihr weit mehr stille Zuneigung gezeigt als jemals die Mutter, denn Grace bevorzugte eindeutig Manasseh, ihren einzigen Sohn, und Prudence, ihr jüngstes Kind. Lois war fast ebenso unglücklich wie die anderen, denn sie hatte sich zu dem Onkel als ihrem wohlwollendsten Freund sehr hingezogen gefühlt, und der Kummer über seinen Verlust frischte die Trauer über den Tod ihrer Eltern auf. Aber sie hatte keine Zeit zum Weinen und keinen Platz dafür. Ihr wurden viele Besorgungen übertragen, bei denen es unschicklich gewirkt hätte, wenn sich die näheren Angehörigen selbst damit befaßt und sie erledigt hätten: der nötige Kleiderwechsel, die Haushaltsvorbereitungen für das Trauermahl nach dem Begräbnis – Lois mußte alles unter der strengen Leitung ihrer Tante vorbereiten.

Ein paar Tage später – am Tag vor dem Begräbnis – ging sie in den Hof, um Reisig für den Herd zu holen. Es war ein feierlicher, schöner, sternenheller Abend, und ein plötzliches Gefühl der Verlassenheit inmitten des weiten Weltalls, das sich hier offenbarte, rührte Lois' Herz, und sie setzte sich hinter den Holzstoß und zerfloß in Tränen.

Sie wurde von Manasseh aufgeschreckt, der plötzlich um die Ecke des Holzstoßes bog und vor ihr stand.

«Du weinst ja, Lois!»

«Nur ein bißchen», sagte sie, stand auf und nahm ihr Reisigbündel, denn sie fürchtete, ihr finsterer, apathischer Vetter könnte ihr Fragen stellen.

Zu ihrer Überraschung legte er ihr die Hand auf den Arm und sagte: «Warte einen Augenblick. Warum weinst du, Base?»

«Ich weiß nicht», antwortete sie, genau wie ein Kind, wenn es gefragt wird; und wieder war sie kurz davor, in Tränen auszubrechen.

«Mein Vater war sehr gut zu dir, Lois; mich wundert es nicht, daß du um ihn trauerst. Aber wo der Herr nimmt, kann er zehnfach zurückgeben. Ich will so freundlich zu dir sein wie mein

Vater – ja noch freundlicher. Jetzt ist nicht die Zeit, um über Ehe und Heirat zu reden. Aber wenn wir unseren Toten beerdigt haben, möchte ich mit dir sprechen.»

Jetzt weinte Lois nicht mehr, sondern zuckte entsetzt zurück. Was wollte der Vetter? Es wäre ihr viel lieber gewesen, er hätte ihr gezürnt, weil sie übermäßig trauerte oder weil er sie für töricht hielt.

Sie ging ihm in den nächsten Tagen vorsichtig aus dem Weg, so gut sie konnte, ohne daß es aussah, als fürchte sie ihn. Manchmal dachte sie, es müsse ein böser Traum gewesen sein; denn selbst wenn es keinen Liebsten in England gegeben hätte und auf der ganzen Welt keinen anderen Mann, hätte sie sich niemals Manasseh als Ehemann vorstellen können; und bis jetzt hatte auch tatsächlich nichts in seinen Worten und Werken diesen Gedanken nahegelegt. Nun aber, da sie darauf gestoßen worden war, ließ sich nicht mit Worten beschreiben, wie zuwider er ihr war. Er mochte gut sein und fromm – das war er zweifellos –, aber seine dunklen, starren Augen, die sich so langsam und schwerfällig bewegten, sein glattes, schwarzes Haar, seine graue und rauhe Haut – alles stieß sie jetzt ab. Seit jenen wenigen Worten hinter dem Holzstoß jagten ihr seine körperliche Häßlichkeit und sein linkisches Wesen geradezu Schauder über den Leib.

Sie wußte, daß früher oder später der Zeitpunkt kommen mußte, an dem das Thema weiterbesprochen wurde, aber wie ein Feigling versuchte sie es hinauszuschieben, indem sie sich ans Schürzenband ihrer Tante hängte; denn sie war überzeugt, daß Grace Hickson ganz andere Pläne für ihren einzigen Sohn hatte. Und die hatte sie in der Tat. Sie war eine ebenso ehrgeizige wie fromme Frau, und da die Hicksons schon früh am Rand von Salem Land gekauft hatten, waren sie ohne viel Anstrengung wohlhabende Leute geworden; zum Teil auch, weil sich ihr Hab und Gut stillschweigend vermehrte, denn sie hatten ihren Lebensstil seit jenen Zeiten, als er noch einem wesentlich kleineren Einkommen entsprach als dem, dessen sie sich heute erfreuten, nicht verändert. Soviel zu den irdischen Gütern. Was ihr Ansehen in der Welt betraf, so stand es ebenso hoch im Kurs. Niemand konnte ein Wort gegen ihr Verhalten und Tun einwenden. Ihre Rechtschaffenheit und Frömmigkeit lag offen vor aller Augen. Daher fühlte sich Grace Hickson auch berechtigt, wählerisch unter den Mädchen herumzusuchen, bis sie eines fand, das sich eignete, Manassehs Frau zu werden. In Salem entsprach niemand ihren Vorstellungen. Eben jetzt plante sie – so kurz nach dem Tod ihres Mannes –, nach Boston zu fahren, sich dort mit den führenden Predigern und dem ehrenwerten Mr. Cotton Mather an deren Spitze zu beraten und sich zu erkundigen, ob sie ihr nicht eine hübsche und fromme junge

423

Frau aus ihren Gemeinden nennen könnten, die es wert war, die Ehefrau ihres Sohnes zu werden. Aber das Mädchen mußte nicht nur schön und fromm sein, sondern außerdem auch noch aus gutem Hause und vermögend, sonst hätte Grace Hickson es verächtlich zur Seite geschoben. Wenn dieses musterhafte Wesen einmal gefunden war und die Prediger zugestimmt hatten, fürchtete Grace keine Schwierigkeiten von seiten ihres Sohnes. Lois hatte also ganz recht mit ihrem Gefühl, daß die Tante Heiratsgespräche zwischen ihr und Manasseh nicht gern sähe.

Aber eines Tages wurde das Mädchen in die Enge getrieben, und dies geschah so: Manasseh war in einer geschäftlichen Angelegenheit fortgeritten, von der alle annahmen, sie würde ihn den ganzen Tag beanspruchen. Nachdem er jedoch den Mann, mit dem er den Handel abschließen wollte, aufgesucht hatte, kehrte er gleich zurück, früher als erwartet. Sofort sah er, daß sich Lois nicht in der Stube befand, wo seine Schwester am Spinnen war. Die Mutter saß da mit ihrem Strickzeug, und Nattee konnte er in der Küche sehen, durch die offene Tür. Er war zu scheu, um zu fragen, wo Lois war, sondern suchte wortlos, bis er sie fand: auf dem großen Dachboden, in dem sich schon die Wintervorräte an Obst und Gemüse häuften. Die Tante hatte sie hinaufgeschickt, Äpfel mit Faulstellen auszusortieren, damit sie gleich verbraucht werden konnten. Gebückt stand sie da, vollauf mit ihrer Arbeit beschäftigt, und merkte kaum, daß er näher kam, bis sie den Kopf hob und ihn dicht vor sich stehen sah. Der Apfel fiel ihr aus der Hand, sie wurde ein wenig blasser als sonst und sah ihn schweigend an.

«Lois», sagte er, «du erinnerst dich an meine Worte, damals, als wir meinen Vater betrauerten. Ich glaube, daß es nun, da ich das Familienoberhaupt bin, meine Pflicht ist, zu heiraten. Und ich habe kein Mädchen gefunden, das mir so gut gefällt wie du, Lois!»

Er versuchte, ihre Hand zu fassen. Aber sie versteckte sie hinter dem Rücken, schüttelte den Kopf wie ein Kind und antwortete fast weinend: «Bitte, Vetter Manasseh, sag nicht solche Dinge zu mir. Freilich solltest du heiraten, jetzt, wo du das Oberhaupt der Familie bist; aber ich möchte nicht heiraten, lieber nicht.»

«So ist es recht», erwiderte er, runzelte aber trotzdem ein wenig die Stirn. «Ich möchte kein Mädchen zur Frau nehmen, das allzu bereitwillig in die Ehe springt. Außerdem könnte es Gerede in der Gemeinde geben, wenn wir zu bald nach dem Tod meines Vaters heiraten. Für heute ist wohl genug gesagt worden. Aber ich wollte, daß du beruhigt sein kannst, was dein zukünftiges Wohlergehen betrifft. Du hast Zeit und Weile, darüber nachzusinnen und dich mit dem Gedanken vertraut zu machen.» Wieder streckte er die Hand aus. Diesmal ergriff sie sie mit einer freien, offenen Geste.

«Ich stehe in deiner Schuld, denn du warst immer freundlich zu mir, seit ich kam, Vetter Manasseh, und ich kann sie nicht anders abzahlen als mit ehrlichen Worten: Ich kann dich liebhaben als gute Freundin, wenn du mir das gestattest, aber niemals als Ehefrau.»

Er schleuderte ihre Hand beiseite, wandte jedoch die Augen nicht von ihrem Gesicht, obwohl sein Blick finster und traurig wurde. Er murmelte etwas, das sie nicht ganz verstand, und so sprach sie tapfer weiter, obwohl sie immer noch ein wenig zitterte und sich sehr anstrengen mußte, nicht zu weinen.

«Bitte, ich will dir alles erzählen. Es gab einen jungen Mann in Barford – nein, Manasseh, ich kann nicht reden, wenn du so zornig bist; es fällt mir ohnehin schwer, es zu erzählen –, der sagte, er wolle mich heiraten. Aber ich war arm, und sein Vater wollte nichts davon wissen. Ich möchte nicht einfach irgendeinen Mann heiraten. Wenn, dann wäre es…» Ihr versagte die Stimme, und die errötenden Wangen erzählten den Rest.

Manasseh stand vor ihr, starrte sie düster aus seinen tiefliegenden Augen an, in deren Blick zunehmend etwas Wildes trat, und sagte schließlich: «Mir ist die Erkenntnis gekommen – wahrhaftig wie ein Gesicht ist sie mir erschienen –, daß du die Meine werden mußt und keines anderen Mannes Weib. Du kannst nicht entgehen dem, was da vorherbestimmt ist. Vor Monaten,

426

als ich die alten, frommen Bücher aufschlug, an denen sich meine Seele stets ergötzt hat, ehe du kamst, da erblickte ich keine Buchstaben aus Druckerschwärze auf dem Blatt, sondern ein rot und golden gemaltes Zeichen aus einer unbekannten Sprache, und seine Deutung wurde mir geradewegs in die Seele eingeflüstert, sie lautete: ‹Heirate Lois! Heirate Lois!› Und als mein Vater starb, wußte ich, es war der Anfang, der zu diesem Ende führen soll. Es ist der Wille des Herrn, Lois, und du kannst ihm nicht entfliehen.» Und wieder wollte er ihre Hand ergreifen und sie an sich ziehen. Aber diesmal entschlüpfte sie ihm mit einer raschen Bewegung.

«Ich kann nicht glauben, daß dies der Wille des Herrn ist, Manasseh», antwortete sie. «Mir ist nicht ‹die Erkenntnis gekommen›, wie ihr Puritaner sagt, daß ich deine Frau werden muß. Ich bin keineswegs so versessen aufs Heiraten, daß ich dich zum Manne nehmen muß, selbst wenn ich keine anderen Aussichten hätte. Denn ich liebe dich nicht so, wie ich meinen Mann lieben müßte. Aber als Vetter könnte ich dich sehr gern haben – als freundlichen Vetter.»

Sie verstummte; sie fand nicht die richtigen Worte, um ihm ihre Dankbarkeit und freundschaftliche Empfindung auszudrücken, die doch niemals zu einem innigeren und tieferen Gefühl werden konnte, sowenig wie sich Parallelen jemals schneiden.

Aber das, was er für die Stimme einer Weissagung hielt, ließ ihn so unfehlbar glauben, Lois müsse seine Frau werden, daß er sich mehr über ihren Ungehorsam gegen die Vorsehung empörte – so faßte er es auf –, als daß er wirklich um den Erfolg bangte. Noch einmal versuchte er sie zu überzeugen, daß weder er noch sie eine andere Wahl hatten, und er sagte: «Die Stimme sprach zu mir: ‹Heirate Lois!›, und ich antwortete: ‹Ja, Herr!›

«Aber», widersprach Lois, «die Stimme, wie du es nennst, hat nie dergleichen zu mir gesagt.»

«Lois», antwortete er feierlich, «sie wird zu dir sprechen. Und wirst du dann hören, so wie einst Samuel?[16]»

«Nein, das kann ich wirklich nicht!» rief sie rasch. «Ich mag einen Traum für Wirklichkeit ansehen oder meine eigenen Phantasien hören, wenn ich zu lange darüber nachdenke. Aber ich kann nicht aus Gehorsam heiraten.»

«Lois, Lois, du bist noch nicht wiedergeboren! Aber ich habe dich in einem Gesicht unter den Auserwählten gesehen, in einem weißen Kleid.[17] Noch ist dein Glaube zu schwach, als daß du demütig gehorchtest, aber es wird nicht allezeit so bleiben. Ich werde beten, auf daß du das dir vorherbestimmte Schicksal erkennen mögest. Unterdessen will ich alle weltlichen Hemmnisse aus dem Weg räumen.»

«Vetter Manasseh! Vetter Manasseh!» rief ihm Lois nach, als er den Raum verließ, «komm zurück! Ich kann es nicht deutlich genug sagen,

Manasseh: Keine Macht im Himmel und auf Erden kann mich zwingen, dich so zu lieben, daß ich dich heirate, oder dich ohne solche Liebe zu ehelichen. Ich sage dies in feierlichem Ernst, denn es ist besser, wir machen all dem gleich ein Ende.»

Einen Augenblick lang war er verblüfft, dann hob er die Hände und sagte: «Gott vergebe dir dein Lästern! Gedenke Hasaels, der da sagte: ‹Was ist dein Knecht, der Hund, daß er solches große Ding tun sollte?›[18], und hinging und ebenso tat, denn sein elendes Schicksal ward ihm festgesetzt und zugeeignet vom Anbeginn der Welt. Warum soll nicht dein Weg unter die Gottesfürchtigen führen, wie es mir geweissagt wurde?»

Er ging fort, und eine Weile hatte Lois das Gefühl, als müßten seine Worte wahr werden und sie, so sehr sie auch kämpfte, so sehr sie ihr Los verabscheute, seine Frau werden. Und unter den obwaltenden Umständen hätte sich so manches Mädchen in sein scheinbares Schicksal ergeben. Abgeschnitten von allen früheren Bindungen, ohne Nachricht aus England, bedrückt vom ewig gleichen, geregelten Leben einer Familie, in der es nur einen Mann gab, das Oberhaupt, zu dem fast alle in seiner Umgebung wie zu einem Helden aufsahen, nur weil er der einzige Mann in der Familie war – diese Tatsachen allein wären für die meisten Mädchen Grund genug gewesen, die Anträge eines solchen Mannes zu erhören.

Im übrigen gäbe es so manches über die Einbildungskraft in jenen Tagen zu sagen, besonders in dieser Stadt und um diese Zeit. Weit verbreitet war der Glaube, daß sich im Leben der Menschen ständig deutliche Spuren geistiger Kräfte erkennen ließen – unmittelbar wirkender guter sowie böser Kräfte. Im Zufall sah man die lenkende Hand des Herrn: Die Bibel wurde aufs Geratewohl aufgeschlagen, und die erste Zeile, auf die das Auge fiel, wurde als Fingerzeig von oben aufgefaßt. Rätselhafte Geräusche waren zu hören; das waren die bösen Geister, die von den wüsten Stätten, die sie so lange beherrscht hatten, noch nicht vertrieben waren. Verschwommene Erscheinungen zeigten sich, unerklärlich und geheimnisvoll – das war Satan in mancherlei Gestalt, der umherging und suchte, wen er verschlingen könne.[19] Und zu Beginn der langen Winterszeit traten derlei Einflüsterungen, alte Versuchungen, Spuk und teuflische Schrecken besonders häufig auf, hieß es. Salem war gleichsam eingeschneit und sich selbst als Beute überlassen. Die langen, dunklen Abende, die spärlich beleuchteten Zimmer, die knarrenden Korridore, wo außer Reichweite des schneidenden Frostes die verschiedensten Dinge aufbewahrt wurden und man mitunter mitten in der Nacht einen Lärm hörte, als fiele ein Körper schwer zu Boden, und wo doch am anderen Morgen anscheinend alles an seinem Platz stand (so sehr sind wir gewohnt, Geräusche absolut zu beurteilen und nicht im Verhältnis zur völligen Stille der Nacht), der weiße Nebel, der Abend für Abend näher ans Fenster kam, in seltsamen Gebilden, Gespenstern gleich – all dies und vieles andere mehr, wie zum Beispiel das ferne Umstürzen riesiger Bäume in den unheimlichen Wäldern ringsum, die schwachen Schreie und Rufe eines Indianers, der sein Lager suchte und unabsichtlich näher an die Siedlung des weißen Mannes gekommen war, als beiden lieb war, das hungrige Heulen wilder Tiere, die sich zu den Viehgehegen schlichen –, dies waren die Dinge, die das Leben in Salem im denkwürdigen Winter von 1691 auf 1692 für viele Menschen sonderbar, gespenstisch und furchterregend machten, besonders unheimlich und schrecklich aber für das Mädchen aus England im ersten Jahr seines Aufenthalts in Amerika.

Und nun stelle man sich vor, wie Lois ständig von Manasseh bedrängt wurde, der fest daran glaubte, daß die Vorsehung sie zu seiner Frau bestimmt hatte, und man wird sehen, daß es ihr nicht an Mut und seelischer Kraft fehlte, wenn sie ihn so beharrlich, entschlossen und dennoch freundlich abwehrte. Nehmen wir ein Beispiel von vielen, das ihr Angst einjagte – freilich ein verhältnismäßig geringfügiger Anlaß, aber bedenken wir, daß sie den ganzen Tag, ja schon tagelang nicht aus dem Haus gekommen war und ein Zwielicht herrschte, das mittags wegen eines langanhaltenden Schneesturms zu fast völliger Dunkelheit geworden war. Nun nahte der Abend, und das Holzfeuer war fröhlicher als die menschlichen Wesen, die drum herum saßen; die kleinen Spinnräder hatten den ganzen Tag hindurch eintönig geschnurrt, und der Flachsvorrat hier unten war fast erschöpft. Da bat Grace Hickson Lois, aus dem Speicher neuen Flachs herunterzuholen, bevor das Tageslicht so schwach wurde, daß man ihn nicht ohne Kerze fand, und mit einer Kerze in diese Kammer voll brennbaren Materials zu gehen, war zu gefährlich, besonders jetzt, wo durch den scharfen Frost jeder Wassertropfen in starrem Eis gefangen war. Lois ging also, obwohl sie sich ein wenig vor dem langen Flur fürchtete, der zu der Treppe führte, über die man in den Speicher gelangte, denn in ebendiesem Flur waren des Nachts die seltsamen Geräusche zu hören, die schon allen aufgefallen waren und über die man im Flüsterton sprach. Trotzdem sang sie, als sie ging, um sich Mut zu machen, sang trotzdem mit leiser Stimme jenes Abendlied, das sie so oft in der Kirche zu Barford gesungen hatte: «Ehre sei dir, mein Gott, zur Nacht...»

Und so kam es wohl, daß sie nicht merkte, daß in ihrer Nähe ein Wesen atmete und sich bewegte; erst als sie sich den Flachs auflud, um ihn hinunterzutragen, hörte sie jemanden – es war Manasseh – dicht an ihrem Ohr flüstern: «Hat die Stimme schon gesprochen? Sag an, Lois! Hat die Stimme schon zu dir gesprochen – die

zu mir spricht Tag und Nacht: ‹Heirate Lois!›?»
Sie fuhr zusammen, und ihr wurde ein wenig
flau im Magen, aber sie antwortete fast sofort
tapfer und deutlich: «Nein, Vetter Manasseh.
Und sie wird nie sprechen.»

«Dann muß ich noch länger warten», erwiderte er heiser, als spräche er mit sich selbst.
«Aber unbedingter Gehorsam, unbedingter Gehorsam!»

Endlich durchbrach etwas die Eintönigkeit des
langen, dunklen Winters. Die Gemeindemitglieder griffen erneut die Frage auf, ob Pastor Tappau nicht Unterstützung brauchte, da sich ihre
Zahl so vergrößerte. Diese Frage war schon einmal erörtert worden, und damals hatte Pastor
Tappau diese Notwendigkeit eingesehen; ein
Gehilfe war berufen worden, und mehrere
Monate war alles gut gegangen, bis auf seiten des
älteren Predigers ein Gefühl aufgekommen war,
das man Eifersucht auf den Jüngeren hätte nennen können, wenn ein so frommer Mann wie
Pastor Tappau überhaupt zu einer so sündigen
Leidenschaft fähig gewesen wäre. Wie auch
immer es darum bestellt gewesen sein mochte –
schnell bildeten sich zwei Parteien, die jüngere
und hitzigere um Mr. Nolan, die ältere und hart-
näckigere – und damals zahlenmäßig stärkere –
auf seiten des alten, grauhaarigen, dogmatischen
Mr. Tappau, der sie getraut und ihre Kinder
getauft hatte und für sie buchstäblich eine Säule
der Kirche[20] war. So verließ Mr. Nolan Salem,

und er nahm wahrscheinlich noch mehr Herzen mit sich als das von Faith Hickson; sie aber war ganz gewiß seither nicht mehr dieselbe.

Aber nun, Weihnachten 1691 – mehrere alte Gemeindemitglieder waren gestorben, und einige jüngere Leute hatten sich in Salem niedergelassen, auch Mr. Tappau war älter und, so vermuteten einige nachsichtig, auch weiser geworden –, nahm man einen neuen Anlauf, und Mr. Nolan kehrte zurück an seine Arbeit auf scheinbar geebnetem Boden. Lois nahm um Faiths willen großen Anteil an diesen Vorgängen, viel mehr als letztere selbst, hätte man denken können. Während der ganzen Zeit, in der von Mr. Nolans Rückkehr die Rede war, drehte sich Faiths Spinnrad niemals schneller oder langsamer, riß ihr nie der Faden, errötete sie nicht, hob niemals in plötzlicher Neugier den Blick. Aber Lois glaubte seit Prudences Andeutung so manchen Seufzer und verzweifelten, leidenden Blick deuten zu können, auch ohne die Hilfe von Nattees selbsterdachten Liedern, die in seltsamen Bildern von der glücklosen Liebe ihres Herzblatts vor den Ohren derer kündeten, die nicht auf tiefere Bedeutung achteten – ausgenommen die zartfühlende und mitleidige Lois. Immer wieder hörte sie die alte Indianerin einen fremdartigen Gesang brummen – halb in ihrer eigenen Sprache, halb in gebrochenem Englisch, über einen köchelnden Tiegel gebeugt, dem ein gelinde gesagt schauerlicher Geruch entstieg.

Einmal, als dieser Gestank bis in die Stube drang, rief Grace Hickson plötzlich: «Nattee hockt wieder bei ihren heidnischen Bräuchen; wir werden noch ein Unheil erleben, wenn wir ihr nicht Einhalt gebieten!»

Aber Faith, rascher als sonst, sagte etwas von «unterbinden» und kam so ihrer Mutter zuvor, die offensichtlich in die Küche gehen wollte. Faith schloß die Tür zwischen den beiden Räumen und machte sich daran, Nattee zur Rede zu stellen; aber niemand hörte, mit welchen Worten. Faith und Nattee schienen durch Liebe und Einverständnis enger miteinander verbunden als die anderen Einzelgänger, aus denen dieser Haushalt bestand. Lois hatte manchmal das Gefühl, als verhindere sie als Dritte ein vertrauliches Gespräch zwischen ihrer Base und der alten Magd. Und doch hatte sie Faith gern und konnte sich fast vorstellen, daß auch Faith sie lieber hatte als Mutter, Bruder oder Schwester. Die beiden ersteren waren für nicht deutlich ausgesprochene Gefühle unempfänglich, und Prudence deckte sie nur auf, um sich darüber lustig zu machen.

Eines Tages saß Lois allein an ihrem Nähtischchen, und Faith und Nattee hatten eine ihrer geheimen Unterredungen, von denen sich Lois stillschweigend ausgeschlossen fühlte, als sich die Flurtür öffnete und ein großer, blasser junger Mann in der strengen Kleidung eines Predigers eintrat. Lois sprang auf, lächelte und hieß ihn um

Faiths willen mit Blicken willkommen, denn dies mußte eben jener Mr. Nolan sein, dessen Name seit Tagen jedermann im Munde führte, und der, wie Lois wußte, bereits am Tag zuvor erwartet worden war.

Er schien ein wenig überrascht, wie freudig und munter ihn diese Fremde empfing: Wahrscheinlich hatte er noch nichts von dem Mädchen aus England gehört, das in diesem Haus wohnte, wo er früher nur ernste, feierliche, strenge oder schwermütige Gesichter gesehen hatte und wo er mit steifen Worten begrüßt worden war – so ganz anders als das errötende, lächelnde Gesicht mit den Grübchen, das ihn arglos und fast wie einen alten Bekannten willkommen hieß. Lois rückte ihm einen Stuhl zurecht und lief hinaus zu Faith, denn sie zweifelte keinen Augenblick daran, daß die Gefühle, welche ihre Base für den jungen Pastor hegte, erwidert wurden, auch wenn es beide noch nicht in voller Tragweite erfaßten.

«Faith!» sagte sie strahlend und atemlos. «Rate – nein.» Sie besann sich anders und gab vor, keine Ahnung zu haben, welche besondere Bedeutung ihren Worten beigemessen werden konnte: «Mr. Nolan, der neue Pastor, ist in der Stube. Er hat nach der Tante und Manasseh gefragt; aber die Tante ist in einer Andacht bei Pastor Tappau, und Manasseh ist außer Haus.» Lois sprach weiter, um Faith Zeit zu geben, denn das Mädchen war bei dieser Nachricht totenbleich geworden; seine Augen begegneten den scharfen, listigen der alten Indianerin und hatten dabei einen seltsamen, halb verwunderten, halb ehrfürchtigen Ausdruck, während Nattees Blick triumphierende Genugtuung verriet.

«Geh», sagte Lois, strich Faiths Haar glatt und küßte sie auf die weiße, kalte Wange, «sonst fragt er sich noch, warum ihn niemand begrüßt, und meint vielleicht, er sei hier nicht gern gesehen.» Faith ging wortlos in die Stube und schloß die Tür. Nattee und Lois blieben zusammen zurück. Lois war so selig, als wäre ihr selbst ein großes Glück widerfahren. Für ein Weilchen war alles vergessen, ihre wachsende Angst vor Manassehs wilder, unheilvoller, beharrlicher Werbung, die Kälte der Tante und ihre eigene Einsamkeit, und sie hätte vor Freude tanzen mögen.

Nattee lachte laut, sprach mit sich selbst und kicherte vergnügt in sich hinein: «Alt Indianerfrau groß Geheimnis. Alt Indianerfrau lauft hin und her, geht wo sie muß, wo sie hört mit sein Ohren. Aber» – und sie richtete sich auf, und ihr Gesichtsausdruck veränderte sich völlig – «alt Indianerfrau weiß, wie rufen, und dann weißer Mann muß kommen, und alt Indianerfrau hat nie gesagt ein Wort, und weißer Mann hat nie gehört mit sein Ohren.» So murmelte das alte Weib.

Währenddessen liefen in der Stube die Dinge ganz anders ab, als Lois vermutete. Faith saß noch stiller da als sonst, hielt den Blick gesenkt und sprach kaum ein Wort. Ein aufmerksamer Beobachter hätte bemerkt, daß ihre Hände ein wenig zitterten und ab und zu ein Zucken durch ihren Körper lief. Aber Pastor Nolan war heute kein aufmerksamer Beobachter; er war mit der eigenen Verwunderung und Unruhe beschäftigt. Er fragte sich als Mann aus Fleisch und Blut, wer diese hübsche Fremde sein mochte, die sich bei seinem ersten Besuch so sehr über ihn gefreut hatte, gleich darauf aber verschwunden war und offenbar nicht wiederkam. Und wer weiß, ob nicht auch seine Unruhe mehr die eines Mannes aus Fleisch und Blut war als die eines frommen Predigers?

Er war nämlich in folgender Bedrängnis: Wie wir schon gesehen haben, war es in Salem Brauch, daß der Prediger, wenn er in einem Haus vorbeischaute, was man andernorts und zu anderen Zeiten «Höflichkeitsbesuch» genannt hätte, für das ewige Heil der Familie betete, unter deren Dach er sich befand. Nun wurde erwartet, daß dieses Gebet auf die Wesenszüge, Freuden, Sorgen, Wünsche und Schwächen der einzelnen Familienmitglieder abgestimmt wurde, und er saß nun hier, ein junger Pastor, allein mit einer jungen Frau, und dachte – eitle Gedanken vielleicht, aber nur zu natürlich –, daß die in den erwähnten ausführlichen Fürbitten stillschweigend enthaltenen Vermutungen über ihr Wesen bei einer Andacht unter vier Augen sehr peinlich wären. So kam es, daß er sich einige

438

Zeit nicht gerade rege an der Unterhaltung beteiligte – ob nun aus Verwunderung oder Unruhe, weiß ich nicht –; aber schließlich hieb er in einem jähen Anfall von Mut und mit einem unverhofften Streich den gordischen Knoten durch, indem er den üblichen Vorschlag zum Gebet machte und die Bitte hinzufügte, der ganze Haushalt möge dafür zusammengerufen werden.

Lois kam herein, still und sittsam, Nattee kam, nichts weiter als ein teilnahmsloser, harter Holzklotz – keinerlei Anzeichen von Mitwisserschaft, keine Spur eines Kicherns in ihren Zügen. Feierlich rief Pastor Nolan seine schweifenden Gedanken zur Ordnung und kniete sich zwischen diesen dreien zum Gebet nieder. Er war ein guter und wirklich gläubiger Mensch, an dem einzig sein Name hier falsch ist, und tapfer stand er die schreckliche Prüfung durch, der er später unterzogen werden sollte. Und wenn damals, lange bevor er jene brennenden Qualen erleiden mußte, menschliche Phantasien, wie sie alle jungen Herzen ergreifen, auch seines heimsuchten, so wissen wir heute, daß diese Gedanken keine Sünde sind. Aber jetzt betet er ernsthaft, betet aus ganzem Herzen für sich selbst, so sehr im Bewußtsein der eigenen seelischen Not und Schwäche, daß jede seiner Zuhörerinnen das Gefühl hat, als bete und bitte er gerade für sie. Sogar Nattee murmelte die paar Worte, die sie aus dem Vaterunser kannte. Mochten die Wörter auch nicht zusammenpassen und wie Kauderwelsch klingen – das arme Geschöpf sagte sie auf, denn ihr war ungewohnt ehrfürchtig zumute.

Lois erhob sich getröstet und gestärkt, wie sie es noch bei keinem von Pastor Tappaus besonderen Gebeten erlebt hatte, Faith jedoch schluchzte, schluchzte laut und fast hysterisch und machte keine Anstalten aufzustehen, sondern lag mit ausgestreckten Armen auf der Bank. Lois und Pastor Nolan warfen einander einen Blick zu.

Dann sagte Lois: «Sir, Ihr müßt bitte gehen. Meine Base fühlt sich seit einiger Zeit nicht wohl, und sie braucht offenbar mehr Ruhe, als sie heute gehabt hat.»

Pastor Nolan verbeugte sich und verließ das Haus, kam jedoch gleich darauf noch einmal zurück. Er öffnete die Tür einen Spalt, trat aber nicht ein und sagte: «Ich möchte noch fragen, ob ich vielleicht heute abend vorbeikommen und mich erkundigen darf, wie es der jungen Mistress Hickson geht?»

Aber Faith hörte nichts davon und schluchzte noch lauter als zuvor.

«Warum hast du ihn weggeschickt, Lois? Es wäre mir gleich besser gegangen, und ich habe ihn so lange nicht gesehen.»

Sie hielt das Gesicht bei diesen Worten verborgen, und Lois verstand sie nicht recht. So neigte sie den Kopf zu ihrer Base auf der Bank und wollte sie bitten, zu wiederholen, was sie gesagt hatte. Aber in ihrem augenblicklichen Ärger und womöglich von einer keimenden Eifersucht getrieben, stieß Faith Lois so heftig zur Seite, daß diese gegen die harte, spitze Ecke der Holzbank schlug. Tränen traten ihr in die Augen, nicht so sehr wegen der Schramme an ihrer Wange, als vielmehr wegen der Verblüffung und des Schmerzes über diese Zurückweisung durch ihre Base, für die sie so warme und liebevolle Gefühle hegte. Im ersten Augenblick war Lois wütend wie ein Kind, aber die Worte von Pastor Nolans Gebet klangen ihr noch in den Ohren, und sie hätte sich geschämt, wenn sie sie nicht beherzigt hätte. Sie wagte indes nicht, sich noch einmal über Faith zu beugen und sie zu streicheln, sondern blieb ruhig neben ihr stehen und wartete besorgt ab – bis schließlich Schritte vor der Flurtür Faith aufspringen und in die Küche laufen ließen. Lois blieb es überlassen, den Angriff des Neuankömmlings aufzufangen. Es war Manasseh, der von der Jagd zurückkam. Er war zusammen mit anderen jungen Männern aus Salem zwei Tage lang fort gewesen. Das war fast die einzige Beschäftigung, die ihn aus seinen eigenbrötlerischen Gewohnheiten reißen konnte. Nun blieb er abrupt unter der Tür stehen, als er Lois alleine sah, denn sie war ihm in letzter Zeit soweit möglich aus dem Weg gegangen.

«Wo ist meine Mutter?»

«Bei einer Andacht bei Pastor Tappau. Sie hat

auch Prudence mitgenommen. Faith ist gerade aus dem Zimmer gegangen. Ich werde sie rufen.» Und Lois wollte schon in die Küche gehen, da stellte er sich zwischen sie und die Tür.

«Lois», sagte er, «die Zeit vergeht, und ich kann nicht viel länger warten. In einem fort suchen mich die Gesichte heim, und ich schaue alles klarer und klarer. Erst letzte Nacht, als ich draußen im Wald lag, sah ich in meiner Seele zwischen Schlafen und Wachen einen Geist kommen und dir zweierlei Gewänder anbieten: Das eine war weiß wie das Kleid einer Braut, das andere aber schwarz und rot, was einen gewaltsamen Tod bedeutet. Und als du das zweite wähltest, sprach der Geist zu mir: ‹Komm!›, und ich kam und tat, wie mir geheißen. Ich legte es dir mit eigener Hand an, wie es vorherbestimmt ist, wenn du nicht auf die Stimme hören und meine Frau werden willst. Und als das schwarzrote Kleid zu Boden fiel, da warst du als wie ein drei Tage alter Leichnam. Laß dir raten, Lois, solange noch Zeit ist! Lois, meine Base, ich habe es in einem Gesicht erblickt, und mein Herz hängt an dir – ich würde dich gerne verschonen.»

Es war ihm wirklich ernst, leidenschaftlich ernst. Was immer seine sogenannten Gesichte sein mochten – er glaubte daran, und dieser Glaube verlieh seiner Liebe zu Lois etwas Selbstloses. Das spürte sie in diesem Augenblick zum ersten Mal, und es unterschied sich deutlich von der Zurückweisung, die sie soeben von seiner

Schwester erfahren hatte. Er war näher getreten, und jetzt ergriff er ihre Hand und fing wieder an mit seinem wilden, leidenschaftlichen, seherischen: «... und die Stimme sprach zu mir: ‹Heirate Lois!›»

Lois war so bereit, ihn zu beschwichtigen und vernünftig mit ihm zu reden, wie noch nie, seit er mit ihr über dieses Thema sprach – als Grace Hickson und Prudence aus dem Korridor ins Zimmer traten. Sie waren von ihrer Andacht auf dem Weg hinter den Häusern heimgekehrt, so daß man ihr Kommen nicht hatte hören können.

Aber Manasseh rührte sich nicht und schaute sich nicht um; er hielt den Blick starr auf Lois gerichtet, als warte er auf die Wirkung seiner Worte. Grace trat rasch herbei, hob ihren starken rechten Arm und trennte die verschlungenen Hände mit einem Schlag, trotz Manassehs heißem Griff.

«Was soll das heißen?» fragte sie, mehr zu Lois gewandt als zu ihrem Sohn, und die Wut blitzte aus ihren tiefliegenden Augen.

Lois wartete darauf, daß Manasseh sprach. Er schien eben noch sanfter und weniger drohend gewesen zu sein als sonst, wenn es um dieses Thema ging, und sie wollte ihn nicht reizen. Aber er sagte nichts, und die Tante stand wütend da und wartete auf eine Antwort.

«Auf jeden Fall», dachte Lois, «wird es seinem Vorhaben ein Ende setzen, wenn die Tante ein offenes Wort spricht.»

«Mein Vetter will mich zur Frau haben», erklärte Lois.

«Dich!» rief Grace mit einer Geste tiefster Verachtung gegen ihre Nichte. Aber da fing Manasseh an zu reden.

«Ja! Es ist vorherbestimmt. Die Stimme hat es gesagt, und der Geist hat sie mir als Braut zugeführt.»

«Der Geist! Dann war es ein böser Geist. Ein guter Geist hätte dir ein frommes Mädchen aus deinem Volk auserwählt und keine Fremde und Anhängerin der Pfaffenkirche wie dieses Mädchen. Ein reizender Dank, Mistress Lois, für unsere Güte.»

«Tante Hickson, ich habe wirklich alles getan, was ich konnte – Vetter Manasseh weiß das –, um ihm zu zeigen, daß ich nicht die Seine werden kann. Ich habe ihm erzählt», erklärte sie, errötend, aber entschlossen, alles auf einmal zu sagen, «daß ich mit einem jungen Mann aus meinem Heimatdorf so gut wie verlobt bin; aber selbst dessenungeachtet – ich wünsche mir zur Zeit keine Heirat.»

«Du solltest dir lieber Bekehrung und Wiedergeburt wünschen! Heirat ist ein unschickliches Wort im Munde einer Jungfrau. Was Manasseh angeht, so will ich mit ihm unter vier Augen reden; du aber, wenn du es ernst meinst, kreuze seine Wege nicht, wie du es in letzter Zeit nur zu oft getan hast, das habe ich wohl bemerkt.»

444

Lois brannte das Herz bei dieser ungerechten Beschuldigung, denn sie wußte genau, wie sehr sie ihren Vetter gefürchtet und gemieden hatte, und fast sah sie zu ihm hinüber, ob er nicht Zeugnis ablegen wollte gegen die Worte der Tante.

Statt dessen kam er auf seine Wahnidee zurück und sagte: «Höre, Mutter! Wenn ich Lois nicht heirate, sterben wir beide innerhalb eines Jahres. Ich hänge nicht am Leben; schon einmal habe ich den Tod gesucht, wie du weißt» – Grace schauderte, für kurze Zeit von einer schrecklichen Erinnerung überwältigt –, «aber wenn ich Lois zur Frau nehme, werde ich leben, und sie wird verschont von dem, was andernfalls ihr Los wäre. Dieses Gesicht sehe ich von Tag zu Tag deutlicher. Wenn ich aber wissen will, ob ich zu den Auserwählten zähle, bleibt alles im Dunkeln. Das Geheimnis darum, was der freie Wille vermag und was die Vorsehung bestimmt, hat der Satan ausgeheckt, nicht Gott.»

«O weh, mein Sohn! Satan geht auch heute noch unter den Brüdern um; du aber laß ab von den alten, dunklen Fragen. Ehe du dich wieder quälst, soll Lois lieber deine Frau werden, obwohl mein Herz ganz anderes für dich erstrebt hat.»

«Nein, Manasseh», widersprach Lois, «als Vetter habe ich dich sehr lieb, aber deine Frau kann ich nie werden. Tante Hickson, es ist nicht gut, ihm so falsche Versprechungen zu machen. Ich sage es noch einmal: Wenn ich jemals heirate, dann den Mann, dem ich in England versprochen bin.»

«Ruhig, Kind. Ich bin dein Vormund an meines toten Mannes Statt. Ich sehe schon, du hältst dich für einen so kostbaren Gewinn, daß du glaubst, ich würde an dir festhalten, komme, was da wolle. Aber für mich bist du nichts wert, es sei denn als Medizin für Manasseh, falls sich sein Geist wieder verwirrt; und ich habe letzthin Anzeichen dafür bemerkt.»

Das also war des Rätsels Lösung für vieles, das sie am Verhalten ihres Vetters erschreckt hatte. Wenn Lois ein Arzt von heute gewesen wäre, hätte sie Spuren der gleichen Veranlagung auch bei seinen Schwestern gefunden – Prudences Mangel an natürlichem Mitgefühl und ihre teuflische Freude am Unheil und Faiths gar so heftige unerwiderte Liebe. Aber noch wußte Lois nicht, genausowenig wie Faith, daß deren Zuneigung zu Mr. Nolan von dem jungen Prediger nicht nur nicht erwidert, sondern nicht einmal erkannt wurde.

Freilich, er kam oft ins Haus, saß lange mit der Familie zusammen und beobachtete sie genau, aber er achtete nicht besonders auf Faith. Lois merkte das und grämte sich deswegen; Nattee merkte es und war empört, lange bevor Faith es sich selbst allmählich eingestand und lieber Nattee, die Indianerin, um Mitleid und Rat anging als Lois, ihre Base.

«Ich bin ihm gleichgültig», klagte Faith. «Lois'
kleiner Finger bedeutet ihm mehr als mein ganzer Leib», stöhnte das Mädchen, von nagender
Eifersucht gepeinigt.

«Scht, scht, mein Prärievögelchen! Wie soll er
Nest bauen, wenn alter Vogel hat alles Moos und
alle Federn? Warte, Indianerin findet Mittel und
Wege, daß alter Vogel fliegt weg.» So lauteten
Nattees geheimnisvolle Trostworte.

Grace Hickson stellte Manasseh gewissermaßen unter Aufsicht, und das befreite Lois weitgehend aus ihrer mißlichen Lage wegen seines
seltsamen Benehmens. Dennoch entkam er mitunter dem wachsamen Auge seiner Mutter, und
dann suchte er immer nach Lois und beschwor
sie wie vorher, ihn zu heiraten. Manchmal berief
er sich auf seine Liebe, öfter aber sprach er verstört von seinen Gesichten und den Stimmen, die
er hörte und die eine schreckliche Zukunft weis-
sagten.

Wir kommen nun zu Ereignissen, die außerhalb des engen Kreises der Familie Hickson in
Salem stattgefunden haben; aber da sie uns nur
insofern angehen, als ihre Auswirkungen die
Zukunft einiger Familienmitglieder beeinfluß-
ten, werde ich meinen Bericht sehr kurz fassen.
Die Stadt Salem hatte ganz kurz vor Beginn meiner Geschichte fast alle ihre ehrwürdigen Männer und führenden Bürger durch den Tod verloren, Männer von großer Weisheit und gesundem Urteil. Die Menschen hatten sich noch

nicht recht von dem Entsetzen über diesen Verlust erholt, denn die Patriarchen der kleinen
Urgemeinde waren einander rasch ins Grab
gefolgt. Sie waren wie Väter geliebt und im ganzen Land als Richter verehrt worden. Die erste
schlimme Auswirkung dieses Verlustes zeigte
sich in dem hitzigen Streit, der zwischen Pastor
Tappau und dem Kandidaten Nolan entbrannte.
Er war scheinbar überwunden; aber Mr. Nolan
war kaum einige Wochen wieder in Salem, als
der Zwist aufs neue aufflammte und viele für
den Rest ihres Lebens entzweite, die bisher
durch die Bande der Freundschaft oder Verwandtschaft miteinander verbunden gewesen
waren. Selbst in der Familie Hickson kamen bald
solche Gefühle auf, denn Grace war eine heftige Anhängerin der eher düsteren Lehren des
älteren Pastors, während Faith leidenschaftlich,
aber ohnmächtig Mr. Nolans Anliegen vertrat.
Manasseh versank immer mehr in seinen Phantastereien und seiner eingebildeten Gabe der
Weissagung, die ihn für alle aushäusigen Ereignisse weitgehend unempfänglich machten; aber
weder erfüllten sich seine Gesichte noch kam
Licht in die dunklen, mysteriösen Lehren, über
denen er zu lange schon gebrütet hatte, als seiner
geistigen und körperlichen Gesundheit zuträg-
lich war. Prudence hingegen machte sich einen
Spaß daraus, alle zu reizen, indem sie Partei für
die jeweils entgegengesetzte Meinung ergriff
und gerade der Person ausführlich alle mög-

lichen Klatschgeschichten weitererzählte, die ihr vermutlich am wenigsten Glauben schenken und sich über das, was sie erzählte, am meisten empören würde; dabei tat sie, als wäre sie sich ihrer Wirkung keineswegs bewußt. Es war viel davon die Rede, daß die Schwierigkeiten und Händel der Gemeinde vor den General Court[21] gebracht werden sollten, und natürlich hoffte jede Partei, wenn es soweit käme, der Pfarrer der Gegenseite und der ihm ergebene Teil der Gemeinde möchten in der Fehde unterliegen.

So lagen die Dinge in der Stadt, als eines Tages Ende Februar Grace Hickson aufs äußerste erregt von der wöchentlichen Andacht zurückkehrte, der sie im Haus von Pastor Tappau beizuwohnen pflegte. Sie trat ins Haus, setzte sich, wiegte ihren Körper hin und her und sprach Gebete vor sich hin. Faith und Lois hörten auf zu spinnen, wunderten sich über ihre Aufregung und wagten kaum, sie anzusprechen.

Schließlich stand Faith auf und sagte: «Mutter, was ist? Ist etwas Schlimmes geschehen?»

Die unerschrockene, harte alte Frau war bleich geworden, und beim Beten malte sich geradezu Entsetzen in ihren Augen; dicke Tränen liefen ihr über die Wangen.

Es sah fast so aus, als koste es sie große Anstrengung, die Gegenwart und das gewohnte häusliche Leben wieder wahrzunehmen, und sie fand erst gar keine Worte.

«Etwas Schlimmes! Töchter, der Satan geht

um – ist unter uns. Vor nicht einmal einer Stunde habe ich gesehen, wie er zwei unschuldige Kinder quälte, so wie er einst jene Besessenen in Judäa heimgesucht hat.[22] Er und seine Helfershelfer haben Hester und Abigail Tappau in Zukkungen verfallen lassen und zu solchen Gebilden verzerrt, daß ich kaum daran zurückzudenken wage; und als ihr Vater, der fromme Mr. Tappau, ihnen ins Gewissen redete und zu beten anfing, heulten sie wie die wilden Tiere auf dem Feld. Wahrhaftig, der Satan schweift frei unter uns umher! Die Mädchen riefen ihn immer wieder an, als wäre er in diesem Moment bei uns gewesen. Abigail kreischte, er stehe gleich hinter meinem Rücken, als schwarzer Mann verkleidet; und wirklich, als ich mich bei ihren Worten umwandte, sah ich ein Wesen wie einen Schatten verschwinden, und mir brach der kalte Schweiß aus. Wer weiß, wo er jetzt ist? Faith, leg Stroh auf die Türschwelle.»

«Aber wenn er schon im Haus ist», fragte Prudence dazwischen, «erschweren wir es ihm damit nicht, wieder hinauszufahren?»

Die Mutter beachtete ihre Frage nicht, sondern wiegte sich weiter hin und her und betete.

Dann fing sie wieder an: «Ehrwürden Mr. Tappau sagt, er habe erst letzte Nacht ein Geräusch gehört, als würde ein schwerer Körper von etwas sehr Kräftigem durchs ganze Haus geschleppt; einmal schlug er gegen seine Schlafzimmertür und hätte sie zweifellos eingerammt, wenn der

Prediger in diesem Augenblick nicht inbrünstig und lauthals gebetet hätte; da erhob sich ein Kreischen wider sein Gebet, das ihm die Haare zu Berge stehen ließ; und heute morgen hat man alles irdene Geschirr im Haus zerbrochen und auf einen Haufen geworfen mitten auf dem Küchenboden gefunden. Pastor Tappau sagt, kaum habe er beim Frühstück mit dem Tischgebet angefangen, hätten Abigail und Hester aufgeschrien, als wären sie von jemandem gezwickt worden. Herr, erbarme dich! Der Satan schweift wahrhaftig frei unter uns umher!»

«Das klingt wie die alten Geschichten, die ich in Barford immer zu hören bekam», sagte Lois, atemlos vor Entsetzen.

Faith schien weniger erschrocken; freilich war ihr Abscheu gegen Pastor Tappau so groß, daß sie wegen irgendwelchen Mißgeschicks, das ihn oder die Seinen befiel, kein rechtes Mitleid empfinden konnte.

Gegen Abend kam Mr. Nolan. Normalerweise ließ Grace Hickson seine Besuche gerade noch durchgehen, so sehr wütete der Geist der Parteilichkeit; sie war dann oft nicht abkömmlich und zu zerstreut, um ihm die herzliche Gastfreundschaft erweisen zu können, die eine ihrer herausragendsten Tugenden war. Aber heute hieß sie ihn ungewöhnlich freundlich willkommen, denn erstens brachte er die letzten Meldungen über die neuen Greuel von Salem, und zweitens war er ein Mitglied der gegen Satan Streitenden Kir-

che – oder dessen, was die Puritaner als Gegen-
stück zur Streitenden Kirche betrachteten.

Er wirkte niedergeschlagen von den Ereignissen dieses Tages. Erst einmal schien es für ihn fast
eine Erleichterung, nur ruhig dazusitzen und
nachzudenken; und seine Gastgeber warteten
etwas ungeduldig, daß er ein wenig mehr von
sich gab als nur einsilbige Bemerkungen.

Schließlich fing er an: «Einen Tag wie diesen
möchte ich nie mehr erleben. Es war, als ob man
den Teufeln, die der Herr in die Schweineherde
gebannt hat[23], erlaubt hätte, wieder auf die Erde
zu kommen. Und ich wollte, es wären nur die
gestürzten Engel, die uns peinigen; aber ich
fürchte sehr, daß einige Menschen, die wir zu
Gottes Volk gezählt haben, ihre Seelen an den
Teufel verkauft haben – um ein klein wenig an
seiner bösen Macht teilzuhaben und eine Zeitlang andere quälen zu können. Der Älteste Sher-
ringham hat eben heute ein gutes und treues
Pferd verloren, mit dem er seine Familie immer
zum Gottesdienst fuhr, denn seine Frau ist ans
Bett gefesselt.»

«Vielleicht starb das Pferd eines natürlichen
Todes», sagte Lois.

«Möglich», antwortete Pastor Nolan. «Aber
ich wollte folgendes erzählen: Gerade als er voll
Trauer über den Verlust des Tieres sein Haus
betrat, lief vor ihm eine Maus hinein, und zwar
so unvermutet, daß er fast über sie stolperte,
obwohl einen Augenblick vorher noch nichts zu

sehen gewesen war; er trat nach ihr und traf sie, und sie schrie vor Schmerz wie ein menschliches Wesen, sauste geradewegs den Kamin hinauf und scherte sich nicht um Flammen und Rauch.»

Manasseh lauschte gierig, und als die Geschichte zu Ende war, schlug er sich gegen die Brust und betete laut um Erlösung von der Macht des Bösen. Den ganzen Abend fing er immer wieder an zu beten, mit allen Anzeichen äußersten Grauens im Gesicht und im Verhalten – er, der tapferste, wagemutigste Jäger der ganzen Siedlung. Die ganze Familie rückte in schweigender Furcht zusammen und kümmerte sich kaum um die üblichen Haushaltsarbeiten. Faith und Lois saßen Arm in Arm wie in jenen Tagen, ehe die eine auf die andere eifersüchtig geworden war; Prudence fragte die Mutter und den Pastor leise und furchtsam, welche Wesen denn umgingen und wie sie andere Menschen peinigten, und als Grace den Prediger bat, für sie und ihre Familie zu beten, sprach er ein langes und inniges Bittgebet, es möge keiner aus dieser kleinen Herde jemals so tief und hoffnungslos ins Verderben geraten, daß er jener Sünde schuldig werde, für die es keine Vergebung gibt – der Sünde der Hexerei.

III

«Die Sünde der Hexerei» – das lesen wir, sehen es von außen, aber wir können uns nicht den Schrecken ausmalen, den es auslöste. Jedes unwillkürliche oder ungewöhnliche Tun, jede schwache nervöse Anwandlung, jeder Schmerz und jeder Kummer wurden vermerkt, nicht nur in der Umgebung dessen, dem dies widerfuhr, sondern auch von dem Handelnden oder Erleidenden selbst – wer immer es sein mochte –, sobald es von der allereinfachsten, allergewöhnlichsten Verhaltensweise abwich. Er oder sie – denn das angebliche Opfer war meist eine Frau oder ein Mädchen – verspürte den Wunsch nach einer ausgefallenen Mahlzeit, ein ungewohntes Bedürfnis nach Bewegung oder Ruhe, die Hand zuckte, der Fuß schlief ein, oder das Bein wurde von einem Krampf befallen – sofort drängte sich die schreckliche Frage auf: «Hat etwa jemand mit der Hilfe des Teufels eine böse Macht über mich erlangt?» Und vielleicht dachten sie weiter: «Schlimm genug, daß übelwollende Unbekannte die Macht haben, meinem Körper Leid zuzufügen – aber was, wenn Satan ihnen noch größere Macht verleiht und sie meine Seele erschüttern und mir gräßliche Gedanken eingeben, die mich zu Untaten verleiten, welche ich jetzt verabscheue?» Und so ging es weiter, bis die schiere Angst vor dem, was geschehen könnte, und das ständige Verweilen der Gedanken, sei's auch mit Grausen, bei bestimmten Möglichkeiten oder dem, was man dafür hielt, am Ende tatsächlich zu jener verdorbenen Phantasie führten, vor der einem anfangs geschaudert hatte.

Überdies herrschte Ungewißheit darüber, wer befallen war – nicht unähnlich der überwältigenden Angst vor der Pest, die manche mit unbezähmbarer Furcht vor ihren Liebsten zurückschaudern ließ. Der Bruder oder die Schwester, die seit der Kindheit und Jugend die teuersten Freunde waren, standen nun vielleicht in einem geheimnisvollen, tödlichen Pakt mit bösen Mächten der übelsten Sorte – wer konnte das wissen? Und in solchen Fällen wurde es zur Pflicht, zur heiligen Pflicht, den einst so geliebten irdischen Leib zu opfern, der nun zum Sitz einer verworfenen und in ihren bösen Neigungen grauenerregenden Seele geworden war. Vielleicht führte die Todesangst zu einem Geständnis, zur Reue, zur Reinigung. Und wenn nicht – nun, dann fort mit dem sündigen Geschöpf, der Hexe, fort aus dieser Welt, hinunter ins Reich ihres Meisters, dessen Befehle sie auf Erden ausgeführt hatte, indem sie Gottes Geschöpfe auf jegliche Art verdorben und gequält hatte. Dann gab es noch andere, die neben dieser eher einfachen, auch eher einfältigen Angst vor Hexen und Hexerei noch den bewußten oder unbewußten Wunsch verspürten, sich an Menschen zu rächen, deren Verhalten ihnen aus irgendeinem Grund mißfallen hatte. Wo ein Beweis auf übernatürlicher Ebene geführt wird, läßt er sich nicht mehr widerlegen. Es entsteht folgende Schlußfolgerung: «Ihr habt nur natürliche Kräfte; ich habe übernatürliche.

Ihr gebt die Existenz des Übernatürlichen zu, eben indem ihr Hexerei als Verbrechen verurteilt. Ihr kennt kaum die Grenzen der natürlichen Kräfte; wie wollt ihr da die übernatürlichen bestimmen? Ich behaupte, daß ich mitten in der Nacht, während ich für meine Umgebung in ruhigem Schlummer zu liegen schien, bei vollem, wachem Bewußtsein auf einer Versammlung von Hexen und Zauberern mit Satan an der Spitze körperlich anwesend war, daß mein Leib von ihnen gequält wurde, weil meine Seele ihn nicht als König anerkennen wollte; und daß ich Zeuge dieser und jener Tat wurde. Welcher Natur die Erscheinung war, die mein Aussehen annahm und friedlich in meinem Bett schlief, weiß ich nicht; wenn man aber an Hexerei glaubt, wie ihr es ja tut, könnt ihr mein Zeugnis nicht widerlegen.»

Diese Aussage mochte aufrichtig oder erfunden sein, je nachdem, ob der Zeuge daran glaubte oder nicht; aber jedermann erkannte, was für gewaltige, schreckliche Kräfte auf Rache sannen. Schließlich verstärkten auch die Angeklagten selbst die gräßliche, weitverbreitete Panik. Manche gestanden in ihrer Todesangst aus Feigheit die Phantasieverbrechen, deren sie angeklagt waren und deren Vergebung ihnen im Falle eines Geständnisses versprochen wurde; und manche Schwachen und Verängstigten glaubten mit der Zeit selbst fest an ihre Schuld – eine Folge der krankhaften Veränderungen der

Einbildungskraft, wie sie in solchen Zeiten leicht entstehen.

Lois saß mit Faith beim Spinnen. Beide schwiegen und sannen über die Geschichten nach, die herumerzählt wurden. Lois sprach als erste.

«Ach Faith, dieses Land ist schlimmer, als England jemals war, selbst in den Tagen von Master Matthew Hopkinson, dem Hexenjäger.[24] Ich fürchte mich allmählich vor allen Leuten. Manchmal habe ich sogar Angst vor Nattee!»

Faith errötete ein wenig. Dann fragte sie: «Warum? Weswegen solltest du der Indianerin mißtrauen?»

«Oh, ich schäme mich meiner Angst, sobald sie in mir aufsteigt. Aber ihr Aussehen und ihre Hautfarbe waren fremd für mich, als ich hierher kam, und sie ist nicht getauft; man erzählt sich Geschichten von indianischen Hexenmeistern, und ich weiß nicht, was das für ein Gebräu ist, das sie da manchmal über dem Feuer zusammenmischt, und was die seltsamen Lieder bedeuten, die sie vor sich hin singt. Und einmal bin ich ihr im Dunkeln begegnet, gleich neben Pastor Tappaus Haus, mit Hota, seiner Magd – unmittelbar bevor wir von dem schlimmen Durcheinander in seinem Haus erfuhren –, und ich habe mich schon gefragt, ob sie etwas damit zu tun hat.»

Faith saß sehr still, als denke sie nach. Schließlich sagte sie: «Wenn Nattee Kräfte besitzt, die

457

deine und meine übersteigen, wird sie sie nicht zum Schaden anderer benützen; wenigstens nicht zum Schaden derer, die sie liebt.»

«Das tröstet mich wenig», sagte Lois. «Wenn sie Kräfte hat, die das natürliche Maß übersteigen, fürchte ich sie, obwohl ich ihr nie etwas Böses getan habe; ja, obwohl ich fast annehme, daß sie freundschaftliche Gefühle für mich hegt. Aber solche Kräfte werden nur vom Teufel verliehen, und der Beweis dafür ist, daß Nattee sie, wie du durchblicken läßt, gegen jene Menschen einsetzen würde, die ihr mißfallen.»

«Und warum sollte sie das nicht?» fragte Faith, sah auf und schleuderte einen flammenden Blitz aus ihren Augen.

Lois sah Faiths Blick nicht. «Weil uns gesagt wurde, daß wir für jene beten sollen, die uns verachten, und denen Gutes tun, die uns verfolgen. Aber die arme Nattee ist keine Christin. Ich wünschte, Mr. Nolan würde sie taufen; das würde sie vielleicht der Macht satanischer Versuchungen entreißen.»

«Kommst du denn nie in Versuchung?» fragte Faith, fast ein wenig verächtlich. «Und du bist sehr wohl getauft!»

«Das stimmt», sagte Lois traurig. «Ich mache oft arge Fehler, aber vielleicht wäre ich noch schlimmer, wenn die heilige Zeremonie nicht an mir vollzogen worden wäre.»

Wieder schwiegen sie eine Weile.

«Lois», sagte Faith, «ich hab' es nicht böse

gemeint. Aber hast du nie das Gefühl, daß du dies zukünftige Leben, von dem die Pastoren sprechen und das so unklar und fern scheint, gern hingäbest für ein paar Jahre echter, lebendiger Seligkeit, die morgen beginnt, ja schon in dieser Stunde, dieser Minute? Ach, ich könnte mir ein Glück vorstellen, für das ich all diese nebelhaften Aussichten auf den Himmel willig hingäbe...»

«Faith, Faith!» schrie Lois entsetzt, hielt ihrer Base die Hand vor den Mund und schaute sich ängstlich um. «Pst! Du weißt nicht, wer vielleicht zuhört, du gibst dich in seine Gewalt.»

Aber Faith schob ihre Hand beiseite. «Lois, ich glaube an ihn nicht mehr als an den Himmel. Beide mag es geben, aber sie sind so weit weg, daß ich ihnen keine große Beachtung schenke. Schau, all diese Aufregungen um Mr. Tappaus Haus... versprich mir, daß du keiner lebenden Seele etwas weitersagst, dann will ich dir ein Geheimnis anvertrauen.»

«Nein», rief Lois erschrocken, «Geheimnisse sind mir ein Greuel! Ich will nichts davon wissen. Ich tu' für dich, was ich kann, Base Faith, in jeder Beziehung, aber gerade jetzt gebe ich mir die größte Mühe, streng gottesfürchtig und schlicht zu leben und zu denken, und mir graut davor, mich mit Geheimnisvollem und Heimlichem einzulassen.»

«Wie du meinst, du Angsthase. Wenn du mir zuhören wolltest, würde sich deine Angst vielleicht verringern, wenn nicht ganz verlieren.» Und Faith sagte kein Wort mehr, obwohl Lois behutsam versuchte, sie zu einem Gespräch über ein anderes Thema zu verleiten.

Das Gerede von der Hexerei lief um wie das Echo eines Donners in den Bergen. Es war in Mr. Tappaus Haus aufgekommen, und seine beiden kleinen Töchter waren die ersten, von denen es hieß, sie seien verhext; aber inzwischen wurde von überallher und aus allen Ecken der Stadt berichtet, daß jemand ein Opfer der Hexerei geworden sei. Es gab kaum eine Familie, die nicht darunter litt. Daraufhin erhob sich ein Murren und rachsüchtiges Drohen in vielen Häusern – und die Drohungen nahmen zu und wurden durch den Schrecken und das geheimnisvolle Leiden, das sie hervorgerufen hatte, nicht gerade abgeschwächt.

Schließlich setzte Mr. Tappau nach feierlichem Fasten und Beten einen Tag fest, zu dem er die Prediger aus der ganzen Umgebung und alle frommen Leute in sein Haus lud, gemeinsam mit ihm den Tag feierlichem Gottesdienst und Bittgebeten zu weihen, auf daß seine Kinder und alle gleichermaßen Heimgesuchten aus der Gewalt des Bösen befreit würden. Ganz Salem strömte zum Haus des Predigers. Auf allen Gesichtern lag ein Ausdruck der Erregung; auf manchen malten sich Eifer und Angst, während auf anderen finstere Entschlossenheit und – falls sich Gelegenheit dazu böte – Bereitschaft zur Grausamkeit zu lesen war. Mitten im Gebet verfiel Hester Tappau, das jüngere Mädchen, in Zuckungen; ein Anfall folgte dem anderen, und ihr Kreischen mischte sich mit den gellenden Schreien aus der versammelten Gemeinde. Bei der ersten Unterbrechung, als Hester sich einigermaßen erholt hatte und die Leute erschöpft und außer Atem um das Kind herumstanden, hob der Vater, Pastor Tappau, die rechte Hand und beschwor es im Namen der Dreifaltigkeit, zu sagen, wer es quäle. Es herrschte Totenstille; kein einziger unter den Hunderten rührte sich. Hester wand sich erschöpft und unruhig und stieß stöhnend den Namen von Hota hervor, der indianischen Magd ihres Vaters. Hota war auch da, anscheinend ebenso neugierig wie alle anderen; ja sie hatte sich sogar sehr bemüht, dem kranken Kind Heilmittel zu verabreichen. Aber nun stand sie entgeistert und wie gelähmt da, als ihr Name genannt und von der Menge ringsumher anklagend und haßerfüllt gerufen wurde. Noch eine Sekunde, und die anderen wären über das zitternde Geschöpf hergefallen und hätten es in Stücke gerissen – die fahle, dunkelhäutige, schaudernde Hota, die vor Bestürzung ein fast schuldbewußtes Gesicht machte.

Aber Pastor Tappau, groß und grauhaarig, erhob sich zu seiner vollen Höhe und hieß sie alle zurücktreten und ruhig bleiben, er wolle ihnen etwas sagen. Dann erklärte er, übereilte Rache sei keine gerechte, wohlerwogene Bestrafung; dazu brauche es eine Überführung, wenn möglich ein Geständnis. Wenn Hota zu einem Geständnis gebracht werden könne, hoffe er aufgrund ihrer Enthüllungen auf Hilfe für seine leidenden Kinder. Sie sollten die Beschuldigte ihm und seinen Mitbrüdern überlassen, auf daß sie mit dem Satan ringen könnten, ehe sie sie der weltlichen Macht auslieferten. Er sprach gut, denn er sprach aus tiefstem Herzensgrund als ein Vater, der seine Kinder einem schrecklichen und geheimnisvollen Leiden ausgesetzt sah und fest glaubte, daß er nun den Schlüssel in Händen hielt, mit dem sie und ihre Leidensgenossen endgültig erlöst werden konnten. Und die Gemeinde fügte sich murrend und unzufrieden; man lauschte dem langen, leidenschaftlichen Gebet, das er emporsandte. Die unselige Hota stand daneben, bewacht und gebunden von zwei Männern, die sie anstarrten wie Bluthunde, die gleich von der Leine gelassen werden, während das Gebet mit den Worten vom barmherzigen Erlöser endete.

Lois wurde übel, und sie schauderte angesichts dieser Szene. Das war nicht der empörte Schauder des Gebildeten vor der Dummheit und dem Aberglauben des Volkes, sondern ein mitfühlendes moralisches Schaudern vor einer Schuld, an die sie glaubte, und vor der menschlichen Fähigkeit zu Haß und Abscheu, die ihr mitleidiges Herz verwirrte und verstörte, selbst wenn es um eine Schuldige ging. Mit gesenktem Blick und bleichem Gesicht folgte sie der Tante und deren Kindern hinaus ins Freie. Grace Hickson ging mit einem triumphierenden Gefühl der Erleichterung über die Entdeckung der Schuldigen nach Hause. Nur Faith schien ungewöhnlich unruhig und verstört, Manasseh hingegen sah in dem ganzen Vorgang die Erfüllung einer Weissagung, und Prudence war durch die ungewöhnliche Szene erregt und aufgekratzt.

«Ich bin fast so alt wie Hester Tappau!» sagte sie. «Sie hat im September Geburtstag und ich im Oktober.»

«Was hat das damit zu tun?» fragte Faith barsch.

«Nichts, ich hatte nur das Gefühl, daß sie so ein kleines Ding ist, wenn man bedenkt, daß alle diese würdigen Prediger für sie beten und die Leute von weither kommen – manche sogar von Boston, heißt es –, alle sozusagen ihretwegen. Hast du gesehen, der fromme Mr. Henwick hat ihr den Kopf gehalten, als sie so herumzappelte, und die alte Madam Holbrook ist auf einen Stuhl gestiegen, um sie besser sehen zu können. Ich möchte wissen, wie lange ich zappeln muß, bis berühmte und fromme Leute mir soviel Beachtung schenken? Aber das kommt wahrscheinlich davon, daß sie eine Pastorentochter ist. Jetzt wird sie die Nase so hoch tragen, daß man nicht mehr mit ihr reden kann. Faith, glaubst du, daß Hota sie wirklich verhext hat? Sie hat mir Maispfannkuchen gegeben, als ich das letzte Mal bei Pastor

Tappau war, wie jede andere Frau, nur daß sie vielleicht ein bißchen gutmütiger war. Wenn man sich vorstellt, daß sie eigentlich eine Hexe ist!»

Aber Faith hatte es anscheinend eilig, heimzukommen, und achtete nicht auf Prudences Worte. Lois lief hinter Faith her, denn Manasseh ging an der Seite seiner Mutter, und sie hielt sich fest an ihren Plan, ihm aus dem Weg zu gehen, selbst wenn sie damit Faith ihre Gesellschaft aufdrängte, die in letzter Zeit offenbar *ihr* aus dem Weg gehen wollte.

An diesem Abend verbreitete sich in Salem die Nachricht, daß Hota ihre Sünde gestanden hatte – daß sie zugegeben hatte, sie sei eine Hexe. Nattee hatte die Neuigkeit als erste erfahren. Sie stürmte in das Zimmer, wo die Mädchen ohne Grace Hickson nach der morgendlichen Gebetsversammlung in feierlicher Muße saßen, und rief: «Erbarmen, ah, Erbarmen, Mistress, alle! Beschützt die arme Indianer-Nattee, sie hat nix Böses getan, nur für Mistress und die Familie! Nur Hota ist schlimme böse Hexe, sie sagt selbst. O weh, o weh!» Sie beugte sich über Faith und flüsterte und jammerte etwas, wovon Lois nur das Wort «Folter» verstand. Aber Faith hörte alles und wurde sehr blaß. Halb führte, halb zog sie Nattee in die Küche zurück.

Gleich darauf kam Grace Hickson herein. Sie war bei einer Nachbarin zu Besuch gewesen. Es ziemt sich nicht, wenn man bei einer so frommen Frau sagt, sie habe geklatscht; und das Thema ihrer Unterhaltung war auch tatsächlich zu ernst und bedeutsam gewesen, als daß ich es mit einem leichtfertigen Wort benennen dürfte. Freilich hatten die Frauen kleine Einzelheiten und Gerüchte aufgefangen und weitererzählt, die sie eigentlich nichts angingen – und das bedeutet Klatschen; aber in diesem Fall mußte man damit rechnen, daß jeder alltägliche Umstand, jedes Wort von so schrecklicher Bewandtnis sein und zu einem so grausigen Ende führen konnte, daß derlei Geflüster manchmal tragisch wichtig wurde. Man nahm gierig jede kleinste Nachricht auf, die sich auf Mr. Tappaus Haus bezog. Daß sein Hund eine ganze Nacht lang durchgeheult hatte und nicht hatte beruhigt werden können; daß seine Kuh nur zwei Monate nach dem Kalben plötzlich keine Milch mehr gegeben hatte; daß ihn eines Morgens beim Vaterunser sein Gedächtnis für einen Augenblick im Stich gelassen und er in seiner plötzlichen Verwirrung einen Satz übersprungen hatte, und wie all diese Vorboten der seltsamen Krankheit seiner Kinder jetzt ausgelegt und verstanden werden konnten: dies war das Hauptthema der Unterhaltung zwischen Grace Hickson und ihren Freundinnen.

Schließlich fingen sie an zu erörtern, ob es etwa als Strafe Gottes für eine Sünde aufzufassen sei, daß Pastor Tappau der Macht des Bösen ausgeliefert war, und wenn ja, welcher Sünde? Es war kein unangenehmer Wortwechsel, obwohl die Meinungen deutlich auseinandergingen; denn daß keine der Gesprächsteilnehmerinnen in ihrer Familie jemals solche Not erlebt hatte, schien ein recht deutlicher Beweis, daß keine von ihnen eine Sünde begangen hatte.

Mitten im Gespräch kam jemand von der Straße herein und brachte die Neuigkeit mit, daß Hota alles gestanden habe – daß sie zugegeben habe, ein gewisses rotes Büchlein unterschrieben zu haben, das Satan ihr vorgelegt habe, daß sie an Teufelsanbetung teilgenommen habe und durch die Luft nach Newbury Falls geritten sei. Sie hatte tatsächlich alle Fragen bejaht, die ihr die Ältesten und die Obrigkeit vorgelegt hatten – die wiederum sorgfältig die Geständnisse jener Hexen durchgelesen hatten, die früher in England verhört worden waren, damit sie nur ja keine Frage ausließen. Sie hatte noch mehr zugegeben, aber unwichtigere Dinge, die mehr nach irdischen Streichen klangen als nach Geistermacht. So hatte sie von kunstfertig gespannten Stricken erzählt, mit denen alles Geschirr in Pastor Tappaus Haus heruntergezogen oder durcheinandergeworfen werden konnte; aber auf solche leicht nachvollziehbaren Übeltaten gaben die Klatschmäuler von Salem nicht weiter acht. Eine fand, solche Streiche verrieten die Einflüsterungen Satans, aber alle wollten lieber von schlimmeren Vergehen wie schwarzen Messen und übernatürlichen Ritten hören.

Die Erzählerin endete mit den Worten, daß Hota am nächsten Morgen gehängt werden solle, trotz ihres Geständnisses und obwohl ihr das Leben versprochen worden war, wenn sie ihr Vergehen gestand. Denn es sei besser, bei der ersten entdeckten Hexe ein Exempel zu statuieren; und es sei auch gut, daß es eine Indianerin war, eine Heidin, deren Tod für die Gemeinde kein so großer Verlust war.

Dazu wollte Grace Hickson etwas sagen. Es sei richtig, daß Hexen vom Angesicht der Erde getilgt werden müßten, Indianer oder Engländer, Heiden oder, schlimmer noch, getaufte Christen, die den Herrn verraten hätten wie einst Judas und auf die Seite Satans übergelaufen wären. Was sie betreffe, so wünschte sie, daß die erste überführte Hexe aus einer rechtgläubigen englischen Familie gekommen wäre, damit alle hätten sehen können, daß fromme Leute bereit waren, sich die rechte Hand abzuhacken und das rechte Auge auszureißen[25], wenn sie von dieser teuflischen Sünde befleckt waren. Sie sprach streng und überzeugend.

Die zuletzt eingetroffene Frau meinte, ihre Worte könnten vielleicht auf die Probe gestellt werden, denn man erzähle hinter vorgehaltener Hand, Hota habe andere Personen genannt, einige aus den frömmsten Familien Salems, die sie unter den sündigen Kommunikanten bei der Teufelsmesse gesehen habe. Und Grace erwiderte, sie verbürge sich dafür, daß alle frommen

Menschen die Probe bestünden und eher jede natürliche Liebesregung unterdrückten, als daß solch eine Sünde unter ihnen wachse und gedeihe. Sie selbst überkomme ein hilfloses, körperliches Grauen, wenn sie den gewaltsamen Tod auch nur eines Tieres mitansehen müsse; aber das werde sie nicht abhalten, morgen früh unter denen zu sein, die das verfluchte Geschöpf aus ihren Reihen stießen.

Entgegen ihrer Gewohnheit erzählte Grace Hickson ihrer Familie viel von diesem Gespräch. Das verriet, wie sehr sie dieses Thema erregte, und die Erregung teilte sich in der Familie auf unterschiedliche Weise mit. Faith errötete, wurde unruhig, wanderte immer zwischen Stube und Küche hin und her und fragte die Mutter genau nach den außergewöhnlicheren Teilen von Hotas Geständnis, als wolle sie sich vergewissern, daß die indianische Hexe wirklich all diese schrecklichen und geheimnisvollen Taten begangen habe.

Lois schauderte und zitterte vor Entsetzen über den Bericht und die Vorstellung, daß solche Dinge möglich waren. Ab und zu verlor sie sich in mitleidige Gedanken an die Frau, die da sterben mußte, von allen Menschen verabscheut und ohne die Vergebung Gottes, den sie so furchtbar verraten hatte, und die jetzt – in ebendiesem Augenblick, da Lois zwischen ihren Verwandten saß, vor dem warmen und freundlichen Kaminfeuer, noch viele friedliche, vielleicht glückliche

Tage vor sich – einsam, zitternd, voller Angst, schuldig, ohne Beistand und tröstenden Zuspruch im Dunkeln zwischen den kalten Mauern des Stadtgefängnisses eingesperrt war. Lois erschrak fast, daß sie mit einer so greulichen Handlangerin des Teufels Mitleid hatte, und betete um Vergebung für ihre barmherzigen Gedanken; doch dann fiel ihr wieder das weiche Herz des Erlösers ein, und sie gestattete sich, Mitleid zu empfinden – bis ihr schließlich der Sinn für Recht und Unrecht derart durcheinandergeriet, daß sie alles nur noch Gottes Entscheidung überlassen und ihn bitten konnte, er möge alle Geschöpfe und alle Ereignisse in seine Hand nehmen.

Prudence freute sich, als bekomme sie eine lustige Geschichte zu hören, und wollte mehr wissen als das, was ihr die Mutter erzählte. Sie schien keine besondere Angst vor Hexen und Hexerei zu haben und wünschte sich dennoch dringend, die Mutter am anderen Morgen zur Hinrichtung zu begleiten. Lois erschrak vor dem grausamen, eifrigen Gesicht des jungen Mädchens, als es seine Mutter bat, mitgehen zu dürfen. Selbst Grace war beunruhigt und bestürzt über den Eigensinn ihrer Tochter.

«Nein!» antwortete sie. «Frag nicht weiter. Du darfst nicht gehen. So etwas ist kein Anblick für Kinder. Ich gehe, und mir graut schon vor dem Gedanken. Aber ich gehe, weil ich zeigen möchte, daß ich als Christin die Partei Gottes gegen den Teufel ergreife. Du wirst nicht gehen,

hörst du? Dir gehört eins mit der Peitsche über-
gezogen dafür, daß du nur daran denkst!»

«Manasseh sagt, Hota wurde von Pastor Tappau fest ausgepeitscht, bis sie zu einem Geständnis bereit war», berichtete Prudence, als wäre sie
ängstlich darauf bedacht, das Thema zu wechseln.

Manasseh hob den Kopf von der großen Folio-
bibel, die sein Vater aus England mitgebracht
hatte und in der er gerade las. Er hatte Prudence
nicht zugehört, aber er schaute auf, als er seinen
Namen hörte. Alle Anwesenden erschraken
über seinen wilden Blick, sein blutleeres Gesicht.
Er aber war offensichtlich aufgebracht über den
Ausdruck in ihren Mienen.

«Warum schaut ihr mich so an?» fragte er, und
dabei sah er selber ängstlich und aufgewühlt aus.

Seine Mutter antwortete eilends: «Ach, Prudence meinte nur, du hättest ihr erzählt, daß...
Pastor Tappau sich die Hände an der Hexe Hota
schmutzig gemacht und sie ausgepeitscht hat. –
Was für ein quälender Gedanke hat dich gepackt? Sag's uns, und zerbrich dir nicht den
Kopf mit menschlicher Gelehrsamkeit.»

«Ich studiere nicht menschliche Gelehrsamkeit, sondern das Wort Gottes. Ich möchte gern
mehr wissen über die Sünde der Hexerei, und ob
sie tatsächlich die Sünde wider den Heiligen
Geist ist, die nicht vergeben wird[26]. Manchmal
spüre ich, wie mich schleichend eine Macht
überkommt, die mir alle möglichen ruchlosen

Gedanken und unerhörten Taten einflüstert, und dann frage ich mich: ‹Ist das nun Hexerei?› Und mir wird übel, und mich ekelt vor allem, was ich tue oder sage, und doch hat mich ein böses Geschöpf in seiner Gewalt, und ich muß unbedingt tun und sagen, was ich verabscheue und fürchte. Warum wunderst du dich, Mutter, daß ausgerechnet ich mich bemühe, das genaue Wesen der Hexerei zu erforschen, und daß ich zu diesem Zweck das Wort Gottes studiere? Hast du nicht miterlebt, wie ich sozusagen vom Teufel besessen war?»

Er sprach ruhig und traurig, aber fest überzeugt. Die Mutter stand auf, um ihn zu trösten.

«Mein Sohn», sprach sie, «nie hat dich jemand etwas tun sehen oder sprechen hören, von dem man sagen könnte, es sei von Teufeln eingeflüstert. Wir haben erlebt, armer Junge, wie sich für eine Weile dein Geist verwirrte, aber deine Gedanken suchten in verbotenen Bereichen eher Gottes Willen zu ergründen, als daß sie den Schlüssel dazu auch nur einen Augenblick verloren, weil sie nach den Mächten der Finsternis strebten. Diese Zeit ist schon lange vorbei; vor dir liegt die Zukunft. Denk nicht an Hexen oder daran, daß du ihrer Macht zum Opfer fallen könntest. Ich tat nicht recht daran, vor dir darüber zu sprechen. Lois soll sich zu dir setzen und mit dir reden.»

Lois ging zu ihrem Vetter, tief bekümmert über seine Verzagtheit und bemüht, ihn zu beruhigen und zu trösten; aber gleichzeitig schauderte sie mehr denn je vor dem Gedanken, sie müsse am Ende seine Frau werden. Sie merkte, daß sich die Tante mit diesem Gedanken unbewußt von Tag zu Tag mehr anfreundete, da sie die Begabung des Mädchens aus England erkannte, den Vetter mit dem bloßen Klang seiner weichen, lockenden Stimme zu beruhigen und zu trösten.

Er griff nach Lois' Hand.

«Ich will sie halten, laß mich. Es tut mir gut», sagte er. «Ach, Lois, wenn ich bei dir bin, vergesse ich all meine Sorgen – wird der Tag niemals kommen, an dem du die Stimme hörst, die ständig zu mir spricht?»

«Ich höre sie nie, Vetter Manasseh», erwiderte sie leise, «aber denk nicht an Stimmen. Erzähl mir von dem Waldstück, das du einfrieden willst – was für Bäume wachsen dort?»

So lenkte sie ihn durch einfache Fragen über handfeste Themen unbewußt klug dorthin zurück, wo er immer klaren praktischen Verstand bewiesen hatte. Er sprach manierlich und besonnen, bis die Stunde des Abendgebets näherrückte – das in jenen Tagen früh stattfand. Als Oberhaupt der Familie mußte Manasseh vorbeten; seine Mutter war seit dem Tod ihres Mannes immer sehr darauf bedacht gewesen, ihm diese Aufgabe zuzuweisen. Er betete frei, und heute verloren sich seine Fürbitten in wilde, zusammenhanglose Gebetsbruchstücke, die den

Frauen, die in der Runde knieten und sich alle um den Sprecher sorgten, endlos vorkamen. Minuten verstrichen und wurden zu Viertelstunden, und seine Worte wurden nur noch flehentlicher und leidenschaftlicher. Er betete jetzt nur für sich und legte alle Winkel seines Herzens bloß. Endlich stand die Mutter auf und nahm Lois bei der Hand, denn sie glaubte an Lois' Macht über ihren Sohn, die der Macht des harfespielenden Hirten David über König Saul auf seinem Thron glich[27]. Sie schob sie zu ihm. Er kniete mit dem Gesicht zum Kreis, die Augen nach oben verdreht, Qual und Ekstase auf dem Antlitz, ein Bild des Kampfes seiner verwirrten Seele.

«Hier ist Lois», sagte Grace fast zärtlich, «sie möchte gern in ihre Kammer gehen.» Dem Mädchen liefen die Tränen über das Gesicht. «Bitte steh auf und bete in deinem Zimmer fertig.»

Aber als Lois näher trat, sprang er auf die Füße, sprang beiseite.

«Schaff sie weg, Mutter! Führe mich nicht in Versuchung! Sie weckt böse und sündige Gedanken in mir. Sie wirft einen Schatten über mich, selbst in Anwesenheit meines Gottes. Sie ist kein Engel des Lichts, sonst würde sie so etwas nicht tun. Sie quält mich mit einer Stimme, die mir befiehlt, sie zu heiraten, sogar während ich bete. Hinweg! Schaff sie fort!»

Er hätte Lois geschlagen, wenn sie nicht zurückgefahren wäre, bestürzt und voller Angst.

473

Seine Mutter war zwar ebenso bestürzt, empfand aber keine Angst. Sie hatte ihn schon einmal so erlebt und wußte, wie sie mit seinem Anfall umgehen mußte.

«Geh, Lois! Dein Anblick reizt ihn wie früher der von Faith. Überlaß ihn mir.»

Lois lief in ihr Zimmer und warf sich aufs Bett, keuchend wie eine gejagte Kreatur. Faith folgte ihr langsam und bedrückt.

«Lois», bat sie, «willst du mir einen Gefallen tun? Es ist nichts Schwieriges. Willst du vor Tagesanbruch aufstehen und einen Brief von mir zu Pastor Nolans Wohnung bringen? Ich würde es selbst tun, aber Mutter hat mich gebeten, bei ihr zu sein, und ich könnte aufgehalten werden bis zu der Stunde, wo Hota gehängt wird. In dem Brief stehen Dinge, die über Leben und Tod entscheiden. Mach Pastor Nolan ausfindig, wo immer er ist, und verlange eine Antwort, nachdem er den Brief gelesen hat.»

«Kann nicht Nattee ihn überbringen?» fragte Lois.

«Nein!» antwortete Faith heftig. «Warum sollte sie?»

Lois antwortete nicht. Ein kurzer Verdacht schoß Faith durch den Kopf, schnell wie ein Blitz. Er war ihr noch nie gekommen.

«Rede, Lois. Ich kann deine Gedanken lesen. Du würdest den Brief lieber nicht überbringen?»

«Ich nehme ihn schon», versprach Lois ergeben. «Es geht um Leben und Tod, sagst du?»

«Ja!» erwiderte ihr Faith mit ganz anderer Stimme. Dann aber, nach einer Denkpause, fuhr sie fort: «Sobald es im Haus still geworden ist, schreibe ich, was ich zu sagen habe, und lege es hierhin, auf diese Truhe; und du versprichst mir, es an dich zu nehmen, bevor es richtig Tag geworden ist – solange noch Zeit bleibt zum Handeln.»

«Ja, ich verspreche es», antwortete Lois. Und Faith kannte sie gut genug, um sicher zu sein, daß der Botengang ausgeführt wurde, und sei es noch so widerstrebend.

Der Brief wurde geschrieben und auf die Truhe gelegt, und bevor der Tag dämmerte, war Lois schon aufgestanden. Faith beobachtete sie unter halbgeschlossenen Lidern hervor – Lider, die sich die ganze Nacht nie richtig zum Schlaf geschlossen hatten. Kaum hatte Lois den Mantel angezogen, die Kapuze hochgeschlagen und das Zimmer verlassen, sprang Faith auf und zog sich an, um zu ihrer Mutter zu gehen, die sie schon aufstehen hörte.

Fast jeder Mensch in Salem war an diesem schrecklichen Morgen wach und auf den Beinen, obwohl noch wenige außer Haus waren, als Lois durch die Straßen ging. Da stand der eilends errichtete Galgen, dessen schwarzer Schatten grausig und bedeutungsschwer über die Straße fiel; jetzt mußte sie an dem Gefängnis mit seinen Eisengittern vorbeigehen, aus dessen unverglasten Fenstern das furchtbare Schreien einer Frau

und das Geräusch vieler Schritte drangen. Weiter
lief sie, fast ohnmächtig vor Grauen, zum Haus
der Witwe, wo Mr. Nolan wohnte. Er war schon
aufgestanden und fortgegangen, zum Gefängnis,
wie seine Vermieterin meinte. Nun war auch
Lois gezwungen, dorthin zu gehen, und sie murmelte die Worte «um Leben und Tod!» vor sich
hin. Erleichtert verlangsamte sie ihre Schritte, als
sie näher kam, denn sie sah ihn aus dem düsteren
Tor treten, das noch düsterer wirkte, weil es in
tiefem Schatten lag. Was er dort zu tun gehabt
hatte, wußte sie nicht; aber er machte ein ernstes
und trauriges Gesicht, als sie ihm Faiths Brief
aushändigte und ruhig vor ihm stehen blieb und
wartete, daß er ihn las und ihr die erbetene Antwort gab. Aber anstatt ihn zu öffnen, behielt er
ihn in der Hand, offensichtlich in Gedanken verloren.

Schließlich sprach er laut, aber mehr zu sich
selbst als zu ihr: «Mein Gott, muß sie denn wirklich in diesem furchtbaren Zustand der Raserei
sterben? Es muß, es kann nur Wahnsinn sein, der
jemanden solch irre und entsetzliche Geständnisse eingibt. Mistress Barclay, ich komme gerade von der Indianerin, die zum Tode verurteilt worden ist. Sie fühlt sich anscheinend betro-
gen, weil ihr Urteil gestern abend nicht aufgehoben wurde, und das, nachdem sie Sünden gestanden hat, die hinreichen würden, daß Feuer vom
Himmel falle. Mir scheint, die wilde, ohnmäch-
tige Wut dieses hilflosen Geschöpfes hat sich in

Wahnsinn verwandelt, denn sie hat nachts den Wärtern und heute morgen mir weitere grauenhafte Enthüllungen gemacht. Vermutlich glaubt sie, sie könne, wenn sie ihr Schuldgeständnis noch ausweitet, der letzten, furchtbaren Strafe für alles entrinnen – als ob man, wenn auch nur ein Zehntel von ihren Worten wahr wäre, dulden dürfte, daß solch eine Sünderin am Leben bliebe! Und dennoch... Wie können wir sie in diesem Zustand irrer Angst in den Tod schicken? Was sollen wir tun?»

«Die Schrift sagt, daß wir die Zauberinnen nicht dulden sollen im Lande[28]», antwortete Lois langsam.

«Das stimmt; ich würde nur um Aufschub bitten, bis die Gebete aus dem Volke Gottes um seine Gnade zu ihm emporgestiegen sind. Einige wären bereit, für sie zu beten, sie ist so ein unglückliches Ding. Ihr gewiß auch, Mistress Barclay?» Aber er sprach in fragendem Ton.

«Ich habe heute nacht oft für sie gebetet», erzählte Lois leise. «Im tiefsten Innern bete ich sogar jetzt für sie. Man wird sie wohl aus dem Land verstoßen müssen, aber ich wünsche ihr nicht, daß sie ganz gottverlassen leben muß. Ihr habt den Brief meiner Base noch nicht gelesen, Sir. Dabei hat sie mich gebeten, ihr so schnell wie möglich eine Antwort zu bringen.»

Wieder zögerte er. Er dachte an das furchtbare Geständnis, das er soeben gehört hatte. Wenn das stimmte, war diese schöne Erde ein verseuchter Ort, und ihm war, als müsse er sterben und vor dieser Verseuchung fliehen, hin zur lauteren Unschuld derer, die vor Gottes Thron standen.

Da fiel sein Blick auf Lois' reines, ernstes Gesicht, das zu ihm aufsah, und mit einem Mal überkam seine Seele der Glaube an die Güte auf Erden, «und er segnete sie unbewußt»[29].

Er legte ihr die Hand auf die Schulter, mit einer fast väterlichen Geste – obwohl der Altersunterschied zwischen ihnen nicht mehr als ein Dutzend Jahre betrug –, neigte sich ein wenig zu ihr und flüsterte halb für sich: «Mistress Barclay, Ihr habt mir gutgetan.»

«Ich!» rief Lois fast erschrocken. «Ich habe Euch gutgetan! Wie denn?»

«Indem Ihr so seid, wie Ihr seid. Aber vielleicht sollte ich eher Gott danken, der Euch mir gerade zu dem Zeitpunkt schickte, da meine Seele so verstört war.»

In diesem Augenblick merkten sie, daß Faith vor ihnen stand, mit einem Gesichtsausdruck wie ein Unwetter. Bei ihrem wütenden Blick bekam Lois ein schlechtes Gewissen. Sie hatte den Pastor nicht genug gedrängt, den Brief zu lesen, dachte sie, und nun schaute ihre Base sie aus Empörung darüber, daß er ihren dringenden Auftrag, in dem es um Leben und Tod ging, verschleppt hatte, unter ihren geraden schwarzen Brauen hervor so drohend an. Lois erklärte, daß sie Mr. Nolan erst nicht in seiner Wohnung angetroffen und ihm zum Gefängnistor hatte nachgehen müssen.

Aber Faith antwortete unerbittlich und voller Verachtung: «Spare dir deine Worte, Base Lois. Es ist leicht zu erkennen, über welche angenehmen Dinge du mit Pastor Nolan geredet hast. Da wundere ich mich nicht über deine Vergeßlichkeit. Ich hab's mir anders überlegt. Gebt mir meinen Brief zurück, Sir; es ging um eine unwichtige Sache – das Leben einer alten Frau. Und was ist das schon, verglichen mit der Liebe eines jungen Mädchens?»

Lois hörte das, verstand aber nicht gleich, daß die Base in ihrer Eifersucht und Wut den Verdacht hegte, zwischen ihr und Mr. Nolan gebe es solch ein Gefühl wie Liebe. Nicht einmal der Gedanke daran war ihr je gekommen; sie achtete ihn, verehrte ihn fast – nein, hatte ihn gern als möglichen zukünftigen Ehemann von Faith. Bei der Vorstellung, ihre Base halte sie eines solchen Verrats für fähig, weiteten sich ihre ernsten Augen, und sie starrte in Faiths flammendes Antlitz. Dieser offene, widerspruchslose und völlig unschuldige Blick hätte ihre Anklägerin eines Besseren belehren müssen, wenn diese nicht gleichzeitig das hochrote, verwirrte Gesicht des Pastors gesehen hätte, dem jäh bewußt wurde, daß der Schleier seines Herzensgeheimnisses gelüftet worden war.

Faith entriß ihm den Brief und sagte: «Soll die Hexe doch hängen! Was kümmert's mich? Sie hat mit ihren Zaubersprüchen und ihrer Hexerei bei den Mädchen von Pastor Tappau genug Schaden angerichtet. Soll sie ruhig sterben. Und alle anderen Hexen sollen sich vorsehen... es treiben nämlich alle möglichen Arten von Hexen ihr Unwesen. Base Lois, du bleibst wahrscheinlich lieber noch bei Pastor Nolan, sonst hätte ich dich gebeten, mit mir zum Frühstück heimzugehen.»

Lois war durch den eifersüchtigen Spott nicht einzuschüchtern. Sie streckte Pastor Nolan die Hand hin, entschlossen, nicht auf die verrückten Worte ihrer Base zu achten, sondern ihm Lebewohl zu sagen wie immer. Er zögerte, bevor er ihre Hand ergriff, und umschloß sie schließlich mit einem krampfhaften Druck, der sie zusammenfahren ließ. Faith stand wartend daneben und sah alles, mit verkniffenen Lippen und rachsüchtigen Augen. Sie verabschiedete sich nicht, sagte kein Wort, sondern packte Lois fest von hinten am Arm und schob sie beinahe vor sich her die Straße entlang nach Hause.

Der Vormittag sollte folgendermaßen ablaufen: Als fromme und gottesfürchtige Familienoberhäupter mußten Grace Hickson und ihr Sohn Manasseh bei der ersten Hinrichtung einer Hexe in Salem anwesend sein. Allen anderen Familienmitgliedern war es strengstens verboten, sich aus dem Haus zu rühren, bis leises Glockenläuten verkündete, daß für Hota, die indianische Hexe, in dieser Welt alles vorüber war. Nach der Hinrichtung sollten sich alle Einwohner von Salem zu einem feierlichen Gebet zusammenfinden; von weither waren Prediger gekommen, um die Bemühungen, das Land vom Teufel und seinen Dienern zu säubern, mit ihren machtvollen Gebeten zu unterstützen. Es gab einigen Grund anzunehmen, daß das große, alte Versammlungshaus überfüllt sein würde, und als Faith und Lois zu Hause ankamen, wies Grace Hickson Prudence gerade an, sich bald fertigzumachen, damit sie früh genug aufbrechen konnten. Die strenge alte Frau war tief beunruhigt bei dem Gedanken an den Anblick, der ihr in wenigen Minuten beschieden sein würde, und sie sprach rascher und sprunghafter als sonst. Sie trug ihr bestes Sonntagskleid, aber ihr Gesicht war ganz grau und fahl, und sie wollte offenbar gar nicht aufhören, über Haushaltsangelegenheiten zu sprechen, aus Angst, sie könnte Zeit zum Nachdenken haben. Manasseh stand neben ihr, vollkommen still und starr; er trug ebenfalls seinen Sonntagsanzug. Auch er war blasser als sonst, aber ein abwesender, entrückter Ausdruck lag auf seinem Gesicht, fast als habe er eine Erscheinung. Als Faith eintrat, die Lois noch immer mit ihrem wütenden Griff gepackt hielt, fuhr Manasseh auf und lächelte, aber doch traumverloren. Er war so sonderbar, daß sogar seine Mutter zu reden aufhörte, um ihn genauer zu beobachten; er befand sich jetzt in jenem Zustand der Erregung, der gewöhnlich zu dem führte, was seine Mutter und einige ihrer Freunde für eine prophetische Offenbarung hielten. Er fing an zu sprechen, anfangs leise, dann wurde die Stimme kräftiger.

«Wie schön ist das Land der Wonne, weit über dem Meer, jenseits der Berge! Dorthin tragen sie die Engel, und sie liegt wie ohnmächtig in ihren Armen. Sie werden das schwarze Mal des Todes fortküssen und sie zu Füßen des Lammes niederlegen. Ich sehe, wie sie dort bittet für jene, die auf Erden ihren Tod beschlossen haben. Ach Lois, bete auch für mich, bete für mich, den Elenden!»

Als er den Namen seiner Base aussprach, wandten sich ihr alle Blicke zu. Auf sie also bezog sich dieses Gesicht! Sie stand unter ihnen, verwundert, von Ehrfurcht ergriffen, aber nicht wie jemand, der erschrickt oder den das Entsetzen packt.

Sie sprach als erste: «Liebe Freunde, macht euch keine Gedanken um mich, seine Worte mögen wahr sein oder nicht. Ich bin in Gottes Hand, ob er nun die Gabe der Weissagung hat oder nicht. Außerdem – hört ihr nicht, daß ich dort ende, wo wir alle gern enden würden? Denkt lieber an ihn und seine Bedürfnisse. Wenn er solche Erlebnisse hinter sich hat, ist er immer erschöpft und müde.»

Und sie kümmerte sich darum, daß er eine Stärkung bekam, und half der Tante, die mit zitternder Hand das nötige Essen vor ihn stellte, als er nun müde und verwundert dasaß und angestrengt seine wirren Gedanken zu sammeln versuchte.

Prudence tat, was sie konnte, um Mutter und Bruder behilflich zu sein und ihren Aufbruch zu beschleunigen. Nur Faith stand abseits und sah schweigend und mit wilden, wütenden Blicken zu.

Sobald die beiden zu ihrem feierlichen, schick-salhaften Gang aufgebrochen waren, verließ Faith das Zimmer. Sie hatte Essen und Trinken nicht angerührt. Freilich, es war ihnen allen nicht wohl. Kaum war ihre Schwester nach oben ge-gangen, sprang Prudence zu der Bank, über die Lois Umhang und Kapuze gelegt hatte.

«Leih mir deinen Mantel, Base Lois! Ich habe noch nie gesehen, wie eine Frau aufgehängt wird, und ich sehe nicht ein, warum ich nicht hingehen soll. Ich stelle mich an den Rand der Menge, niemand wird mich erkennen, und ich bin zu Hause, lange bevor Mutter heimkommt.»

«Nein!» antwortete Lois. «Das darfst du nicht! Die Tante würde bitterböse. Ich wundere mich, Prudence, daß du so etwas mitansehen willst.» Und während sie sprach, hielt sie ihren Mantel fest, an dem Prudence heftig zerrte.

Faith kam zurück, vielleicht durch den Lärm dieses Streites angelockt. Sie lächelte – ein tödli-ches Lächeln.

«Gib es auf, Prudence, leg dich nicht mit ihr an. Sie hat den Erfolg auf Erden gepachtet, und wir sind nur ihre Sklaven.»

«O Faith!» rief Lois, lockerte den Griff um ihren Mantel und drehte sich mit leidenschaftlichem Vorwurf in Blick und Stimme nach ihr um. «Was hab' ich getan, daß du so von mir sprichst; du, die ich liebte, wie man wohl eine Schwester liebt?»

Prudence ließ sich die Gelegenheit nicht entgehen, sondern schmückte sich eilends mit dem Umhang, der zu groß für sie war und ihr daher gerade recht schien, sich darin zu verbergen. Aber als sie zur Tür lief, verfing sich ihr Fuß in dem ungewohnt langen Stoff, und sie fiel hin und schlug sich empfindlich den Arm auf.

«Hüte dich, ich sage es noch einmal, wenn du dich mit einer Hexe einläßt», warnte Faith sie – wie jemand, der seinen eigenen Worten kaum glaubt, aber in der bitteren Eifersucht seines Herzens mit der ganzen Welt verfeindet ist.

Prudence rieb sich den Arm und sah verstohlen zu Lois hinüber. «Hexe Lois, Hexe Lois!» flüsterte sie schließlich und schnitt ihr ein kindisch-boshaftes Gesicht.

«Pst, Prudence! Sag nicht solche schrecklichen Sachen! Laß deinen Arm sehen. Es tut mir leid, daß du dich verletzt hast; das einzig Gute ist, daß es dich daran hindert, deiner Mutter ungehorsam zu sein.»

«Geh weg, geh weg!» rief Prudence und sprang davon. «Ich habe wirklich Angst vor ihr, Faith. Stell dich zwischen mich und die Hexe, sonst werf' ich einen Hocker nach ihr.»

Faith lächelte – es war ein böses, gefährliches Lächeln –, aber sie rührte keinen Finger, um die

Angst, die sie in ihrer kleinen Schwester geweckt hatte, zu beschwichtigen. Genau in diesem Augenblick fing die Glocke an zu läuten. Hota, die Indianerhexe, war tot. Lois bedeckte das Gesicht mit den Händen. Selbst Faith wurde noch totenbleicher, als sie schon war, und seufzte: «Arme Hota! Aber der Tod ist das Beste für sie.»

Nur Prudence schien ungerührt von allem, was sich mit dem feierlichen, eintönigen Klang verband. Ihr einziger Gedanke war, daß sie jetzt auf die Straße gehen und alles sehen und hören durfte und daß sie dem Schrecken entkam, den sie in Gegenwart ihrer Base empfand. Sie flog die Treppe hinauf, um ihren eigenen Mantel zu holen, rannte wieder hinunter und an Lois vorbei, noch ehe das Mädchen aus England sein Gebet beendet hatte, und mischte sich eilends unter die Menge, die auf dem Weg zum Versammlungshaus war. Auch Faith und Lois kamen nach angemessener Zeit dorthin, allerdings getrennt, nicht zusammen. Faith ging Lois so offensichtlich aus dem Weg, daß diese, gedemütigt und bekümmert, der Base ihre Gesellschaft nicht aufzwingen wollte, sondern ein wenig hinterherging. Stille Tränen liefen ihr übers Gesicht, vergossen um vieler Dinge willen, die sich heute morgen ereignet hatten.

Das Versammlungshaus war zum Ersticken voll; und wie oft bei solchen Gelegenheiten drängte sich die Menge am dichtesten an den

Türen, weil nur wenige beim Eintreten sahen, wo es vielleicht noch Platz gab, wo man sich hinzwängen konnte. Dennoch waren sie ungehalten über alle Neuankömmlinge von draußen, und sie schoben und stießen Faith und gleich danach Lois, bis die beiden an eine gut sichtbare Stelle genau in der Mitte des Gebäudes getrieben wurden, wo sie zwar nicht sitzen konnten, aber noch Platz zum Stehen fanden. Hier bildeten einige Leute einen Kreis um die Kanzel, die schon von zwei Predigern in Beffchen und Talar besetzt war, während andere, ähnlich gekleidete Prediger danebenstanden und die Hände an die Kanzel gelegt hatten, fast als wollten sie sie stützen und nicht, als erwarteten sie Halt von dort. Grace Hickson und ihr Sohn saßen sittsam in ihrer eigenen Kirchenbank und zeigten damit, daß sie schon früh gekommen waren, gleich nach der Hinrichtung. Man hätte am Gesichtsausdruck erkennen können, wer dabeigewesen war, als die indianische Hexe gehenkt wurde. Ehrfürchtige Scheu hatte diese Menschen erfaßt und eine furchtbare Ruhe, während die hereinströmende Menge, die immer noch hereinströmende Menge, die der Hinrichtung nicht beigewohnt hatte, unruhig, erregt und wütend dreinsah. Ein Raunen ging durch die Versammlung, der Prediger neben Pastor Tappau auf der Kanzel sei kein anderer als Dr. Cotton Mather selbst, der den weiten Weg von Boston gekommen sei, um mitzuhelfen, Salem von Hexen zu befreien.

Und nun begann Pastor Tappau mit seinem Gebet, frei, wie es der Brauch war. Seine Worte waren wild und unzusammenhängend, wie zu erwarten bei einem Mann, der eben erst dem gewaltsamen Tod einer Frau zugestimmt hatte, die noch vor wenigen Tagen zu seiner Familie gehört hatte; sie waren heftig und leidenschaftlich, naheliegend bei einem Vater, der glaubte, seine Kinder litten so furchtbar aufgrund des Verbrechens, das er Gott anzeigen wollte. Schließlich mußte er sich aus schierer Erschöpfung setzen.

Dann trat Dr. Cotton Mather vor. Er sprach nur ein kurzes Gebet, ruhig im Vergleich zu dem vorhergehenden, und wandte sich dann an die Menge vor ihm, Punkt für Punkt gelassen darlegend. Aber er setzte seine Worte ähnlich geschickt wie Antonius in der Rede an die Römer nach dem Mord an Cäsar.[30] Einige von Dr. Mathers Worten sind uns erhalten, da er sie später in seinen Büchern niedergeschrieben hat. Er sprach von den «ungläubigen Sadduzäern»[31], die das Vorhandensein eines solchen Verbrechens anzweifeln: «Anstatt auf das alberne Geschrei und Geschwätz über die Heilige Schrift zu hören und über Geschichten, die so eindeutig verbürgt sind, daß kein Mensch, der genug Bildung hat, um das ungeschriebene Gesetz der menschlichen Gesellschaft zu achten, daran zweifeln würde, stünde es uns eher an, Gottes Güte zu bewundern, der aus dem Munde der

Säuglinge und kleinen Kinder die Wahrheit er-
tönen läßt und vermittels der schwergeprüften
Kinder eures frommen Pastors den Umstand auf-
gedeckt hat, daß die Teufel mit schaurigem Tun
und Treiben in eure Mitte eingedrungen sind.
Wir wollen ihn anflehen, daß ihre Macht einge-
dämmt werde und sie in ihren üblichen Machen-
schaften nicht so weit gehen wie erst vor vier
Jahren in Boston, wo ich als demütiges Werkzeug Gottes die vier Kinder des gottesfürchtigen
und gesegneten Mr. Goodwin aus der Macht des
Teufels befreite.

Diese vier Kinder der Gnade waren von einer
irischen Hexe verzaubert worden; ich fände kein
Ende, wollte ich die Qualen beschreiben, denen
sie unterworfen waren. Einmal bellten sie wie
Hunde, ein anderes Mal schnurrten sie wie Katzen, ja sie flogen sogar wie die Gänse und wurden mit unglaublicher Schnelligkeit davongetragen, wobei sie nur hie und da, manchmal nur alle
zwanzig Fuß, mit den Zehenspitzen den Boden
berührten und sich ihre Arme wie bei Vögeln auf
und nieder bewegten. Dann wieder konnten sie
sich infolge der höllischen Listen jener Hexe nur
noch humpelnd vorwärtsbewegen, denn sie
lähmte ihnen die Glieder mit einer unsichtbaren
Kette – und mehrmals hat sie sie mit einer
Schlinge fast erdrosselt. Eines der Mädchen war
durch dieses Satansweib einer Hitze wie im
Ofen ausgesetzt; ich habe selbst gesehen, wie ihr
der Schweiß von der Stirn tropfte, während es

für alle anderen ringsum recht kühl und gerade angenehm war.

Aber ich will euch nicht mit weiteren Geschichten beunruhigen, sondern beweisen, daß es der Satan selbst war, der sie in seiner Gewalt hatte. Es fiel nämlich auf, daß ihr dieser böse Geist nicht erlaubte, ein frommes oder gottgefälliges Buch zu lesen, das die Wahrheit spricht in Christo. Papistische Bücher konnte sie leidlich gut lesen, während ihr Augen und Mund zu versagen schienen, als ich ihr den Katechismus von Westminster[32] zu lesen gab. Hingegen mochte sie dieses pfäffische ‹Book of Common Prayer›, das nichts weiter ist als das römische Meßbuch in englischer Fassung, aber ebenso gotteslästerlich. Wenn man ihr während der Tortur dieses Gebetbuch in die Hand drückte, erleichterte es sie. Aber merket wohl: Nie brachte man sie dazu, das Vaterunser zu lesen, in welchem Buch sie auch darauf stieß, und damit bewies sie deutlich, daß sie im Bund mit dem Teufel war. Ich nahm sie in mein Haus, damit ich wie Luther gegen den Teufel antreten und mit ihm kämpfen konnte. Aber als ich meine Familie zum Gebet zusammenrief, ließen sie die Teufel, von denen sie besessen war, mißtönend und höllisch pfeifen, singen und kreischen.»

Genau in diesem Augenblick bohrte sich ein schrilles, helles Pfeifen in aller Ohr. Dr. Mather stockte kurz.

«Der Satan ist unter euch!» schrie er. «Hütet

euch!» Und er betete mit Inbrunst wie gegen einen sichtbaren, drohenden Feind, aber niemand achtete auf ihn. Woher kam dieses unheilvolle, unheimliche Pfeifen? Jedermann schaute auf seinen Nachbarn. Wieder ein Pfeifen, aus ihrer Mitte! Dann ein Tumult in einer Ecke des Gebäudes, drei oder vier Leute bewegten sich, ohne daß die weiter entfernt Stehenden erkennen konnten, warum; die Bewegung breitete sich aus, und gleich darauf entstand selbst in dieser dichtgedrängten Menge ein Durchgang für zwei Männer, die Prudence Hickson nach vorne trugen, starr wie ein Stück Holz, in der verdrehten Haltung eines Menschen, der einen epileptischen Anfall erlitten hat. Sie legten sie vor den Predigern nieder, die rings um die Kanzel standen.

Die Mutter kam und stieß beim Anblick ihres verkrümmten Kindes einen klagenden Schrei aus. Dr. Mather stieg von der Kanzel, stellte sich vor Prudence hin und trieb mit Beschwörungsformeln den Teufel aus, der von ihr Besitz ergriffen hatte – wie jemand, der solche Bilder gewohnt ist. Die Menge drängte in stummem Entsetzen nach vorne. Schließlich wich die Starrheit aus Prudences Haltung und Miene, und sie fing an, fürchterlich zu zucken – sie wurde vom Teufel geritten, wie man das nannte. Nach einer Weile ließ die Heftigkeit des Anfalls nach, und die Zuschauer atmeten auf, obwohl der eben erlebte Schrecken weiter über ihnen schwebte, und sie lauschten, ob nicht unversehens das heillose Pfeifen wieder einsetzte, und starrten ängstlich in die Runde, als stünde der Satan hinter ihnen und suchte sich sein nächstes Opfer aus.

Unterdessen redeten Dr. Mather, Pastor Tappau und andere Prudence zu, sie solle wenn möglich den Namen der Person, der Hexe preisgeben, die sie durch teuflische Macht solchen Qualen unterworfen hatte, wie sie sie eben hatten mitansehen müssen. Sie befahlen ihr zu sprechen im Namen des Herrn. Da flüsterte das Kind, vor Erschöpfung ganz leise, einen Namen; niemand von den Gemeindemitgliedern verstand ihn. Aber als Pastor Tappau ihn hörte, fuhr er entsetzt zurück, während Dr. Mather, der nicht wußte, zu wem der Name gehörte, laut und deutlich und ungerührt rief: «Kennt ihr eine Lois Barclay? Denn die hat das arme Kind verhext.»

Man antwortete ihm mehr durch das Verhalten als durch Worte, obwohl ein vielfaches leises Gemurmel aufstieg: Alle wichen von dort zurück, wo Lois Barclay stand – soweit ein Zurückweichen in einer solchen Menschenmenge möglich war –, und schauten sie verblüfft und erschrocken an. Einige Fußbreit freier Raum, wo noch vor einer Minute kein freier Raum denkbar gewesen schien, trennten Lois von den anderen, und aller Augen richteten sich voll Haß und Furcht auf sie.

Sie stand sprachlos da, als wäre sie stumm, wie in einem Traum. Sie eine Hexe! Verflucht, wie es den Hexen zukommt, vor Gottes und der Menschen Angesicht! Ihr weiches, blühendes Gesicht verzog sich und wurde welk und bleich, aber sie sagte kein Wort, sondern sah nur Dr. Mather aus weitaufgerissenen, entsetzten Augen an.

Jemand sagte: «Sie gehört zur Familie von Grace Hickson, einer gottesfürchtigen Frau.» Lois wußte nicht, ob die Worte zu ihren Gunsten sprachen oder nicht. Sie dachte nicht einmal darüber nach; sie war weniger davon beeindruckt als alle anderen Anwesenden. Sie eine Hexe! Der silbrig glitzernde Avon und die ertrinkende Frau, die sie als Kind in Barford gesehen hatte – zu Hause in England –, standen vor ihrem inneren Auge, und sie senkte den Blick vor ihrem Schicksal. Es entstand eine Unruhe, Papier raschelte; die Mitglieder der städtischen Obrigkeit traten neben der Kanzel zusammen und berieten sich mit den Predigern.

Wieder sprach Dr. Mather: «Die Indianerin, die heute morgen gehenkt wurde, nannte einige Leute, von denen sie unter Eid aussagte, sie habe sie auf den schauerlichen Zusammenkünften gesehen, bei denen der Satan angebetet wird; aber der Name Lois Barclay steht nicht auf diesem Blatt – obwohl wir uns wunderten, welche Namen...»

Kurze Unterbrechung, kurze Beratung.

Dr. Mather sprach weiter: «Führt die angeklagte Hexe Lois Barclay zu diesem armen, leidenden Christenkind.»

Man lief herbei, um Lois mit Gewalt an den Platz zu führen, wo Prudence lag. Aber Lois ging freiwillig.

«Prudence», sagte sie mit so liebevoller, rührender Stimme, daß, wer sie damals gehört hatte, noch lange danach seinen Kindern davon erzählte, «habe ich jemals ein unfreundliches Wort zu dir gesagt oder dir gar ein Leid zugefügt? Sprich, liebes Kind. Du weißt nicht, was du gerade gesagt hast, nicht wahr?»

Doch Prudence krümmte sich von ihr weg, als sie näher trat, und kreischte, aufs neue wie von Todesangst gepackt: «Schafft sie weg! Schafft sie weg! Die Hexe Lois, die Hexe Lois, die mich erst heute morgen zu Boden geworfen hat, daß mein Arm davon grün und blau ist!» Und sie entblößte ihren Arm, als wolle sie ihre Worte beweisen. Er war böse aufgeschrammt.

«Ich bin gar nicht in deine Nähe gekommen, Prudence!» sagte Lois traurig. Aber das wurde nur als neuer Beweis ihrer teuflischen Macht aufgefaßt.

Lois fing an, den Kopf zu verlieren. Hexe Lois! – Sie eine Hexe, verabscheut von allen Menschen! Dennoch versuchte sie zu denken und strengte sich noch einmal an.

«Tante Hickson», sagte sie, und Grace trat vor. «Bin ich eine Hexe, Tante Hickson?» fragte sie. Denn ihre Tante, so streng, schroff und lieblos sie sein mochte, war die Wahrheitsliebe selbst, und Lois dachte – so nahe war sie schon dem Wahnsinn –, wenn die Tante sie verdammte, war sie vielleicht wirklich eine Hexe.

Grace Hickson sah sie unwillig an. «Es ist für immer ein Fleck auf unserer Familienehre», überlegte sie.

«Es ist Gottes Aufgabe, zu urteilen, ob du eine Hexe bist oder nicht, nicht die meine.»

«O weh, o weh!» stöhnte Lois; sie hatte zu Faith hinübergeschaut und erkannt, daß aus ihrem finsteren Gesicht mit den abgewandten Augen kein gutes Wort zu erwarten war. Das Versammlungshaus war voll von erregten Stimmen, die aus Ehrfurcht vor dieser Stätte zu einem ernsten Raunen gedämpft waren, das die Atmosphäre mit wachsendem Unmut erfüllte. Wer anfangs von der Stelle, wo Lois stand, zurückgewichen war, drängte sich nun nach vorne und um sie herum, bereit, das junge Mädchen, das keine Freunde mehr hatte, zu packen und ins Gefängnis zu schleppen. Die ihre Freunde hätten sein können, hätten sein sollen, waren entweder zu ihren Gegnern geworden oder gleichgültig; allerdings erhob nur Prudence solch ein Geschrei gegen sie. Das bösartige Kind schrie unaufhörlich, Lois habe es mit teuflischen Künsten verzaubert, und bat die andern, ihm die Hexe vom Leib zu halten. Und wirklich verfiel Prudence in seltsame Zuckungen, als Lois ein paarmal verstört und gedankenvoll in ihre Richtung blickte. Hie und da stießen Mädchen oder Frauen, die offenbar unter denselben anfallartigen Zuckungen litten wie Prudence, merkwürdige Schreie aus, und aufgeregt scharten sich Freunde um sie und flüsterten viel Kluges über Hexerei und über die Namensliste, die in der Nacht zuvor von Hota selbst diktiert worden war. Sie verlangten ihre Veröffentlichung und protestierten gegen die Schwerfälligkeit des Gesetzes. Andere, die nicht soviel oder so unmittelbar Anteil an den Betroffenen nahmen, lagen auf den Knien und beteten laut für sich und ihre eigene Sicherheit, bis sich die Aufregung so weit gelegt haben würde, daß man die Gebete und Ermahnungen von Dr. Cotton Mather wieder hören konnte.

Und wo war Manasseh? Was sagte er? Erinnern wir uns, daß sich der ganze Tumult aus Geschrei, Anklage und Flehen der Angeklagten unter dem Raunen und Lärmen der Leute abspielte, die eigentlich zum Gottesdienst gekommen waren, nun aber hierblieben, um einen Mitmenschen zu beschuldigen und zu verurteilen. Bis jetzt hatte Lois Manasseh nur einmal kurz gesehen; er versuchte offenbar, sich nach vorne zu drängen, aber seine Mutter hielt ihn mit Wort und Tat zurück – und das wußte Lois. Nicht zum ersten Mal beobachtete sie, wie die Tante ihn gegen seine Mitbürger abschirmte, damit sie wegen seiner Anfälle von Erregtheit und beginnendem Wahnsinn keinen Verdacht schöpfen konnten und sein guter Ruf nicht in Gefahr geriet. An Tagen, da er sich einbildete, prophetische Stimmen zu hören und Gesichte zu haben, suchte seine Mutter mit aller Kraft zu verhindern, daß ihn jemand außerhalb der eigenen Familie zu sehen bekam. Jetzt, nach einem Blick auf sein Gesicht, das vor Ekstase fahl und verzerrt war und sich von den vielen anderen abhob, die einfach nur rot und wütend waren, spürte Lois mit plötzlicher Gewißheit, schneller als sie denken konnte, daß er sich in einem Zustand befand, wo seine Mutter erfolglos zu verhindern suchen würde, daß er Aufsehen erregte. Welchen Druck oder welche List Grace auch anwandte, es nützte nichts. Einen Lidschlag später stand er neben Lois und legte stotternd vor Aufregung ein wirres Zeugnis ab, das vor einem ruhigen Gerichtshof weniger Wert gehabt hätte und vor dieser Zuhörerschaft nur Öl ins Feuer goß.

«Fort mit ihr ins Gefängnis!» – «Sucht nach den Hexen!» – «Die Sünde hat alle Familien angesteckt!» – «Satan ist in unserer Mitte!» – «Schlagt sie schonungslos!» Vergebens erhob Dr. Cotton Mather seine Stimme zu lauten Gebeten, in denen er die Schuld des angeklagten Mädchens als gegeben annahm; niemand hörte zu, alle fieberten danach, Lois einzusperren, als fürchteten sie, sie könnte sich vor ihren Augen in Luft auflösen; sie, die bleich, zitternd und regungslos dastand, festgehalten von fremden, wütenden Männern, und die nur ab und zu ihre weitaufgerissenen Augen wandern ließ auf der Suche nach einem mitleidigen Gesicht… *ein* mitleidiges Gesicht, das sich nicht fand unter Hunderten von Menschen.

Während einige Leute ein Seil holten, um Lois zu fesseln, und andere mit leisen Fragen Prudences verwirrtem Hirn neue Anschuldigungen zu entlocken versuchten, verschaffte Manasseh sich noch einmal Gehör. Er wandte sich an Dr. Cotton Mather, offenbar bemüht, ein neues Argument anzuführen, das ihm soeben erst eingefallen war: «Sir, im vorliegenden Fall – ob sie nun eine Hexe ist oder nicht – ist mir durch den Engel der Weissagung das Ende vorhergesagt worden. Nun, hochwürdiger Herr: Wenn das Ende dem Engel bekannt war, muß es in Gottes Ratschluß vorherbestimmt gewesen sein. Wenn dies aber der Fall ist, warum sollte man sie dann für eine Tat bestrafen, die nicht ihrem freien Willen unterlag?»

«Junger Mann», erwiderte Dr. Mather, beugte sich von der Kanzel herab und sah Manasseh sehr ernst an, «hütet Euch! Das grenzt an Gotteslästerung!»

«Ich hüte mich nicht. Ich wiederhole es. Entweder ist Lois Barclay eine Hexe, oder sie ist es nicht. Wenn sie aber eine Hexe ist, war es ihr vorherbestimmt, denn ich habe vor vielen Monaten ihren Tod als verurteilte Hexe in einem Gesicht geschaut, und eine Stimme hat mir gesagt, es gebe für sie nur einen Weg, dem zu entkommen – Lois... du weißt von dieser Stimme...»

In seiner Erregung fing er an, ein wenig abzuschweifen, aber es war rührend, mitanzusehen, wie sehr er sich bewußt war, daß er, sobald er nachgab, den Faden seiner logischen Beweisführung verlieren würde, mit der er darzulegen hoffte, daß Lois nicht bestraft werden mußte; rührend, mit welcher Mühe er seine Phantasie von den alten Gedankengängen losriß und sich anstrengte, seinen ganzen Verstand auf die Verteidigung zu lenken: Wenn Lois eine Hexe war, war es ihm geweissagt worden, und wo es Weissagung gab, gab es Vorherwissen, wo Vorherwissen, gab es Vorherbestimmung, wo aber Vorherbestimmung, da gab es keinen freien Willen – und deshalb durfte Lois gerechterweise nicht bestraft werden.

Und so sprach er weiter, verstieg sich in Ketzerei, unvorsichtig und von Satz zu Satz leidenschaftlicher; aber er verwandelte seine Leidenschaft in spitzfindige Beweisgründe und verzweifelten Spott, anstatt ihr zu erlauben, seine Phantasie aufzuheizen. Selbst Dr. Mather bekam Angst, er werde gleich vor dieser Gemeinde, die ihn noch vor einer knappen halben Stunde für geradezu unfehlbar gehalten hatte, eine Niederlage erleiden. Aber nur Mut, Cotton Mather! Die Augen deines Gegners glänzen und flackern schon in einem schrecklichen, unsteten Licht, seine Rede verliert den Zusammenhang, und in seine Beweisführung mischen sich wirre Einblicke in noch wirrere Offenbarungen, die nur

498

ihm gemacht worden sind. Er hat die Grenzen erreicht – er hat die Gefilde der Blasphemie betreten, und mit einem entsetzlichen Geschrei aus Grauen und Verfluchung erhebt sich die Gemeinde wie ein Mann gegen diesen Gotteslästerer. Dr. Mather lächelte grimmig, und das Volk war kurz davor, Manasseh zu steinigen, der immer weitersprach, bedenkenlos und berauscht.

«Halt! Halt!» rief Grace Hickson – und all die Angst um die Familienehre, die sie bewogen hatte, das geheimnisvolle Leiden ihres einzigen Sohnes vor der Öffentlichkeit zu verbergen, schwand, als sie merkte, daß sein Leben unmittelbar in Gefahr war. «Rührt ihn nicht an! Er weiß nicht, was er sagt. Er hat einen Anfall. Ich werde euch vor Gott die Wahrheit sagen. Mein Sohn, mein einziger Sohn, ist wahnsinnig.»

Sie hielten entgeistert inne bei dieser Eröffnung. Der ernsthafte junge Bürger von nebenan, der schweigend seine Rolle im täglichen Leben übernahm, der sich freilich nicht viel unter sie mischte, zu dem man aber vielleicht um so mehr aufblickte, der schwerverständliche theologische Bücher las und mit den gebildetsten Predigern, die in diese Gegend kamen, disputieren konnte – war das der gleiche Mensch wie dieser Mann hier, der jetzt feurige Worte an die Hexe Lois richtete, als ob er mit ihr allein wäre? Eine Antwort fiel ihnen ein, die auf all diese Fragen paßte: Auch er war ein Opfer! Gewaltig war die Macht des Satans! Mit teuflischen Künsten hatte diese weiße Statue von einem Mädchen Manasseh Hicksons Seele erobert – so ging es von Mund zu Mund, und Grace hörte es.

Es war Balsam für ihre Scham. Sie stellte sich absichtlich blind, wollte nicht sehen, sich nicht einmal im Innersten eingestehen, daß Manasseh schon lange vor der Ankunft des englischen Mädchens in Salem eigenartig, launisch und leicht erregbar gewesen war. Sie erfand sogar einen bestechenden Grund für seinen Selbstmordversuch vor langer Zeit: Er genas gerade von einer Krankheit, und obwohl er sich körperlich schon recht gut erholt hatte, waren die Fieberphantasien noch nicht ganz von ihm gewichen. Aber seit Lois gekommen war – wie dickköpfig war er da manchmal, wie unvernünftig, wie launisch! Was für ein seltsamer Wahn war das, unter dem er da litt, ihm sei von einer Stimme befohlen worden, sie zu heiraten! Wie er ihr überallhin nachlief und sich an sie klammerte, wie unter einem Liebeszwang! Und vor allem beherrschte sie der Gedanke, daß er, wenn er wirklich unter einem Hexenzauber litt, nicht wahnsinnig war und die angesehene Stellung, die er in Gemeinde und Stadt innegehabt hatte, wiedergewinnen konnte, wenn der Bann gebrochen war. So machte auch Grace sich die Ansicht zu eigen – und bestärkte andere darin –, daß Lois Barclay Manasseh und Prudence verhext hatte. Und dieser Glaube erforderte es, daß Lois – ohne große Aussichten zu ihren Gunsten – vor Gericht gestellt wurde, damit entschieden werden konnte, ob sie eine Hexe war oder nicht. Und wenn sie eine Hexe war: ob sie gestehen, andere anzeigen, bereuen und ein Leben in tiefer Schande führen würde, von allen gemieden und von den meisten grausam behandelt; oder ob sie sich weigerte zu bereuen und sterben mußte, verstockt und ihr Verbrechen leugnend bis unter den Galgen.

Und so schleppten sie Lois aus der Christengemeinde fort ins Gefängnis, wo sie auf ihr Verhör warten mußte. Ich sage, sie «schleppten» sie, denn obwohl sie fügsam war, daß sie ihnen gefolgt wäre, wohin sie wollten, war sie nun so geschwächt, daß sie körperliche Gewalt anwenden mußten – arme Lois! Sie hätte in ihrem erschöpften Zustand getragen und liebevoll umsorgt werden müssen; statt dessen empfand die Menge, die sie für eine Komplizin des Statans bei all seinen Übeltaten hielt, solchen Abscheu vor ihr, daß sie sie nicht behutsamer behandelte als ein kleiner Junge eine Kröte, die er gleich über die Mauer werfen wird.

Als Lois wieder zur Besinnung kam, lag sie auf einer kurzen, harten Pritsche in einem dunklen, quadratischen Raum, der zum Stadtgefängnis gehörte, wie sie sofort erkannte. Er maß etwa acht Fuß in Länge und Breite, hatte ringsum steinerne Wände und eine vergitterte Öffnung hoch über ihrem Kopf, die soviel Licht und Luft einließ, wie eben durch ein Loch von einem Quadratfuß eindringen kann. Es war so einsam, so dunkel um das arme Mädchen, als es langsam und unter Schmerzen aus seiner langen Ohnmacht erwachte! Wie dringend hätte sie in dem Kampf, der einer jeden Ohnmacht folgt, wenn man krampfhaft nach dem Leben greift und die Anstrengung für den Willen zu groß erscheint, menschliche Hilfe gebraucht! Erst begriff sie nicht, wo sie war, begriff nicht, wie sie hierher gekommen war, und wollte es nicht begreifen. Unwillkürlich blieb sie still liegen und gab dem rasenden Puls Zeit, sich zu beruhigen. So schloß sie noch einmal die Augen.

Langsam, langsam formte sich die Erinnerung an den Auftritt im Versammlungshaus zu einer Art innerem Bild. Sie sah, sozusagen hinter geschlossenen Lidern, das Meer aus haßerfüllten Gesichtern, die alle ihr zugewandt waren wie etwas Unreinem, Widerlichem. Und bedenkt wohl, ihr, die ihr im neunzehnten Jahrhundert diesen Bericht lest, daß vor zweihundert Jahren für sie, für Lois Barclay, Hexerei eine echte, furchtbare Sünde war. Der Anblick jener Gesichter, der sich ihr in Herz und Hirn geprägt hatte, erweckte ein seltsames Mitgefühl in ihr. Konnte es sein – o Gott! –, konnte es wahr sein, daß Satan diese grauenhafte Macht über sie und ihren Willen erlangt hatte, von der sie gehört und gelesen hatte? Konnte sie wirklich von einem bösen Geist besessen und eine Hexe sein und bisher nichts davon gewußt haben? Und ihre erregte Phantasie rief ihr mit seltener Lebendigkeit alles in Erinnerung, was sie je über dieses Thema gehört hatte – die schrecklichen Messen um Mitternacht, die leibhaftige Anwesenheit und Macht des Satans.

Dann besann sie sich auf jeden einzelnen unwilligen Gedanken wider ihre Nächsten, auf ihre Wut über Prudences Unverschämtheiten, über das hochmütige Regiment ihrer Tante, über Manassehs beharrliche, wahnsinnige Werbung, auf ihre Empörung über Faiths Ungerechtigkeit – erst heute früh! Aber inzwischen schienen Menschenalter verstrichen... Ach, konnten solche bösen Gedanken vom Vater alles Bösen eine teuflische Kraft erhalten haben und, ihr selbst ganz unbewußt, als wirksame Flüche in die Welt gehen? Kreuz und quer rasten dem Mädchen die Gedanken durch den Kopf, dem armen Mädchen, das ganz auf sich selbst zurückgeworfen war.

Schließlich peinigten sie ihre Vorstellungen so sehr, daß sie erregt aufsprang. Was was das? Eine eiserne Kugel an ihren Füßen – eine Kugel, von der der Gefängnisaufseher zu Salem später vermerkte, sie habe «nicht mehr als acht Pfund» gewogen. Gut für Lois, daß sie ein greifbarer Schmerz aus der wilden, grenzenlosen Einsamkeit, durch die ihre Phantasie irrte, zurückbrachte. Sie griff nach dem Eisen, sah ihren zerrissenen Strumpf, ihren blutunterlaufenen

Knöchel und fing an, jämmerlich zu weinen, aus ungewohntem Mitleid mit sich selbst. Sie fürchteten also, daß sie selbst aus dieser Zelle einen Fluchtweg fand! Ach, daß dies so ganz und gar lächerlich und unmöglich war, überzeugte sie von ihrer eigenen Unschuld und davon, daß sie keinerlei übernatürlichen Kräfte besaß; das schwere Eisen heilte sie merkwürdigerweise von den Wahnvorstellungen, die sich über ihr zusammenzuballen schienen.

Nein! Niemals konnte sie aus diesem tiefen Verlies fliehen, es gab kein Entkommen für sie, weder auf natürlichem noch auf übernatürlichem Wege, es sei denn durch menschliche Barmherzigkeit. Und was galt die menschliche Barmherzigkeit in diesen Zeiten der Panik? Nichts, das wußte Lois; mehr der Instinkt als die Vernunft sagte ihr, daß Panik Feigheit hervorruft und Feigheit Grausamkeit. Und dennoch weinte sie, weinte hemmungslos und zum ersten Mal, als sie entdeckte, daß sie in Fußschellen und Ketten lag. Es schien so grausam, ganz so, als glaubten ihre Mitmenschen tatsächlich, daß sie sie hassen und fürchten mußten – sie, die ein paar zürnende Gedanken gehabt hatte, die Gott vergeben möge, deren Gedanken aber nie zu Worten, geschweige denn zu Taten geworden waren. Ach, selbst jetzt fühlte sie sich noch imstande, die ganze Familie zu Hause zu lieben, wenn man sie nur ließe; ja, sogar jetzt, obwohl sie spürte, daß Prudences offene Anklage und ihrer Tante und

Faiths Weigerung, sie zu verteidigen, schuld an ihrer jetzigen Notlage waren. Ob sie überhaupt zu ihr kommen würden? Ob freundlichere Erinnerungen an sie, Lois, die immerhin seit Monaten ihr täglich Brot mit ihnen geteilt hatte, sie bewegen mochten, zu ihr zu kommen und sie zu fragen, ob wirklich sie es war, die Prudence krank gemacht und Manassehs Geist verwirrt hatte?

Niemand kam. Brot und Wasser wurden von jemand hereingeschoben, der rasch die Tür aufschloß und wieder verriegelte und sich nicht darum kümmerte, ob er das Essen in Reichweite seiner Gefangenen hinstellte, oder vielleicht auch dachte, daß äußere Umstände für eine Hexe wenig bedeuteten. Es dauerte lange, bis Lois es zu fassen bekam. Noch war in ihr etwas von dem natürlichen Hunger der Jugend, und der spornte sie an, sich der Länge nach auf den Boden zu legen und so lange abzumühen, bis sie das Brot erreichte. Nachdem sie gegessen hatte, verblaßte der Tag allmählich, und sie wollte sich hinlegen und zu schlafen versuchen. Vorher hörte der Aufseher noch, wie sie das Abendlied sang:

«Ehre sei dir, o Gott, zur Nacht,
für alles Glück, das uns der Tag gebracht.»

Und ein dumpfer Gedanke beschlich sein dumpfes Hirn, daß sie schon mit wenig Glück zufrieden sein mußte, wenn sie nach diesem Tag die

Stimme erheben und Dankeshymnen singen konnte für das, was nichts anderes war als die schändliche Aufdeckung ihres widerwärtigen Treibens – wenn sie eine Hexe war. Und wenn sie keine war... nun, an diesem Punkt seiner Betrachtungen stockte sein Gedankengang.

Lois kniete nieder und sprach das Vaterunser, mit einer kleinen Pause vor einer der Bitten, um sich zu vergewissern, daß sie wirklich von ganzem Herzen vergeben konnte. Dann sah sie auf ihren Knöchel, und wieder traten ihr die Tränen in die Augen, aber nicht so sehr, weil man ihr weh getan hatte, als deshalb, weil die Menschen, die sie so behandelt hatten, sie zutiefst verabscheut haben mußten. Dann legte sie sich nieder und schlief ein.

Am nächsten Tag wurde sie vor die Salemer Richter Mr. Hathorn und Mr. Curwin geführt, um von Gesetzes wegen und öffentlich der Hexerei angeklagt zu werden. Noch andere waren bei ihr, des gleichen Vergehens bezichtigt. Als die Gefangenen hereingebracht wurden, schrie die Menschenmenge bei ihrem Anblick voller Abscheu auf. Die beiden Tappaus, Prudence und einige andere Mädchen im gleichen Alter waren hier, als Opfer der Hexerei der Angeklagten. Die Gefangenen wurden etwa sieben oder acht Fuß von den Richtern entfernt aufgestellt, und die Ankläger zwischen ihnen und den Richtern; dann aber hieß es, erstere sollten sich unmittelbar vor die Richter stellen.

Lois tat alles, was ihr geheißen, mit der verwunderten Fügsamkeit eines Kindes, aber ohne jede Hoffnung, den strengen, versteinerten, angewiderten Ausdruck erweichen zu können, der auf allen Gesichtern ringsum lag – abgesehen von denen, die von leidenschaftlicher Wut verzerrt waren. Dann wurde ein Diener angewiesen, sie an beiden Händen festzuhalten, und Richter Hathorn befahl ihr, die Augen unverwandt auf ihn zu richten, und zwar aus folgendem Grund – den man ihr jedoch nicht sagte –: Wenn sie Prudence ansähe, könnte das Mädchen wieder einen Anfall bekommen oder schreien, sie habe ihr ungestüm und brutal weh getan. Wenn sich auch nur ein Herz aus dieser grausamen Menge hätte rühren lassen, so hätte es Mitleid empfinden müssen mit dem lieben, jungen Gesicht des Mädchens aus England, das so demütig versuchte, alles zu tun, was man ihm befahl, kreidebleich und doch so traurig und sanft, die grauen, durch den tiefen Ernst seiner Lage ein wenig geweiteten Augen mit dem unverwandten Blick unschuldiger Jungfräulichkeit auf das strenge Gesicht von Richter Hathorn gerichtet.

Eine Weile standen die Angeklagten schweigend da und wagten kaum zu atmen. Dann befahl man ihnen, das Vaterunser zu sprechen. Lois sagte es auf, als wäre sie allein in ihrer Zelle; aber wie gestern nacht, als sie allein in ihrer Zelle war, machte sie eine kleine Pause vor der Bitte, ihre Schuld möge ihr vergeben werden, wie auch sie ihren Schuldigern vergab. In diesem Augenblick des Zögerns schrien alle auf, als ob sie auf der Lauer gelegen hätten: «Hexe! Hexe!»

Als das Geschrei verebbte, forderten die Richter Prudence Hickson auf, nach vorn zu kommen. Da drehte sich Lois ein wenig zur Seite, um wenigstens ein vertrautes Gesicht zu sehen, aber als ihr Blick auf Prudence fiel, blieb das Mädchen stocksteif stehen, beantwortete keine Frage und sprach kein Wort mehr, und die Richter erklärten, sie sei durch Hexerei mit Stummheit geschlagen. Nun griff jemand von hinten Prudence unter die Arme und wollte sie nach vorn schieben, so daß sie Lois berühren konnte, wahrscheinlich in der Hoffnung, das könnte sie von dem Zauber heilen. Aber Prudence war noch nicht zu drei Schritten gezwungen worden, da wand sie sich aus den Armen der anderen, fiel zu Boden und krümmte sich wie in einem Anfall; sie schrie und kreischte und flehte Lois an, sie möge ihr helfen und sie von ihren Qualen erlösen.

Dann fingen alle Mädchen an, «sich gleich Schweinen auf dem Boden zu wälzen» (um die Worte eines Augenzeugen zu gebrauchen) und Lois und ihre Mitgefangenen zu verfluchen. Denen befahl man nun, sich mit ausgestreckten Armen hinzustellen, denn man glaubte, wenn die Körper der Hexen Kreuzesform annähmen, würden sie ihre böse Macht verlieren.

Nach einer Weile spürte Lois, wie ihre Kräfte

durch die ungewohnte, ermüdende Haltung nachließen; sie hatte sie geduldig ertragen, bis ihr vor Schmerz und Erschöpfung Tränen und Schweiß übers Gesicht liefen und sie leise klagend fragte, ob sie nicht den Kopf für ein paar Augenblicke gegen die hölzerne Abschrankung lehnen dürfe. Aber Richter Hathorn sagte, sie habe genug Kraft, andere zu quälen, so müsse sie auch die Kraft haben, stehen zu bleiben. Sie seufzte leise und hielt weiter aus, während das Geschrei gegen sie und die anderen Angeklagten von Sekunde zu Sekunde anschwoll; es gab nur ein Mittel, das sie davor bewahren konnte, völlig das Bewußtsein zu verlieren: Sie mußte sich ablenken vom Schmerz und der Gefahr des Augenblicks, und so murmelte sie Verse aus den Psalmen vor sich hin, an die sie sich erinnern konnte und die vom Vertrauen auf Gott sprachen.

Endlich wurde sie ins Gefängnis zurückgeschickt und erfaßte nur wie von ferne, daß sie und die anderen wegen Hexerei zum Tode durch den Strang verurteilt worden waren. Viele Leute starrten Lois jetzt neugierig an, um zu sehen, ob ihr bei diesem Urteilsspruch die Tränen kamen. Wenn sie noch Kraft zum Weinen gehabt hätte, wäre dies vielleicht – nur möglicherweise – zu ihren Gunsten gewertet worden, denn Hexen konnten keine Tränen vergießen. Aber sie war zu erschöpft und abgestumpft. Sie wollte nichts anderes mehr, als sich wieder auf ihre Pritsche legen, außer Hörweite der vor Abscheu schreienden Menschen, außer Reichweite ihrer stechenden, grausamen Blicke. So führte man sie sprachlos und tränenlos ins Gefängnis zurück.

Aber die Ruhe gab ihr wieder Kraft zum Denken und Leiden. War es denn wirklich wahr, daß sie sterben mußte? Sie, Lois Barclay, erst achtzehn Jahre alt, so gesund, so jung, noch bis vor kurzem so voller Liebe und Hoffnung! Was würden sie zu Hause denken – in ihrem wirklichen, warmen Zuhause in Barford, in England? Dort hatte man sie geliebt, dort war sie den ganzen Tag singend und fröhlich durch die schönen Wiesen am Avon gewandert. Ach, warum waren Vater und Mutter gestorben und hatten verfügt, daß sie hierher nach Neuengland fahren mußte, an diese grausame Küste, wo niemand sie haben wollte und sich niemand um sie kümmerte und wo man sie nun einem schändlichen Tod als Hexe ausliefern wollte? Und niemanden gab es, der denen, die sie nie mehr sehen würde, einen lieben Gruß überbringen würde. Nie mehr! Der junge Hugh Lucy lebte und freute sich seines Lebens und dachte wahrscheinlich an sie und sein Versprechen, sie in diesem Frühling als seine Frau heimzuholen. Vielleicht hatte er sie aber auch vergessen, wer weiß. Noch vor einer Woche wäre sie über ihre eigenen mißtrauischen Gedanken, er könnte sie vergessen haben, empört gewesen, wären sie auch nur einen Augenblick aufgetaucht. Aber jetzt zweifelte sie zeitweise an der Güte aller Menschen, denn die sie umgaben, waren mörderisch, grausam und unbarmherzig.

Dann besann sie sich und schlug sich – bildlich gesprochen – zornig gegen die Brust, daß sie jemals an ihrem Liebsten hatte zweifeln können. Ach, wenn er nur bei ihr wäre, wenn er nur bei ihr hätte sein können! Er würde nicht zulassen, daß sie starb, sondern würde sie vor der Wut dieser Menschen an seiner Brust bergen und sie in die alte Heimat nach Barford bringen. Und vielleicht segelte er gerade jetzt auf dem weiten blauen Meer und kam jeden Augenblick näher und näher – und doch am Ende zu spät.

So jagten die Gedanken einander die ganze Nacht wie im Fiebertraum durch ihren Kopf, bis sie sich fast wie wahnsinnig ans Leben klammerte und inbrünstig darum betete, nicht sterben zu müssen; wenigstens noch nicht jetzt, sie war doch noch so jung!

Pastor Tappau und einige Gemeindeälteste weckten sie spät am Morgen des andern Tages aus schwerem Schlaf. Die ganze Nacht hatte sie gezittert und geweint, bis das Morgenlicht von oben durch das vergitterte Viereck hereinfiel. Es beruhigte sie, und sie schlief ein, bis sie, wie schon gesagt, von Pastor Tappau geweckt wurde.

«Steh auf!» sagte er. Er scheute sich, sie anzufassen, aus abergläubischer Furcht vor ihren bösen Kräften. «Es ist Mittag.»

«Wo bin ich?» fragte sie, verwirrt durch diese

ungewöhnliche Art, geweckt zu werden, und durch die Reihe strenger Gesichter, die sie mißbilligend anstarrten.

«Du bist im Gefängnis von Salem, als Hexe verurteilt.»

«Ach... ich hatte es für einen Augenblick vergessen...», sagte sie und ließ den Kopf auf die Brust sinken.

«Sie ist bestimmt die ganze Nacht mit dem Teufel durch die Luft gefahren und ist jetzt am Morgen müde und verwirrt», flüsterte einer, seiner Meinung nach so leise, daß sie es nicht hören konnte; aber sie hob die Augen und sah ihn stumm und vorwurfsvoll an.

«Wir sind gekommen», sagter Pastor Tappau, «weil wir dir ins Gewissen reden und dich auffordern wollen, deine große und mehrfach begangene Sünde zu bekennen.»

«Meine große und mehrfach begangene Sünde!» wiederholte Lois leise und schüttelte den Kopf.

«Ja, die Sünde der Hexerei. Wenn du bekennst, findet sich vielleicht noch Balsam in Gilead[33].»

Einer der Ältesten, den beim Anblick des bleichen, abgezehrten jungen Mädchens das Mitleid packte, meinte, wenn sie gestünde, bereute und Buße täte, käme sie vielleicht doch noch mit dem Leben davon.

Ein jähes Licht flackerte in ihren eingesunkenen, glanzlosen Augen auf. Durfte sie weiterleben? Stand es noch in ihrer Macht? Ach, wer wußte, wie bald Hugh Lucy hier sein und sie für immer mit sich fortnehmen konnte in den Frieden einer neuen Heimat! Leben! So war nicht alle Hoffnung tot – vielleicht durfte sie weiterleben, mußte nicht sterben! Und doch kam ihr wieder die Wahrheit über die Lippen, fast ohne Willensanstrengung.

«Ich bin keine Hexe», sagte sie.

Da verband Pastor Tappau ihr die Augen, und sie leistete keinen Widerstand; aber in Gedanken fragte sie sich müde, was nun wohl mit ihr geschah. Sie hörte, wie jemand leise den Kerker betrat, hörte Geflüster; dann hob man ihre Hände hoch und ließ sie jemanden neben sich berühren. Gleich darauf hörte sie Geräusche, als würde sich jemand wehren, und die wohlbekannte Stimme von Prudence, die in einem ihrer hysterischen Anfälle aufschrie und kreischte, man solle sie fortbringen, hinaus aus diesem Haus.

Lois hatte das Gefühl, einer der Richter habe wohl an ihrer Schuld gezweifelt und noch einmal eine Prüfung gefordert. Niedergeschlagen setzte sie sich auf ihre Pritsche und dachte, daß sie von Feinden und Gefahren so eingekesselt schien, könne nur ein Alptraum sein. Die Menschen hier im Kerker – an der stickigen Luft merkte sie, daß es viele waren – unterhielten sich lebhaft und leise. Sie versuchte nicht, den Sinn der Satzfetzen zu erfassen, die zu ihrem betäubten Gehirn vordrangen, aber mit einem Mal entnahm sie einigen Worten, daß man überlegte, ob sie mit Peitsche oder Folter zu einem Geständnis gezwungen werden sollte und zur Preisgabe des Geheimnisses, wie sich der Zauber, mit dem sie ihre Opfer verhext hatte, lösen ließ.

Ein Schreckensschauder durchlief sie, und sie schrie auf, flehentlich: «Ich bitte Euch, Ihr Herren, um der Gnade Gottes willen, greift nicht zu solch furchtbaren Mitteln! Ich würde wahrscheinlich alles sagen, ja würde jeden beliebigen anzeigen, wenn ich einer solchen Folter unterworfen würde, wie Ihr sie erwägt. Ich bin doch nur ein junges Mädchen und nicht sehr tapfer oder edel, so wie andere.»

Es rührte das Herz des einen oder anderen, der sie dastehen sah; die Tränen liefen ihr unter dem groben, fest über die Augen gebundenen Taschentuch hervor, die rasselnde Kette fesselte die schwere Kugel an ihr zartes Fußgelenk, und die Hände hielt sie verschlungen, als müsse sie eine krampfhafte Erregung niederhalten.

«Schaut!» sagte einer von ihnen. «Sie weint. Man sagt doch, Hexen können nicht weinen.»

Aber ein anderer spottete über diesen Beweis und hieß ihn bedenken, daß ihre eigene Familie, eben die Hicksons, als Zeugen gegen sie ausgesagt hätten.

Noch einmal befahl man ihr, ein Geständnis abzulegen. Man las ihr die Angklageschrift mit ihren Vergehen vor, die angeblich alle Leute für erwiesen hielten, mit sämtlichen gegen sie gemachten Zeugenaussagen. Man erklärte ihr, daß aus Rücksicht auf die fromme Familie, zu der sie gehörte, die Obrigkeit und die Prediger von Salem beschlossen hätten, ihr das Leben zu schenken, wenn sie ihre Schuld eingestehe, Genugtuung leiste und sich einer Buße unterziehe. Falls aber nicht, würden sie und die anderen mit ihr der Hexerei Überführten am nächsten Donnerstagvormittag auf dem Marktplatz von Salem gehängt werden – am Donnerstag war Markttag. Und nach diesen Worten warteten sie schweigend auf ihre Antwort.

Es dauerte ein oder zwei Minuten, ehe sie sprach. Sie hatte sich wieder auf ihr Lager gesetzt, denn sie war wirklich sehr schwach. Dann fragte sie: «Kann man mir bitte dieses Tuch wieder von den Augen nehmen? Es tut mir weh.»

Der Anlaß, um dessentwillen man ihr die Augen verbunden hatte, war vorüber, deshalb nahm man ihr die Binde ab, und sie durfte wieder sehen. Mitleidheischend blickte sie in die strengen Gesichter ringsum, die in finsterer Spannung auf ihre Antwort warteten.

Dann sprach sie: «Ihr Herren, lieber entscheide ich mich für den Tod mit einem reinen Gewissen als für ein Leben, das ich mit einer Lüge erkauft habe. Ich bin keine Hexe. Ich verstehe kaum, was Ihr meint, wenn Ihr behauptet, ich sei eine. Ich habe freilich viel, viel Unrechtes in meinem Leben getan; aber ich hoffe, Gott wird es mir um meines Erlösers willen vergeben.»

«Nimm seinen Namen nicht in deinen sündhaften Mund», rief Pastor Tappau, wütend über ihre Weigerung zu gestehen und kaum fähig, sich zu beherrschen und sie nicht zu schlagen. Sie merkte, was er im Sinn hatte, und fuhr erschrocken zurück.

Dann verlas Richter Hathorn feierlich das Urteil des Gerichts: Es lautete auf Tod durch den Strang für Lois Barclay, welche der Hexerei überführt war. Sie murmelte ein paar Worte, die niemand richtig hörte; es klang wie eine Bitte um Gnade und Mitleid um ihrer Jugend und Verlassenheit willen. Dann überließ man sie allen Schrecken dieses einsamen, widerwärtigen Kerkers und der namenlosen Angst vor dem nahen Tod.

Außerhalb der Gefängnismauern wuchsen die Furcht vor den Hexen und die Erregung angesichts der Hexerei mit erschreckender Geschwindigkeit. Zahllose Frauen und auch Männer wurden angeklagt, unabhängig von ihrer Stellung und ihrem bisherigen Ruf. Andererseits sollen mehr als fünfzig Personen vom Teufel und von den Menschen, die er für ruchlose und sündhafte Gegenleistungen an seiner Macht teilhaben ließ, arg gequält worden sein. Wieviel Rachgier sich in diese Anklagen mischte, weiß niemand. Die greulichen Verzeichnisse aus dieser Zeit vermelden, daß fünfundfünfzig dem Tod entkamen, indem sie ihre Schuld eingestanden; daß hundertfünfzig im Gefängnis lagen, mehr als zweihundert angeklagt waren und über zwanzig den Tod erlitten, unter ihnen auch der Prediger, dem ich den Namen Nolan gegeben habe und von dem man allgemein annimmt, daß der Haß seines Mitbruders an seinem Leidensweg schuld war.

Ein alter Mann, der die Anklage mit Verachtung von sich wies und es ablehnte, sich bei der Verhandlung zu verteidigen, wurde, wie es das Gesetz vorschrieb, für diese Halsstarrigkeit zu Tode gedrückt. Ja sogar Hunde wurden der Hexerei bezichtigt, erlitten Strafen nach dem Gesetz und stehen auf der Liste der zum Tode Verurteilten. Ein junger Mann fand Mittel und Wege, die Flucht seiner Mutter aus der Haft zu bewerkstelligen; er floh mit ihr zu Pferd und versteckte sie im Blueberry Swamp, einem Moor unweit von Taplay's Brook auf der Großen Weide. Dort verbarg er sie in einem Wigwam, das er ihr als Unterschlupf baute, versorgte sie mit Nahrung und Kleidung, tröstete sie und stand ihr bei, bis der Wahn vorüber war. Das arme Geschöpf muß dennoch furchtbar gelitten haben, denn bei der mühseligen, verzweifelten Befreiung aus dem Gefängnis hatte sie sich einen Arm gebrochen.

Aber es gab niemanden, der versucht hätte, Lois zu retten. Grace Hickson hätte sie am liebsten ganz und gar vergessen. Hexerei brachte damals solche Schande über die ganze Familie, daß Generationen tadelloser Lebensführung nicht reichten, die Familienehre reinzuwaschen. Außerdem muß man bedenken, daß Grace wie die meisten ihrer Zeitgenossen fest überzeugt war, daß es Hexerei als Verbrechen wirklich gab. Die arme, verlassene Lois glaubte ja selbst daran, und das trug nicht wenig zu ihrer Angst bei, denn der Gefängniswärter teilte ihr ungewöhnlich redselig mit, inzwischen seien fast alle Zellen mit Hexen belegt, und er müsse, wenn noch mehr kämen, vielleicht eine zu ihr hineinstecken. Lois wußte, daß sie selbst keine Hexe war, aber trotzdem glaubte sie daran, daß dieses Verbrechen weitverbreitet war und böse Menschen, die ihre Seele dem Satan verkauft hatten, zutiefst darin verstrickt waren. Sie erschauerte vor Schreck bei den Worten des Aufsehers und hätte ihn gern gebeten, ihr diese Gesellschaft möglichst zu ersparen. Aber irgendwie ließ sie ihr Verstand im Stich, und ihr fielen nicht die richtigen Worte ein, in die sie ihre Bitte kleiden konnte – und dann hatte er schon den Raum verlassen.

Der einzige Mensch, der sich nach Lois sehnte, der sich als Freund gezeigt hätte, wenn er gekonnt hätte, war Manasseh, der arme, verrückte Manasseh. Aber er redete so wirr und wütend, daß seiner Mutter nichts anderes übrigblieb, als seinen Zustand vor den Augen der Öffentlichkeit zu verbergen. Sie hatte ihm zu diesem Zweck einen Schlaftrunk gegeben, und als er unter dem Einfluß des Mohntees bleiern und träge dalag, band ihn die Mutter mit Seilen an dem wuchtigen alten Bett fest, in dem er schlief. Sie sah aus, als müsse ihr bei diesem Tun das Herz brechen, da sie damit die Entehrung ihres Erstgeborenen besiegelte – dieses Sohnes, auf den sie immer so stolz gewesen war.

Spät am Abend stand Grace Hickson in Lois' Zelle, bis an die Augen in Mantel und Kapuze vermummt. Lois saß still da und spielte müßig mit einem Stückchen Schnur, das einem der Stadtväter heute früh aus der Tasche gefallen war. Die Tante stand ein paar Augenblicke schweigend da, und Lois bemerkte ihre Anwesenheit nicht. Plötzlich aber sah sie hoch, stieß einen kleinen Schrei aus und schrak vor der dunklen Gestalt zurück.

Als hätte der Schrei ihr die Zunge gelöst, begann Grace: «Lois Barclay, habe ich dir je ein Leid zugefügt?»

Grace hatte keine Ahnung, wie oft sie mit ihrer Lieblosigkeit das zartfühlende Herz der Fremden unter ihrem Dach verwundet hatte; aber auch Lois dachte jetzt nicht mehr daran. Lois' Erinnerung war vielmehr voll von dankbaren Gedanken an die vielen Dinge, die ihre Tante für sie getan hatte und die eine weniger pflichtbewußte Person unterlassen hätte; sie streckte ihr ein wenig die Arme entgegen, als sei sie eine Freundin an diesem einsamen Ort, und erwiderte: «O nein, nein! Ihr wart sehr gut, sehr lieb!»

Grace stand ungerührt da. «Ich habe dir kein Leid zugefügt, obwohl ich nie recht verstanden habe, warum du zu uns kamst.»

«Meine Mutter hat mich auf ihrem Sterbebett zu Euch geschickt», stöhnte Lois und bedeckte ihr Gesicht. Es wurde mit jedem Augenblick dunkler. Die Tante blieb stehen, regungslos und schweigend.

«Hat einer der Meinen dir Unrecht getan?» fragte sie nach einer Weile.

«Nein. Nein, niemals, bis Prudence sagte... Ach, Tante, glaubt Ihr, daß ich eine Hexe bin?» Und Lois stand auf, klammerte sich an Graces Mantel und versuchte in ihrem Gesicht zu lesen. Grace zog sich kaum merklich vor dem Mädchen zurück, das sie fürchtete und sich doch günstig zu stimmen suchte.

«Klügere als ich, Frömmere als ich haben es gesagt. Aber Lois, ach Lois, er ist mein Erstgeborener! Befreie ihn von dem Dämon, um dessentwillen, dessen Namen ich nicht zu nennen wage in diesem schrecklichen Gebäude, denn es ist vollgestopft mit Menschen, die sich von ihrem Taufgelübde losgesagt haben. Erlöse Manasseh aus seinem furchtbaren Zustand, wenn ich oder die Meinen dir jemals Gutes erwiesen haben!»

«Ihr bittet mich um Christi willen», sagte Lois. «Ich kann diesen heiligen Namen aussprechen, denn – ach, Tante! – ich bin wirklich und wahrhaftig keine Hexe, und dennoch soll ich sterben, soll gehängt werden! Tante, laßt nicht zu, daß sie

520

mich töten! Ich bin so jung und habe niemals jemandem wissentlich Leid zugefügt!»

«Pst! Pfui, schäme dich! Heute nachmittag habe ich meinen Erstgeborenen mit dicken Seilen fesseln müssen, damit er nicht über sich oder uns Unheil bringt, so wahnsinnig ist er. Schau her, Lois Barclay!» Und Grace Hickson kniete sich zu Füßen ihrer Nichte nieder und faltete die Hände wie im Gebet: «Ich bin eine stolze Frau, Gott verzeih' mir! Nie hab' ich geglaubt, daß ich einmal vor jemand anderem als vor Gott niederknien würde. Und nun liege ich zu deinen Füßen und bitte dich, meine Kinder, besonders aber meinen Sohn Manasseh von dem Zauber zu erlösen, den du über sie geworfen hast. Lois, erhöre mich, und ich will für dich zum Allmächtigen beten, wenn es noch Gnade gibt!»

«Das kann ich nicht; ich habe Euch und Eurer Familie nie ein Leid zugefügt. Wie soll ich es da ungeschehen machen? Wie soll ich das können?» Und Lois rang die Hände im Bewußtsein der Nutzlosigkeit dessen, was sie zu tun in der Lage war.

Da stand Grace auf, langsam, steif und düster. Sie trat weit weg von dem angeketteten Mädchen, in die entfernteste Ecke der Gefängniszelle neben die Tür, bereit zur Flucht, sobald sie die Hexe, die ihre Missetat nicht ungeschehen machen wollte oder konnte, verflucht hatte. Grace hob die rechte Hand hoch empor und fällte den Spruch über Lois: Um ihrer Todsünde willen und weil sie sich noch in ihrer letzten Stunde unbarmherzig gezeigt habe, werde sie für immer verflucht sein. Und schließlich forderte sie sie auf, ihr beim Jüngsten Gericht gegenüberzutreten und sich für den tödlichen Schaden an Leib und Seele zu verantworten, den sie denen zugefügt hatte, die sie beherbergt und aufgenommen hätten, als sie als Waise und Fremde zu ihnen gekommen sei.

Bis zu dieser letzten Aufforderung war Lois dagestanden wie eine Frau, die ihr Urteil hört und nichts dagegen sagen kann, da sie weiß, es wäre alles vergebens. Aber nun, als sie die Tante vom Jüngsten Gericht sprechen hörte, schaute sie auf, und als Grace endete, hob auch sie die Rechte, als verpflichtete sie sich mit dieser Geste feierlich, und antwortete: «Tante! Ich werde Euch dort gegenübertreten, und dann werdet Ihr erkennen, daß ich an diesen abscheulichen Vorkommnissen unschuldig war. Gott sei Euch und den Euren gnädig!»

Ihre ruhige Stimme machte Grace rasend, und mit einer Geste, als hebe sie eine Handvoll Staub vom Boden auf und werfe ihn gegen Lois, schrie sie: «Hexe! Hexe! Bitte um Gnade für dich selbst, ich brauch' deine Gebete nicht! Hexengebete werden rückwärts gelesen! Ich spucke auf dich und verachte dich!» Und damit lief sie hinaus.

Lois saß die ganze Nacht wach und stöhnte. «Gott tröste mich! Gott gebe mir Kraft!» war alles, was ihr einfiel. Nur dies fehlte ihr, nichts sonst, alle anderen Ängste und Bedürfnisse schienen wie abgestorben. Und als ihr der Wärter am anderen Morgen das Frühstück brachte, meldete er, sie sei «blöde geworden», denn sie schien ihn tatsächlich nicht zu erkennen, sondern schaukelte fortwährend hin und her, flüsterte leise mit sich selbst und lächelte von Zeit zu Zeit ein wenig.

Aber Gott tröstete sie und gab ihr Kraft. Am späten Mittwochnachmittag warf man eine zweite «Hexe» zu ihr in die Zelle und forderte die beiden mit hämischen Worten auf, einander schön Gesellschaft zu leisten. Die neu Angekommene fiel von dem Stoß, den man ihr von draußen gegeben hatte, der Länge nach hin, und Lois, die nur eine alte, zerlumpte Frau sah, die hilflos bäuchlings auf dem Boden lag, hob sie hoch – und ach, es war Nattee! Schmutzig und verfilzt allerdings, schlammbedeckt, von Steinen verletzt, geprügelt und völlig verstört durch die Behandlung, die ihr der Pöbel draußen hatte zuteil werden lassen. Lois hielt sie in den Armen, wischte behutsam mit ihrer Schürze über das alte, braune, runzlige Gesicht und beweinte es, wie sie kaum ihren eigenen Kummer beweint hatte. Stundenlang bemühte sie sich um die alte Indianerin – bemühte sich, ihre körperlichen Leiden zu lindern; und als das arme, verwirrte, primitive Geschöpf langsam wieder zur Besinnung kam, erkannte Lois seine unendliche Angst vor dem morgigen Tag, an dem es, wie Lois, vor den Augen der aufgebrachten Menge zum Sterben geführt werden sollte. Lois suchte in ihrem Innern nach einer Quelle des Trostes für die alte Frau, die aus Angst vor dem Tod – und vor welchem Tod! – zitterte, als sei sie von der Schüttellähmung befallen.

Als es überall im Gefängnis ruhig geworden war, mitten in tiefer Nacht, hörte der Aufseher draußen vor der Tür Lois reden. Als spräche sie mit einem kleinen Kind, erzählte sie die wunderbare und traurige Geschichte von einem, der am Kreuz für uns und unser Heil gestorben ist. Solange sie sprach, schien die Angst der Indianerin beschwichtigt, aber kaum hielt sie einmal inne – auch sie war erschöpft –, heulte Nattee von neuem auf, als verfolge sie ein wildes Tier durch die dichten Wälder, in denen sie ihre Jugend verbracht hatte. Und dann sprach Lois weiter, alle segensreichen Worte, die ihr einfielen, und tröstete die schutzlose Indianerin mit dem Gedanken an die Gegenwart eines Himmlischen Freundes. Und indem sie sie tröstete, wurde auch sie getröstet, indem sie ihr Kraft gab, floß auch ihr Kraft zu.

Es kam der Morgen, und es kam der Befehl, zum Sterben anzutreten. Die Männer, die die Zelle aufsperrten, fanden Lois schlafend, und ihr Gesicht ruhte auf der schlummernden alten Frau, deren Kopf noch immer in ihrem Schoß lag. Sie schien nicht klar zu erkennen, wo sie war, als sie aufwachte; der «blöde» Blick war in ihr fahles Gesicht zurückgekehrt. Sie wußte offenbar nur, daß sie aus irgendeinem Grunde die arme Indianerin vor irgendwelchen Gefahren beschützen mußte. Sie lächelte dünn, als sie das strahlende Licht des Apriltages sah, legte ihren Arm um Nattee und versuchte, die Indianerin mit beruhigenden und tröstlichen, aber unsinnigen Worten und mit frommen Bruchstücken von Psalmen ruhigzuhalten. Nattee klammerte sich fester an Lois, als sie sich dem Galgen näherten und die wütende Menge unten zu johlen und zu kreischen anfing. Lois verdoppelte ihre Anstrengungen, Nattee zu beruhigen und ihr Mut zuzusprechen; offenbar war ihr nicht bewußt, daß die Schimpfworte, Buhrufe, Steine und Schlammbrocken auch ihr galten. Aber als man ihr Nattee aus den Armen nahm und sie nach vorn führte, weil sie als erste den Tod erleiden sollte, schien Lois schlagartig aller Schrecken zu Bewußtsein zu kommen. Sie blickte wild um sich, streckte die Arme wie nach einem weit entfernten Menschen aus, der für sie dennoch sichtbar war, und schrie mit lauter Stimme, die allen, die sie hörten, einen Schauder durch den Körper jagte: «Mutter!» Und gleich danach baumelte der Körper von Lois, der Hexe, in der Luft, und alle standen mit angehaltenem Atem und in jäher Verblüffung da, als erschräken sie vor einer Todsünde, die über sie gekommen war.

Die Reglosigkeit und das Schweigen wurden

gebrochen, als ein Verrückter, ein Wahnsinniger die Sprossen der Leiter hochraste, Lois' Leib mit den Armen umfing und ihre Lippen in wilder Leidenschaft küßte. Und dann – als stimmte das, was die Leute glaubten, daß er nämlich von einem Dämon besessen war – sprang er hinunter und preschte durch die Menge, aus der Stadt hinaus und in den dunklen, dichten Wald, und Manasseh Hickson ward nie mehr von einem Christenmenschen gesehen.

Im Herbst waren die Leute von Salem schon aus ihrem schrecklichen Wahn erwacht, als Kapitän Holdernesse und Hugh Lucy anreisten, um Lois zu suchen und sie nach Hause ins friedliche Barford zu holen, ins schöne England. Statt dessen führte man sie zu dem grasbewachsenen Grabhügel, unter dem sie ruhte, getötet von irregeleiteten Menschen. Hugh Lucy schüttelte den Staub der Stadt Salem von den Füßen, schweren, schweren Herzens, und blieb um ihretwillen sein Leben lang Junggeselle.

Viele Jahre später besuchte ihn Kapitän Holdernesse, denn er hatte Neuigkeiten, von denen er glaubte, sie könnten den schwermütigen Müller am Ufer des Avon interessieren. Kapitän Holdernesse erzählte, im vergangenen Jahr (das war 1713) habe eine fromme, feierliche Synode angeordnet, das Urteil der Exkommunikation gegen die Hexen von Salem müsse aufgehoben und ausgelöscht werden. Die Menschen, die sich zu diesem Zwecke zusammenfanden, «baten demütiglich, Gott möge alle Sünden, Irrtümer und Fehler in der Ausübung der Gerichtsbarkeit gnädig vergeben durch unseren barmherzigen Hohenpriester, welcher da Mitleid kennet mit den Unwissenden und jenen, so vom rechten Wege abgekommen sind.» Er berichtete auch, das Prudence Hickson, jetzt eine erwachsene Frau, vor der ganzen Kirche auf das rührendste ihre bittere Reue und Zerknirschung über das falsche und irrige Zeugnis ausgesprochen habe, das sie in einigen Fällen abgelegt habe, wobei sie insbesondere den ihrer Base Lois Barclay anführte.

Auf all dies antwortete Hugh Lucy nur: «Ihre Reue kann sie nicht wieder zum Leben erwekken.»

Da zog Kapitän Holdernesse ein Papier heraus und las die folgende demütige und feierliche Reueerklärung seitens der Unterzeichneten vor, zu denen auch Grace Hickson zählte:

Wir, die Unterzeichneten, so im Jahre 1692 aufgerufen waren, als Geschworene am Gericht zu Salem bei einem Prozeß gegen eine große Anzahl von Männern und Frauen zu amtieren, welche von einigen wenigen verdächtigt wurden, sich der Hexerei am Leibe etlicher Personen schuldig gemacht zu haben – wir bekennen, daß wir die geheimnisvollen Listen der finsteren Mächte und des Fürsten der Lüfte weder zu erkennen noch ihnen zu

527

widerstehen vermochten, sondern uns vielmehr aus eigener Unkenntnis sowie mangels Belehrung von seiten anderer überreden ließen, uns mit einem Zeugnis gegen die Angeklagten zu begnügen, welches wir bei späterer Betrachtung und besserem Wissen als eindeutig unzureichend erachten, um jemandes Leben anzutasten (5. Mos. 17,6), woher wir denn, so steht zu befürchten, gemeinsam mit anderen, wiewohl unwissentlich und unabsichtlich, zum Werkzeug wurden, welches unschuldig vergossenes Blut über uns und diese Kinder Gottes gebracht hat, welchselbige Sünde der Herr nicht vergibt, so sagt er in der Schrift (2. Kön. 24,4). Wir hoffen indes, dies möge nur die irdische Gerichtsbarkeit betreffen.

Dahero wir allen, namentlich den überlebenden Duldern, kund und zu wissen tun, daß wir unsere Verfehlung einsehen und bitterlich bereuen, daß wir auf Grund solcher Zeugnisse Menschen verurteilt haben, und wir erklären hiermit aufrichtig und bestürzt, daß wir aufs betrüblichste in Wahn und Irrtum befangen waren und unsere Gemüter darob zutiefst beunruhigt und verstört sind. So bitten wir für diesen unseren Fehler demütiglich um Verzeihung, zuallererst Gott, er möge um Christi willen die Schuld nicht uns oder andere entgelten lassen, und des weiteren die überlebenden Dulder, sie möchten über uns unvoreingenommen und billig urteilen, dieweil wir damals im Banne eines übermächtigen und allseitigen Wahns standen und mit derartigen Vorfällen gänzlich unbekannt und darin unerfahren waren.

Euch alle, denen wir wahrhaft Leides getan, bitten wir von ganzem Herzen um Vergebung und erklären gemäß unserer heutigen Gesinnung, daß auf Grund solcher Beweise keiner von uns mehr so handeln würde, nicht um alles in der Welt. Wir bitten euch, dies als Genugtuung für die von uns erlittene Unbill anzunehmen und das Vermächtnis des Herrn zu preisen, auf daß er die Bitten für das Land erhöre.

Thomas Fisk
Sprecher der Geschworenen etc.

Auch auf diese Erklärung gab Hugh Lucy – womöglich noch trübsinniger – nichts weiter zur Antwort als: «Ihre ganze Reue hilft meiner Lois nichts mehr und erweckt sie nicht wieder zum Leben.»

Da erzählte Kapitän Holdernesse weiter, daß sich am Tag des Großen Fastens, das in ganz Neuengland eingehalten werden muß und wo die Versammlungshäuser überfüllt sind, ein steinalter Mann mit weißem Haar von dem Platz erhoben hatte, auf dem er beim Gottesdienst zu sitzen pflegte, und eine schriftliche Beichte zur Kanzel hinaufgereicht hatte, die er zuerst selbst zu lesen versucht hatte und worin er seine große und schwere Verfehlung im Prozeß gegen die Hexen von Salem eingestand, Gott und sein Volk um Vergebung bat und mit der flehentlichen Bitte endigte, alle Anwesenden möchten sich seinem Gebet anschließen, auf daß sein früheres Verhalten nicht das Mißfallen des Allerhöchsten auf sein Land, seine Familie und ihn selbst herabziehe. Dieser alte Mann, kein anderer als Richter Sewall, blieb stehen, während seine Beichte vorgelesen wurde, und sagte am Ende: «Möge es dem guten und gnädigen Gott gefallen, Neuengland und mich und meine Familie zu bewahren.» Und dann stellte sich heraus, daß Richter Sewall schon vor Jahren einen Tag der Demut und des Gebetes festgesetzt hatte, um das Gefühl der Zerknirschung und Reue angesichts der Rolle, die er bei diesen Gerichtsverhandlungen gespielt hatte, in sich wachzuhalten, und daß er sich verpflichtet hatte, diesen Jahrestag feierlich zu begehen, solange er lebte, als Zeichen seiner aufrichtigen Bußfertigkeit.

Hugh Lucys Stimme zitterte, als er sprach: «All dies macht meine Lois nicht wieder lebendig oder gibt mir die Hoffnung meiner Jugend wieder.»

Aber als Kapitän Holdernesse den Kopf schüttelte – denn was sollte er sagen, wie sollte er eine so offenkundige Wahrheit bestreiten? –, fuhr Hugh fort: «Wißt Ihr, welchen Tag der Richter für sich festgesetzt hat?»

«Den neunundzwanzigsten April.»

«Dann will ich hier in Barford, in England, mein Gebet mit dem des reuigen Richters vereinigen, solange ich lebe, damit diese Sünde ausgelöscht werde und nicht in der Erinnerung der Menschen fortlebe. Sie hätte es so gewollt.»

1860

NACHWORT

Elizabeth Gaskell war schon beinahe vierzig Jahre alt, als 1848 ihr erster Roman «Mary Barton» erschien, der sie mit einem Schlag berühmt machte. Daß sie erst als reife Frau zu schreiben begonnen hatte, erschien ihr später als Voraussetzung für den Erfolg: «Eine gute Romanschriftstellerin muß im Leben gestanden sein, wenn ihre Bücher Kraft und Lebendigkeit haben sollen», rät sie einer jungen Mutter mit literarischen Zielen. Die Begabung zum Geschichtenerzählen jedoch war ihr angeboren, und davon, daß ihr alles leicht aus der Feder floß, zeugen die unzähligen, meist eilig hingeworfenen Briefe, die sie im Laufe ihres recht kurzen Lebens schrieb; mehrere hundert sind erhalten. Impulsiv und lebhaft berichtete sie darin von allem, was sie gerade beschäftigte – es pflegte vieles gleichzeitig zu sein.

Ihre Lebensfreude, derselbe feine Humor wie in ihren Briefen spricht auch aus ihren Werken und hat sie lebendig erhalten, wenngleich Elizabeth Gaskell bei der Nachwelt in den Schatten ihrer Zeitgenossen – Charles Dickens', der Brontës, George Eliots – geraten ist. Ihr Ziel war es, möglichst natürlich zu schreiben, und mit ihrem ganz persönlichen Stil hat sie sich eine Nische neben den Großen gesichert. Zweifellos aber war sie eine der liebenswürdigsten Schriftstellerpersönlichkeiten ihrer Zeit.

Am 29. September 1810 wurde Elizabeth Cleghorn Stevenson als achtes Kind eines Beamten des Schatzamtes in London geboren. Ihr Vater war unitarischer Geistlicher gewesen, wollte dann nicht mehr für Geld predigen und versuchte sich eine Zeitlang erfolglos im wissenschaftlichen Ackerbau. Die Mutter entstammte der alten, angesehenen Freibauernfamilie der Hollands, die mit den Wedgwoods, Darwins und Turners verwandt war. Nach ihrem frühen Tod kam Elizabeth, kaum dem Säuglingsalter entwachsen, zu einer Tante nach Knutsford in Cheshire, wo sich eine Linie der Hollands angesiedelt hatte. In ihrer liebevollen Obhut verlebte sie eine glückliche Kindheit.

Knutsford, obwohl nur sechzehn Meilen von Manchester entfernt, war damals noch ein unberührtes Landstädtchen, umgeben von heckengesäumten Feldern, auf denen die Einwohner ihr Hausvieh hielten. Noch hatte der durch die fortschreitende Mechanisierung und Industrialisierung ausgelöste Umbruch, der das soziale, gesellschaftliche und kulturelle Leben Englands bereits seit dem 18. Jahrhundert tiefgreifend zu verändern begonnen hatte, die kleinen Marktstädte ohne Fabriken nicht erfaßt. Während in Manchester, dem aufstrebenden Zentrum der

Baumwollindustrie, Elend und Aufruhr unter der Arbeiterschaft herrschten, freute man sich in Knutsford noch des traditionellen Daseins in ländlicher Ruhe. Das Leben war einfach, Einladungen zum Tee, Picknicks und Exkursionen zu verlassenen Herrschaftssitzen bildeten die einzige Unterhaltung. Gaskell hat Knutsford in ihrem dritten Roman «Cranford» ein Denkmal gesetzt, Duncombe nannte sie es in der Erzählung «Mr. Harrisons Bekenntnisse». Knutsford blieb zeitlebens ihre seelische Heimat, der Ort der Sehnsucht im rauchgeschwängerten Manchester, wohin die Ehe sie führte.

1832 heiratete sie William Gaskell, der Prediger an der unitarischen Cross Street Chapel in Manchester war. Ihr Gatte war es, der Elizabeth Gaskell nach dem Tode ihres einzigen kleinen Sohnes, über den sie nicht hinwegkam, zum Schreiben eines längeren Werkes animierte; er freute sich mit ihr über den Ruhm, den sie als Schriftstellerin errang.

Obwohl Elizabeth Gaskell den frauenrechtlerischen Strömungen ihrer Zeit skeptisch gegenüberstand, mutet ihr Leben in vieler Hinsicht modern an, zumindest, was das Dilemma zwischen Familie und Beruf betraf. «Ich habe viele Ichs», stöhnte sie einmal und meinte damit ihre Aufgaben als Hausfrau und Mutter, Wohltäterin, Gastgeberin und Schriftstellerin. «Eine Frau sollte die häuslichen Pflichten mit der individuellen Entwicklung verbinden können», schrieb sie in einem andern Brief. Das, was wir heute mit «Selbstverwirklichung» bezeichnen, war für sie eine moralische Verpflichtung: Der Mensch muß seine Talente ausschöpfen, weil Gott sie ihm verliehen hat. Nie hätte sie ob des Schreibens jedoch die Führung ihres anspruchsvollen Haushalts vernachlässigt. Ihren vier Töchtern war sie stets eine umsichtige Mutter, modern auch in der Erziehung, um die sie sich selbst kümmerte.

Von einem eigenen Zimmer, wie Virginia Woolf es noch ein halbes Jahrhundert später für jede schöpferisch tätige Frau forderte, konnte sie nicht einmal träumen. Auch als die Familie schließlich in das geräumige Haus am Plymouth Grove zog (es grenzte an offene Felder, so daß die Gaskells einiges Vieh halten konnten – wie in Knutsford), mußte sie im Wohnraum schreiben, wo sie ständig von den Kindern, Angestellten, Bittstellern und von Besuchern gestört wurde. Ihr Heim war inzwischen zu einem kulturellen Zentrum Manchesters geworden, in dem viele bekannte Persönlichkeiten als Gäste verkehrten. Nur wenn es ihr gelang, der Stadt und ihren vielen Obliegenheiten zu entfliehen, war ihr ein einigermaßen ruhiges Arbeiten möglich. Reisen mit längeren Aufenthalten führten sie in verschiedene Gegenden Englands und auch auf dem Kontinent.

Die Not, die ihr bei ihren Gängen zu den Armen in den Elendsvierteln von Manchester auf Schritt und Tritt begegnete, hatte Elizabeth Gaskell für ihren ersten Roman eine Geschichte wählen lassen, die den Kampf der Arbeiter ums nackte Dasein zeigt. Sie wollte allerdings nicht in erster Linie Übelstände anprangern, ihr ging es um die «Poesie der alltäglichen Dinge», um «Liebe und Glaube» in den untersten Schichten und das epische Potential, das in dem Stoff verborgen liegt. Indem sie die Zustände aus der Sicht der Benachteiligten darstellte und für ein Umdenken der Arbeitgeber im Sinne christlicher Nächstenliebe plädierte, verärgerte sie viele Industrielle, welche die Arbeiter für selber schuld an ihrer Not hielten. Das breite Publikum und viele fortschrittlich Denkende jedoch gaben ihr recht.

Das kontrovers aufgenommene Buch verschaffte Gaskell Zutritt zu den literarischen Zirkeln Londons. Dickens sah in ihr eine Gleichgesinnte und lud sie 1850 mit sehr schmeichelhaften Worten zur Mitarbeit an seiner neugegründeten Zeitschrift «Household Words» ein. In der literarischen Zusammenarbeit jedoch trübte sich das Verhältnis zu Dickens im Laufe der Jahre. Mit wachsendem künstlerischem Selbstbewußtsein war Elizabeth Gaskell immer weniger geneigt, sich seinen Anweisungen zu fügen – ganz entschieden lehnte sie insbesondere seine Kapiteleinteilung ab. Die Veröffentlichung in Fortsetzungen in einer Wochenzeitschrift bedingt eine Betonung des Sensationellen auf

Kosten der Struktur. Gaskell jedoch beharrte auf einer langsamen Entwicklung ihrer Charaktere unter Berücksichtigung der psychologischen und soziologischen Faktoren und auf einer sorgfältig aufgebauten, auf einen Höhepunkt zustrebenden Handlung. Hatte sich «Cranford» 1853 noch problemlos für eine Veröffentlichung in Dickens' «Household Words» geeignet, weil die Geschichte aus lose aneinandergefügten Episoden besteht, brach bereits ein Jahr später mit dem Roman «North and South» der Konflikt zwischen Gaskells künstlerischer Absicht und Dickens' Anforderungen an einen Fortsetzungsroman aus. Nichts könnte Gaskells Schreibweise besser umreißen als die Ratschläge, die sie einem angehenden Schriftsteller gab: «Jeder Tag Ihres Lebens bringt Sie in Kontakt mit lebenden Männern und Frauen. Überlegen Sie sich, ob Sie nicht eine Komplikation von Ereignissen ersinnen können, die eine gute Handlung ergeben würde... Die Handlung muß wachsen und in einer Krise gipfeln, kein Charakter darf eingeführt werden, der nicht zum Fortschreiten der Ereignisse beiträgt... Nachdem die Umrisse feststehen, stellen Sie sich vor, Sie seien ein Zuschauer und Zuhörer bei jeder Szene... bis diese für Sie zur Realität wird.»

Trotz aller Meinungsverschiedenheiten fuhr Elizabeth Gaskell jedoch fort, ihre Werke in Dickens' Wochenblatt zu veröffentlichen. Dank der Freundschaft mit dem Verleger ihrer Brontë-

Biographie hatte sie auch Zugang zu «The Corn-hill», einem anspruchsvolleren Magazin, an dem so bekannte Schriftsteller wie Ruskin, Arnold und Tennyson mitarbeiteten. Wenn sie unter-schied zwischen dem, was «gut genug für Dick-ens» war und dem, was sie lieber anderswo veröffentlicht hätte, mag das wegwerfend tönen, weist aber auch auf ein gesundes Urteilsvermö-gen gegenüber den eigenen Werken hin.

Die Erstveröffentlichung in einem Magazin mit darauf folgendem Nachdruck in Buchform brachte finanzielle Vorteile. Gaskell war zwar für ihren Lebensunterhalt nicht auf das Schreiben angewiesen. Ihr Autorenhonorar mag am An-fang schon eine willkommene Dreingabe zum Salär ihres Mannes gewesen sein, später finan-zierte sie damit ihre vielen vom Gatten unab-hängigen Reisen. Geld benötigte sie auch für ihre karitative Tätigkeit, und schließlich gab es da auch noch einen Lebenswunsch: ein eige-nes Haus auf dem Land, wohin sie sich mit ihrem Mann nach seiner Pensionierung zurückziehen könnte.

Doch so weit sollte es nicht kommen. Wohl fand sie in Hampshire ein passendes Heim, doch als sie sich dort, auf der Heimreise von Paris, am 12. November 1865 mit ihren Töchtern zum Tee traf, erlag sie einem plötzlichen Herzver-sagen. Anzeichen von Überarbeitung hatte es allerdings schon früher gegeben. «Wives and Daughters», ihr letzter Roman, für den sie sich stark verausgabt hatte, kam unvollendet posthum heraus.

Fragt man sich, wie es Elizabeth Gaskell möglich war, ihre vielen Aufgaben überhaupt zu bewältigen, so war es vielleicht, wie sie selber es einmal formulierte, weil «die verborgene Welt der Kunst Zuflucht bietet vor den liliputanisch kleinen Pfeilen der entnervenden Alltagsmüh und mit ihrem Frieden beruhigt.» Ihre Gestalten leben in einer klaren, lichten Welt, auch wenn dunkle Wolken des Kummers und der Sorge sie überschatten, in der Welt, die ihr lebensbejahender Glaube schuf.

Das Aufkommen der viktorianischen Wochen- und Monatsmagazine und der mit ihnen wachsende Lesehunger haben stimulierend auf die damalige Literatur gewirkt, denn sie boten den Schriftstellern die Möglichkeit, immerfort neue Erzähltechniken zu erproben. Wie die für den vorliegenden Band getroffene Auswahl zeigt, variieren Elizabeth Gaskells Erzählungen, von denen sie rund vierzig schrieb, sowohl in Thematik und Länge als auch in Stil und Technik. Während «Schafscherer in Cumberland» reportagehafte Züge aufweist und «Des Totengräbers Held» an eine alte Sage gemahnt, ist «Mr. Harrisons Bekenntnisse» eine leichtfüßige Satire. Der Kurzroman «Cousine Phillis» dagegen ist eine Geschichte unerfüllter Liebe, und «Lois die Hexe» hat die Kraft einer unerbittlichen Tragödie. Abwechslung gewährleisten ferner die Erzählfiguren, von deren Standpunkt Gaskell die Geschichte darstellt.

Der am Anfang stehende, poetisch überhöhte Erlebnisbericht über eine Schafschur auf den Hügeln von Cumberland, in dem auch noch eine Liebesgeschichte angedeutet ist, war mit seinem zugleich informativen und unterhaltenden Charakter sehr gut geeignet für Dickens' Wochenmagazin «Household Words», wo er 1853 erschien. Er hatte zudem die richtige Länge, um in einer einzigen Nummer abgedruckt zu werden. Wie Gaskell eingangs schreibt, geht der Bericht auf einen Ausflug während eines einige Jahre zurückliegenden Ferienaufenthaltes im nordenglischen Lake District zurück. Er hat jedoch die ganze Frische des unmittelbar Erlebten bewahrt und widerspiegelt so das wache und offene Naturell der Erzählerin. In der Schilderung des Aufstiegs sind die sinnenhaften Eindrücke miteingefangen – mit einem scharfen Auge für Besonderheiten wird das Innere des Bauernhauses und anschaulich schließlich die Schafschur selbst beschrieben: Es ist die Fülle exakt beobachteter Details, die Gaskells Werken die große Authentizität verleiht.

Die Autorin hatte sich stets für alte ländliche Gebräuche interessiert, um so mehr, als diese durch die neuen Methoden in der Landwirtschaft in Vergessenheit zu geraten drohten. In «Schafscherer in Cumberland» zeichnet sie das

Bild einer ländlichen Gesellschaft, in der die Arbeit nicht nur sinngebend und erfüllend für den einzelnen Menschen ist, sondern auch eine Gemeinschaft schafft, welche Männer, Frauen und Kinder umfaßt und von welcher die Alten nicht ausgeschlossen sind. Angetan von der bei der Schafschur herrschenden Fröhlichkeit, verschweigt Gaskell andererseits jedoch auch die Mühen und Sorgen der Schafhirten nicht. Die eingefügten Zitate und Anspielungen binden die Schilderung darüber hinaus in die literarische Tradition ein.

Zählt «Schafscherer in Cumberland» zu den frühen Erzählungen, so gehört «Cousine Phillis», 1863 im «Cornhill» veröffentlicht, zu ihren späten und reifsten Werken. Noch einmal ruft sie hier das Landleben wach, wie sie es ähnlich in ihrer Kindheit kannte. Die Hope Farm ist zum großen Teil nach der Erinnerung an das Bauerngut des Großvaters entworfen, der seinerseits als Vorlage für die Figur des Ebenezer Holman diente. Dieser ist an fünf Tagen der Woche Bauer und am Wochenende Geistlicher, wie jener es war. Religion und Arbeit gehen bei Holman nahtlos ineinander über, Leben und Glauben sind für ihn eins. Sein Glaube ist Gaskells eigenes Credo, nicht passive Ergebenheit ins Schicksal – Resignation ist ihm fremd –, sondern tätige Frömmigkeit. Sein Gott ist nicht ein Gott der Rache und des Zorns, sondern der Gott der Liebe des Neuen Testaments.

Friedlich verläuft das Leben der Holmans, im Einklang mit dem Lauf der Natur, bis mit dem Eisenbahningenieur Holdsworth die moderne Welt in die pastorale Idylle einbricht. Gaskell verherrlicht jedoch nicht das Landleben, um es als bedroht von der fortschreitenden Technisierung zu zeigen; diese hatte für sie nichts Negatives. Auch schreibt sie zu differenziert, um Holdsworth als gewissenlosen Verführer darzustellen. Wenn sie ihn als Vertreter der neuen, mobilen Generation zeichnet, dem die Tiefe des Landmanns abgeht, der sich in Übereinstimmung mit der Natur und dadurch mit dem Willen Gottes weiß, so ist damit keine Wertung verbunden. Das Drama ist ins Innere der Seele von Phillis verlegt und ergibt sich folgerichtig aus der Verschiedenheit der Charaktere: der weltmännische Ingenieur gegenüber dem in ländlicher Abgeschiedenheit aufgewachsenen jungen Mädchen, das von den Eltern noch als Kind betrachtet wird. Weil die Liebe sie gänzlich unvorbereitet trifft, wird ihr Seelenfrieden nur um so empfindlicher gestört.

Dem Liebesverlust pflegt in der viktorianischen Literatur üblicherweise die Krankheit zu folgen. Doch Phillis ist eine echt Gaskellsche Heldin: Wieder genesen, kehrt sie aktiv ins Leben zurück, im Wissen, daß nichts mehr gleich sein wird wie vorher, im Wissen aber auch, daß sie die innere Kraft zum Weiterleben hat.

Mit der Gestalt des jungen Paul ging Gaskell erzähltechnisch neue Wege. Er ist nicht einfach passiver Beobachter der Handlung, sondern ihr Motor: Er führt Holdsworth auf der Hope Farm ein, er erzählt Phillis von dessen Liebe zu ihr und später von den Heiratsabsichten, die jener nie direkt geäußert hatte, und erweckt so in ihr falsche Hoffnungen. Indem die Autorin in die Perspektive des unerfahrenen Jünglings schlüpft, gewinnt sie jene Natürlichkeit und Frische, an der ihr so gelegen ist, geht aber auch ein gewisses Risiko ein. Einerseits betont sie Phillis' Anmut und Liebreiz. Sie tut es mit Bildern, die von einem Maler stammen könnten. Wie von Vermeer gemalt mutet eine Beschreibung der sitzenden Phillis in der Stube am Fenster an, wo die einfallende Sonne ihr Haar aufleuchten läßt, wie das Bild eines Genremalers jene andere Stelle: Phillis unter einem Baum, dessen Zweige eben zu knospen beginnen, Blumen in den Händen, Zwiesprache mit den Vögeln haltend. Andererseits ist sie aber gezwungen, ihren Reiz wieder zu mindern, um plausibel zu machen, weshalb Paul selbst sich nicht in seine Cousine verliebt. Sie scheint sich des Dilemmas bewußt gewesen zu sein und führt neben deren Größe und Kindlichkeit noch ihre literarische Beschlagenheit, wodurch sich Paul unterlegen fühlt, als Begründung für seine Zurückhaltung an. Mit ihrer Vorliebe für schwierige Bücher schlägt Phillis ihrem Vater nach, der in seinem Wissensdrang, trotz

Vorbehalten, von Holdsworth und seinen technischen Kenntnissen fasziniert ist.

Die Geschlossenheit dieser Erzählung, in der alle Teile eng miteinander verknüpft sind und keine Szene, kein Wort überflüssig ist, gleicht der einer Novelle und zeigt Gaskell auf der Höhe ihres Könnens.

«Mr. Harrisons Bekenntnisse» kann man als Vorstudie zum Roman «Cranford» betrachten, dessen erste Episode Ende des gleichen Jahres 1851 erschien. Mit derselben gutmütigen Ironie wie dort wird das Leben in der Kleinstadt dargestellt, wo die bessere Gesellschaft sich auf einen kleinen Kreis beschränkt, in dem jeder jeden kennt. Nichts bleibt in Duncombe verborgen, jede Geste wird beobachtet, jedes Wort gedeutet und in Windeseile kolportiert. Was der neuangekommene junge Arzt zuerst geschmeichelt als Interesse an seiner Person aufnimmt, erkennt er bald genug als Indiskretion und Einmischung.

Die Handlung entwickelt sich aus der Verwirrung, die sich aus den Gerüchten und Falschmeldungen ergibt, die den Ledigen zum Heiratskandidaten aller Unvermählten machen. Was in dieser schwankhaften Art belustigt, weist gleichzeitig auf die prekäre Situation der Frauen des gehobenen Mittelstandes in einer Epoche, da in der Bevölkerung ein großer Frauenüberschuß herrschte, Arbeit aber als unstandesgemäß galt, so daß die Heirat ein Ziel war, das es mit allen

Mitteln zu verfolgen galt. Es ist ein Verdienst Gaskells, daß sie an anderer Stelle, so etwa in der Erzählung «Schafscherer in Cumberland», auf die Befriedigung durch Arbeit für die Frauen der unteren Mittelschicht aufmerksam machte und in weiteren Werken Arbeiterinnen und Mägde nicht nur in ihrer Funktion darstellte, sondern als Menschen von Fleisch und Blut, mit gesundem Menschenverstand und praktischem Wissen begabt und damit besser zu einem unabhängigen Leben befähigt als die nur für die Ehe erzogenen Frauen des oberen Mittelstandes. Das war neu für die damalige Literatur.

In der heiteren Satire um Harrison und seine Patientinnen, in der die Personen größtenteils Karikaturen sind, gibt es dunkle Zwischentöne. Ob die Erinnerung an den Tod ihres eigenen kleinen Lieblings Gaskell veranlaßte, die für den Fortgang der Handlung unwesentliche Episode vom Hinscheiden von Sophys Brüderchen einzufügen, oder ob sie der viktorianischen Konvention Genüge tun wollte, die Rührseligkeit positiv wertete, bleibe dahingestellt. Was die Medizin betrifft, stellte sie sich auf die Seite des Fortschritts: Der junge Arzt setzt sich gegenüber dem allem Neuen abholden älteren Kollegen durch. Indem er seiner Angebeteten mit einer neuartigen, nicht ganz harmlosen Arznei das Leben rettet, gewinnt er nach der Manier des mutigen, aufopfernden Helden ihre Hand – und sein Ansehen zurück.

Die Tochter des Romanciers William Thackeray erinnerte sich an die Geschichten, die Elizabeth Gaskell an kühlen Abenden zu erzählen pflegte, «Geschichten voll Geheimnis und heiligen Schrecken». In ihrem Mund sei auch «das einfachste Ereignis pittoresk, lebendig und interessant» geworden. Wenn es eines Beweises für Gaskells genuines Erzähltalent bedürfte und dafür, wieviel ihre Schreibweise der mündlichen Erzählart verdankt, die Erzählung «Des Totengräbers Held» könnte sie liefern, denn sie ist eine ihrer allerfrühesten und wurde vermutlich noch vor dem ersten Roman konzipiert. Die Geschichte des Totengräbers über seine und seiner Frau selbstlose Rettung vor der steigenden Flut durch den einstigen Rivalen steht zwar der viktorianischen Erbauungsliteratur noch recht nahe, doch ist sie packend und eindrücklich erzählt, die «Botschaft» wird ohne Moralisieren durch die Handlung selbst vermittelt. Der Gedanke, daß nicht Kämpfertum, sondern die Aufopferung für andere den wahren Helden ausmacht, entspricht Gaskells religiöser Überzeugung. Zu der romantischen Story von verschmähter Liebe und Edelmut paßt der stimmungsvolle alte Kirchhof als Schauplatz, wo der reuige alte Mann Rückschau auf sein Leben hält.

Der in Neuengland Ende des 17. Jahrhunderts angesiedelte Kurzroman «Lois die Hexe» war für die Erstpublikation in Amerika gedacht gewesen, wo die englische Autorin so bekannt war wie in ihrer Heimat. Für «Lois» jedoch traf so lange keine Offerte ein, daß sich Gaskell widerwillig entschloß, diese lange und sorgfältig aufgebaute Erzählung Dickens für seine neue Zeitschrift «All the Year Round» zu übergeben, wo der Text 1859 in drei Folgen erschien.

Mit «Lois die Hexe» betrat Gaskell auch im übertragenen Sinn eine neue Welt, denn bis jetzt hatte sie sich für ihre Schauplätze stets an ihr persönlich bekannte Gegenden gehalten. Das Lokalkolorit beschränkt sich auf Hinweise, die die Fremdartigkeit und die beklemmende Atmosphäre unterstreichen. Mit der Thematik jedoch scheint sie sich seit längerer Zeit befaßt zu haben. Ihr lebenslanges Interesse für das Übersinnliche und ihre Vorliebe für Gespenstergeschichten sind verbürgt. Außerdem kannte Gaskell die Ereignisse in Salem im Jahre 1692 aus Uphams «Lectures on witchcraft» («Vorlesungen über das Hexenwesen»), einem Buch, das 1831 in Boston erschien. Ein persönliches Erlebnis mag mit ein Anlaß gewesen sein, die dortigen Hexenverfolgungen literarisch aufzugreifen: Bei einem Besuch in Essex anfangs der fünfziger Jahre hatte sie eine noch damals der Hexerei angeklagte Frau getroffen.

Gleich zu Beginn der Erzählung weckt Gaskell die Sympathie ihrer Leser für die junge englische Waise, die nun in Neuengland einem ungewissen neuen Leben entgegengeht. Schon bei der Ankunft schlägt ihr die Angst der Kolonisten entgegen; sie hört von der Bedrohung durch französische Piraten und die in den Wäldern lauernden Indianer, die Furcht vor dem Bösen ist allgegenwärtig. Die gefährliche Fahrt durch den Wald nach dem von einem doppelten Staketenzaun umgebenen Salem, die unfreundliche Aufnahme in der Familie des todkranken Onkels, in der sie eine ungeliebte Fremde bleiben wird – alles weist auf die kommende Katastrophe hin, die schon eingangs durch die Verwünschung einer als Hexe verurteilten Frau in der englischen Heimat, von der Lois erzählt, vorweggenommen wurde.

Gaskell stützt sich bei ihrer Erzählung auf frei interpretierte historische Tatsachen, die sie im Lichte der Aufgeklärtheit ihres Jahrhunderts beurteilt. Der emotionale Erzählfluß wird durch kritische Betrachtungen in Schach gehalten. Statt zu Pathos und Sentimentalität zu greifen, wie es für eine mindere Schriftstellerin vielleicht nahegelegen hätte, erreicht Gaskell Plausibilität durch eine psychologische Deutung des Geschehens und das Spürbarmachen der Treibhausatmosphäre, in der Furcht und Aberglauben gediehen und alles unter dem Aspekt eines möglichen Einflusses Satans beurteilt wurde. Neid und Mißgunst profitierten von der allgemeinen Hysterie. Gaskell zeigt die Unbarmherzigkeit jener auf, die ihre Verblendung für die unumstößliche Wahrheit halten. Verhext Geglaubte zu verfolgen und hinzurichten wurde zur Pflicht, um die Macht des Bösen zu brechen.

Noch einmal ist Elizabeth Gaskell mit Lois eine überzeugende Frauengestalt gelungen, gesund an Körper und Geist. Auch sie wird zwar von Zweifeln befallen, auch ihr Kopf durch den Hexenglauben verwirrt, doch nicht für lange. Innerlich ist sie stark und, weil sie sich mit sich selber eins weiß, letztlich unbeirrbar. Sie kennt ihre Unschuld, und lieber stirbt sie, als ein falsches Geständnis abzulegen, das ihr vielleicht das Leben gerettet hätte.

Alice Reinhard-Stocker

ANMERKUNGEN

1 Stadt im Lake District, Grenzland zwischen England und Schottland, die sich im 19. Jahrhundert zu einem touristischen Zentrum entwickelte.

2 Anspielung auf Andrew Marvells (1621–1678) Gedicht «The Garden», Z. 48. Die Rede ist dort allerdings nicht von einem «grünen Schimmer», sondern von einem *green thought* («Gedanken»).

3 Hamlets Zustand im Fechtkampf mit Laertes (V, 2, 240).

4 Der Lake District war die Lebenslandschaft der Romantiker Wordsworth und Coleridge; Rydal Mount hieß das Haus, das William Wordsworth (1770–1850) ab 1813 in Ambleside bewohnte.

5 Die ersten zwei Zeilen der «Inscription for a Fountain on a Heath» von Samuel Taylor Coleridge (1772–1834), der in Wordsworths Nähe im Lake District lebte.

6 Leichte zweirädrige Wagen.

7 Ps. 148,12.

8 Ein Drama von Charles Kingsley (1848), worin eine ganze Stadt im Mittelalter ihre Kreuzfahrer verabschiedet.

9 Holzkreuz, das im schottischen Hochland von Siedlung zu Siedlung getragen wurde, um einen Clan zusammenzurufen.

10 Reicher Bauer in Cervantes' *Don Quijote,* der seine Hochzeit aufwendig feiert.

11 Z. 851f. aus dem langen Gedicht «The Excursion», IV. Dort werden auch die von Gaskell gleich anschließend zitierten gelehrten Hirten genannt (Z. 694ff.).

12 Nicolas Poussin (1593–1665) hat zwar kein derartiges Bild gemalt, jedoch über die Umdeutung des «Et in Arcadia ego» zur Sehnsuchtsformel der Schäfer-

idylle den antiken Topos paradiesischen Hirtenlebens in bukolischer Landschaft nach der Literatur der Renaissance stark geprägt.

13 Gemeint sind wohl die ländlichen Motive von Thomas Sidney Cooper (1803–1902).

COUSINE PHILLIS

1 Die Independenten stellen mit den Quäkern und Presbyterianern jenen Flügel der Puritaner dar, der sich bereits im 17. Jahrhundert unter Cromwell gebildet hatte. Ihre Lehre ist wesentlich reformatorisch ausgerichtet; sie vertreten die Selbständigkeit *(independence)* der Einzelgemeinde.

2 Zitat aus dem Epos *Hudibras* von Samuel Butler (1612–1680), einer scharfen Satire auf die Scheinheiligkeit der Puritaner (I, Z. 844).

3 Vgl. 1. Mos. 24.

4 Matthew Henry (1662–1714), nonkonformistischer Pfarrer und Verfasser eines umfangreichen Bibelkommentars, der auch in *The Christian's Complete Family Bible* von 1817 aufgenommen wurde.

5 1. Kor. 10,31.

6 *The Vicar of Wakefield* (1766) von Oliver Goldsmith, eine humorvolle Familienidylle.

7 Der Konstrukteur der ersten Dampflokomotiven und Gründer der ersten Lokomotivfabrik der Welt (1823).

8 Vielleicht bei Voltaire.

9 John Berridge (1716–1793), ein Methodistenprediger.

10 Giuseppe Barettis *Dictionary of the English and Italian Languages* von 1760. Der italienische Kritiker lebte ab 1751 zumeist in London und wurde 1766 Sekretär der Royal Academy.

11 Manzonis historischer Roman um ein lombardisches Liebespaar in den üblen Wirren des 17. Jahrhunderts entschied mit seiner zweiten Fassung von

1840/42 einen grundlegenden Streit über die italienische Schriftsprache zugunsten des gesprochenen Toskanisch und gegen die Sprache des Trecento (Dante, Boccaccio und Petrarca). Die Sprache des Romans, von allen lombardischen Idiotismen gereinigt, ist das Italienisch des sich einigenden Landes, also aktueller Standard.

12 Die Bahnarbeiter galten als liederliches Volk, wohl nicht zuletzt deshalb, weil sie die beunruhigenden Zeichen einer neuen Zeit in das ländliche England hinaustrugen.

13 Kol. 3,22.

14 Ps. 107,23.

15 Jean Louis de Lolme, *Constitution de l'Angleterre* (Amsterdam 1771). Das Buch des Genfer Rechtsgelehrten, der wegen einer seiner Schriften verfolgt wurde und nach England floh, wurde von ihm selber ins Englische übersetzt und später als Standardwerk im 19. Jahrhundert immer wieder neu aufgelegt.

16 Z. 3f. des Gedichts «She dwelt among the untrodden ways» (1798) von William Wordsworth. Die Zeilen haben in ihrem Originalkontext einen düsteren Klang: Das Gedicht spricht vom Tod eines Mädchens und bildet gleichsam das Epitaph.

17 Pred. 9,10.

18 Vgl. 2. Mos. 23,19.

19 Dieser Hinweis datiert das erzählte Geschehen auf etwa 1840: Am 6. Mai dieses Jahres wurden auf Initiative des Reformers Rowland Hill erstmals aufklebbare Postwertzeichen in England verwendet. Bis dahin war das Porto vom Empfänger bezahlt worden; es schwankte je nach Distanz und Briefgewicht. Nunmehr galt eine einheitliche, im voraus zu entrichtende Gebühr für die Beförderung zwischen Poststädten. Die Feinverteilung und Zu-

stellung in abgelegenen Gegenden war allerdings noch immer zuschlagpflichtig.

20 Hiob 4,3ff.

21 Vgl. Mat. 5,14.

22 Hiob 1,21.

23 Jes. 1,18.

MR. HARRISONS BEKENNTNISSE

1 Die etwas unvermutet auftauchende Bemerkung verweist wohl auf Beobachtungen während einer Reise, welche Elizabeth Gaskell mit ihrem Mann 1841 auf dem Kontinent unternahm; unter anderem bereiste das Ehepaar auch Rheinhessen.

2 *Bullock* bedeutet «Ochse».

3 «An Vaterstelle».

4 Astley Paston Cooper (1768–1841), berühmter Chirurg und Anatomieprofessor. Er wirkte ab 1800 unter anderem an Guy's Hospital und operierte 1820 George IV; 1828 wurde er königlicher Leibchirurg.

5 Robert Peel (1788–1850) gelangte nach einem ersten Ministerium 1834/35 im Jahre 1841 erneut an die Regierung (bis 1846).

6 Everard Home (1756–1832) war ein bekannter Chirurg und Anatom und wirkte wie Cooper – jedoch in etwas untergeordneter Stellung – auch am königlichen Hof.

7 John Abernethy (1764–1831) genoß zu seinen Lebzeiten einen hervorragenden Ruf als Chirurg, Anatom und Physiologe. Dieser beruhte allerdings weniger auf seinen wissenschaftlichen Publikationen als auf seiner Unterrichtsart: Abernethy war berühmt für seine Anekdoten in den Anatomievorlesungen.

8 «O, wie wohl ist mir am Abend, wenn zur Ruh die Glocken läuten», ein Kanon von Karl Friedrich Zelter (1758–1832).

9 Justus von Liebig (1803–1873). Der Chemiker beschäftigte sich in späteren Jahren vor allem mit der Ernährung von Pflanze und Tier. Er befürwortete nachdrücklich die Mineraldüngung und schuf damit neue Grundlagen der Agrikulturchemie und der landwirtschaftlichen Produktion.

10 «The Mermaid» war eine berühmte Schenke in London, wo sich ein Klub des gleichen Namens traf. Zu seinen Mitgliedern sollen Sir Walter Raleigh als Gründer, außerdem Ben Jonson, Beaumont und Fletcher und wahrscheinlich Shakespeare gehört haben.

11 Wer einen Trinkspruch ausbringen wollte, warf in einen vollen Becher eine Toastschnitte, die gegessen wurde, sobald der Becher leer war. Daher die Benennung eines Trinkspruches als «Toast».

12 Ehemaliges Londoner Kriminalgefängnis.

13 Abgetakelte und entmastete Schiffe wurden als Gefängnisse benutzt.

14 Etwa «um das Rechte wissen»; ein Vergilzitat.

15 Lateinisch «heute».

16 Der *Physiologus* nennt die Turteltaube «einehig und ganz einsiedlerisch». Im Mittelalter und in der Neuzeit wurde sie zum Inbild der Treue, Zärtlichkeit und einsam klagenden Liebe, die barocke Emblematik stellt sie entsprechend gern allein auf einem dürren Baum in karger Landschaft dar.

17 Lateinisch «mit Gewalt».

18 Der *Jahrmarkt der Eitelkeit,* William Makepeace Thackerays (1811–1863) großer «Roman ohne einen Helden», der ab 1847 in monatlichen Lieferungen erschien.

19 Die schwedische Sopranistin Jenny Lind (1820 bis 1887), eine der hervorragendsten und bekanntesten Sängerinnen ihrer Zeit, wurde «die schwedische Nachtigall» genannt.

1 Weite Bucht an der Irischen See; sie reicht südlich von Kendal, verengt auf ein bis zwei Kilometer Breite, rund zehn Kilometer ins Landesinnere.

2 Hier ist wohl an die erste Szene des letzten Aktes in Shakespeares *Hamlet* zu denken.

3 Gaskell siedelt ihre Erzählung wiederum im Norden Englands, zwischen Lancashire und Cumberland, an; unter anderem existiert ein Ort namens Lindal in Furness (es gibt auch ein Lindale) dort tatsächlich.

4 Die Quäker lehnen jeden Kriegsdienst und jede Form von Gewalt ab.

5 Der Alte spricht von der Zeit der Napoleonischen Kriege; die Wirren der Französischen Revolution liegen noch nicht lange zurück.

6 Siehe Anm. 6 zu «Schafscherer in Cumberland».

7 George III (er regierte von 1760 bis 1820) zeigte sich gern seinem Volk; die unruhige Zeit um 1800 förderte das Zusammenfließen nationalistischer und monarchistischer Gefühle, und der König bot sich als Identifikationsfigur Englands an. Seine Untertanen bereiteten ihm auch außerhalb des Rahmens der großen Paraden und Siegesfeiern manchen begeisterten Empfang; der Monarch war gerade bei den einfachen Leuten sehr beliebt und bekannt.

LOIS DIE HEXE

1 Boston, 1630 gegründet, war der Ausgangspunkt der puritanischen Kolonisation in Massachusetts. Die Auswanderer wandten ab 1620 einem England den Rücken, in dem die unter Charles II restaurierte Staatskirche den Ausgleich mit den Katholiken suchte und die Puritaner, deren Glauben auf schottisch-calvinistischem Gedankengut gründete, ver-

folgte. Die «Pilgerväter» gestalteten die Neue Welt mit ihrem Arbeitsethos, ihrer moralischen Strenge in allen Bereichen des Lebens und ihrer starken Betonung des Individuums sowohl im Verhältnis zu Gott als auch zu den Menschen entscheidend mit.

2 England wurde nach der Hinrichtung von Charles I 1649 – unter Vermeidung des Namens «Republik» – zum «Commonwealth» erklärt; es umfaßte ab 1653 auch Schottland und Irland. In ebendiesem Jahr begann die Herrschaft Cromwells, welche bis 1658 dauerte.

Edgehill war 1642 der Schauplatz einer ersten Schlacht in dem Bürgerkrieg, welcher mit dem Königsmord sein Ende fand.

3 Großbritannien stand seit 1688, dem Jahr der Glorreichen Revolution, mit Frankreich in Konkurrenz um Kolonien. Zwischen Massachusetts und der 1608 gegründeten französischen Kolonie Quebec gab es unzählige Scharmützel. Die Anspielung gilt wohl dem Angriff auf die befestigte Siedlung La Prairie am 2. August 1691.

Im Winter 1690/91 wurde eine neue Charta für die Massachusetts Bay entworfen, welche die dortigen Kolonien enger an das Mutterland binden sollte, damit Großbritannien Frankreich geschlossener entgegentreten konnte. William III bestimmte nun insbesondere, daß die Krone einen Gouverneur ernannte, der weitreichende Befugnisse und ein Vetorecht über den General Court (siehe Anm. 21) hatte. Damit verstärkten sich jedoch die bestehenden starken Spannungen zwischen politischen und religiösen Gruppierungen noch mehr.

4 William Laud (1573–1643) war als kirchenpolitischer Berater eine der Stützen von Charles I gewesen; seine hochkirchlich-anglokatholischen Bestrebungen führten das Land 1642 in den Bürgerkrieg.

Die Stuarts stellten letztmals mit James II von 1685 bis 1688 einen Regenten; er war 1670 Katholik geworden und floh nach der Landung Williams von Oranien nach Frankreich.

5 Z. 228 des Gedichts «Hudibras» (I,1) von Samuel Butler (siehe Anm. 2 zu «Cousine Phillis»). Die ganze Passage lautet in der Übertragung von Josua Eiselein (1846): «Was heute ihre Lust entflammt,/ Wird morgen als profan verdammt. / So gern sie *ihren* losen Willen / Als Richtschnur und Gesetz erfüllen: / Für so verrucht wird es gehalten, / Wenn andre auch mit Willkür schalten./ Drum zanken sie oft ohne Not / Mit ihrem eignen Butterbrot;/ Verketzern Säue, Gäns' und Hasen,/ Und lästern Reisbrei durch die Nasen.»

6 Mat. 25,45.

7 1. Pet. 5,8.

8 Hexenprozesse waren in der Neuzeit keinesweg die Ausnahme. Erst am Ausgang des Mittelalters steigerte sich mit dem berüchtigten *Hexenhammer* von 1487 der Hexenglaube des Mittelalters zum Hexenwahn.

9 König Charles II verlangte von allen Pfründnern einen Treueeid. Wer den Eid am Bartholomäustag 1662 nicht leistete, wurde vertrieben; dies betraf vor allem Puritaner.

10 Ps. 133.

11 Vgl. Eph. 6,16.

12 Das 1662 revidierte *Book of Common Prayer,* welches die Liturgie der Church of England festschreibt, galt den Puritanern als römisch-katholische Verordnung, die sie scharf ablehnten.

13 Salem hat in diesem Zusammenhang traurige Berühmtheit erlangt. Die Stadt erlebte von Mai bis Oktober 1692 eine regelrechte Hexenhysterie, wie sie sonst nirgends in Amerika auftrat. Unter dem

Einfluß von Geistergeschichten, welche eine indianische Dienerin names Tituba erzählte, erklärten
junge Mädchen, vom Teufel besessen zu sein. In der
Folge wurden drei Frauen der Hexerei angeklagt,
unter ihnen auch Tituba. Die darauf folgende Pro-
zeßwelle endete damit, daß neunzehn mutmaßliche
Hexen gehängt wurden.

Diese historischen Ereignisse bilden den Stoff für
Elizabeth Gaskells Erzählung um Lois, sie orientiert
sich jedoch nicht streng an den Tatsachen.

14 Vgl. Mat. 7,17 und 8,4ff.

15 Der 31. Oktober galt den Kelten als Sommer- und
auch als Jahresende; derart finden sich neben der
christlichen Tradition zu Allerheiligen auch mancherlei Geisterglaube und heidnisches Brauchtum.
Von alters her galt der Tag als günstigster Zeitpunkt
für einen Blick in die Zukunft, wozu man auch die
Hilfe des Teufels anrief.

16 1. Sam. 3.

17 Vgl. Off. 3,5.

18 2. Kön. 8,13.

19 Erneut ein Verweis auf 1. Pet. 5,8.

20 Vgl. 1. Tim. 3,15.

21 Die gesetzgebende Körperschaft in Massachusetts
und New Hampshire. Ursprünglich war dies eine
Bürgerversammlung gewesen; erst später erfolgte
der Wandel zu einer Institution.

22 Mat. 8,25ff.

23 Ebenda.

24 Hopkinson (eigentlich Hopkins) errichtete 1644 ein
Sondertribunal zur Hexenverfolgung; er wurde
1647 selber der Hexerei angeklagt und hingerichtet.

25 Mat. 18,8f.

26 Mat. 12,31.

27 1. Sam. 16,23.

28 2. Mos. 22,18.

29 Ein leicht adaptiertes Zitat aus dem Gedicht «The Ancient Mariner» von Samuel Taylor Coleridge: Z. 285 segnet dort der für eine Sünde zu einem «Leben im Tod» verurteilte Seemann alle Lebewesen, die er rings um das Schiff erblickt.

30 Shakespeare, *Julius Caesar* III, 2, 74ff.

31 Diese gelten im Neuen Testament als Opponenten der Pharisäer; sie lehnen die mündliche Überlieferung ab und beschränken sich auf das geschriebene Gesetz. Außerdem lehnen sie auch die Lehre von Engeln und Geistern ab.

32 Unter schottischem Einfluß schuf eine Synode aus Presbyterianern, Kongregationalisten und Independenten 1643/44 in Westminster eine presbyterianische Kirchenordnung und Liturgie und ein entsprechendes Bekenntnis.

33 Gnade (Jer. 8, 22).

INHALT

Die Deutsche Bibliothek – CIP-Einheitsaufnahme

Gaskell, Elizabeth Cleghorn:
Erzählungen / Elizabeth Gaskell
Aus dem Engl. übers. von Andrea Ott
Nachw. von Alice Reinhard-Stocker
Zürich : Manesse Verlag
(Manesse Bibliothek der Weltliteratur)
ISBN 3-7175-1886-0 Gewebe
ISBN 3-7175-1887-9 Ldr.

NE: Gaskell, Elizabeth Cleghorn: [Sammlung <dt.>]